제3판

알기쉬운
재무관리

감형규

유원북스

머리말

기업의 유지 및 성장에 있어서 중요한 관리부문인 재무관리의 목표는 기업가치의 극대화이다. 이러한 목표를 달성하기 위하여 기업의 경영자는 투자결정 및 자본조달결정 등과 관련된 제반 재무의사결정을 효율적으로 수행하여야 한다. 이를 위해서는 경영자가 재무관리의 광범위한 이론 분야를 잘 이해하고, 이를 실무에 적절히 활용할 수 있어야 한다. 따라서 재무관리의 학문적 유용성은 현실세계의 적용을 전제로 쉽게 이론화되어 있을 때 그 빛을 발할 수 있다.

제3판 개정에서도 기업의 재무의사결정이 가치창출에 근거하여 이루어지고 실무와도 조화되어야 한다는 관점에서 최대한 쉽게 서술하였다. 특히 재무관리를 처음 시작하는 독자들도 재무관리의 주요 이론 및 사례를 쉽고 편하게 습득할 수 있도록 노력하였다. 본서는 최근 달라진 국내·외 재무환경 등을 반영하고 재무이론을 실무와 조화시킨다는 관점에서 저술하였으며, 다음과 같은 몇 가지 특징을 가지고 있다.

첫째, 기업가치의 극대화(순현가의 극대화)라는 하나의 큰 흐름 아래 재무관리의 전체적인 내용을 일관성 있게 구성하고, 독자들이 숲을 보지 못하고 나무만 보는 우를 범하지 않도록 하기 위하여 본서의 각 내용을 전체적인 관점에서 조망할 수 있도록 노력하였다.

둘째, 현대 기업경영에 있어서 재무 분야가 매우 중요함에도 불구하고 그 내용이 수리적이고 이론적이어서 재무 분야의 지식 습득에 많은 어려움이 있었다. 이와 같은 점을 고려하여 전통적으로 중요하게 다루어져 온 재무관리의 핵심 이론을 최대한 쉽게 서술함으로써 재무관리를 처음 시작하는 학생들도 재무관리의 전반적인 영역을 쉽게 이해할 수 있도록 노력하였다.

셋째, 재무이론과 실무의 관련성을 부각시키고, 현실적응력을 높이기 위하여 최근의 새로운 사례들을 알아두기, 뉴스 속 재무, 엑셀의 활용 등으로 다양하게 구성하여 제시하였다. 특히 실무에서 가장 많이 사용되고 있는 엑셀 프로그램을 활용함으로써 독자들이 재무관리 문제를 보다 쉽게 해결하고 또한 흥미를 가질 수 있도록 최대한 배려하였다.

넷째, 연습문제는 완성/선택형 문제와 서술/계산형 문제 등 다양한 형식으로 구성되어 있다. 엄선된 양질의 연습문제와 함께 책의 부록에 해당 연습문제의 풀이를 상세하게 제공하여 학습했던 내용을 스스로 확인하여 보완할 수 있도록 하였다.

다섯째, "보기 좋은 떡이 먹기도 좋다"는 말이 있듯이 보기 좋게 꾸미고, 또한 삽화 및 사진 등을 삽입하여 본서의 내용을 시각적으로도 편안하게 받아들일 수 있도록 하였다.

본서는 앞에서 밝힌 다섯 가지 특징을 살리는 데 주안점을 두고 쓰여졌다. 그러나 이와 같은 의욕적인 노력에도 불구하고 여러 가지 부족한 점이 있을 것으로 생각된다. 독자들의 기탄없는 비판과 조언을 통하여 향후 완벽하게 수정·보완할 수 있기를 기대해 본다. 그리고 본서는 국내·외 많은 문헌들을 참고하여 쓰여졌다. 이 자리를 빌려 국내·외 학자들의 양해를 구하며, 그들에게 깊은 감사의 뜻을 표한다.

본서가 출판되기까지 적극적으로 도와준 유원북스의 이구만사장에게 다시 한 번 감사를 드린다. 끝으로 본서를 집필하는 동안 고통을 분담하면서 격려와 성원을 아끼지 않았던 가족에게 충심으로 고마움을 표한다.

2025년 7월

저자 씀

차 례

제1편 재무관리의 기초개념

제 1 장 재무관리란 무엇인가?

제 2 장 화폐의 시간적 가치

제 5 장 위험과 수익률

제 6 장 가치평가

제3편 자본조달결정과 M&A

제 7 장 기업의 자본조달과 자본비용

제 8 장 자본구조

제 9 장 배당정책

제10장 기업의 합병과 매수

부 록

색 인

제 1 편

재무관리의 기초개념

FINANCIAL MANAGEMENT

제 1 장

재무관리란 무엇인가?

1. 재무관리자의 역할
2. 재무관리의 목표
3. 본서의 구성

기업에서의 자금(돈)은 사람에서의 피와 같다. 이와 같은 자금과 관련된 기업활동을 다루는 학문이 재무관리라 할 수 있다.

Financial Management

재무관리(financial management)는 기업의 자금조달과 운용을 다루는 학문으로서 그 궁극적인 목표는 기업의 가치를 극대화하는 데 있다.

본장에서는 재무관리를 이해하기 위한 첫 단계로서 재무관리자의 역할과 재무관리의 목표를 설명하고자 한다.

학습목표

1. 재무관리자의 역할에 대해 알아본다.
2. 재무관리의 목표, 즉 기업의 목표를 확인한다.
3. 본서의 구성을 살펴본다.

01 재무관리자의 역할

기업의 활동은 재화와 서비스를 생산하고 판매하는 일련의 순환과정으로 요약될 수 있다. 재화와 서비스를 생산하기 위해서 기업은 많은 실물자산(real assets)을 필요로 한다. 여기서 실물자산은 기계설비, 공장, 사무실 등의 유형자산(property, plant and equipment)과 전문적 기술, 상표권, 특허권 등의 무형자산(intangible assets)을 의미한다. 그리고 기업이 생산활동에 필요한 실물자산을 구입하려면 많은 자금이 소요되는데, 이와 같은 자금은 주식, 채권 등을 발행하여 조달되고 있다.

재무관리는 자금과 관련된 기업활동을 다루는 학문으로서 주요 연구분야는 자금의 조달과 운용이다. 즉 재무관리는 합리적인 투자활동과 자금조달활동을 연구하는 학문이라 할 수 있다. 재무관리측면에서 기업의 활동과정, 즉 재무활동과정을 그림으로 나타내면 [그림 1-1]과 같다. 이 그림에서 볼 수 있는 바와 같이 기업의 재무관리자(financial manager)는 금융시장을 통하여 필요한 자금을 조달한 후, 그 자금을 실물자산에 투자한다. 이와 같은 투자의 결과 생성되는 성과(현금흐름)는 자금제공자인 투자자(주주 또는 채권자)에게 배당 또는 이자의 형태로 지급되거나 재투자를 위하여 사내에 유보된다.[1] 기업은 투자자가 제공하는 자금보다 더 많은 현금흐름을 투자자에게 제공하여야 한다. 다시 말해서 기업은 새로운 부가가치(value added)를 창출할 수 있어야 한다.

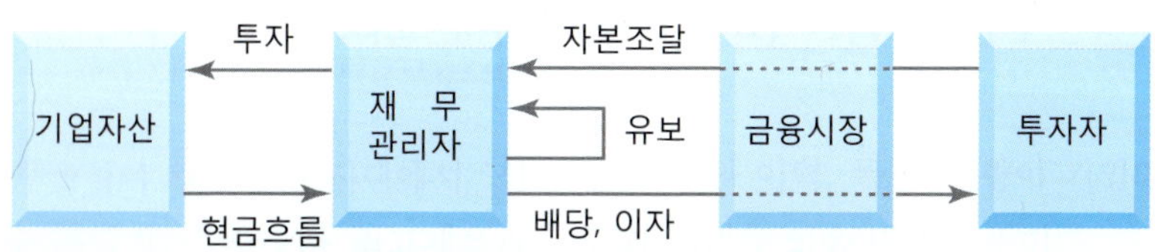

그림 1-1 기업의 재무활동과정

1 물론 그 성과의 일부는 세금으로 유출될 수 있다.

터를 분석했다. 더 나아가 주요 기업의 CFO를 둘러싼 방침과 정책을 두고 개선해야 할 점은 무엇인지 살펴봤다.

코스피와 코스닥 주요 상장사는 주로 CFO에 상무(상무보 포함) 직급을 주고 있는 것으로 나타났다. 다만 전체 비율로 살펴보면 상무를 포함한 초급 임원보다 '책임자급 고위임원'인 부사장이나 전무 등의 비율 또한 높은 점이 눈길을 끈다. 코스피 주요 상장사의 전체 CFO 가운데 등기임원은 약 30%였다. 코스닥은 전체의 절반 가까이를 등기임원으로 두며 CFO에 더 많은 책임을 부여했다. 대표를 겸하며 여러 책임을 본인에게 집중시킨 CFO도 있었다.

코스피 · 코스닥 CFO 직급 톱3, 상무 · 부사장 · 전무

THE CFO는 2025년 1월 17일 기준 코스피 및 코스닥 시총 상위 300개 기업의 CFO를 분석했다. 먼저 우선주 · 리츠 등 상장종목을 제외하고 분기보고서 제출기한에 맞춰 자료를 제출한 코스피 상장사를 추렸다. 이어 CFO가 없거나 공개하지 않은 기업일 경우 CFO로서 신고업무담당임원을 포함시켰다. 또 그룹에서 재무총괄업무를 겸직하는 인물이 있지만 이들 역시 사별로 부여한 직급이나 직위가 있는 점을 고려해 집계에 포함했다. 그 결과 코스피 시총 상위 300개 기업에서 CFO(신고업무를 담당하는 모든 임원 포함)은 총 362명이었다. 이렇게 확보한 재무책임자 풀(Pool) 가운데 외부로 직급이 공개된 CFO는 352명이었다. 그 결과 CFO 가운데 약 32.4%인 114명이 상무 및 상무보인 것으로 나타났다. 이어 19.9%인 70명이 부사장, 18.5%인 65명이 전무였다.

코스닥 기업 또한 비슷한 추세를 보였다. 코스닥의 경우 2025년 1월 17일 기준 코스닥 시총 상위 150개 기업의 CFO를 분석했다. 거래정지 및 관리종목을 제외한 다음 보고서 제출기한에 맞춰 2024년 3분기 보고서를 제출했거나 그 밖에 신고담당임원이 작성책임자로 기재된 보고서를 추가로 제출한 곳을 추렸다. 이어 각 기업에서 동일인물이 재무총괄업무를 겸직하는 사례를 제외하고 마지막으로 CFO가 없거나 공개하지 않았을 경우 신고업무담당임원을 명단에 포함시켰다. 이에 따라 코스닥 시가총액 상위 150개 기업 CFO(신고업무담당임원 포함) 풀(Pool) 156명을 확보했다 이 중에서 직급을 확인할 수 있는 152명을 살펴본 결과 직급 분포 톱3는 상무 · 전무 · 부사장 순이었다. 비율을 살펴보면 상무가 32.9%(50명), 전무가 21.7%(33명), 부사장이 17.8%(27명)를 차지했다.

전통적인 기업 직급 체계에서 상무 및 상무보는 회사 직무대행자에 해당한다.

영업범위 내의 사무를 담당하되 회사 경영에 중요한 영향을 주지 않는 통상적 업무를 맡는 임원이다. 이를 토대로 보면 코스피·코스닥 주요 상장기업의 약 3분의 1은 CFO에게 다소 제한적인 권한과 책임을 부여하고 있다는 의미다. 다만 코스피와 코스닥 모두 상무급 인사 다음으로 부사장이나 전무급 CFO가 많았던 점이 눈길을 끈다. 특히 의사결정 국면에서 최고위에 해당하는 사장(대표 포함) 직급을 받은 CFO도 코스피엔 17명, 코스닥엔 6명이었다.

통상 전무급 이상 임원부턴 회사 전반 운영과 의사결정 책임이 주어진다. 경영에 대한 실질 책임을 갖는 고위임원이 CFO인 경우의 총합은 각각 코스피 152명, 코스닥 66명이었다. 두 시장 모두 전체 인원의 43%였다. 이 점을 통해서도 국내 주요 기업에서 CFO가 차지하는 비중이나 입지를 미뤄 알 수 있었다. 일부 기업은 전통적이며 수직화된 직급제도를 타파하고 호칭이나 업무분장을 바꿨다. 이 과정에서 임직원의 권한과 책임 소재를 새롭게 꾸린 곳도 있다. 그러나 이런 사례는 소수에 해당하며 새로운 직급제도를 도입한 곳들도 큰 관점에서 'CFO들은 대개 고위임원'이란 경향성을 따랐다.

코스닥 CFO에 책임 더 많이 부여

종합하면 국내 주요 상장기업 내 CFO들은 직급 기준 비교적 높은 지위에 있으며 경영에 관여할 권한과 책임을 쥐고 있었다. 더불어 코스피보다 코스닥 상장사 CFO들이 이사회 멤버 즉 등기임원으로 참여하는 사례가 많아 특기할 만하다. 세부적으로 코스피의 경우 시총 상위 300대 기업의 CFO 총 362명 가운데 111명은 이사회 등기임원이었고 나머지는 아니었다. 비율상으로 보면 CFO의 약 30.7%만 이사회 멤버다. 반면 코스닥의 경우 시총 상위 150개 기업의 CFO 156명 가운데 등기임원은 71명이다. 앞서 코스닥 CFO의 등기비율은 45.5%였다. 코스피(30.7%)와 유의미한 차이를 보였다. 통상 대부분 CFO는 이사회에 참여한다. 그러나 보고 등을 이유로 이사회에 들어가는 것과 실제 의사결정을 내리는 헤드테이블에 앉는 이사회 멤버인 것과는 큰 차이가 있다. 앞서 등기비율을 통해선 코스닥 CFO가 비교적 코스피 CFO보다 더 폭넓은 권한을 행사하며 책임 또한 지고 있는 것으로 볼 수 있다.

〈the bell, 2025. 2. 7 수정〉

02 재무관리의 목표

앞절에서 재무관리자의 역할, 즉 투자결정과 자본조달결정을 살펴보았다. 그러면 재무관리자가 이와 같은 재무의사결정을 실행할 때 지향하는 목표는 무엇일까? 다시 말하면, 재무관리자가 구체적으로 투자를 결정하고 자본조달 계획을 수립할 때 궁극적으로 추구하는 목표는 무엇일까?

기업의 재무의사결정은 기업 내의 모든 부문활동과 유기적인 관계를 가지고 이루어지기 때문에 재무관리의 목표는 궁극적으로 기업의 경영목표와 일치하게 된다. 재무관리의 목표, 즉 기업의 경영목표를 설명하면 다음과 같다.

알 | 아 | 두 | 기

▎기업의 형태

일반적인 기업의 형태로는 개인회사, 합명회사 또는 합자회사, 유한회사와 유한책임회사, 주식회사 등이 있으나 본서에서의 기업은 주식회사를 의미한다.

개인회사

개인회사(sole proprietorship)는 한 사람이 회사를 100% 소유하는 것을 의미한다. 개인회사는 처음 시작하기에 가장 간단하고 규제가 적은 기업형태이며, 주변에서 흔히 볼 수 있는 슈퍼마켓, 음식점, 카센터 등이 그 예라 할 수 있다. 개인회사는 그 소유자가 모든 이익을 가지며, 영업비밀이 보장된다는 등의 장점이 있다. 그러나 개인회사는 회사의 부채에 대해서 개인재산 전체를 동원해 갚아야 하는 무한책임(unlimited liability)을 져야 하며, 대규모의 자금조달이 어렵고, 소유권의 이전절차가 복잡하다는 등의 단점이 있다.

합명회사 · 합자회사

합명회사(general partnership)는 두 명 이상의 출자자가 이익과 손실을 공유하며, 회사의 모든 부채에 대해서 무한책임을 져야 한다. 여러 사람이 동업하여 회사를 설립하기 때문에 개인회사보다 좀 더 많은 자금을 조달할 수 있으나, 동업자 사이에서 분쟁이 일어날 수 있다.

합자회사(limited partnership)는 회사를 직접 운영하고 무한책임을 지는 한 명 이상의 무한책임사원(general partners)과 회사경영에는 적극적으로 참여하지 않고 출자한 금액 내에서만 책임지는 한 명 이상의 유한책임사원(limited partners)으로 구성된다. 합명회사보다 광범위한 투자자들로부터 자금을 조달할 수 있다는 장점이 있다.

유한회사와 유한책임회사

유한회사(private limited company)는 1인 이상의 유한책임사원으로 구성된 회사로서 사원이 회사에 대해 출자 금액만큼만 책임을 지고, 회사채권자에 대해서는 어떠한 책임도 지지 않는다. 유한회사는 비교적 설립이 용이하고 설립비용이 소액인 동시에, 주식회사보다 조직이 간단하고 외부감사나 공시 등의 의무가 없는 것이 특징이다. 그러나 주식회사와 달리 주식이나 회사채를 발행해 자본을 모을 수 없기 때문에 대규모 자본을 모집할 필요가 없는 형태의 사업, 혹은 설립자가 충분한 자본을 가지고 투자하는 사업에 적합하다. 유한회사는 외국계 회사(구글 코리아, 애플 코리아 등)에서 많이 보이는 회사 형태이다.

2011년 상법의 개정으로 도입된 유한책임회사(limited liability company)는 유한회사와 마찬가지로 1인 이상의 유한책임사원으로 구성되며, 외부적으로는 회사의 형태이나 내부적으로는 조합의 성격을 가지고 있다. 주식회사나 유한회사와 달리 이사나 감사 등을 선임하지 않아도 되고 정기적으로 주주총회나 이사회를 개최하지 않아도 된다. 이와 같이 유한책임회사는 설립과 운영 면에서 자치권을 폭넓게 인정받을 수 있기 때문에 고도의 기술을 보유한 창업 벤처기업, 사모 투자펀드, 세무회계법인 등에 적합하다.

주식회사

주식회사(corporation)는 주주의 출자에 의해 설립되는 영리사단법인으로서 차입을 하거나 재산을 소유할 수 있는 등 실제 사람과 거의 같은 권리와 의무를 가진다.

주주는 회사에 대하여 인수한 주식의 가액을 한도로 출자의무를 부담할 뿐이고, 그 밖에 아무런 의무도 부담하지 않는다. 이것을 주주유한책임의 원칙이라고 하며, 특히 회사 채권자에 대하여 주주는 전혀 책임이 없다. 그리고 주식매매 등을 통한 소유권 이전이 용이하고, 불특정 다수로부터 대규모의 자금을 조달할 수 있으며, 소유와 경영을 분리함으로써 경영의 전문화를 기할 수 있는 등의 장점이 있다.

2.1 이익의 극대화

전통적으로 이익극대화(profit maximization)가 기업의 목표로 간주되어 왔으며, 현재에도 많은 사람들이 이를 기업의 목표로 인식하고 있다. 그러나 이익극대화가 기업의 목표로서 과연 타당한가에 대해서는 논란의 여지가 있으며, 대부분의 학자들은 이익극대화를 기업의 목표로 보기에는 곤란하다는 데 의견을 같이 하고 있다. 그 이유는 이익극대화가 다음과 같은 문제점을 가지고 있기 때문이다.

첫째, 이익극대화라 할 때 이익은 회계적 측정치로서 기업의 경제적 성과를 정확하게 나타내지 못한다. 이익은 일정한 회계절차에 따라 기록·정리된 장부상의 이익으로서, 기업의 실제 현금흐름(cash flow)을 나타내는 것이 아니다. 즉 이익은 감가상각방법, 재고자산평가방법 등에 대한 회계처리방법의 선택에 따라 그 크기가 달라질 수 있는 자의적인 수치이다.

둘째, 이익극대화 목표는 이익의 발생시기를 무시하고 있다. 그러므로 이익극대화 목표에 의해서는 서로 다른 시점에서 발생하는 이익을 정확하게 평가할 수 없다. 예를 들어 현재 1억원의 수익이 있으나 10년 후에 1억 1천만원의 비용이 발생하는 대안 A와, 현재 2억원의 비용을 지출하여 10년 후에 2억 2천만원의 수익을 얻을 수 있는 대안 B가 있다고 하자. 만약 단순히 이익극대화 목표에 의해서 두 대안을 평가한다면, 대안 B는 2천만원의 순이익을 얻을 수 있는 반면, 대안 A는 1천만원의 손실이 발생하게 되므로 대안 B를 선택해야 한다. 그러나 이와 같은 평가는 현금흐름의 발생시기에 따라서 그 가치가 달라지는 현실을 고려할 때 타당하지 않을 수 있다.

셋째, 이익극대화 목표는 미래이익의 불확실성(위험)의 정도에 따른 이익의 질적 가치를 무시한다. 그러므로 이익극대화 목표에 의해서는 불확실성의 정도가 서로 다른 미래이익을 정확하게 평가할 수 없다. 예를 들어 현재 1억원을 투자하여 1년 후에 1억 2천만원을 얻을 수 있다고 예상되는 두 투자기회가 있다고 하자. 한 투자기회는 위험이 작은 기존 사업에 대한 확장투자이고 다른 하나는 미래결과가 불확실한 첨단제품의 개발일 경우, 위험을 싫어하는 이성적인 투자자라면 당연히 확장투자를 더 선호하게 된다. 그러나 이 두 투자안의 기대이익이 동일하기 때문에 이익극대화 목표에 의해서는 우열을 가릴 수 없을 것이다.

2.2 기업가치의 극대화

전통적인 이익극대화 목표는 앞에서 지적한 문제점들 때문에 기업목표로서 적절하지 못하다. 현대 재무관리에서는 기업가치의 극대화(firm value maximization)를 보다 타당한 기업의 목표로 받아들이고 있다. 기업가치는 기업이 벌어들일 미래 현금흐름을 그 발생시기와 불확실성에 따라 적절하게 할인한 현재가치의 총합을 의미한다.[2]

기업가치=미래 기업현금흐름의 총현재가치

기업가치는 기업이 보유하고 있는 총자산가치, 또는 주식의 총시장가치와 부채의 총시장가치를 합한 것으로 볼 수 있다. 여기에서 부채의 시장가치가 거의 일정하기 때문에 기업가치를 극대화한다는 것은 곧 주식의 총시장가치(이를 주주 부라고도 함)를 극대화한다

2 각 시점의 현금흐름을 현재가치 또는 미래가치로 환산하는 방법에 대해서는 제2장에서 자세히 설명된다.

는 것을 의미한다. 즉 기업가치의 극대화는 주주 부의 극대화(stock-holder wealth maximization)와 동일한 개념이라 할 수 있다.[3] 그러므로 본서에서는 앞으로 기업의 목표를 주주(소유주) 부의 극대화라 가정하고 이론을 전개해 나갈 것이다.

알 | 아 | 두 | 기

대리인문제

기업의 경영목표, 즉 주주 부의 극대화는 항상 달성가능한가? 대규모 기업에서는 주주들이 필요한 모든 의사결정을 직접 할 수는 없다. 대신에 주주들은 그들의 대리인(agent)으로서 기업을 경영할 수 있는 경영자를 고용한다. 그래서 주주가 아닌 경영자가 일상적으로 기업을 통제하게 되며, 이 경우 경영자는 주주의 부가 아닌 자신의 이익에 보다 관심을 가질 수 있다. 다시 말하면 기업의 소유와 경영의 분리로 인하여 주주와 경영자의 목표가 서로 달라질 수 있다. 기업의 주인(principal)인 주주가 대리인인 경영자에게 의사결정권한을 위임함으로써 발생하는 주인과 대리인 간의 갈등을 대리인문제(agency problem)라 한다. 한편 주주와 경영자 이외에도 기업과 이해관계를 가지는 다른 많은 집단, 즉 채권자, 종업원, 정부, 소비자 등이 있으며, 이들의 이해관계는 서로 상충될 수 있다. 다양한 이해관계자집단들의 갈등으로부터 발생하는 모든 문제들을 광의의 대리인문제로 생각할 수 있다.

3 주주 부(발행주식수×주가)의 극대화는 궁극적으로 주가의 극대화를 의미한다.

뉴스 속 재무

美 빅테크, 글로벌 시가총액 상위권 싹쓸이

(단위: T(trillion dollor, 1조달러), B(billion dollor, 10억 달러))

Rank	U.S.	EU and UK	China
1	Apple($3.4T)	Novo Nordisk($389B)	Tencent($513.7B)
2	Nvidia($3.3T)	LVMH($359B)	ICBC($310.1B)
3	Microsoft($3.1T)	SAP($333B)	Alibaba($264.5B)
4	Amazon($2.5T)	Hermès($303B)	Kweichow Moutai ($251.7B)
5	Alphabet($2.3T)	ASML($293B)	Agricultural Bank of China($241.6B)
6	Meta($1.8T)	Accenture($242B)	China Mobile($220.2B)
7	Tesla($1.1T)	AstraZeneca($225B)	China Construction Bank($212.2B)
8	Broadcom($1.1T)	Linde($219B)	PetroChina($202.4B)
9	Berkshire Hathaway($1.0T)	Shell($200B)	Bank of China($201.3B)
10	Walmart($826.8B)	L'Oréal($195B)	Pinduoduo($161.6B)
N/A	Top 10($20.4T)	Top 10($2.8T)	Top 10($2.6T)

미국, EU, 중국의 10대 시가총액 기업

미국의 상장기업들이 글로벌 시가총액 순위에서 압도적인 우위를 점하고 있는 것으로 나타났다. 2025년 2월 24일(현지시각) 미국의 시장정보 조사업체 비주얼캐피털리스트가 분석해 발표한 자료에 따르면 애플이 3조4,000억달러(약 4,877조원)의 시가총액으로 세계에서 가장 높은 기업가치를 기록했다. 이 자료는 미국, 유럽(영국 포함), 중국의 상장기업들을 대상으로 시가총액 상위 10대 기업을 파악한 것으로 데이터는 글로벌 시가총액 분석사이트 컴퍼니스마켓캡닷컴과 경제 전문매체 야후파이낸스의 보도 내용을 기반으로 2025년 2월 10일 기준으로 집계됐다.

미국, 10대 기업 총 시가총액 20조 4,000억달러

미국 기업들은 상위 10위 안에 무려 9개 기업이 1조달러(약 1,434조원) 이상의 시가총액을 기록했다. 엔비디아가 3조 3,000억달러(약 4,734조원), 마이크로소프트가 3조1,000억달러(약 4,448조원), 아마존이 2조5,000억달러(약 3,587조원), 구글의 모기업 알파벳이 2조3,000억달러(약 3,300조원) 등으로 애플의 뒤를 이었다. 빅테크 기업들이 상위권을 싹쓸이한 셈이다. 이 밖에 메타플랫폼스가 1조8,000억달러(약 2,583조원), 테슬라와 브로드컴이 공히 1조1,000억달러(약 1,578조원), 버크셔 해서웨이가 1조달러(약 1,435조원)로 10위 안에 이름을 올린 동시에 1조달러 클럽에 들었다. 미국기업 상위 10곳의 총 시가총액은 20조4,000억달러(약 2경 9,274조원)에 달하는 셈인데 이는 유럽과 중국의 상위 10대 기업의 시가총액을 합친 금액의 3배 이상이라고 비주얼캐피털리스트는 밝혔다.

유럽 · 중국, 특정 산업 집중 … 美 빅테크와 격차

유럽 상장기업 중 가장 높은 시가총액을 기록한 기업은 3,890억달러(약 558조원)를 기록한 덴마크 제약사 노보 노디스크인 것으로 파악됐다. 노보 노디스크는 당뇨병 및 비만 치료제 등으로 급성장한 것으로 평가됐다. 이어 프랑스 명품기업 LVMH가 3,590억달러(약 515조원), 독일 소프트웨어 기업 SAP가 3,330억달러(약 4,778조원)로 그 뒤를 이었다. 유럽 기업들은 주로 제약, 명품, 에너지 등 전통 산업에 강점을 보인 것으로 나타났다.

중국 기업 중에서는 텐센트가 5,137억달러(약 737조원)로 가장 높은 시가총액을 기록했다. 그 뒤를 3,101억달러(약 444조원)의 중국공상은행(ICBC), 2,645억달러(약 379조원)의 알리바바, 2,517억달러(약 361조원)의 구이저우 마오타이 등이 이었다. 그러나 미국과 중국의 패권 대결, 규제 강화 등으로 인해 중국 기업들의 성장세는 다소 둔화된 상태인 것으로 분석됐다.

미국 기업, 미래 성장성 높은 평가

비주얼캐피털리스트는 "미국 빅테크 기업들은 높은 수익성과 확장성을 기반으로 투자자들의 기대를 충족시키며 고평가를 받고 있다"고 분석했다. 특히 소프트웨어와 플랫폼 기반 기업들은 물리적인 생산 확대 없이도 글로벌 시장을 빠르게 장악할 수 있어 투자자들의 기대감이 높다는 설명이다. 특히 애플의 주가수익비율(price-earnings ratio: PER)은 38배에 달하는 것으로 나타났다. 이는 유럽 최고가 기업인 LVMH(28배)보다 높은 수준이다. 엔비디아의 PER 역시 45배를 기록하며 AI 반도체 시장에서의 독점적 지위를 기반으로 고평가 받고 있는 것으로 평가됐다. (참고 : 주가수익비율(PER)은 주가를 주당순이익(earnings per share: EPS)으로 나눈 것으로 주가가 주당순이익의 몇 배인가를 나타내는 것이다.)

글로벌 시장, 미국 기업 중심으로 재편

비주얼캐피털리스트는 "미국 기업들은 시장가치뿐 아니라 기술력과 혁신 측면에서도 글로벌 경쟁력을 강화하고 있다"며 "세계 최대 자본시장을 바탕으로 한 풍부한 투자 유입과 더불어 혁신 친화적인 기업문화가 이 같은 성장세를 뒷받침하고 있다"고 밝혔다. 특히 미국은 실리콘밸리를 비롯한 첨단 기술 인프라, 유수의 대학 및 연구소, 스타트업 생태계 등이 긴밀히 연결돼 있어 지속적인 혁신을 가능케 하고 있다는 분석이다.

반면, 유럽과 중국 기업들은 특정 산업에 집중돼 있어 성장성과 확장성 측면에서 미국 기업과 격차를 보이고 있다는 지적이다. 특히 중국 기업들은 미중 갈등 심화로 인한 규제, 수출 제한 등의 영향으로 글로벌시장에서의 입지가 약화되고 있는 것으로 평가됐다.

〈글로벌이코노믹, 2025. 2. 26〉

3. 본서의 구성

본서는 투자결정, 자본조달결정 등 기업의 주요 재무의사결정을 모두 3편 10장으로 나누어 다루고 있다. 이와 같은 본서의 전체적인 구성은 [그림 1-3]과 같다.

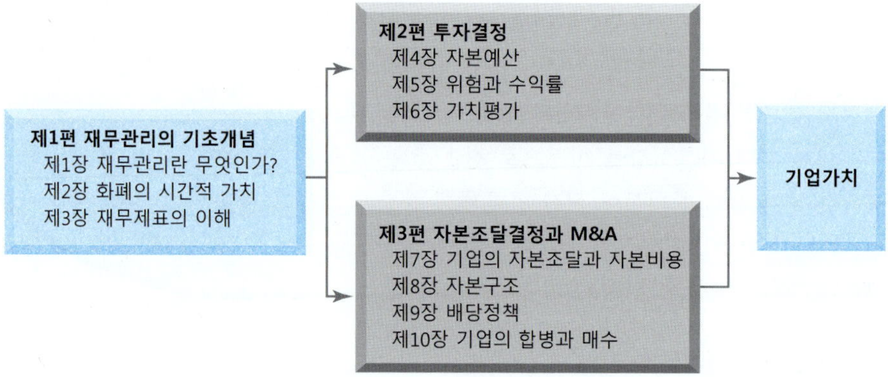

그림 1-3 본서의 구성

PRINCIPAL TERMS

주ㅣ요ㅣ용ㅣ어

재무관리 (financial management)

기업의 자금조달과 운용을 다루는 학문으로서 그 궁극적인 목표는 기업의 가치를 극대화하는 데 있다.

투자결정 (investment decision)

얼마만큼의 자금을 어느 자산에 투자할 것인가에 관한 결정, 즉 실물자산에 대한 투자결정이다. 투자결정에 의해서 자산의 규모와 구성이 결정되며, 그 결과는 재무상태표의 왼쪽(차변)에 나타난다.

자본조달결정 (financing decision)

투자에 필요한 자금을 어떻게 조달할 것인가에 관한 결정이다. 자본조달결정에 의해서 부채와 자기자본의 규모와 구성이 결정되며, 그 결과는 재무상태표의 오른쪽(대변)에 나타난다.

이익극대화 (profit maximization)의 문제점

첫째, 이익은 회계적 측정치로서 기업의 경제적 성과를 정확하게 나타내지 못한다. 둘째, 이익의 발생시기를 무시하고 있다. 셋째, 미래이익의 불확실성(위험)의 정도에 따른 이익의 질적 가치를 무시한다.

기업가치 (firm value)

기업이 벌어들일 미래 현금흐름을 그 발생시기와 불확실성에 따라 적절하게 할인한 현재가치의 총합을 의미한다.

EXERCISES

연 | 습 | 문 | 제

QUESTION I

완성/선택형 문제

01 실물자산은 기계설비, 공장, 사무실 등의 (   )과 전문적 기술, 상표권, 특허권 등의 (   )으로 구분된다.

02 재무관리자가 수행하여야 하는 재무의사결정은 (   )과 (   )의 두 가지 기본적인 의사결정문제로 요약될 수 있다.

03 (   )는 기업이 벌어들일 미래 현금흐름을 그 발생시기와 불확실성에 따라 적절하게 할인한 현재가치의 총합을 의미한다.

04 다음 중 재무관리자의 역할과 가장 거리가 먼 것은?

① 투자결정
② 자본조달결정
③ 운전자본관리
④ 회계처리
⑤ 배당결정

05 다음 중 재무관리의 목표로서 이익의 극대화가 지니는 문제점과 거리가 먼 것은?

① 회계적 이익의 자의성
② 이익의 발생시기 무시
③ 미래이익의 불확실성(위험) 무시
④ 회계적 이익 개념의 모호성
⑤ 회계적 이익 측정의 어려움

06 다음 중 재무관리의 목표로서 적절하지 못한 것은?

① 기업가치의 극대화
② 매출의 극대화
③ 주주 부의 극대화
④ 순현가의 극대화
⑤ 주가의 극대화

07 기업의 사회적 책임과 기업의 목표와의 관계에 대해 바르게 설명하고 있는 것은?

① 기업의 목표는 기업가치의 극대화이기 때문에 비용이 수반되는 공해방지시설, 종업원 복지후생 등을 가능하면 억제해야 한다.
② 장기적인 기업의 목표를 추구하다 보면 기업의 사회적 책임이 다소 희생될 수 있다.
③ 기업은 우선적으로 영리를 추구해야 하므로 경우에 따라서 공익을 무시할 수 있다.
④ 기업의 경영자는 기업의 다양한 이해관계자간의 이해상충문제에 관계없이 소유주인 주주의 이익만 추구하면 된다.
⑤ 기업가치의 극대화와 사회적 책임은 궁극적으로 일치하는 개념으로서 기업은 사회적 책임을 다함으로써 기업의 목표인 기업가치를 극대화시킬 수 있다.

QUESTION II

서술형 문제

01 재무관리자의 역할에 대하여 설명하라.

02 이익극대화보다 기업가치의 극대화가 더 적절한 재무관리의 목표라 할 수 있다. 그 이유를 들어 보라.

제2장

화폐의 시간적 가치

1. 화폐의 시간적 가치와 이자율
2. 미래가치와 현재가치
3. 화폐의 시간적 가치의 응용

화폐의 시간적 가치 개념을 이용하여 현재의 일정금액을 미래 특정시점의 가치, 즉 미래가치로 환산할 수 있다.

Financial Management

화폐는 동일한 금액이라 하더라도 발생시기에 따라 그 가치가 달라진다. 즉 오늘의 1원과 내일의 1원의 가치는 서로 다르다. 일반적으로 기업의 재무의사결정은 현재시점에서 이루어지나 이로부터 발생되는 현금흐름은 미래시점에서 실현된다. 예를 들어 어떤 기업이 현재 1억원을 투자하여 앞으로 4년 동안 매년 3천만원씩 벌어들일 수 있는 투자안을 고려한다고 하자. 이 기업은 투자안을 채택하여야 하는가? 단순하게 생각하면 투자안의 현금유입(cash inflow) 1억 2천만원(3천만원×4년)은 현금유출(cash outflow) 1억원보다 더 많기 때문에 이 투자안을 채택하여야 한다고 생각할지 모른다. 그러나 현금유출 1억원은 현재시점에서 지출하여야 하나, 반면에 현금유입은 4년 동안 매년 3천만원씩 미래에 얻을 수 있는 현금흐름이다. 또한 현재의 현금유출은 확실하나, 미래의 현금유입은 추정된 것으로서 불확실한 것일 수 있다. 그러므로 서로 다른 시점에서 발생되는 현금흐름을 비교하기 위해서는 반드시 오늘의 1원과 내일의 1원 사이의 관계, 즉 화폐의 시간적 가치(time value of money) 개념을 알아야 한다.

그러므로 본장에서는 각 시점에 발생하는 현금흐름을 현재가치(present value: PV) 또는 미래가치(future value: FV)로 전환하는 방법에 대하여 설명하고자 한다.

학습목표

1. 화폐의 시간적 가치의 개념과 이자율의 의미를 파악한다.
2. 미래가치의 개념과 복리계산과정을 이해한다.
3. 현재가치의 개념과 할인계산과정을 이해한다.
4. 영구연금, 연금 등 화폐의 시간적 가치 개념이 응용된 문제를 해결한다.

1. 화폐의 시간적 가치와 이자율

1.1 화폐의 시간적 가치

일반적으로 사람들은 동일한 금액인 경우 미래의 현금흐름보다는 현재의 현금흐름을 더 선호한다. 즉 오늘의 1원은 내일의 1원보다 더 가치가 있다. 그 이유로는 여러 가지가 있을 수 있으나, 여기서는 다음과 같은 두 가지만 설명하고자 한다.

첫째, 일반적으로 사람들은 미래의 소비보다 현재의 소비를 더 선호하는 시차선호(time preference)의 경향을 가지고 있기 때문이다. 시차선호는 사람들의 일반적인 행동적 특성에 기인한 것으로서, 사회 또는 사람에 따라 미래의 소비보다 현재의 소비를 더 선호하는 강도는 달라질 수 있다.

둘째, 사람들은 현재의 현금을 가지고 주어진 생산기회를 이용하여 미래에 그 이상의 가치를 만들어 낼 수 있기 때문이다. 즉 자본화되어 새로운 가치를 창출할 수 있는 현재의 현금흐름을 동일한 금액의 미래 현금흐름보다 더 선호하게 된다. 이는 자본의 생산성(productivity of capital)이라는 기술적 특성에 기인한다.

이상의 이유들에 의해서 사람들은 동일한 금액일 경우 현재의 현금흐름을 미래의 현금흐름보다 더 선호하게 된다.[1] 그러므로 사람들이 선호하는 현재의 현금흐름을 포기하게 하기 위해서는 미래의 현금흐름을 보다 많이 제공해야 하는데, 이와 같이 추가적으로 지불하는 금액(이자)을 현재의 현금흐름(원금)에 대한 일정한 비율로 나타낸 것이 이자율이다. 요약하면 이자율(interest rate)은 화폐의 가격으로서 화폐의 시간적 가치를 반영하는 척도라 할 수 있다.

---

1 오늘의 현금흐름을 더 선호하는 또 하나의 중요한 이유는 미래의 불확실성(uncertainty) 때문이다. 사람들은 위험을 싫어하기 때문에 적절한 보상 없이는 불확실한 미래 현금흐름을 선택하지 않을 것이다. 이와 같은 불확실성 또는 위험에 대한 사항은 제5장에서 자세히 설명된다.

알 | 아 | 두 | 기

조삼모사에 담긴 화폐의 시간적 가치

조삼모사(朝三暮四)는 아침에 세 개, 저녁에 네 개라는 뜻으로 풀이되는 한자성어다. 이 말이 담고 있는 속뜻은 잔꾀로 남을 농락한다는 의미를 담고 있는데, 그 유래는 다음과 같다.

중국 송(宋)나라 시대에 저공(狙公)이라는 사람이 살았는데, 이 사람은 원숭이를 너무 좋아하여 수십 마리를 길렀다. 그런데, 저공의 집안은 가난하여 원숭이 먹이를 조달하는 것조차 쉽지 않았다. 급기야 저공 가족의 식량도 바닥나서 먹을 것이라곤 집안에 도토리밖에 없었다. 그러나 그것마저도 가족과 원숭이들의 끼니를 때우기에 충분하지 않아 원숭이 먹이를 줄여야 할 형편이 되었다.

하지만 저공은 원숭이들에게 무작정 먹이를 줄이겠다고 할 경우 그들의 불평을 살 것을 염려하였다. 저공이 고민을 거듭한 끝에 원숭이들에게 다음과 같이 선언하였다. "앞으로 너희들에게 도토리를 아침에 3개, 저녁에 4개씩 주겠다." 이 말을 들은 원숭이들은 저녁보다 아침에 1개가 적으면 배가 고프다며 불평하였다. 이에 저공이 "그렇다면 아침에 4개, 저녁에 3개씩 주겠다."고 하면서 "아침에 저녁보다 1개를 더 많이 먹는 셈이니 어떠냐?"고 원숭이들에게 물었다. 그러자 원숭이들이 모두 좋다고 기뻐했다.

이와 같이 조삼모사는 하루에 먹는 도토리의 양은 7개로 동일하지만 아침에 한 개를 더 먹을 수 있다는 잔꾀에 농락당한 원숭이의 어리석음을 비웃는 시각을 담고 있다.

한편 조삼모사를 통해 우리는 원숭이들의 지혜도 엿볼 수 있다. 조삼모사에서 원숭이들이 '아침에 3개 저녁에 4개'의 제안(대안 Ⅰ)보다 '아침에 4개 저녁에 3개'를 받는 제안(대안 Ⅱ)을 선호하였다. 소비의 시차선호 경향만을 감안하더라도 원숭이들은 아침에 도토리 1개를 더 받을 경우 저녁에 적어도 1개보다 더 많은 도토리를 포기할 수 있다. 따라서 원숭이들의 입장에선 대안 Ⅰ보다 대안 Ⅱ의 가치가 크다고 판단하였을 것이다. 이러한 점에서 조삼모사는 오늘의 1원이 내일의 1원보다 더 가치가 있다는 화폐의 시간적 가치의 개념을 송나라 때의 원숭이들도 알고 있었다는 얘기가 된다.

1.2 기준금리

금융통화위원회 본회의를 주재하고 있는 한국은행 총재

한국은행의 기준금리(base rate) 발표가 있을 때마다 언론에서는 기사가 폭포수처럼 쏟아진다. 그만큼 파급효과가 크기 때문이다. 대체 기준금리는 무엇을 뜻하고 어떤 영향력을 갖고 있는 것일까. 일반적으로 한 국가에서 화폐를 발행하는 중앙은행은 해당 국가의 통화정책을 담당한다. 통화정책은 경제에서 유통되는 화폐량이나 가격, 나아가 화폐의 가치에까지 영향을 미친다. 이들 흐름을 잘 조절하는 일은 바로 물가를 안정시키는 것과 깊은 관련이 있다.

기준금리는 바로 물가안정을 위한 정책 수단 중 하나로서, 한국은행이 시중은행 등 다른 금융기관과 거래할 때 기준으로 삼는 금리를 말한다. 기준금리는 한국은행의 금융통화위원회(한국은행 총재와 부총재를 포함한 총 7명의 위원으로 구성)에서 매월 진행하는 '본회의'를 통해 결정된다. 여기서 매월 물가동향, 국내외 경제상황, 금융시장 여건 등을 종합적으로 고려해 금리를 결정한다. 기준금리는 금융회사 간 거래 시 담보 없이 단기로 돈을 빌려주고 빌려 사용하는 콜금리의 기준이 되며, 한국은행에 시중 금융회사(은행 포함)가 단기 채권을 팔거나 자금을 차입할 때 적용되는 고정금리 역할을 한다. 예금과 대출금리 및 환율, 채권 등 궁극적으로 실물경제 활동에 영향을 미치는 것이다. 기준금리가 오르면 중앙은행으로부터 대출을 받는 은행들은 이자 부담이 높아지면서 이를 줄이게 된다. 이에 따라 투자자금이 부족해져서 영업수익이 줄어들면 수익 보전을 위해 일반 고객 상대 대출금리를 올릴 수밖에 없다. 이렇게 시중금리가 오르면 기업과 가계 모두 지갑을 닫아 통화량이 정체하거나 줄어든다. 기업이 투자를 줄이고 개인이 소비를 줄이면서 서서히 과열됐던 경기가 제자리를 찾아가는 것이다. 반면 기준금리가 내리면 은행들은 이자부담이 적어서 대출을 늘린다. 고객 상대 대출이나 투자에 운용할 자금이 불어나므로 대출금리도 낮아진다. 그 결과 기업이 자금을 빌려 사업을 확장하거나 투자율을 높이고 가계 또한 소비가 늘거나 주식 및 부동산 등에 투자할 수 있다. 시중 통화량이 늘면서 경기가 활발히 살아난다. 이상과 같이 한국은행에서는 물가가 낮아 경기가 과열됐을 때는 기준금리를 올리고, 고물가로 경기가 축소됐을 때는 기준금리를 내리는 식으로 통화정책을 운영한다.

미국의 기준금리는 연방공개시장위원회(Federal Open Market Committee: FOMC)에서 결정된다. 연방공개시장위원회(FOMC)는 중앙은행제도인 연방준비제도(Federal Reserve System: Fed) 내에서 정책금리인 기준금리 등을 결정하는 위원회이다. 미국의 연방준비제도는 12개의 연방준비은행 · 연방준비제도위원회 · 연방준비은행이사회 · 연방공개시장위원회로 구성되는데 이 중 연방공개시장위원회를 해당 영문 명칭의 앞 글자를 따 FOMC라고 부르는 것이다. 연방공개시장위원회(FOMC)의 위원은 총 12명으로, 연방준비제도위원회의 위원(governor) 7명과 뉴욕연방준비은행 총재가 당연직으로 참여하고 나머지 네 자리를 11명의 연방준비은행 총재(president)들이 1년씩 돌아가며 맡는데, FOMC의 의장은 연방준비제도위원회의 의장이 겸임하며 부의장은 FOMC의 의사결정 사항을 집행하기 위해 실제 공개시장조작(Open Market Operation)을 담당하는 뉴욕 연방준비은행 총재가 맡는다. 글로벌 금융시장 참가자들이 계속해서 미국의 기준금리 인상 또는 인하 시기 및 속도에 대해 최대 관심을 기울이고 있는 것은 이것이 전 세계적으로 금리, 환율, 주가, 자본이동 등 금융시장과 투자, 소비, 수출입 등 실물경제에 미치는 영향력이 매우 크기 때문이다.

2. 미래가치와 현재가치

2.1 미래가치와 복리계산과정

미래가치란 현재의 일정금액을 미래의 일정시점의 화폐가치로 환산한 것을 말하며, 미래가치를 구하는 과정을 복리계산과정(compounding process)이라 한다.

예를 들어 어떤 사람이 현재 100원을 연리 10%로 매년 복리계산되는 정기예금에 예금한다면, 그는 1년도 말에 원금 100원과 이자 10원(100원×0.1)을 합한 원리합계 110원을 받을 수 있다. 다시 말하면 현재가치 100원을 1년도 말의 미래가치로 환산하면 110원이 된다는 것이다.

$$\begin{aligned} FV_1 &= PV + PV \times r = PV(1+r) \\ &= 100\text{원} + 100\text{원} \times 0.1 = 100\text{원}(1+0.1) = 110\text{원} \end{aligned}$$

여기서 PV: 원금, 즉 현재가치
FV_1: 1년도 말의 원리합계, 즉 미래가치
r: 연리

1년도 말에 110원을 회수하지 않고 1년 더 예금한다면, 2년도 말에 받을 수 있는 원리합계, 즉 미래가치 FV_2는 다음과 같다.

$$\begin{aligned} FV_2 &= FV_1 + FV_1 \times r = FV_1(1+r) = PV(1+r)^2 \\ &= 110\text{원} + 110\text{원} \times 0.1 = 110\text{원}(1+0.1) = 100\text{원}(1+0.1)^2 \\ &= 121\text{원} \end{aligned}$$

이상과 같은 방법으로 n년도 말의 미래가치 FV_n은 다음과 같이 나타낼 수 있다.

$$FV_n = PV(1+r)^n = PV \times CVIF_{r,\,n} \qquad (2\text{-}1)$$

식 (2-1)에서 $(1+r)^n$은 현재 1원에 대한 n기간 말에서의 미래가치를 나타내며, 이를 복리이자요소(compound value interest factor: CVIF) 또는 미래가치이자요소(future value interest factor: FVIF)라 한다. 본서의 부록에 제시된 복리표(부표-1 참조)를 이용하면 이자율 r과 기간 n에 의해 결정되는 복리이자요소 $CVIF_{r,n}$을 간편하게 구할 수 있다. 그리고 원금(현재가치)에 복리이자요소를 곱하여 미래가치를 계산할 수 있다.

알 | 아 | 두 | 기

이자계산방법: 단리와 복리

이자의 계산방법에는 단리(simple interest)와 복리(compound interest)의 두 가지가 있다. 단리에 의해서 이자를 계산하면 원금에 대한 이자만 계산되나, 복리의 경우에는 원금뿐만 아니라 이자에 대한 이자도 계산된다.

예를 들어 어떤 사람이 현재 100원을 연리 10%로 2년간 예금하는 경우 이자를 단리 또는 복리 중 어떤 방법으로 계산하느냐에 따라 2년 후 원리합계는 다음과 같이 달라진다.

높은 금리로 대출을 받으면 복리로 인해 갚아야 할 원리합계가 기하급수적으로 증가하여 빚에 허덕일 수 있음을 유의해야 한다.

- 단리계산방법: 2년 후 원리합계
  $= 100원 + (100원 \times 0.1) \times 2$
  $= 100원(1 + 0.1 \times 2)$
  $= 120원$
- 복리계산방법: 2년 후 원리합계
  $= 100원(1 + 0.1)^2$
  $= 121원$

항상 단리보다 복리에 의한 원리합계가 더 크다. 이는 복리의 경우 이자에 대한 이자가 계산되기 때문이다. 일반적으로 금융거래에 있어서 단리에 의한 이자계산방법은 거의 사용되지 않는다. 그러므로 특별한 언급이 없는 한 복리에 의해서 이자가 계산된다고 이해하여야 한다.

알 | 아 | 두 | 기

스마트폰 재무계산기 애플리케이션

최근 스마트폰에서 화폐의 시간적 가치를 손쉽게 계산할 수 있는 애플리케이션이 제공되어 인기를 누리고 있다. 대표적인 애플리케이션으로는 'financial calculators'의 재무계산기를 들 수 있다. 이 애플리케이션을 스마트폰(구글 플레이스토어(play store) 또는 애플 앱스토어(App store)에서 다운로드 할 수 있음)에 설치한 뒤 실행시키면 [그림 1]과 같은 화면이 나타나는데, 여기서 화폐의 시간적 가치 계산에 사용되는 TVM calculator를 선택한다.

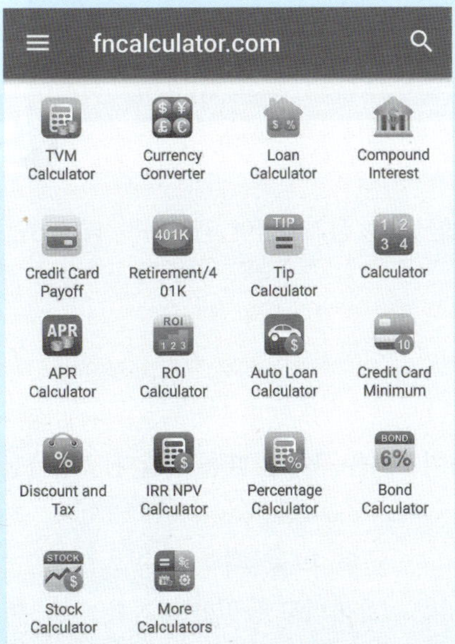

그림 1

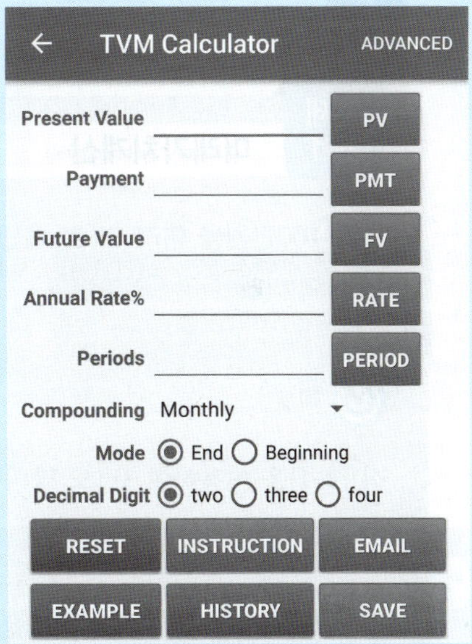

그림 2

TVM calculator를 클릭하면 [그림 2]의 화면이 나타난다. 여기서 'PV'는 현재가치, 'PMT'는 정기적립액(연금), 'FV'는 미래가치, 'Rate'는 연간 이자율(% 단위), 'Period'는 기간의 수를 의미한다. 각 공란에 화폐의 시간적 가치를 계산하는 데 필요한 기초자료를 입력한 뒤, 최종 구하고자 하는 값의 버튼(FV, PMT, PV, RATE, PERIOD 등의 버튼(button))을 누르면 공란에 그 결과 값이 계산된다. 한편 PV, FV, PMT 등의 기초자료 입력시 현금유입은 양수(+), 현금유출은 음수(−)로 기입한다.

$$600(1+r)^3=777$$

$$(1+r)^3=CVIF_{r,3}=777/600=1.2950$$

그러므로 〈부표-1〉의 복리표에 의해서 연리 r을 구하면,

$$\therefore\ r=0.09 \text{ 또는 } 9\%$$

또는 위 식을 직접 풀어서 구해도 동일한 결과를 얻을 수 있다.

$$r=(1.2950)^{1/3}-1=\sqrt[3]{1.2950}-1=0.09 \text{ 또는 } 9\%$$

한편 스마트폰에서 활용 가능한 애플리케이션인 재무계산기(TVM calculator)를 이용할 경우에도 RATE 버튼 앞에 제시된 값과 같이 9%를 얻을 수 있다.

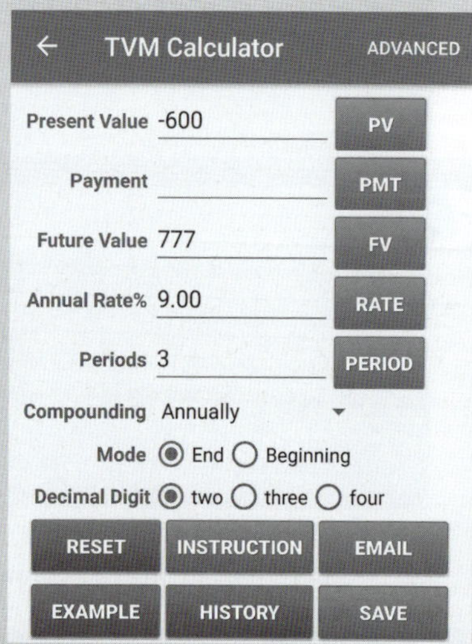

예제 2-3 투자기간의 계산: 72의 규칙

현금 100만원을 연리 10%로 매년 복리계산되는 정기예금에 예금하는 경우 몇 년 후에 원금의 2배인 200만원이 되겠는가?

해설

원금의 2배가 되는 기간을 다음과 같이 구할 수 있으며, 이를 72의 규칙(rule

of 72)이라 한다.[2]

$$\text{원금의 2배가 되는 기간} = \frac{72}{\text{이자율(\%)}} = \frac{72}{10} = 7.2\text{년}$$

한편 스마트폰에서 활용 가능한 애플리케이션인 재무계산기(TVM calculator)를 이용할 경우에도 PERIOD 버튼 앞에 제시된 값과 같이 7.27년을 얻을 수 있다.

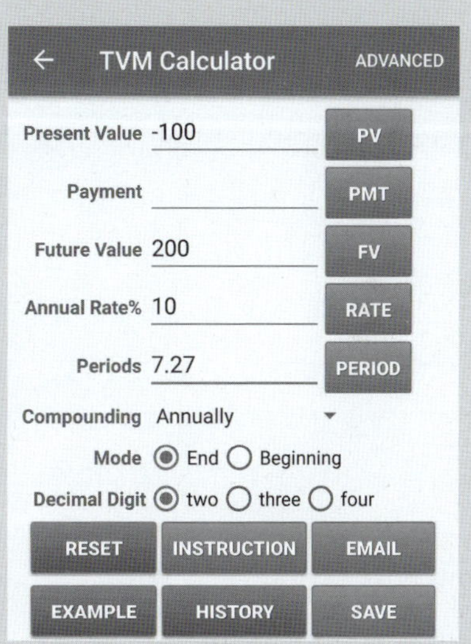

2.2 현재가치와 할인계산과정

현재가치란 미래에 발생할 일정금액을 현재시점의 화폐가치로 환산한 것을 말하며, 현재가치를 구하는 과정을 할인계산과정(discounting process)이라 한다.

연리 10%로 매년 복리계산되는 정기예금에 현재 얼마를 예금하여야 2년도 말에 100원이 되겠는가? 이 물음에 대한 답은 다음의 식에서 찾을 수 있다.

$$PV(1+0.1)^2 = 100\text{원}$$

그러므로

2 원금의 2배가 되는 기간(n)을 보다 정확하게 구하려면 $100(1+0.1)^n = 200$, 즉 $(1+0.1)^n = 2$를 풀면 된다. 로그함수를 이용하면 $n \times \log 1.1 = \log 2$이므로 $n = \frac{\log 2}{\log 1.1} = 7.27$년이 된다. 즉 7.27년을 예금해야 원금의 2배로 만들 수 있음을 알 수 있다. 이는 72의 규칙에 의해 구한 7.2년과 약간의 차이가 있다.

알 | 아 | 두 | 기

복리계산의 효과

원금뿐만 아니라 이자에 대한 이자도 계산되는 복리계산의 효과를 극적으로 보여 줄 수 있는 사례를 살펴보자. 네덜란드 신대륙 식민지의 초대총독이었던 피터 미누이트(Peter Minuit)는 1626년 미국의 뉴욕시에 있는 맨해튼(Manhattan) 섬을 원주민인 인디언들로부터 약 $24에 해당하는 물건들을 주고 샀다. 인디언들이 맨해튼을 강제로 빼앗긴 것이나 다름없다고 생각할 수 있으나, 복리계산의 효과를 고려하면 오히려 이 거래가 인디언들에게 더 유리한 것일 수도 있다. $24를 연리 8%로 매년 복리계산하여 395년이 지난 현재시점(2021년)에서의 가치를 계산하면 약 382조달러〔$\$24(1+0.08)^{395}$〕가 되어 지금의 맨해튼을 다시 사고도 남을 것이다. 다만 1626년부터 395년 동안 계속해서 연리 8%를 지급하는 곳에 투자하기란 쉽지 않을 것이다.

$$PV = \frac{100}{(1+0.1)^2} = 82.64\text{원}$$

즉 오늘 82.64원을 연리 10%로 매년 복리계산되는 정기예금에 예금하면 2년도 말에 100원이 된다. 그러므로 현재의 82.64원과 2년도 말의 100원의 가치는 동일하다고 할 수 있다. 이 경우 2년도 말 100원의 현재가치는 82.64원이다.

n년도 말의 미래가치 FV_n을 현재가치 PV로 환산하는 공식은 앞의 식 (2-1)을 수정하여 다음과 같이 나타낼 수 있다.

$$PV = \frac{FV_n}{(1+r)^n} = FV_n(1+r)^{-n} = FV_n \times PVIF_{r,n} \tag{2-2}$$

식 (2-2)에서 $(1+r)^{-n}$은 n기간 말 1원의 현재가치를 나타내며, 이를 현가이자요소(present value interest factor: PVIF)라고 한다. 본서의 부록에 제시된 현가표(부표-3 참조)를 이용하면 이자율 r과 기간 n에 의해 결정되는 현가이자요소 $PVIF_{r,n}$을 간편하게 구할 수 있다.[3] 그리고 미래 현금흐름(미래가치)에 현가이자요소를 곱하여 현재가치를 계산할 수 있다.

이상에서 살펴본 바와 같이 미래가치를 구하는 복리계산과정과 현재가치를 구하는 할인계산과정은 서로 상반되는 개념이며, 현가이자요소는 복리이자요소의 역수라 할 수 있다.

$$PVIF_{r,n} = \frac{1}{CVIF_{r,n}} \tag{2-3}$$

예제 2-4 현재가치의 계산

K씨는 지금으로부터 3년 후에 100만원을 받을 수 있다. 그리고 그는 투자로부터 매년 8%씩 벌 수 있다. 이 경우 K씨가 받을 미래 현금흐름의 현재가치는 얼마인가?

해설

식 (2-2)를 이용하여 현재가치 PV를 구하면 다음과 같다.

$$PV = \frac{100}{(1+0.08)^3} = 79.38\text{만원}$$

3 일반적으로 현재가치를 계산할 때 사용되는 이자율을 할인율(discount rate)이라고 한다.

또한 본서 뒤에 있는 〈부표-3〉의 현가표를 이용하여도 동일한 결과를 얻을 수 있다.

기간	이자율		
	7%	8%	9%
1	0.9346	0.9259	0.9174
2	0.8734	0.8573	0.8417
3	0.8163	0.7938	0.7722
4	0.7629	0.7350	0.7084

〈부표-3〉의 현가표 중 일부를 나타낸 위의 표에 의하면 이자율 8%, 기간 3년인 현가이자요소 $PVIF_{0.08,\,3}$은 0.7938(표에서 직사각형으로 표시된 값)이다. 그러므로

$$PV = 100 \times PVIF_{0.08,\,3} = 100 \times 0.7938 = 79.38\text{만원}$$

한편 스마트폰에서 활용 가능한 애플리케이션인 재무계산기(TVM calculator)를 이용할 경우에도 PV 버튼 앞에 제시된 값과 같이 79.38만원을 얻을 수 있다.

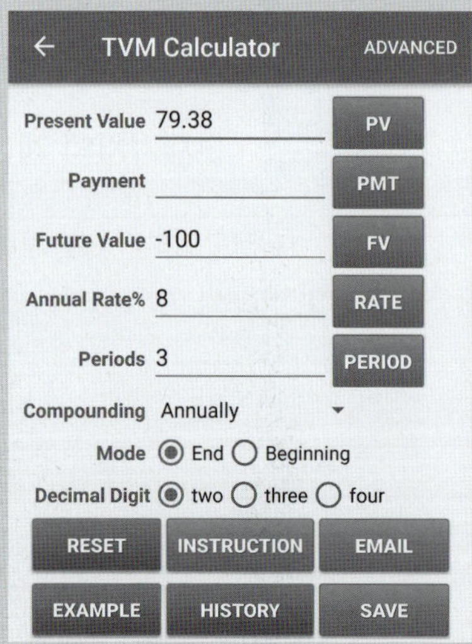

3. 화폐의 시간적 가치의 응용

3.1 영구연금

영구연금(perpetuity)은 매기간 말에 일정금액이 무한히 발생되는 일련의 현금흐름을 의미한다. 이와 같은 영구연금의 대표적인 형태로서 영국정부에 의해서 발행되어 온 영구채권(consols)이 있다. 영구채권을 구입한 투자자는 영국정부로부터 영구적으로 매년 말에 일정금액의 이자를 받을 수 있는 권리를 부여받는다.

매기간 말에 일정금액 C원이 무한히 발생하는 영구연금의 현금흐름유형은 [그림 2-1]과 같다. 이와 같은 경우 영구연금의 현재가치는 다음과 같이 구할 수 있다.[4]

$$PV(\text{영구연금}) = \frac{C}{1+r} + \frac{C}{(1+r)^2} + \frac{C}{(1+r)^3} + \cdots = \frac{C}{r} \qquad (2\text{-}4)$$

식 (2-4)는 항상 1기간 말, 즉 1시점부터 현금흐름이 발생하는 영구연금의 현재가치를 구하는 공식임을 유의하기 바란다.

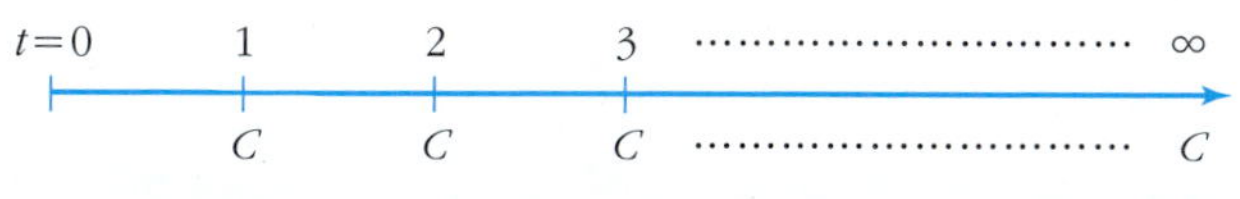

그림 2-1 영구연금의 현금흐름유형

4 영구연금의 현재가치는 무한등비수열의 합을 구하는 공식을 이용하여 다음과 같이 구할 수 있다.

$$PV(\text{영구연금}) = \frac{\text{초항}}{1-\text{공비}} = \frac{\frac{C}{1+r}}{1-\left(\frac{1}{1+r}\right)} = \frac{C}{r}$$

알 | 아 | 두 | 기

영구교환 청바지의 가격

1990년대 중반 국내의 모 청바지회사에서 이색적인 판매광고를 하여 소비자들의 눈길을 끈 적이 있다. 광고의 내용은 10만원하는 청바지를 100만원에 매입하면 영구적으로 매년 교환해 주겠다는 것이다. 일반인의 경우 10년 동안만 교환해도 본전이라고 단순하게 생각하여 상당히 좋은 판매조건으로 받아들일 수 있다. 그러나 화폐의 시간적 가치 개념을 공부한 독자들은 이 청바지의 가격이 적정한지 엄격히 따져 보아야 한다. 청바지를 매입하여 영구적으로 매년 교환하는 경우의 현금흐름은 다음과 같다.

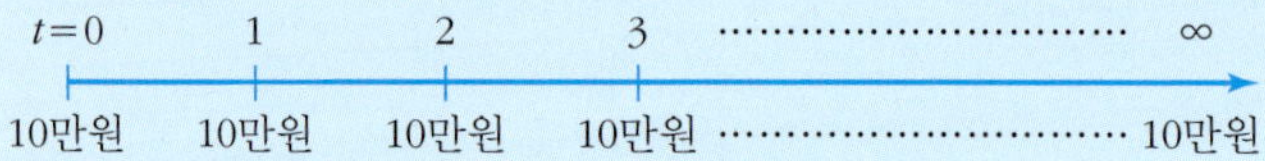

이와 같은 현금흐름의 현재가치, 즉 청바지의 적정가격은 그 당시 실세금리 12%를 반영하여 산출될 수 있다. 그러나 식 (2-4)는 1년도 말부터 현금흐름이 발생되는 영구연금의 가치를 구하는 공식임을 유의해야 한다. 따라서 청바지의 현재가치는 현재의 10만원과 1년도 말부터 영구적으로 10만원씩 발생되는 영구연금의 가치를 합한 것과 같다.

$$PV(\text{청바지}) = 10\text{만원} + \frac{10\text{만원}}{0.12} = 93.33\text{만원}$$

이상의 결과에 의하면 영구교환되는 청바지를 100만원에 매입하는 것은 그 당시에는 현명하지 못한 것으로 판단되었다. 그러나 이자율이 상당히 낮아진 요즘에는 매력적인 판매조건일 수도 있다.

예제 2-5 영구연금의 현재가치

매년 말에 10만원을 영구적으로 지급하는 영구채권의 현재가치를 구하라. (단, 연간 이자율은 10%이다.)

해설

$$PV(\text{영구채권}) = \frac{10}{0.1} = 100\text{만원}$$

뉴스 속 재무 최대치 찍은 비금융사 영구채 발행 … 2025년도에도 증가세

비금융 기업들의 영구채(신종자본증권) 발행이 사상 최대치를 기록했다. 자본확충에 대한 필요성이 커지면서 이 같은 증가 추세가 이어질 것으로 전망된다. 2025년 1월 12일 한국예탁결제원에 따르면 지난해 일반 기업의 신종자본증권 발행 규모는 총 5조2,540억원으로 집계됐다. 전년(1조2,400억원) 대비 3.2배 수준으로 늘어난 수치다. 과거에는 자본비율 규제를 준수해야 하는 금융사에서 주로 활용되던 영구채가 이제는 일반 기업들의 중요한 자금조달수단으로 자리 잡은 셈이다.

신종자본증권은 만기가 통상 30년으로 영구적이어서 부채가 아닌 자본으로 인정받는다. 부채비율을 낮추고 자본비율을 높이는 효과가 있어 재무안정성을 강화하는 데 유리한 수단이다. 다만 후순위 채권으로서 투자위험이 큰 탓에 선순위인 일반 회사채에 비해 금리가 높아 발행사의 이자비용 부담이 커질 가능성도 있다.

2024년에는 업황 부진 등으로 재무상황이 악화된 기업들이 자본을 확충하기 위해 영구채를 적극적으로 발행하는 경우가 많았다. 포스코퓨처엠은 2024년 12월 18일 6,000억원 규모의 사모 신종자본증권을 발행했다. 에코프로비엠도 두 차례에 걸쳐 3,360억원 규모로 발행한 바 있다. 쌍용건설과 이수건설도 신종자본증권을 통해 각각 500억원, 700억원 규모의 자본을 채워넣었다. 롯데지주는 재무제표 건전성을 개선하기 위해 2024년 3,500억원 규모의 영구채를 발행하기도 했다.

경기 둔화로 신용등급 하락 압박이 가중되고 있어 2025년에도 일반 기업들의 영구채 발행이 지속될 것이라는 전망이 나온다. 나이스신용평가에 따르면 2024년 말 기준 신용등급 전망을 '부정적'으로 부여받은 기업은 47곳으로, '긍정적'인 기업 29곳에 비해 훨씬 많은 상황이다. 금융투자업계 관계자는 "경기침체로 인해 기업의 신용등급 관리가 더욱 중요해지는 상황에 영구채 발행은 지속적인 대안으로 떠올랐다"며 "2025년 일반 기업의 신종자본증권 발행규모도 4조원을 넘어설 것으로 전망된다"고 말했다.

〈매일경제, 2025. 1. 12 수정〉

3.2 연 금

연금(annuity)이란 일정기간 동안 일정금액의 현금흐름이 계속적으로 발생되는 일련의 현금흐름을 의미한다.

매기간 말에 일정금액 C원이 n기간 동안 발생하는 연금의 현금흐름유형은 [그림 2-2]와 같다. 이 그림과 같은 연금의 현재가치를 구하는 공식을 도출하기 위하여 다음과 같은 세 가지 유형의 현금흐름을 생각해 보자.

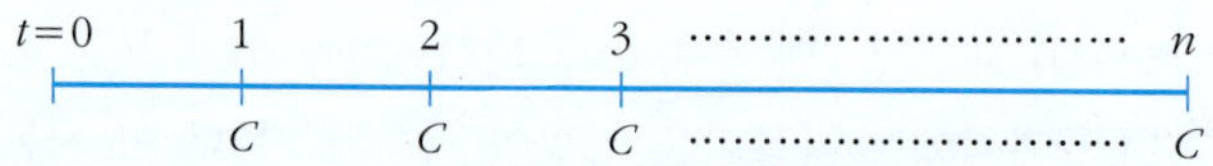

그림 2-2 연금의 현금흐름유형

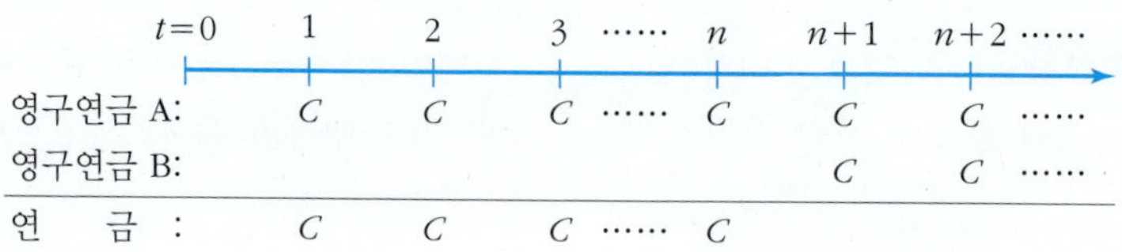

여기서 볼 수 있는 바와 같이 연금은 영구연금 A에서 영구연금 B를 차감한 현금흐름이라 할 수 있다. 그러므로 연금의 현재가치는 영구연금 A의 현재가치에서 영구연금 B의 현재가치를 차감하여 다음과 같이 나타낼 수 있다.[5]

$$
\begin{aligned}
PV(\text{연금}) &= \frac{C}{1+r} + \frac{C}{(1+r)^2} + \cdots + \frac{C}{(1+r)^n} \\
&= PV(\text{영구연금 A}) - PV(\text{영구연금 B}) \\
&= \frac{C}{r} - \left(\frac{C}{r}\right)\frac{1}{(1+r)^n} \\
&= C\left[\frac{1}{r} - \frac{1}{r(1+r)^n}\right] = C \times PVIFA_{r,n} \qquad (2\text{-}5)
\end{aligned}
$$

식 (2-5)에서 $\left[\frac{1}{r} - \frac{1}{r(1+r)^n}\right]$은 1기간 말부터 시작하여 n기간 동안 매기간 말에 1원씩 발생하는 연금의 현재가치를 나타내며, 이를 연금의 현가이자요소(present value interest factor for an annuity: PVIFA)라고 한다. 본서의 부록에 제시된 연금의 현가표(부표-4 참조)를 이용하면 이자율 r과 기간 n에 의해 결정되는 연금의 현가이자요소 $PVIFA_{r,n}$을 간편하게 구할 수 있다. 그리고 일정한 연금액(C)에 연금의 현가이자요소를 곱하여 연금의 현재가치를 계산할 수 있다.

한편 연금의 미래가치는 식 (2-5)에 복리이자요소인 $(1+r)^n$을 곱하여 구할 수 있다.

---

5 영구연금 B는 일정금액 C가 $(n+1)$시점부터 시작하여 매기간 무한히 생성되는 현금흐름이다. 먼저 영구연금의 현재가치를 구하는 공식을 이용하여 영구연금 B의 n시점에서의 가치를 구하면 $\left(\frac{C}{r}\right)$가 된다. 따라서 영구연금 B의 현재가치는 n시점에서의 가치를 할인하여 다음과 같이 구할 수 있다.

$$PV(\text{영구연금 B}) = \left(\frac{C}{r}\right)\frac{1}{(1+r)^n}$$

$$\begin{aligned} FV_n(\text{연금}) &= C(1+r)^{n-1} + C(1+r)^{n-2} + \cdots + C \\ &= PV(\text{연금})(1+r)^n \\ &= C\left[\frac{(1+r)^n}{r} - \frac{1}{r}\right] = C \times CVIFA_{r,n} \end{aligned} \tag{2-6}$$

식 (2-6)에서 $\left[\frac{(1+r)^n}{r} - \frac{1}{r}\right]$은 1기간 말부터 시작하여 n기간 동안 매 기간 말에 1원씩 발생하는 연금의 n시점에서의 미래가치를 나타내며, 이를 연금의 복리이자요소(compound value interest factor for an annuity: CVIFA)라고 한다. 본서의 부록에 제시된 연금의 복리표(부표-2 참조)를 이용하면 이자율 r과 기간 n에 의해 결정되는 연금의 복리이자요소 $CVIFA_{r,n}$을 간편하게 구22할 수 있다.[6] 그리고 일정한 연금액(C)에 연금의 복리이자요소를 곱하여 연금의 미래가치를 계산할 수 있다.

예제 2-6

연금의 현재가치

1년도 말부터 5년 동안 매년 100만원씩을 지급받을 수 있는 연금의 현재가치는 얼마인가? (단, 연간 이자율은 10%이다.)

해설

연금의 현재가치는 공식을 이용하여 직접 계산하거나, 또는 본서 뒤에 있는 〈부표-4〉 연금의 현가표를 이용하여 계산할 수 있다.

$$\begin{aligned} PV(\text{연금}) &= \frac{100}{1+0.1} + \frac{100}{(1+0.1)^2} + \frac{100}{(1+0.1)^3} + \frac{100}{(1+0.1)^4} + \frac{100}{(1+0.1)^5} \\ &= 100\left[\frac{1}{0.1} - \frac{1}{0.1(1+0.1)^5}\right] = 100 \times 3.7908 = 379.08\text{만원} \end{aligned}$$

6 일반적으로 연금(일반연금: ordinary annuity)은 기간 말에 지급된다. 이러한 이유로 연금의 현가표와 복리표는 그 현금흐름이 1기간 말, 즉 1시점부터 시작된다고 가정하여 작성되었음을 유의하여야 한다. 만약 기초에 연금(선불연금: annuity in advance, annuity due)이 지급되는 경우에는 기말기준으로 계산된 각 값에 $(1+r)$을 곱하여 각각 $PVIFA_{r,n}(1+r)$과 $CVIFA_{r,n}(1+r)$로 수정하여야 한다.

서 20만원이 되고, 20만원이 50만원 되고, 50만원이 100만원, 200만원이 될 때까지도 '내가 버는 금액보다 적다'고 스스로 안심시켰어요." 기자와 만난 학원 강사 최모(60)씨는 이렇게 말하며 고개를 절레절레 흔들었다. 그는 20년 전 카드 8장을 만들어 매달 300만~500만원씩 연 30%대 금리로 카드론 돌려막기를 했다. 매달 250만원을 벌지만 지출이 더 많았기 때문이다. 그러다 덜컥 암에 걸렸다. 수천만원의 진료비와 매달 이자부터 갚아야 하는 그는 선택의 기로에 섰다. 5억원 상당의 단독주택을 팔아 진료비를 마련하든가 아니면 이를 담보로 싼 금리의 대출을 받는 것이었다. 그러나 그는 "집이 아내 명의로 되어 있는 데다 사람이 궁지에 몰리니까 주택에 손을 댈 생각도 못했다"고 말했다. 그는 연 100%대 금리로 사채 1,000만원, 39%로 대부업체에서 4,000만원을 빌렸다. 최씨는 "20년 전 10만원씩 갚던 매달 이자가 40배 이상 늘어날 줄 몰랐다"며 "신용회복위원회에 채무 조정을 최근 신청했는데, 10년이 지난 70세가 돼서야 신용 불량자 신세에서 탈출할 수 있을 것"이라고 했다.

금융이해도 측정 조사에서 '이자가 눈덩이처럼 불어날 수 있다는 사실을 아는가?'라는 질문에 신불자들은 39.3%만 '그렇다'고 대답했다. 같은 질문에 대해 은행원들은 91.8%, 회사원의 71.3%가 이자 위험을 잘 알고 있다고 대답했다. 천규승 한국개발연구원 박사는 "신불자들은 저축이나 투자에선 고금리 이자를 얻길 원하지만 대출의 고금리 이자는 따져보지 않는 습관을 갖고 있다"고 말했다.

② 무작정 대부업 · 일수 대출

보험설계사 이모(52)씨는 자녀 둘 대학 등록금 마련을 위해 은행을 찾았다가 신용등급 7등급이란 이유로 대출을 거절당했다. 마침 은행을 나오는데 '신용 불량자만 아니면 모두 대출 가능!'이라 쓰인 대부업체 광고에 이끌려 전화를 걸었다. 캐피털과 대부업체 10곳에서 5,000만원가량을 연평균 30%로 빌린 이듬해 그는 매달 125만원의 이자 부담을 감당하지 못해 신용 불량자로 전락했다. 이씨는 당장 급전이 필요하다는 생각에 정부에서 제공하는 학자금 대출 상품도 제대로 알아보지 않고, 햇살론 등 8~9% 금리로 저축은행 등에서 대출받을 수 있는 서민 금융 상품도 찾아보지 않았다. 그는 "처음에 은행에서 대출을 거절당했을 때 어떻게 하면 신용등급을 높여 은행 대출을 받을 수 있는지, 다른 대안은 없는지 물어보질 않았다"고 말했다.

신불자의 27.3%는 '은행에서 대출을 거절당했을 경우 대부업체나 일수 대출을 이용했다'고 대답했다. 반면 은행원들이 대부업체와 일수 대출에 손을 벌린 경우는 3.6%, 회사원은 5.2%에 불과했다. 대신 은행원과 회사원 10명 중 4명은 은행 대출조건을 맞추기 위해 노력해 은행에서 받았다고 말했다. 신불자 중에서 노력을 기울여 은행 대출을 받으려는 사람은 28%에 불과했다. 이민환 인하대 교수는 "신불자들은 금융 전문가들을 만나봤자 도움을 받지 못한다는 그릇된 피해 의식이 있다"며 "본인 인증을 위한 복잡한 대출 서류들에 대해 귀찮다고 느낀다"고 말했다.

③ 돈 갚을 계획을 안 세운다

신불자들의 40.6%는 돈만 구해 쓰는데 급급하지 갚을 노력은 거의 하지 않았다. 반면 회사원과 은행원은 각각 76.5%, 61.8%가 대출 만기 때 갚아야 할 돈을 별도로 관리했다. 대출받기 전에 미리 원금상환 계획부터 세운다는 것이다. 한때 월 500만원을 벌던 레스토랑 대표 김모(40)씨. 그러나 카드빚으로 매달 600만원 이상 쓰면서 레스토랑 경영이 어려워졌다. 가게 문을 닫고 월 250만원을 버는 레스토랑 주방장이 됐지만 대출 습관은 여전했다. 8,000만원짜리 외제 차와 자식 사교육에 쓰느라 현금 서비스, 카드론, 대부업체 대출 등으로 4,000만원을 빌렸다. 그는 "'신용카드 대출을 많이 쓰면 신용이 좋아지지 않을까?'라는 막연한 생각이 내 대출 습관을 좌우했다"고 했다. 신불자가 되니 카드가 정지됐고, 빚더미에 앉은 그의 집엔 채권 추심업자들이 들이닥쳤다. 김씨는 결국 이혼하고 노숙자로 전락했다. "얼마를 벌면 얼마를 저축하고, 대출금을 상환하는 계획이 전혀 없었어요. 외제 차를 팔았어야 하는데…. 그건 제 마지막 자존심 때문에 팔지 못한 거예요. 돈이 무서운 줄 모르고 말입니다."

〈조선일보 2015. 3. 12 수정〉

PRINCIPAL TERMS

주요용어

시차선호 (time preference)

미래의 소비보다 현재의 소비를 더 선호하는 것으로서, 이는 사람들의 일반적인 행동적 특성에 기인하며 사회 또는 사람에 따라 그 강도가 달라질 수 있다.

자본의 생산성 (productivity of capital)

현재의 현금흐름은 자본화되어 새로운 가치를 창출할 수 있다.

이자율 (interest rate)

화폐의 가격으로서 화폐의 시간적 가치를 반영하는 척도라 할 수 있다.

미래가치 (future value)

현재의 일정금액을 미래의 일정시점의 화폐가치로 환산한 것을 말하며, 미래가치를 구하는 과정을 복리계산과정(compounding process)이라 한다.

$$FV_n = PV(1+r)^n = PV \times CVIF_{r,n}$$

현재가치 (present value)

미래에 발생할 일정금액을 현재시점의 화폐가치로 환산한 것을 말하며, 현재가치를 구하는 과정을 할인계산과정(discounting process)이라 한다.

$$PV = \frac{FV_n}{(1+r)^n} = FV_n \times PVIF_{r,n}$$

영구연금 (perpetuity)

매기간 말에 일정금액이 무한히 발생되는 일련의 현금흐름을 의미하며, 대표적인 형태로서 영국정부에 의해서 발행되어 온 영구채권(consols)이 있다.

$$PV(\text{영구연금}) = \frac{C}{r}$$

연금 (annuity)

일정기간 동안 일정금액의 현금흐름이 계속적으로 발생되는 일련의 현금흐름을 의미한다.

$$PV(\text{연금}) = C\left[\frac{1}{r} - \frac{1}{r(1+r)^n}\right] = C \times PVIFA_{r,n}$$

$$FV_n(\text{연금}) = C\left[\frac{(1+r)^n}{r} - \frac{1}{r}\right] = C \times CVIFA_{r,n}$$

EXERCISES

연 | 습 | 문 | 제

QUESTION I

완성/선택형 문제

01 다른 시점에 발생하는 현금흐름을 서로 비교하기 위해서는 반드시 오늘의 1원과 내일의 1원 사이의 관계, 즉 (   ) 개념을 알아야 한다.

02 자본화되어 새로운 가치를 창출할 수 있는 현재의 현금흐름을 동일한 금액의 미래의 현금흐름보다 더 선호하게 된다. 이는 (   )이라는 기술적 특성에 기인한다.

03 미래가치는 현재의 일정금액을 미래의 일정시점의 화폐가치로 환산한 것을 말하며, 미래가치를 구하는 과정을 (   )이라 한다.

04 $(1+r)^{-n}$는 n기간 말 1원의 현재가치를 나타내며, 이를 (   )라고 한다.

05 현금 100만원을 연리 10%로 매년 복리계산되는 정기예금에 예금하는 경우 2년도 말의 미래가치는 얼마인가?

① 121만원 ② 120만원 ③ 100만원
④ 119만원 ⑤ 130만원

06 현재 1,000만원을 가지고 있는 사람이 2년 후에 자동차를 구입하려고 한다. 그리고 2년 후의 자동차 구입가격은 1,300만원으로 예상된다. 이 사람이 현재 가지고 있는 돈을 2년간 정기예금하여 자동차를 구입할 수 있으려면, 정기예금의 연리는 얼마가 되어야 하는가?

① 10% ② 11% ③ 12%
④ 13% ⑤ 14%

07 K씨는 지금으로부터 2년 후에 500만원을 받을 수 있다. 그리고 그는 투자로부터 매년 12%씩 벌 수 있다. 이 경우 K씨가 받을 미래 현금흐름의 현재가치는 얼마인가?

① 368.56만원 ② 372.40만원 ③ 398.60만원
④ 401.11만원 ⑤ 412.34만원

08 K씨는 앞으로 2년간 매년 말에 다음과 같은 현금흐름을 얻을 수 있다.

연도 말	현금흐름
1	100만원
2	200만원

K씨가 얻을 수 있는 각 연도 말의 현금흐름을 현재가치로 환산한다면 모두 얼마나 되겠는가? (단, 연간 이자율은 10%이다.)

① 260.00만원 ② 256.20만원 ③ 253.61만원
④ 255.11만원 ⑤ 311.34만원

09 매년 말에 100만원씩 영구적으로 지급하는 영구채권의 현재가치는 얼마인가? (단, 연간 이자율은 12%이다.)

① 833.33만원 ② 821.34만원 ③ 810.23만원
④ 841.21만원 ⑤ 835.32만원

10 1년도 말부터 3년 동안 매년 100만원씩을 지급받을 수 있는 연금의 현재가치는 얼마인가? (단, 연간 이자율은 10%이다.)

① 230.54만원 ② 232.42만원 ③ 245.62만원
④ 247.11만원 ⑤ 248.69만원

11 1년도 말부터 3년 동안 매년 100만원씩 연금을 지급받아서 연리 10%로 매년 복리계산되는 정기예금에 예금한다면, 연금지급이 끝나는 3년도 말에 그 총액은 얼마가 되겠는가?

① 311.56만원 ② 331.00만원 ③ 342.62만원
④ 350.13만원 ⑤ 353.32만원

12 동일한 횟수의 연금을 기초에 받는 경우(선불연금: annuity due)와 기말에 받는 경우(일반연금: ordinary annuity)에 대한 설명으로 가장 적절한 것은? (단, 이자율은 0보다 크고 일정하며, 복리 계산은 연 단위로 이루어진다고 가정한다.) (CPA 2010)

① 현재가치와 미래가치 모두 선불연금은 일반연금에 (1+이자율)을 곱해서 얻을 수 있다.

② 현재가치와 미래가치 모두 일반연금은 선불연금에 (1+이자율)을 곱해서 얻을 수 있다.

③ 현재가치의 경우 선불연금은 일반연금에 (1+이자율)을 곱해서, 미래가치의 경우 일반연금은 선불연금에 (1+이자율)을 곱해서 얻을 수 있다.

④ 현재가치의 경우 일반연금은 선불연금에 (1+이자율)을 곱해서, 미래가치의 경우 선불연금은 일반연금에 (1+이자율)을 곱해서 얻을 수 있다.

⑤ 현재가치와 미래가치 계산에 있어 선불연금과 일반연금 중 어느 연금이 클 것인가는 이자율에 따라 달라진다.

QUESTION II

서술/계산형 문제

01 일반적으로 사람들은 동일한 금액인 경우 미래의 현금흐름보다는 현재의 현금흐름을 더 선호하는데, 그 이유를 설명하라.

02 (미래가치와 현재가치)

(1) 현금 1,000만원을 연리 12%로 매년 복리계산되는 정기예금에 예금하는 경우 5년도 말의 미래가치는 얼마인가?

(2) 연리 10%로 매년 복리계산되는 정기예금에 얼마를 예금하여야 3년도 말에 1,000만원을 마련할 수 있는가?

03 (현재가치 비교)

재무관리 교과서를 저술한 K씨는 4개의 출판사로부터 각각 다음과 같은 저작료를 제시받았다.

- 출판사 1: 5년도 말에 1,800만원을 지급한다.
- 출판사 2: 매년 말에 120만원씩 영구히 지급한다.
- 출판사 3: 매년 말에 190만원씩 10년간 지급한다.
- 출판사 4: 1년도 말에 60만원을 지급하고, 그 후 매년 말에 130만원씩 영구지급한다.

연간 할인율이 12%일 경우, K씨는 어느 출판사를 선택하여야 가장 유리하겠는가?

04 (연금의 현재가치)

K씨는 매년 말 450만원씩 5년 동안 지급되는 연금을 받고 있다. 연간 이자율이 12%일 때, 연금의 현재가치는 얼마인가?

05 (연금의 현재가치)

K씨는 6년도 말부터 시작하여 4년 동안 매년 100만원씩 연금을 받을 수 있다. 연간 이자율이 10%일 경우, K씨가 가지고 있는 연금의 현재가치는 얼마인가?

06 (연금의 미래가치)

1년도 말부터 5년 동안 매년 200만원씩 연금을 지급받아서 연리 10%로 매년 복리계산되는 정기예금에 예금한다면, 연금지급이 끝나는 5년도 말에 그 총액은 얼마가 되겠는가?

07 (연금적립액의 산출)

앞으로 10년 후 당신은 1억원의 현금이 필요하게 되므로, 이에 대비하여 향후 10년간 일정금액을 매년 적립하려고 한다. 당신은 매년 말에 얼마씩 적립하여야 하는가? (단, 연간 이자율이 10%이다.)

08 (대출이자율의 계산)

K씨는 집을 담보로 하여 국민은행으로부터 20,000,000원을 융자받고, 그 돈을 매년 말 2,980,582원씩 10년에 걸쳐 분할상환하기로 하였다. 이 경우 K씨가 부담하는 연간 이자율은 얼마인가?

제 3 장

재무제표의 이해

1. 재무상태표
2. 손익계산서
3. 현금흐름표
4. 재무비율분석

기업의 재무제표를 이해하는 것이 기업의 건강상태를 파악하기 위한 첫걸음이다.

Financial Management

재무제표(financial statements: F/S)는 기업이 회계기간 동안에 수행한 경영활동의 결과를 간결하게 요약한 재무보고서이다. 재무제표의 작성목적은 기업의 이해관계자들에게 다양한 형태의 재무정보를 제공하는 데 있다. 기업의 이해관계자들이 요구하는 정보욕구를 충족시켜 주기 위하여 작성되고 있는 가장 보편적인 재무보고서로 재무상태표, 손익계산서, 현금흐름표 등이 있다. 재무제표에는 기업의 미래이익과 배당, 현금흐름 등 기업의 재무의사결정에 필요한 많은 정보가 포함되어 있다.

본장에서는 주요 재무제표인 재무상태표, 손익계산서, 현금흐름표에 대해서 살펴보고자 한다.

학습목표

1. 재무상태표의 개념과 구성항목에 대해 알아본다.
2. 손익계산서의 개념과 구성항목에 대해 알아본다.
3. 현금흐름표의 개념과 구성항목에 대해 알아본다.
4. 재무비율분석에 대해 알아본다.

1. 재무상태표

재무상태표(statement of financial position)는 일정시점(결산기 말)에서 기업의 자산, 부채, 자본에 관한 정보를 제공하는 재무보고서로서 대차대조표(balance sheet: B/S)라고도 한다. 재무상태표의 양식은 계정식과 보고식이 있다. 계정식에서는 차변에 자산이, 대변에 부채와 자본이 기재된다. 보고식에서는 위에서 아래 방향으로 자산, 부채, 자본의 순서로 기재된다.

재무상태표는 결산기 말에서 기업의 자산, 부채와 자본에 관한 정보를 제공한다.

재무상태표는 자금의 운용상태(자산)와 조달원천(부채와 자본)의 관계, 즉 재무상태를 나타낸다. 재무상태표에서 자산항목은 기업이 조달한 자금을 어떻게 활용하고 있는가 하는 자금의 운용상태(투자활동)를 나타내며, 부채와 자본항목은 기업이 자금을 어떻게 조달하였는가 하는 자금의 조달원천, 즉 자본구조(자금조달활동)를 나타내고 있다. 따라서 재무상태표는 기업의 투자활동과 자금조달활동의 결과를 한 시점에서 정리한 보고서를 의미한다. 〈표 3-1〉은 디지털미디어, 정보통신, 반도체 등의 사업을 하고 있는 가상의 기업인 한국전자(주)의 보고식 재무상태표를 예시한 것이다.

재무상태표에 기재되는 자산의 항목은 일반적으로 유동성이 높은 순서에 따라 배열한다. 유동성(liquidity)은 자산의 현금화 정도를 의미한다. 따라서 현금화가 용이한 자산을 유동성이 높은 자산이라고 한다. 〈표 3-1〉에서 볼 수 있는 바와 같이 자산항목으로 유동자산과 비유동자산이 배열되어 있다. 유동자산은 유동성의 정도에 따라 현금및현금성자산, 단기금융자산, 매출채권, 재고자산의 순으로 배열되며, 비유동자산은 투자자산, 유형자산, 무형자

표 3-1 재무상태표

한국전자(주) (단위 : 백만원)

과 목	20×0년 12월 말	20×1년 12월 말	20×2년 12월 말
유동자산	14,714	16,621	17,791
당좌자산	11,495	13,283	13,973
현금및현금성자산	978	2,027	2,360
단기금융자산	8,675	9,475	8,523
매출채권	1,842	1,781	3,090
재고자산	3,219	3,338	3,818
비유동자산	43,095	48,604	54,728
투자자산	12,645	17,122	21,653
유형자산	28,820	29,777	31,250
무형자산	523	568	653
기타비유동자산	1,107	1,137	1,172
보증금	611	701	861
장기선급비용	496	436	311
자산총계	57,809	65,225	72,519
유동부채	9,635	10,803	11,721
매입채무	1,869	1,936	2,388
단기차입금	3,623	3,487	4,352
기타유동부채	4,143	5,380	4,981
비유동부채	2,977	2,861	2,684
사채	1,222	1,508	1,194
장기차입금	787	584	608
퇴직급여채무	432	439	508
기타비유동부채	536	330	374
(부채총계)	12,612	13,664	14,405
자본금	898	898	898
자본잉여금	6,367	6,575	6,590
자본조정	−6,981	−8,747	−8,597
기타포괄손익누계액	557	1,873	3,807
이익잉여금	44,356	50,962	55,416
(자본총계)	45,197	51,561	58,114
부채와 자본총계	57,809	65,225	72,519

산, 기타비유동자산의 순으로 배열된다.[1]

유동자산(current assets)은 보고기간 말로부터 1년 이내에 현금으로 전환되거나 전환이 예상되는 자산을 말하며, 현금화의 용이성에 따라 당좌자산(quick assets), 재고자산(inventories)으로 분류된다.

비유동자산(non-current assets)은 정상적인 영업활동에 투자되어 1년 이내에 현금화하기 어려운 자산으로서 그 사용형태가 급격하게 변하지 않는 자산이다. 비유동자산은 투자자산, 유형자산, 무형자산, 기타비유동자산으로 분류되며, 토지를 제외한 대부분의 유·무형자산은 감가상각(depreciation) 또는 상각(amortization)이라는 절차를 통해 장기간에 걸쳐 비용으로 처리된다. 투자자산(long-term investments)은 장기적인 투자수익을 목적으로 보유하는 채권 및 주식 등의 금융자산, 영업활동에 사용되지 않는 투자부동산(토지 및 건물), 특정 목적(퇴직금 지급, 설비확장, 채무상환 등)의 장기성 예금, 그리고 다른 기업에 대한 중대한 영향력 행사나 지배를 목적으로 장기간 보유하는 주식(관계기업투자주식)을 포함한다. 투자자산은 기업의 고유한 영업목적에 사용되지 않는다는 점에서 유형자산과 구분되며, 장기적으로 보유하고 있다는 점에서 단기투자 목적의 유동자산과 구분된다. 유형자산(property, plant and equipment)은 제품의 생산, 서비스의 제공, 타인에 대한 임대 또는 자체적으로 사용할 목적으로 장기간(1년 이상) 보유하는 물리적 형체가 있는 자산을 말하며, 토지, 건물, 비품, 기계장치, 건설중인자산 등을 포함한다. 무형자산(intangible assets)은 물리적 형체는 없지만 독자적으로 식별가능한 비화폐성 자산으로서 특허권이나 실용신안권 등을 포함한 산업재산권, 저작권, 개발비, 영업권 등이 있다.[2] 기타비유동자산은 비유동자산 중 투자자산, 유형자산, 무형자산으로 분류될 수 없는 자산으로 임차보증금, 장기선급비용 등을 포함한다.

일반적으로 부채(liabilities)는 상환만기가 빠른 순으로 기록되며, 상환기간이 1년 이내인 유동부채와 1년 이상인 비유동부채로 구분된다. 유동부채

1 현금성자산은 현금의 단기적인 운용을 목적으로 취득한 유동성이 가장 높은(만기가 3개월 이내) 금융자산을 의미한다. 그리고 단기금융자산은 기업이 여유자금의 활용 목적으로 보유하는 단기예금, 단기대여금, 유동자산으로 분류되는 금융자산 등의 단기보유목적 금융자산을 총칭하는 개념이다.

2 이효익·최관·백원선·최영수, 제9판 IFRS 회계원리(신영사, 2019), p. 48.

(current liabilities)는 일상적인 상거래에서 발생하는 영업상의 채무와 만기가 1년 이내인 지급채무로 구성된다. 비유동부채(non-current liabilities)는 만기가 1년 이상인 장기성부채로서 사채, 장기차입금 등이 포함된다.

자본(stockholders' equity)은 기업의 소유자인 주주에게 귀속될 소유자지분을 의미한다. 자산총액에서 부채총액을 차감한 잔여지분인 자본은 자본금, 자본잉여금, 자본조정, 기타포괄손익누계액, 이익잉여금으로 분류된다. 자본금(capital stock)은 1주당 액면금액에 발행주식총수를 곱하여 산출되며, 우선주 자본금(preferred stock), 보통주 자본금(common stock)으로 구분된다. 자본잉여금(capital surplus)은 자본거래(증자, 감자 등)에서 발생된 잉여금이며, 이익잉여금 또는 유보이익(retained earnings)은 기업의 이익 중 사외에 유출되거나 자본금계정에 대체되지 않고 사내에 유보된 부분이다. 자본조정(capital adjustment)은 자본의 성격이 결정되지 않은 임시항목으로서 자본총계에 가감하는 형식으로 기재되며, 회사가 발행한 주식을 소각, 재매각 또는 임직원에게 상여금으로 줄 목적으로 임시취득한 자기주식(treasury stock)이 대표적인 예이다. 그리고 기타포괄손익누계액은 당기순손익을 제외한 기타포괄손익(other comprehensive income)의 누계잔액을 의미하며, 이에 해당되는 과목으로는 매도가능금융자산평가손익, 해외사업외화환산손익, 자산재평가잉여금 등이 있다.[3]

2. 손익계산서

손익계산서(income statement: I/S)는 일정기간 동안 기업에서 발생한 수익과 비용을 대응시켜 당해기간의 손익을 표시한 보고서로서, 기업의 종합적인 경영성과를 나타내는 재무제표이다. 가상의 기업인 한국전자(주)의 손익계산서

3 포괄손익이란 증·감자나 이익배당과 같은 주주와의 거래가 아닌 거래나 사건으로 인해 일정 회계기간 동안 발생한 순자산의 변동을 총칭하는 것으로서, 이는 당기순손익과 기타포괄손익으로 구분된다.

자산 등)과 1년 안에 현금화가 어려운 비유동자산(토지, 건물, 기계장치 등)이 있다. 부채도 마찬가지로 1년 이내에 갚아야 하는 유동부채와 1년 뒤 갚아도 되는 비유동부채로 나뉜다. 자본은 주주들이 출자한 자본금 외에 자본잉여금, 이익잉여금 등으로 구성된다.

현금흐름이 나쁘면 부도날 수도

손익계산서는 '발생주의' 원칙에 따라 제품이나 서비스의 경제적 효익이 제공되는 시점에 기록되는 반면, 현금흐름표(statement of cash flows)는 실제로 현금이 들어오는 시점을 기준으로 작성된다. 외상으로 제품을 팔았을 경우 현금흐름은 없지만 매출로 기록된다. 물품을 외상으로 구입하는 경우도 마찬가지다. 현금지출은 없지만 비용으로 처리된다. 회사가 외상으로 장사를 한 후 계속 대금을 회수하지 못한다면 손익계산서상으로는 이익이 났더라도 빌린 돈을 제때 갚지 못해 부도가 날 수 있다. '흑자도산'이라는 말이 생겨난 이유다. 장부상에는 분명히 흑자인데 현금이 없어 부도를 낼 수 있다. 현금흐름표는 영업활동 현금흐름, 투자활동 현금흐름, 재무활동 현금흐름 등으로 구분된다. 영업활동 현금흐름은 제품 판매나 원재료 구입 등 일상적인 영업활동에 따른 현금 유출입을 나타낸다. 투자활동 현금흐름은 비유동자산 취득 등 회사가 미래에 수익을 얻기 위해 돈을 얼마나 투자했는지를 나타낸다. 재무활동 현금흐름은 은행에서 돈을 빌린다든지, 주식을 발행한다든지 하는 기업의 자금조달과 관련된 현금흐름을 나타낸다.

〈한국경제신문, 2005. 8. 1 수정〉

알 | 아 | 두 | 기

금융감독원의 전자공시시스템

기업의 재무제표를 신속하고 저렴하게 수집할 수 있는 방법은 금융감독원(www.fss.or.kr)의 전자공시시스템(Data Analysis, Retrieval and Transfer System: DART)을 이용하는 것이다. 전자공시시스템은 우리나라 기업이 금융감독원 등 관계기관에 제출하는 신고서 또는 보고서 등을 인터넷을 통하여 전자문서로 제출하고 그 내용을 실시간으로 일반인에게 공시함으로써 공시의 신속성과 기업경영의 투명성을 제고하기 위한 종합적인 공시시스템이다. 기존의 공시는 서면에 의한 공시로서 제출대상회사가 금융감독원, 한국거래소 등을 직접 방문하여 다량의 공시서류를 제출하였으나, 전자공시시스템은 금융감독원이 제공하는 전자문서 소프트웨어를 이용하여 공시서류를 작성하고 인터넷을 통하여 한 번만 제출하면 모든 공시의무가 완료된다. 따라서 방문에 따른 불편과 다량의 서면문서 작성으로 인한 자원의 낭비를 막을 수 있을 뿐만 아니라 일반인(투자자, 학생, 기타 이해관계인)들로 하여금 실시간으로 인터넷을 통해 해당 회사의 정보를 얻을 수 있게 한다.

재무제표분석에 필요한 자료를 얻기 위해서는 먼저 전자공시시스템(dart.fss.or.kr)에 접속하여 분석하고자 하는 회사의 사업보고서(정기공시) 등을 검색(상세검색)한다. 그 다음 검색된 기업의 사업보고서의 우측 상단에 있는 '다운로드'를 선택하여 재무제표자료(엑셀파일)를 다운로드받으면 재무비율분석에 필요한 자료를 쉽게 얻을 수 있다.

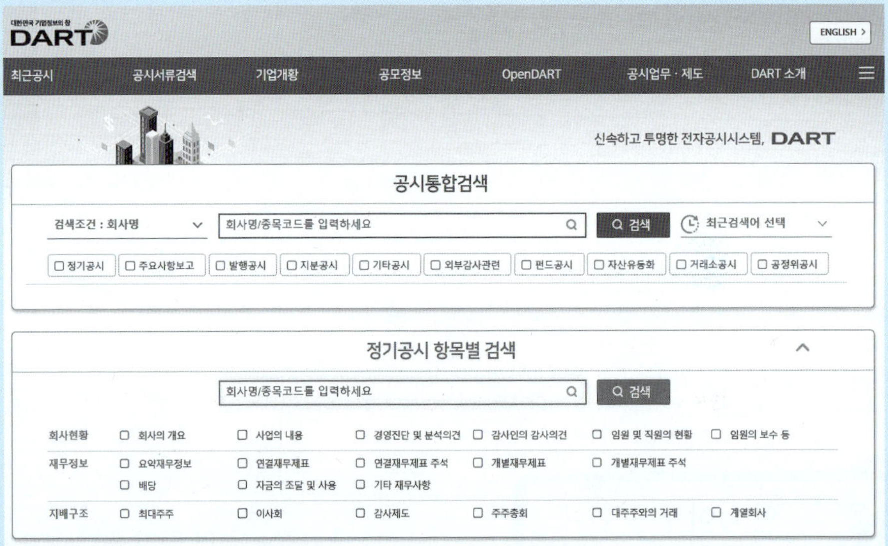

4. 재무비율분석

재무비율(financial ratio)은 경제적 의미와 논리적 관계가 분명한 재무제표의 두 항목을 상대적 비율로 나타낸 것이다. 따라서 재무비율분석은 재무비율의 경제적 의미를 분석하여 기업의 재무상태와 경영성과를 평가하는 기법이라 할 수 있다.[7]

4.1 유동성비율

유동성비율(liquidity ratios)은 단기채무를 상환할 수 있는 능력을 측정하는 재무비율로 단기채무지급능력비율(short-term solvency ratios)이라고도 한다.

유동비율

유동비율(current ratio)은 유동자산을 유동부채로 나눈 비율로 기업의 단기채무지급능력을 측정하는 재무비율이며, 은행가비율(banker's ratio)이라고도 한다.

$$\text{유동비율}(\%) = \frac{\text{유동자산}}{\text{유동부채}} \times 100$$

유동비율이 높을수록 단기채무지급능력이 양호하다고 평가된다.

당좌비율

당좌비율(quick ratio)은 산성시험비율(acid-test ratio)이라고도 하며, 유동자

---

7 재무비율을 이용하여 기업의 재무상태와 경영성과를 평가할 때 비교·평가의 기준이 되는 재무비율이 필요하게 된다. 비교·평가의 기준이 되는 재무비율을 표준비율(standard ratio)이라 한다. 표준비율로는 분석기업의 과거비율, 경험적 재무비율, 산업평균비율, 경쟁기업의 재무비율 등이 있다.

산에서 재고자산을 차감한 당좌자산을 유동부채로 나눈 비율로 다음과 같이 계산된다.

$$당좌비율(\%) = \frac{당좌자산}{유동부채} \times 100$$

당좌비율이 높을수록 단기채무지급능력이 양호하다고 평가된다. 당좌비율은 재고자산의 처분을 고려하지 않은 상황에서 단기채무를 상환할 수 있는 능력을 측정하는 비율이기 때문에 유동비율보다 유동성 측면을 더 강조하는 비율이라 할 수 있다.

4.2 자본구조비율

자본구조비율(capital structure ratios)은 기업의 장기채무지급능력을 나타내는 비율로 타인자본의존도에 의해 측정된다. 부채를 이용하는 것을 레버리지(leverage)라 하기 때문에 자본구조비율을 레버리지비율(leverage ratios)이라고도 한다.

부채비율

부채비율(debt ratio or debt to equity ratio)은 기업의 부채(부채총계)를 자기자본(자본총계)으로 나누어 다음과 같이 계산된다.

$$부채비율(\%) = \frac{부채}{자기자본} \times 100$$

부채비율이 낮을수록 장기채무지급능력이 양호한 것으로 평가된다.

이자보상비율

이자보상비율(times interest earned or interest coverage ratio)은 영업이익을 이자비용으로 나눈 비율로 다음과 같이 계산된다.

$$이자보상비율(배) = \frac{영업이익}{이자비용}$$

이자보상비율은 이자지급에 필요한 수익을 창출할 수 있는 능력을 측정하기 위한 지표로 기업의 이자지급능력을 판단하는 데 유용한 비율이다. 즉 이자보상비율은 영업이익으로 이자비용의 몇 배까지 지급할 수 있는가를 측정하는 비율이기 때문에 적정수준 이상의 이자보상비율을 유지해야만 이자비용의 지급능력이 양호한 것으로 평가받게 된다. 이 비율이 1보다 작을 경우 채권자들의 법적 대응으로 인하여 기업이 파산할 수도 있다.

4.3 효율성비율

효율성비율(efficiency ratios)은 자산의 효율적 이용도를 측정하는 비율로 회전율에 의해 측정되며, 활동성비율(activity ratios) 또는 자산관리비율(asset management ratios)이라고도 한다.

매출채권회전율, 매출채권회수기간

매출채권회전율(receivables turnover)은 매출액을 매출채권으로 나눈 비율로 매출채권의 현금화 속도를 측정하는 지표이다. 매출채권회전율은 매출채권이 1년 동안 몇 번 회전되었는가를 나타내기 때문에 매출채권관리의 효율성을 측정하는 데 이용된다.

$$매출채권회전율(회) = \frac{매출액}{매출채권}$$

매출채권회전율이 높을수록 매출채권의 현금화 속도가 빠르다는 것을 의미한다. 그러나 과다한 신용판매 확대, 고객의 지급불능, 매출채권의 회수부진 등이 매출채권회전율을 떨어뜨리는 원인이 되기도 한다.

매출채권의 현금화 속도는 매출채권회수기간(receivables collection period)에 의해서도 측정된다. 매출채권회수기간은 매출채권을 회수하는 데 걸리는 평균기간으로 매출채권회전율의 역수에 365를 곱하거나, 매출채권을 1일 평균매출액으로 나누어 다음과 같이 계산된다.

$$\text{매출채권회수기간(일)} = \frac{365}{\text{매출채권회전율}} = \frac{\text{매출채권}}{\text{1일 평균매출액}}$$

$$\text{1일 평균매출액} = \frac{\text{매출액}}{365}$$

일반적으로 매출채권회수기간이 짧을수록 매출채권이 효율적으로 관리되고 있다고 말할 수 있다.

재고자산회전율, 재고기간

재고자산회전율(inventories turnover)은 매출액을 재고자산으로 나눈 비율로서 재고자산의 회전속도, 즉 재고자산이 당좌자산으로 변화하는 속도를 나타내는 지표이다.

$$\text{재고자산회전율(회)} = \frac{\text{매출액}}{\text{재고자산}}$$

재고자산회전율이 낮다는 것은 매출에 비해 재고자산이 과다하다는 것을 의미하며, 재고자산회전율이 높다는 것은 적은 재고자산으로 생산 및 판매활동을 효율적으로 수행하고 있다는 것을 의미한다. 그러나 재고자산회전율이 과도하게 높고 그 원인이 적정재고수준을 유지하지 못한 결과라면, 재고부족으로 인한 기회비용(재고부족으로 인한 판매기회 및 고객의 상실, 생산계획의 차질 등에 의하여 발생하는 손실)이 문제가 될 수 있다.

재고기간(days to sell inventories)은 재고자산을 판매하는 데 걸리는 기간으로 재고자산회전율의 역수에 365를 곱하거나 재고자산을 1일 평균매출액으로 나누어 구할 수 있다.

$$\text{재고기간(일)} = \frac{365}{\text{재고자산회전율}} = \frac{\text{재고자산}}{\text{1일 평균매출액}}$$

총자산회전율

총자산회전율(total assets turnover)은 매출액을 총자산(자산총계)으로 나누어 구하는 비율로 기업이 보유하고 있는 전체 자산의 효율적 이용도를 측정하는 지표이다.

$$\text{총자산회전율(회)} = \frac{\text{매출액}}{\text{총자산}}$$

총자산회전율이 높을수록 총자산에 비하여 상대적으로 높은 매출을 실현하고 있음을 뜻하므로 총자산이 효율적으로 이용됨을 의미한다.

4.4 수익성비율

수익성비율(profitability ratios)은 기업의 이익창출능력을 나타내는 지표로서 기업활동의 결과를 집약한 경영성과를 측정하는 재무비율이다.

총자산순이익률

총자산순이익률(return on total assets)은 총자산을 수익창출에 얼마나 효율적으로 이용하고 있는가를 측정하는 비율로서 순이익을 총자산으로 나누어 구한다.

$$\text{총자산순이익률(\%)} = \frac{\text{순이익}}{\text{총자산}} \times 100$$

총자산순이익률이 높을수록 총자산을 수익창출에 효율적으로 운용하고 있음을 의미한다.

자기자본순이익률

자기자본순이익률(return on equity)은 자기자본의 성과를 나타내는 비율로서 순이익을 자기자본으로 나누어 계산된다.

$$\text{자기자본순이익률(\%)} = \frac{\text{순이익}}{\text{자기자본}} \times 100$$

자기자본순이익률은 주주들이 요구하는 투자수익률을 의미하며, 자기자본순이익률이 높다는 것은 자기자본이 효율적으로 운용되고 있음을 의미한다.

매출액순이익률

매출액순이익률(return on sales)은 순이익과 매출액의 관계를 나타내는 비율로 다음과 같이 측정된다.

$$\text{매출액순이익률}(\%) = \frac{\text{순이익}}{\text{매출액}} \times 100$$

매출액순이익률은 기업의 경영성과를 총괄적으로 나타내는 지표이며, 이 비율이 높을수록 경영성과가 양호하다.

4.5 시장가치비율

시장가치비율(market value ratios)은 기업의 시장가치를 나타내는 주가와 주당순이익, 장부가치 등의 관계를 분석하는 비율로 시장에서 특정기업의 과거성과 및 미래전망이 어떻게 평가되고 있는지를 보여주는 지표이다.

주가수익비율

주가수익비율(price-earnings ratio: PER)은 주가를 주당순이익(earnings per share: EPS)으로 나눈 것으로 P/E비율이라고도 한다. PER은 주가가 주당순이익의 몇 배인가를 나타내는 것으로서 기업의 주당순이익 1원에 대한 질적인 가치 또는 시장에서의 평가를 의미한다.

$$\text{주가수익비율} = \frac{\text{주가}}{\text{주당순이익}}$$

일반적으로 PER은 성장성이 높거나 위험이 낮을수록 높아진다. 또한 회계처리방법에 의해서도 영향을 받을 수 있다. 회계이익을 가능한 한 적게 계상하려는 보수적인 회계처리를 하는 기업의 PER이 높게 나타날 수 있다.

주가장부가치비율

주가장부가치비율(price-book value ratio: PBR)은 주가를 주당순자산(장부가치)으로 나눈 비율로 주가순자산비율이라고도 한다.

$$\text{주가장부가치비율} = \frac{\text{주가}}{\text{주당순자산}}$$

기업의 미래 수익전망이 밝고 경영이 효율적일수록 주식의 장부가치와 시장가치 사이의 차이가 커져서 주가장부가치비율이 높아진다. 따라서 주식의 장부가치보다 시장가치가 훨씬 높게 평가되고 있는 기업은 시장에서 그 기업의 성장전망이 클 것으로 기대하고 있다는 증거로 해석할 수 있다. 그러나 물가상승으로 장부가치가 낮게 평가되어 있는 경우에도 이 비율이 커질 가능성이 있다.

뉴스 속 재무

전체 기업 수익성은 개선됐는데 … 10곳 중 4곳은 이자 갚기도 벅차

2024년 우리나라 기업들의 성장성과 수익성이 전년 대비 개선됐다. AI(인공지능) 서버용 고부가가치 제품 판매가 늘고 반도체 가격이 오르면서 제조업의 영업이익률이 올랐다. 다만 벌어들인 돈으로 이자를 내기도 벅찬 기업 비중은 1년 전에 비해 늘었다. 중소기업 비제조업 가운데 영업이익률이 낮아진 기업들이 늘어나면서다.

한국은행이 2025년 6월 11일 발표한 '2024년 기업경영분석'에 따르면 2024년 외부감사대상 법인기업(외감기업) 3만 4,167곳을 조사한 결과 지난해 이자보상비율이 100% 미만인 기업 비중은 40.9%로 나타났다. 1년 전(39%)보다 1.9%포인트(p) 늘었다. 통계작성을 시작한 2013년 이후 최고치다. 이자보상비율은 영업이익을 이자비용으로 나눈 지표다. 수익으로 금융비용을 부담할 수 있는 정도를 뜻한다. 100%보다 낮으면 벌어들인 돈보다 갚아야 할 이자가 더 많다는 의미다. 이런 상황이 1년간 나타나면 '일시적 한계기업', 3년간 이어지면 '한계기업' 또는 '좀비기업'으로 분류된다. 반대로 상대적으로 수익성이 양호한 이자보상비율 500% 이상 기업 비중은 2023년 32.9%에서 지난해 31.1%로 1.8%p 줄었다. 전체 기업의 이자보상비율은 298.9%로 영업이익률이 높아지면서 전년(221.1%)보다 올랐다.

정영호 한은 경제통계1국 기업통계팀장은 "전체 이자보상비율은 높아졌지만 건별로 보면 중소기업 비제조업의 경우 영업이익이 줄어드는 업체들이 많아졌다"며 "부동산업과 도소매업에서 영업이익이 줄면서 이자보상비율이 100% 미만인 기업 수 비중이 늘어났다"고 말했다.

이자보상비율 구간별 기업수 비중 (%, %p)

	2022	2023(A)	2024(B)	증감 (B–A)
100% 미만	34.6	39.0	40.9	1.9
0% 미만 (영업적자)	25.0	27.0	28.3	1.3
100~300% 미만	18.4	20.6	20.9	0.3
300~500% 미만	8.1	7.5	7.1	−0.4
500 % 이상	38.9	32.9	31.1	−1.8
무차입기업	10.4	10.5	9.3	−1.2

자료: 한국은행

기업의 수익성을 보여주는 매출액영업이익률(3.8→5.4%)은 전년 대비 상승했다. 세전순이익률(4.5→5.2%)도 올랐다. 제조업(3.3→5.6%)은 전자 · 영상 · 통신장비업종에서 영업이익이 큰 폭 개선됐다. AI 서버용 고부가가치 제품 판매가 늘었고 반도체 가격이 오른 영향이다. 비제조업(4.4→5.1%)도 전기가스가 흑자로 전환되면서 상승했다. 전기가스업은 전기요금 인상과 함께 에너지가격 하락으로 원가 부담이 줄면서 수익성이 개선됐다.

성장성도 개선됐다. 2024년 외감기업들의 전년 대비 매출액 증가율은 4.2%를 기록했다. 전년(−2.0%) 대비 증가 전환했다. 업종별로 보면 제조업(−2.7→5.2%)은 전자 · 영상 · 통신장비를 중심으로 매출액이 늘었다. AI 관련 반도체 수요가 늘면서 수출단가가 오른 영향이다. 비제조업(−1.2→3%)은 운수 · 창고와 도 · 소매 등 서비스업 위주로 매출액이 증가 전환했다. 운수 · 창고업은 상하이컨테이너 운임지수가 오르면서 매출이 늘었다. 도 · 소매업의 경우 전년도 면세업 매출 감소의 기저효과가 작용했다. 기업규모별로 보면 대기업(−2.8→4.4%)과 중소기업(1.4→3.2%)이 모두 매출액이 늘었다.

기업 안정성을 나타내는 부채비율과 차입금의존도는 소폭 하락했다. 2024년말 기준 기업 부채비율은 101.9%로 전년(102%) 대비 0.1%p 내렸다. 차입금의존도(28.7→28.3%)는 0.4%p 하락했다.

주요지표		2022	2023	2024	최고값[1]		최저값[1]		평균[1]
성장성	매출액증가율	16.9	−2.0	4.2	17.7	21년	−3.2	20년	3.9
	총자산증가율	7.8	5.4	6.5	10.8	21년	3.2	14년	5.3
수익성	매출액영업이익률	5.3	3.8	5.4	7.3	17년	3.8	23년	5.5
	매출액세전순이익률	5.1	4.5	5.2	7.6	21년	3.7	13년	5.3
안정성	부채비율	105.0	102.0	101.9	109.4	13년	93.1	18년	100.7
	차입금의존도	28.8	28.7	28.3	28.8	22년	26.0	18년	27.4

주: 1) 2013년 편제 시작 이후
자료: 한국은행

〈머니투데이, 2025. 6. 11 수정〉

PRINCIPAL TERMS

주 | 요 | 용 | 어

재무제표 (financial statements: F/S)

기업이 회계기간 동안에 수행한 경영활동의 결과를 간결하게 요약한 재무보고서이다.

재무상태표 (statement of financial position)

일정시점(결산기 말)에서 기업의 자산, 부채와 자본에 관한 정보를 제공하는 재무보고서이다.

손익계산서 (income statement)

일정기간 동안 기업에서 발생한 수익과 비용을 대응시켜 당해기간의 손익을 표시한 보고서로서, 기업의 종합적인 경영성과를 나타내는 재무제표이다.

현금흐름표 (statement of cash flows)

일정한 기간에서 기업이 조성한 현금과 사용한 현금의 내역을 정리한 보고서이다.

재무비율 (financial ratio)

경제적 의미와 논리적 관계가 분명한 재무제표의 한 항목을 다른 항목에 대한 상대적 비율로 나타낸 것이다.

유동성비율 (liquidity ratios)

단기채무를 상환할 수 있는 능력을 측정하는 재무비율로서 흔히 단기채무지급능력비율(short-term solvency ratios)이라고도 한다.

- $\text{유동비율(\%)} = \dfrac{\text{유동자산}}{\text{유동부채}} \times 100$
- $\text{당좌비율(\%)} = \dfrac{\text{당좌자산}}{\text{유동부채}} \times 100$

자본구조비율 (capital structure ratios)

기업의 장기채무지급능력을 나타내는 비율로서 타인자본 의존도에 의해 측정되며 레버리지비율(leverage ratios)이라고도 한다.

- 부채비율(%) $= \dfrac{\text{부채}}{\text{자기자본}} \times 100$

- 이자보상비율(배) $= \dfrac{\text{영업이익}}{\text{이자비용}}$

효율성비율 (efficiency ratios)

자산의 효율적 이용도를 평가하는 데 이용되는 재무비율로서 흔히 활동성비율(activity ratios) 또는 자산관리비율(asset management ratios)이라고도 한다.

- 매출채권회전율(회) $= \dfrac{\text{매출액}}{\text{매출채권}}$

  ☞ 매출채권회수기간(일) $= \dfrac{365}{\text{매출채권회전율}} = \dfrac{\text{매출채권}}{\text{1일 평균매출액}}$

- 재고자산회전율(회) $= \dfrac{\text{매출액}}{\text{재고자산}}$

  ☞ 재고기간(일) $= \dfrac{365}{\text{재고자산회전율}} = \dfrac{\text{재고자산}}{\text{1일 평균매출액}}$

- 총자산회전율(회) $= \dfrac{\text{매출액}}{\text{총자산}}$

수익성비율 (profitability ratios)

기업의 이익창출능력을 나타내는 지표로서 기업활동의 결과를 집약한 경영성과를 측정하는 재무비율이다.

- 총자산순이익률(%) $= \dfrac{\text{순이익}}{\text{총자산}} \times 100$

- 자기자본순이익률(%) $= \dfrac{\text{순이익}}{\text{자기자본}} \times 100$

- $\text{매출액순이익률}(\%) = \dfrac{\text{순이익}}{\text{매출액}} \times 100$

시장가치비율 (market value ratios)

기업의 시장가치를 나타내는 주가와 주당순이익 또는 장부가치 등의 관계를 분석하는 재무비율로서 시장에서 특정기업의 과거성과 및 미래전망이 어떻게 평가되고 있는지를 보여주는 지표이다.

- $\text{주가수익비율} = \dfrac{\text{주가}}{\text{주당순이익}}$

- $\text{주가장부가치비율} = \dfrac{\text{주가}}{\text{주당순자산}}$

EXERCISES

연 | 습 | 문 | 제

QUESTION I

완성/선택형 문제

01 재무제표는 기업의 이해관계자에게 재무정보를 제공하기 위해 작성되는 회계보고서로서, 재무상태에 대한 정보를 제공하는 ( ), 경영성과에 대한 정보를 제공하는 ( ), 현금흐름에 대한 정보를 제공하는 ( ) 등으로 구성된다.

02 손익계산서에서 ( )은 매출액에서 매출원가를 차감한 잔액을 말하며, ( )은 영업활동의 결과 발생한 이익으로 매출총이익에서 판매비와 관리비를 차감하여 산출된다. ( )은 영업이익에 금융수익 및 기타수익을 가산한 후 금융비용 및 기타비용을 차감하여 산출된다. ( )은 최종적인 경영활동의 결과로서 주주에게 귀속되는 이익이며, 법인세비용차감전순이익에서 법인세비용을 차감하여 측정된다.

03 ( )은 경제적 의미와 논리적 관계가 분명한 재무제표의 두 항목을 상대적 비율로 나타낸 것이다.

04 ( )은 단기채무를 상환할 수 있는 능력을 측정하는 재무비율로 단기채무지급능력비율(short-term solvency ratios)이라고도 한다.

05 재무제표에 대한 다음의 설명 중 가장 적절하지 못한 것은?

① 재무제표(financial statements: F/S)는 기업이 회계기간 동안에 수행한 경영활동의 결과를 간결하게 요약한 재무보고서이다.

② 재무상태표(statement of financial position)는 일정시점(결산기 말)에서 기업의 자산, 부채와 자본에 관한 정보를 제공하는 재무보고서이다.

③ 손익계산서(income statement)는 일정기간 동안 기업에서 발생한 수익과 비용을 대응시켜 당해기간의 손익을 표시한 보고서로서 기업의 종합적인 경영성과를 나타내는 재무제표이다.

④ 현금흐름표(statement of cash flows)는 일정한 기간에서 기업이 조성한 현금과 사용한 현금의 내역을 정리한 보고서이다.

⑤ 재무제표의 작성목적은 경영자에게 다양한 형태의 재무정보를 제공하는 데 있다.

06 손익에 관한 다음의 설명 중 옳지 않는 것은?

① 매출액(sales)은 주된 영업활동을 통하여 재화 또는 용역을 제조·판매한 대가로 발생하는 수익을 말하며, 매출원가(cost of sales)는 재화 또는 용역을 생산하는 과정에서 발생하는 비용으로 재화 또는 용역의 취득원가를 의미한다.

② 매출총이익(gross profit)은 매출액에서 매출원가를 차감한 것이며 영업효율성을 측정하는 근거가 된다.

③ 영업이익(operating income)은 영업활동의 결과 발생된 이익으로 매출총이익에서 판매비와 관리비를 차감하여 산출된다.

④ 법인세비용차감전순이익(earnings before taxes)은 영업이익에 금융수익 및 기타수익을 가산한 후 금융비용 및 기타비용을 차감하여 산출된다.

⑤ 당기순이익(net income)은 최종적인 경영활동의 결과로서 주주에게 귀속되는 이익이며, 법인세비용차감전순이익에서 법인세비용을 차감하여 측정된다

07 매출부진으로 인해 재고가 많이 발생하는 기업의 단기채무능력을 측정하는 데 적합한 재무비율은?

① 유동비율
② 순운전자본구성비율
③ 부채비율
④ 당좌비율
⑤ 재고자산회전율

08 3유동성비율에 관한 설명으로 모두 옳은 것은? (경영지도사, 2014)

ㄱ. 유동비율은 양호한데도 불구하고 당좌비율이 불량한 경우는 재고자산의 과다로 추정될 수 있다.
ㄴ. 당좌비율이 100% 이하라는 것은 당좌자산을 유동부채보다 더 많이 보유하고 있다는 의미이다.
ㄷ. 유동비율이 지나치게 높다는 것은 현금이나 단기자산을 비효율적으로 운용하고 있다는 의미도 된다.
ㄹ. 유동비율이 높을수록 단기채무지급능력이 미흡하다.
ㅁ. 유동성은 단기에 현금화될 수 있는 정도를 의미한다.

① ㄱ, ㄴ, ㄹ
② ㄱ, ㄷ, ㅁ
③ ㄴ, ㄷ, ㅁ
④ ㄴ, ㄹ, ㅁ
⑤ ㄷ, ㄹ, ㅁ

QUESTION II

서술/계산형 문제

01 재무상태표에 대해 설명하라.

02 손익계산서에 대해 설명하라.

03 현금흐름표에 대해 설명하라.

04 (재무비율분석)

(주)청운의 재무상태표와 손익계산서는 다음과 같다.

재무상태표

(주)청운　　20×1년 12월 31일 현재　　(단위: 천원)

자 산	금 액	부채 · 자본	금 액
유동자산	1,028,500	(부 채)	
현금및현금성자산	10,000	유동부채	557,600
단기금융자산	7,000	매입채무	493,000
매출채권	323,000	단기차입금	64,600
재고자산	688,500	비유동부채	30,000
		사채	15,000
비유동자산	192,100	장기차입금	15,000
토지	102,000	부채총계	587,600
건물	55,000		
기계장치	30,000	(자 본)	
기타유형자산	5,100	자본금	200,000
		자본잉여금	106,000
		이익잉여금	327,000
		자본총계	633,000
자산총계	1,220,600	부채 · 자본총계	1,220,600

손익계산서

(주)청운　　20×1년 1월 1일~20×년 12월 31일　　(단위: 천원)

과 목	금 액
매출액	2,380,000
매출원가	1,904,000
매출총이익	476,000
판매비와 관리비	394,000
영업이익	82,000
이자비용	64,000
법인세비용차감전순이익	18,000
법인세비용(50%)	9,000
당기순이익	9,000

다음의 표를 완성하여 (주)청운의 단기채무지급능력, 장기채무지급능력, 효율성, 수익성을 평가하라.

재무비율	실제비율	표준비율
유동비율		126%
당좌비율		68%
부채비율		225%
이자보상비율		2.4배
재고자산회전율		4.2회
매출채권회전율		3.5회
총자산회전율		1.2회
총자산순이익률		6.43%
자기자본순이익률		10.24%
매출액순이익률		4.74%

제 2 편

투자결정

FINANCIAL MANAGEMENT

제 4 장

자본예산

1. 자본예산의 의의
2. 현금흐름의 추정
3. 투자안의 경제적 가치 평가

자본예산(capital budgeting)이란 1년 이상 장기적으로 그 효과가 지속되는 투자결정을 의미한다.

Financial Management

자본예산(capital budgeting)이란 1년 이상 장기적으로 그 효과가 지속되는 투자결정을 의미하는 것으로서, 이와 같은 투자결정의 합리성 여부가 기업의 가치에 미치는 영향은 매우 크다. 그러므로 합리적인 투자안의 평가방법을 개발하는 것은 재무관리자의 중요한 임무이다. 기업의 목표인 기업가치의 극대화는 투자활동을 통하여 얻을 수 있는 부가가치를 극대화함으로써 달성될 수 있다.

본장에서는 먼저 자본예산의 의의와 투자안 평가에 필요한 현금흐름을 추정하는 방법에 대해서 살펴본 후, 순현가법과 여러 가지 대체적인 투자안 평가방법들 — 회수기간법, 평균회계이익률법, 내부수익률법, 수익성지수법 등 — 의 의미와 그 타당성 여부를 설명하고자 한다.

학습목표

1. 자본예산의 의의를 알아본다.
2. 현금흐름의 개념을 이해하고 추정방법을 살펴본다.
3. 투자안의 경제적 가치 평가방법들을 학습한다.

1. 자본예산의 의의

투자결정은 얼마만큼의 자금을 어느 자산에 투자할 것인가에 관한 결정으로서 기업의 기본적 재무의사결정이라 할 수 있다. 자산에 대한 투자결정 중 특히 1년 이상 그 효과가 지속되는 투자, 즉 비유동자산에 대한 투자결정을 자본예산이라 한다. 예를 들어 새로운 설비의 도입, 교체, 확장 등에 대한 투자가 자본예산의 대상이 된다.

일반적으로 자본예산은 다음과 같은 절차를 거쳐 이루어진다.

첫째, 투자의 대상이 되는 투자기회를 탐색한다. 이 경우 투자안은 어느 한 투자안의 선택 여부가 다른 투자안의 선택 여부에 의해서 영향을 받지 않는

알 | 아 | 두 | 기

자본예산의 중요성

1997년 말 외환위기를 겪은 후 우리나라에서는 기업이 초래한 부실을 바로잡는 작업으로 퇴출, 합병 등을 통한 기업구조조정이 본격적으로 시작되었다. 기업부실의 원인에는 여러 가지가 있겠지만 경제적 타당성 검토에 기초하지 않은 새로운 사업에의 진출, 즉 무리한 외형확장전략에 기인한 바가 크다고 하겠다. 과거에 발생된 삼미, 한보, 해태, 진로, 쌍방울, 기아, 쌍용, 대우, 한라 등의 부실화는 가장 기본적 재무의사결정인 자본예산을 제대로 수행하지 못한 결과, 기업의 생존자체마저도 위태롭게 된 사례라 할 수 있다. 이와 같이 자본예산은 거액의 자본을 투자하여 기업의 장기적인 경영성과에 영향을 미칠 수 있기 때문에, 기업이 치열한 경쟁 속에서 유지·성장하는 데 있어 중요한 재무의사결정의 하나로 간주되고 있다.

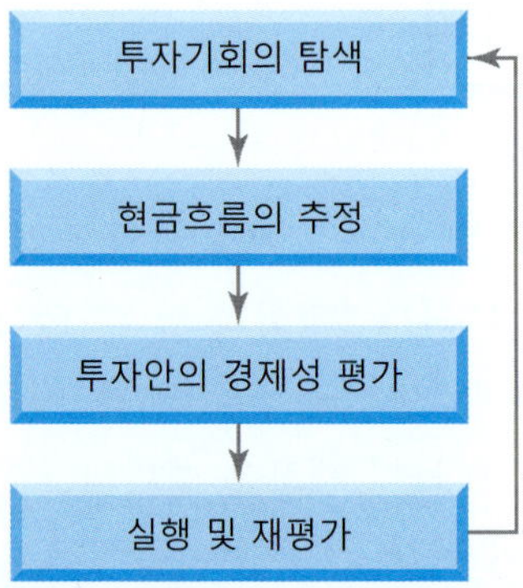

그림 4-1 자본예산의 절차

독립적 투자안(independent investments)과 특정 투자안이 선택되면 다른 투자안들은 자동적으로 기각되는 상호배타적 투자안(mutually exclusive investments)으로 구분될 수 있다.

둘째, 투자안의 현금흐름을 추정한다.

셋째, 합리적인 투자안 평가방법에 의해 투자안의 경제성을 평가하여 투자안을 선택한다.

넷째, 경제성 평가에 의해 선택된 투자안을 실행한 후, 그 성과를 재평가한다.

이와 같은 자본예산의 절차를 그림으로 나타내면 [그림 4-1]과 같다. 재무관리자는 자본예산의 네 가지 절차 중에서 현금흐름을 추정하고, 투자안의 경제성을 평가하는 역할을 담당한다. 따라서 본서에서는 현금흐름의 추정과 투자안의 경제성 평가방법에 대해서 차례로 설명할 것이다.

2. 현금흐름의 추정

현금흐름(cash flow)은 투자의 결과로 발생하는 모든 현금을 의미하며, 현금유입(투자로 인해 들어오는 현금, 즉 투자수익)과 현금유출(투자로 인해 나가는 현금, 즉 투자비용)로 구분된다. 그리고 투자안을 분석할 때 고려되는 현금흐름은 현금유입에서 현금유출을 차감한 순현금흐름이다. 이와 같은 현금흐름은 회계적 이익과 다르다. 왜냐하면 회계적 이익은 현금의 유입과 유출에 관계없이 수익과 비용이 실제로 발생하였다는 구체적인 사실에 의해서 측정되기 때문이다.[1] 즉 회계적 이익은 회계기준에 따라 추정되는 인위적 수치이기 때문에 투자로 인해 발생되는 현금흐름을 정확히 나타내지 못한다. 그러므로 투자안 또는 자산을 평가할 때 회계적 이익이 아닌 현금흐름에 의해서 평가하여야 한다.

2.1 현금흐름 추정시 유의사항

투자안은 세후기준의 증분현금흐름에 의해서 평가되어야 한다. 즉 투자안을 평가할 때 회계적 이익이 아닌 현금흐름을 사용하여야 하며, 그 현금흐름은 증분기준(incremental basis)에 의해서 측정되고 세금을 차감한 것이어야 한다는 것이다.

1 현행 회계원칙에서는 수익과 비용을 인식함에 있어서 발생기준을 기본으로 하고 있다

현금흐름과 회계적 이익의 상이성

현금흐름은 회계적 이익과 서로 다르다. 따라서 현금흐름을 추정할 때 다음과 같은 몇 가지 사항을 유의하여야 한다.

■ 감가상각비 등 비현금지출비용의 제외

감가상각비 등 비현금지출비용(non-cash expense)은 회계적 이익을 계산할 때 비용으로 차감된다. 그러나 감가상각비는 인위적으로 배분된 회계적 비용으로서 기업이 실제로 지출하는 것은 아니기 때문에 현금유출에 포함시키지 않아야 한다. 다시 말하면, 현금흐름을 측정할 때 기계 등 유형자산의 구입비용은 실제로 현금이 지출되는 시점에서 이미 현금유출로 전액 인식되기 때문에 내용연수 동안에 걸쳐 각 기간에 인위적으로 배분될 회계적 비용, 즉 감가상각비를 현금유출에 포함시켜서는 안 된다는 것이다.

■ 이자비용과 배당금 등 금융비용의 제외

이자비용과 배당금은 기업의 입장에서 보면 명백한 현금유출이다.[2] 그러나 기업이 투자자금을 사용하는 대가로서 그 자금을 제공한 채권자와 주주에게 지급하는 이자비용과 배당금은 투자안을 평가하기 위하여 미래 현금흐름을 할인하는 과정에서 할인율(자본비용)에 적절하게 반영되어 차감되기 때문에 이들을 또다시 현금유출에 포함시켜서는 안 된다. 즉 미래 현금흐름을 할인한다는 것은 투자자에게 지급해야 하는 이자비용과 배당금을 차감한다는 것을 의미한다. 따라서 이자비용과 배당금을 현금유출에 포함시키고 또다시 할인하는 경우에는 이중계산이 된다.

2 이자비용은 회계적 비용이나, 배당금은 회계적 비용이 아닌 순이익의 처분항목이다.

알 | 아 | 두 | 기

▌감가상각비와 현금유출

예를 들어 기업이 현재 2억원의 현금을 지급하여 내용연수가 10년인 새로운 기계를 구입한다고 하자. 이 경우 현재시점에서 2억원의 현금유출이 발생된다. 그러나 회계적으로는 실제로 현금이 지출되는 현재시점에서 비용으로 인식하지 않고 기계의 구입비용, 즉 취득원가 2억원을 그 기계의 내용연수 10년에 걸쳐 일정한 방법으로 배분하여 각 기간의 비용으로 처리하게 된다. 기계를 정액법에 의해서 완전상각한다면, 10년 동안 매년 말에 2,000만원(2억원/10년)의 회계적 비용(감가상각비)이 발생하게 된다. 이와 같은 경우 실제로 발생하게 되는 현금유출과 감가상각비를 비교하여 나타내면 다음과 같다.

	$t=0$	1	2	······	10
현금유출	: −2억원				
감가상각비:		−2,000만원	−2,000만원	······	−2,000만원

■ 운전자본과 자본적 지출의 포함

새로운 투자안에 의해서 재고자산, 매출채권 등이 증가하여 기업의 순운전자본(유동자산−유동부채)이 증가할 수 있으며, 이로 인하여 추가적인 자금이 더 필요하게 된다. 이와 같은 순운전자본의 증가로 인하여 추가적으로 소요되는 자금은 투자안의 내용연수 내에 동일 금액이 회수되므로 회계적 비용은 아니다. 그러나 투자안의 평가시 소모성 비용이 아닌 순운전자본을 현금흐름에 포함시켜야 하는 이유는 화폐의 시간적 가치를 고려해야 하기 때문이다.

그리고 회계기준에 의하면 자본적 지출은 현재의 비용이 아니라 투자자산의 원가에 가산하여 감가상각함으로써 미래의 수익에 대응된다.[3] 그러나 현금흐름기준에 의하면 자본적 지출은 현금지출을 수반하므로 자본적 지출이

---

3 자본적 지출은 자산의 경제적 편익(economic benefit)을 증가시키기 위하여 지출된 비용으로서 유형자산의 신규투자, 대체투자, 개량 및 증설 등을 위한 투자를 포함한다.

발생하는 시점의 현금유출에 포함시켜야 한다. 물론 앞에서 설명한 바와 같이 자본적 지출로 인하여 증가하게 되는 감가상각비는 현금유출에 포함시켜서는 안 된다.

증분현금흐름

투자안을 평가할 때 그 투자안으로 인해 발생되는 증분현금흐름을 사용하여야 한다. 증분현금흐름은 새로운 투자안으로 인하여 발생하게 되는 기업전체 현금흐름의 변화, 즉 투자안을 채택할 때(with project)와 투자안을 채택하지 않을 때(without project)의 기업전체 현금흐름의 차이를 의미한다. 이와 같은 증분현금흐름을 추정할 때 유의해야 하는 사항은 다음과 같다.

■ 매몰원가의 제외

매몰원가(sunk costs)는 이미 발생된 과거의 원가로서 현재 투자안의 채택 여부와 상관이 없는 원가를 말한다. 그러므로 현재 투자안의 증분현금흐름을 추정할 때 매몰원가를 제외시켜야 한다.

■ 기회비용의 포함

기업은 판매, 임대, 또는 다른 사업에 사용할 수 있는 자산을 보유할 수 있다. 만약 기업이 이러한 자산을 새로운 투자에 사용한다면, 자산의 대체적인 사용으로부터 발생될 수 있는 잠재적인 수입을 잃게 된다. 이와 같이 새로운 투자안을 채택할 때 다른 자산 사용기회를 포기함으로써 잃게 되는 수입, 즉 손실을 기회비용(opportunity costs)이라 한다. 기회비용은 새로운 투자안으로 인해 발생되는 비용이므로 투자안의 증분현금흐름을 추정할 때 현금유출에 포함시켜야 한다. 예를 들어 기업이 현재 보유하고 있는 임대가 가능한 창고를 새로운 투자안에 이용하려고 하는 경우에 이 창고의 임대료수입은 새로운 투자안의 기회비용이 된다. 즉 새로운 투자안의 채택으로 인하여 포기하여야 하는 창고의 임대료수입은 기회비용으로서 증분현금흐름을 추정할 때 현금유출에 포함시켜야 한다.

■ 부수적 효과의 포함

고려중인 새로운 투자안은 기업의 다른 부분들에 영향을 줄 수 있다. 그 결과 발생하는 효과를 투자안의 부수적 효과(side effect)라 한다. 이와 같은 부수적 효과는 증분현금흐름을 추정할 때 고려해 주어야 한다. 가장 대표적인 부수적 효과는 잠식비용(erosion costs)이다. 잠식비용은 새로운 투자안에 의해서 생산된 제품 때문에 그 기업의 기존 제품시장이 잠식되는 경우(기존 제품의 매출이 감소되는 경우) 발생되는 손실을 말한다.

법인세효과

앞에서 이미 설명한 바와 같이 감가상각비와 이자비용 등은 현금유출에 포함되지 않는다. 그러나 이들은 기업의 과세대상이익을 줄여 기업이 납부해야 하는 세금(현금유출)을 감소시켜 준다. 그러므로 현금흐름을 추정할 때 이와 같은 세금절감효과(tax shield effect)를 현금유입에 포함시켜야 한다. 세금절감효과를 고려하는 방법에는 다음과 같은 두 가지 방법이 있다. 첫째는 현금흐름을 증가시켜 주는 직접적인 방법이 있다. 감가상각비의 경우에는 이 방법에 의해서 현금흐름을 추정할 때 그 세금절감효과를 현금유입에 포함시켜 준다. 둘째는 현금흐름을 증가시켜 주는 대신에 할인율을 줄임으로써 세금절감효과를 간접적으로 고려하는 방법이 있다. 일반적으로 이자비용의 경우에는 그 세금절감효과를 현금흐름에 직접적으로 고려하지 않고 할인율을 줄임으로써 간접적으로 고려해 준다.[4] 즉 할인율을 줄임으로써 간접적인 현금유입의 효과를 얻을 수 있다. 이와 같은 이유 때문에 일반적으로 이자비용의 경우에는 현금흐름을 측정할 때 감가상각비와는 달리 그 세금절감효과를 현금유입에 포함시키지 않는다는 것을 유의하여야 한다.

2.2 현금흐름의 추정

이제 앞에서 설명한 현금흐름 추정시 유의사항을 고려하여 현금흐름을 추정하는 일반적인 공식을 도출해 보기로 하자.

영업현금흐름

투자안에 대한 추정 손익계산서(pro-forma income statement)가 〈표 4-1〉과 같이 주어져 있다고 가정하여 정상적인 영업활동의 결과 발생하는 영업현금흐름(operating cash flow)을 추정해 보자.

영업현금흐름은 매출액에서 영업비용(변동영업비용과 고정현금지출비용)과 법인세비용을 차감하여 구할 수 있다.[5]

$$
\begin{aligned}
&\text{영업현금흐름}\\
&=(\text{매출액}-\text{영업비용})-\text{법인세율}\times(\text{매출액}-\text{영업비용}-\text{감가상각비})\\
&=(145{,}000-100{,}000)-0.4\times(145{,}000-100{,}000-15{,}000) \qquad (4\text{-}1)\\
&=33{,}000\text{천원}
\end{aligned}
$$

4 이자비용의 세금절감효과를 할인율(자본비용)에 고려해 주는 방법에 대해서는 제7장 기업의 자금조달과 자본비용에서 설명할 것이다.

5 여기서 법인세비용을 계산하는 기준이 되는 과세대상이익에는 이자비용이 차감되지 않았음을 유의하기 바란다. 그 이유는 이자비용의 세금절감효과를 할인율에 고려해 주기 때문이다.

표 4-1 추정 손익계산서 (단위 : 천원)

매출액	145,000
영업비용	100,000
감가상각비	15,000
영업이익	30,000
이자비용	5,000
법인세비용차감전순이익	25,000
법인세(법인세율＝40%)	10,000
순이익	15,000

주) 추정 손익계산서의 각 항목은 증분(Δ)개념으로서 투자안을 채택할 경우 기업의 손익계산서와 투자안을 채택하지 않을 경우 기업의 손익계산서를 각각 작성한 후, 전자에서 후자를 차감하여 구한 것이다.

그리고 식 (4–1)을 변형하여 다음과 같이 나타낼 수 있다.

영업현금흐름

＝(매출액－영업비용)(1－법인세율)＋법인세율×감가상각비 (4-2)

＝(145,000－100,000)(1－0.4)＋0.4×15,000

＝33,000천원

여기서 법인세율×감가상각비＝감가상각비의 세금절감액

또는

영업현금흐름

＝(매출액－영업비용－감가상각비)(1－법인세율)＋감가상각비

＝영업이익×(1－법인세율)＋감가상각비 (4-3)

＝30,000×(1－0.4)＋15,000

＝33,000천원

영업현금흐름을 계산하는 식 (4-1), 식 (4-2), 식 (4-3)에서 부채사용으로 인하여 지급하여야 하는 이자비용 등이 포함되지 않음을 알 수 있다. 이것은

투자안의 영업현금흐름이 부채사용 여부, 즉 자본조달방법과 관계없이 투자안 자체의 수익력에 의해서 결정된다는 것을 의미한다.[6] 그러므로 투자안의 영업현금흐름을 측정할 때 부채사용에 관련된 정보(이자비용 및 원금상환)를 무시할 수 있다.

잉여현금흐름

투자안을 평가할 때 목적적합한 현금흐름은 실제로 처분가능한 현금흐름이다. 그러므로 현금흐름을 계산할 때 투자안으로 인하여 발생되는 운전자본과 자본적 지출 등의 소요자본(capital requirements)을 포함시켜야 한다. 투자안의 평가에 목적적합한 현금흐름은 투자의 소요자본을 모두 포함시킨 잉여현금흐름(free cash flow)이며, 이는 앞서 설명한 세후기준의 증분현금흐름을 의미한다. 잉여현금흐름을 구하는 일반식은 다음과 같다.

$$\text{잉여현금흐름} = \text{영업현금흐름} - \text{순운전자본의 변동} - \text{자본적 지출} \qquad (4\text{-}4)$$

6 자본조달에 따른 효과는 자본조달의 비용인 할인율(자본비용)에서 고려되며, 이에 대한 자세한 내용은 제7장에서 설명된다.

예제 4-1 현금흐름의 추정

개인용 컴퓨터를 생산하고 있는 (주)첨단컴퓨터는 휴대용 컴퓨터인 노트북을 생산하려고 한다. 노트북의 마케팅 가능성을 파악하기 위하여 국내 네 개 대도시 지역을 대상으로 시장조사를 실시하였다. 그 결과 예상보다 성공가능성이 클 것으로 전망되었다. 시장조사에 소요되었던 비용은 1,500만원이고, 노트북을 생산할 경우 필요한 기계설비는 새로 구입하여야 하며, 생산공장은 이 회사 소유의 부천소재 공장을 이용할 수 있다. 현재 이 공장은 연간 1,500만원의 임대료로 임대되고 있다.

기획팀은 노트북 투자안에 관한 평가의 기초자료를 다음과 같이 마련하였다. 노트북 생산에 필요한 기계의 구입가격은 20억원이며, 운전자본은 1억원이 필요하다. 이 기계의 내용연수는 5년이며, 감가상각은 정액법으로 완전상각된다. 그러나 기계의 5년 후 실제 잔존가치(처분가치)는 3억원으로 추정된다.

노트북은 향후 5년 동안 매년 1,000대씩 판매될 것으로 추정되며, 대당 판매가격은 200만원, 노트북 생산에 소요되는 영업비용(감가상각비 제외)은 대당 100만원으로 예상된다. 그리고 새로운 노트북으로 인하여 기존 컴퓨터의 판매가 감소되며, 그 손실은 매년 1,000만원으로 추정된다. 이 회사의 법인세율은 40%이다. (주)첨단컴퓨터의 노트북 투자안에 대한 현금흐름을 추정하라.

해설

(1) 영업현금흐름의 추정

영업현금흐름 = (매출액 − 영업비용)(1 − 법인세율) + 법인세율 × 감가상각비

= (1,000대 × 200만원 − 1,000대 × 100만원)(1 − 0.4) + 0.4 × 40,000만원

= 76,000만원 (※ 감가상각비 = 200,000만원/5년 = 40,000만원)

(2) 잉여현금흐름(영업현금흐름 − 순운전자본의 변동 − 자본적 지출)의 추정

(단위: 만원)

구 분	0	1	2	3	4	5
영업현금흐름		76,000	76,000	76,000	76,000	76,000
기계설비[1]	−200,000					18,000
기회비용[2]		−900	−900	−900	−900	−900
잠식비용[3]		−600	−600	−600	−600	−600
운전자본[4]	−10,000					10,000
현금흐름	−210,000	74,500	74,500	74,500	74,500	102,500

주) 1. 새 기계설비의 구입비용=200,000만원, 내용연도 말의 세후 처분가치=처분가치−(처분가치−장부가치)×법인세율=30,000−(30,000−0)×0.4=18,000만원 (※ 시장조사비용 1,500만원은 매몰원가이므로 현금흐름을 측정할 때 제외함.)

2. 부천소재 공장을 사용함으로써 포기해야 하는 세후 임대료=1,500×(1−0.4)=900만원

3. 새로운 노트북으로 인하여 발생하는 기존 컴퓨터의 세후 판매감소 손실액 =1,000×(1−0.4)=600만원

4. 운전자본은 영업의 종료시점에서 모두 회수되므로 5년도 말에 10,000만원의 현금유입이 발생됨.

3. 투자안의 경제적 가치 평가

총 29조원의 자금이 투입된 국책사업 중 가장 큰 사업인 새만금사업에서 경제성 평가는 필수적이다. 〈출처: 국토교통부〉

3.1 합리적인 투자안의 평가기준: 순현가법

순현가법은 기업의 목표인 주주 부의 극대화와 일치하는 투자안 평가방법이다. 그러므로 순현가법은 다른 대체적인 투자안 평가방법들의 타당성 여부를 가늠할 수 있는 판단기준(benchmark)으로 이용될 수 있다.

순현가의 의의

순현가(net present value: NPV)는 투자의 결과 발생하는 현금유입의 현가(present value of cash inflow)에서 현금유출의 현가(present value of cash outflow)를 차감한 것을 의미한다.[7]

$$NPV = PV(\text{현금유입}) - PV(\text{현금유출}) \tag{4-5}$$

식 (4-5)에 의해 계산되는 순현가는 투자로 인해 얻게 되는 기업가치의 증가분(투자비용을 모두 회수한 후 새로이 창출된 가치)을 나타내며, 순현가가 높은 투자안을 선택함으로써 기업가치를 보다 증가시킬 수 있다. 따라서 순현가를 극대화시키는 방향으로 자본예산을 실시함으로써 기업의 목표인 기업가치의 극대화를 달성할 수 있다.

투자안의 평가기준

■ 독립적인 투자안

순현가가 0보다 큰 투자안을 채택하고, 순현가가 0보다 작은 투자안을 기각한다.

7 현재가치를 계산할 때 사용하는 할인율은 투자안을 채택하기 위하여 그 투자안이 벌어들여야 하는 최소한의 수익률로서 투자자본의 기회비용을 의미한다. 그리고 이것을 요구수익률(required rate of return) 또는 자본비용이라고도 한다.

- $NPV > 0$ → 투자안 채택
- $NPV < 0$ → 투자안 기각

■ 상호배타적인 투자안

$NPV > 0$인 투자안들 중에서 NPV가 가장 높은 투자안을 선택한다.

■ 순현가법의 특성

순현가법은 주주 부의 극대화라는 기업의 목표에 맞는 가장 합리적인 투자안 평가방법으로서 다음과 같은 특성을 가지고 있다.

첫째, NPV는 현금흐름을 사용한다.

둘째, NPV는 투자안의 모든 현금흐름을 사용한다.

셋째, NPV는 현금흐름을 적절한 할인율로 할인한다. 즉 NPV는 화폐의 시간적 가치를 고려한다.

넷째, 각 투자안의 NPV는 모두 동일시점, 즉 현재시점의 가치를 의미하므로 그것들을 합할 수 있다. 즉 NPV는 가치의 가산원칙(value additivity principle)이 성립한다. 예를 들어 A와 B의 두 투자안에 모두 투자할 경우의 순현가는 각 투자안의 순현가를 합한 것과 동일하다.

$$NPV(\mathrm{A}+\mathrm{B}) = NPV(\mathrm{A}) + NPV(\mathrm{B}) \tag{4-6}$$

식 (4-6)과 같은 가치의 가산원칙이 성립하는 경우, 모든 개별 투자안을 독립적으로 평가할 수 있게 된다.

이상과 같은 순현가법의 특성은 다음에 설명할 대체적인 투자안 평가방법들의 합리성 여부를 판단하는 기준으로 사용될 수 있다.

예제 4-2 순현가법에 의한 투자안 평가

바다주식회사는 현재 1,000만원의 투자자금이 소요되는 새로운 투자안을 고려하고 있다. 그리고 새로운 투자로 인해 기대되는 현금흐름은 다음과 같다. (단, 이 투자안의 할인율은 10%이다.)

(단위 : 만원)

연도 말	현금흐름
1	300
2	200
3	300
4	400

순현가법에 의해서 이 투자안을 평가하라.

해설

$$NPV = PV(\text{현금유입}) - PV(\text{현금유출})$$
$$= \frac{300}{1+0.1} + \frac{200}{(1+0.1)^2} + \frac{300}{(1+0.1)^3} + \frac{400}{(1+0.1)^4} - 1{,}000$$
$$= -63.4\text{만원}$$

$NPV<0$이므로, 이 투자안을 기각하여야 한다.

3.2 회수기간법과 평균회계이익률법

여기서는 실무에서 주로 사용하고 있는 전통적 투자안 평가방법인 회수기간법과 평균회계이익률법을 설명하고 그 문제점을 지적하고자 한다.

회수기간법

■ 회수기간의 의의

회수기간(payback period)은 투자에 소요된 모든 비용을 회수하는 데 걸리는 기간을 의미한다. 예를 들어 현재 5,000만원의 투자비용이 소요되는 투자안을 고려해 보자. 그리고 이 투자안으로 인하여 앞으로 3년에 걸쳐서 각 연도 말에 순서대로 각각 3,000만원, 2,000만원 그리고 1,000만원의 현금유입이 기대되는 경우, 그 현금흐름을 나타내면 다음과 같다.

현재	1년도 말	2년도 말	3년도 말
−5,000만원	3,000만원	2,000만원	1,000만원

이 투자안의 경우 투자비용 5,000만원을 모두 회수하는 데 걸리는 기간, 즉 회수기간은 2년이 된다.

■ 투자안 평가기준

• 독립적인 투자안

투자안의 회수기간이 기업자체에서 설정한 목표 회수기간보다 짧을 경우 투자안을 채택하고, 투자안의 회수기간이 목표 회수기간보다 길 경우 투자안을 기각한다.

- 투자안의 회수기간 < 목표 회수기간 → 투자안 채택
- 투자안의 회수기간 > 목표 회수기간 → 투자안 기각

앞의 예에서 투자안의 회수기간이 2년이다. 그러므로 기업이 설정한 목표 회수기간이 2년 이상인 경우에 투자안을 채택할 수 있으나, 목표 회수기간이 2년 이내인 경우에는 투자안을 기각하여야 한다.

• 상호배타적인 투자안

투자안의 회수기간이 목표 회수기간보다 짧은 투자안들 중에서 회수기간이 가장 짧은 투자안을 선택한다.

■ 회수기간법의 문제점

회수기간법은 최소한 다음과 같은 세 가지 문제점을 가지고 있다.

첫째, 회수기간 내 현금흐름에 대한 화폐의 시간적 가치를 무시한다.[8]

둘째, 회수기간 이후의 현금흐름을 무시한다.

셋째, 적절한 목표 회수기간의 선정이 자의적이다. 어떤 회수기간을 기준으로 하여 투자안을 평가하여야 하는지에 대한 합리적인 근거를 찾기가 어렵다.

그러나 이와 같은 문제점에도 불구하고 실무에서 회수기간법이 가끔 사용되고 있는데, 그 이유는 회수기간법이 다음과 같은 몇 가지 장점을 가지고 있기 때문이다.

첫째, 회수기간의 계산이 간편하므로 쉽게 사용할 수 있다.

둘째, 위험지표(risk indicator)로서의 정보를 제공할 수 있다. 즉 회수기간이 짧은 투자안을 선택함으로써 미래의 불확실성을 어느 정도 감소시킬 수 있다.

셋째, 회수기간이 짧은 투자안을 선택하게 함으로써 기업의 유동성을 향상시켜 준다.

회수기간법을 다른 합리적인 투자안의 평가방법과 병행하여 사용하면 투자안에 대해서 보완적인 정보를 제공할 수 있을 것이다. 그러나 회수기간법은 순현가법과 달리 앞에서 설명한 여러 가지 문제점들을 가지고 있기 때문에, 전적으로 회수기간법을 이용하여 투자안을 평가하는 경우 잘못된 평가결과가 나올 수 있다.

---

8 화폐의 시간적 가치를 무시한 회수기간법의 문제점을 보완하기 위하여 먼저 미래의 현금흐름들을 자본비용으로 각각 할인하여 현재가치를 계산한 후, 투자에 소요된 모든 비용을 회수하는 데 걸리는 기간을 계산하여 평가하는 할인회수기간법(discounted payback period method)이 있다. 그러나 이 방법 역시 회수기간 이후의 현금흐름을 무시하고 또한 목표 회수기간의 선정이 자의적이라는 약점을 여전히 가지고 있으므로 합리적인 평가방법이라고는 할 수 없다.

예제 4-3 회수기간법의 문제점

다음의 상호배타적인 세 투자안을 회수기간법에 의해서 평가하고, 그 결과 나타난 회수기간법의 문제점을 지적하라. (단, 기업의 목표 회수기간은 4년이다.)

(단위 : 만원)

연도 말	현금흐름		
	투자안 A	투자안 B	투자안 C
0	−5,000	−5,000	−5,000
1	3,000	1,000	3,000
2	1,000	1,000	1,000
3	1,000	3,000	1,000
4	2,000	2,000	0

해설

투자안의 회수기간은 모두 목표 회수기간 4년보다 짧은 3년으로 동일하므로 회수기간법에 의하면 세 투자안 중 어느 투자안을 선택하여도 상관이 없다. 그러나 회수기간 내 현금흐름의 시간적 가치를 고려하면, 투자안 A가 투자안 B보다 더 좋은 투자안이다. 또한 투자안 A와 투자안 C는 비록 회수기간 내 현금흐름의 시간적 가치가 동일할지라도 투자안 A는 회수기간 이후, 즉 4년도 말에 2,000만원의 현금흐름이 있으나 투자안 C는 없기 때문에 투자안 A가 투자안 C보다 더 좋은 투자안이다. 결론적으로 회수기간 내 현금흐름의 시간적 가치와 회수기간 이후의 현금흐름을 모두 고려하면, 투자안 A가 가장 좋은 투자안이다.
이상과 같이 회수기간법은 회수기간 내 현금흐름의 시간적 가치와 회수기간 이후의 현금흐름을 무시하는 문제점을 가지고 있기 때문에 회수기간법에 의한 투자안의 평가결과는 잘못된 것이다. 또한 회수기간법은 목표 회수기간의 선정이 자의적이라는 문제점도 가지고 있다.

평균회계이익률법

■ 평균회계이익률의 의의

평균회계이익률(average accounting return: AAR)은 투자안의 내용연수 동안의 세후 평균순이익을 투자의 평균장부가치, 즉 평균투자액으로 나눈 것이다.

$$AAR = \frac{\text{세후 평균순이익}}{\text{평균투자액}} \tag{4-7}$$

■ 투자안 평가기준

• 독립적인 투자안

투자안의 평균회계이익률이 기업의 목표 평균회계이익률보다 클 경우 투자안을 채택하고, 투자안의 평균회계이익률이 목표 평균회계이익률보다 작을 경우 투자안을 기각한다.

• 투자안의 AAR > 목표 AAR → 투자안 채택
• 투자안의 AAR < 목표 AAR → 투자안 기각

• 상호배타적인 투자안

투자안의 AAR이 목표 AAR보다 높은 투자안들 중에서 AAR이 가장 높은 투자안을 선택한다.

■ 평균회계이익률법의 문제점

평균회계이익률법은 다음과 같은 문제점을 가지고 있다.

첫째, 현금흐름이 아닌 회계적 이익을 이용한다. 회계이익은 단지 장부상의 이익을 나타내는 인위적인 수치로서 현금흐름을 나타내는 것이 아니다. 그러므로 회계이익을 사용하는 평가방법은 합리적인 평가방법이라 할 수 없다.

둘째, 화폐의 시간적 가치를 무시한다. 예를 들어 평균회계이익률법에서는 1년 후의 순이익 1원과 2년 후의 순이익 1원이 동일한 가치를 가지는 것으로 평가된다.

셋째, 적절한 목표 평균회계이익률의 설정이 어렵다. 기업에 따라서는 기존 투자안의 이익률 또는 동업계 타사의 이익률을 목표 평균회계이익률로 선정하는 경우가 있으나 어느 경우도 그 정당성을 입증하기는 쉽지 않다.

평균회계이익률법은 간단하고 이해하기 쉬우며, 예산편성 때 작성될 회계자료를 바로 이용할 수 있다는 점에서 실무에서는 많이 사용되고 있다. 그러나 평균회계이익률법은 순현가법과 달리 앞에서 설명한 여러 가지 문제점들을 가지고 있기 때문에 합리적인 투자안 평가방법이라고는 볼 수 없다.

예제 4-4 평균회계이익률법의 문제점

현재의 투자액이 3억원으로 모두 동일한 상호배타적인 세 투자안의 각 연도별 세후 순이익은 다음과 같다

(단위 : 만원)

연도	세후 순이익		
	투자안 A	투자안 B	투자안 C
1	5,000	3,000	1,000
2	3,000	3,000	3,000
3	1,000	3,000	5,000

위 투자안을 평균회계이익률법에 의해서 평가하고, 그 결과 나타난 평균회계이익률법의 문제점을 지적하라. (단, 투자액은 정액법으로 투자안의 내용연수 3년 동안 전액상각되며, 목표 평균회계이익률은 15%이다.)

해설

각 투자안의 평균회계이익률은 다음과 같은 세 단계를 거쳐서 계산된다.

(1) 제1단계: 각 투자안의 세후 평균순이익 계산

• 투자안 A $= \frac{5,000 + 3,000 + 1,000}{3} = 3,000$만원

• 투자안 B $= \frac{3,000+3,000+3,000}{3} = 3,000$만원

• 투자안 C $= \frac{1,000+3,000+5,000}{3} = 3,000$만원

(2) 제2단계: 연간 평균투자액의 계산

(단위 : 만원)

연도 말	0	1	2	3
투자의 총장부가치 감가상각누계액*	30,000 0	30,000 10,000	30,000 20,000	30,000 30,000
투자의 순장부가치	30,000	20,000	10,000	0

* 연간 감가상각비 = 30,000만원/3년 = 10,000만원

그러므로 평균투자액은 다음과 같이 구할 수 있다.[9]

$$\text{평균투자액} = \frac{30,000+20,000+10,000+0}{4} = 15,000\text{만원}$$

(3) 제3단계: 평균회계이익률의 계산

• AAR(투자안 A) = 3,000/15,000 = 0.2 또는 20%

• AAR(투자안 B) = 3,000/15,000 = 0.2 또는 20%

• AAR(투자안 C) = 3,000/15,000 = 0.2 또는 20%

위의 계산결과에 의하면 세 투자안의 평균회계이익률은 모두 동일한 20%로 목표 평균회계이익률 15%보다 높기 때문에 평균회계이익률법에 의하면 세 투자안 중 어느 투자안을 선택하더라도 무차별할 것이다. 그러나 투자안 A의 경우 초기의 세후 순이익이 다른 투자안에 비해 더 많기 때문에 화폐의 시간적 가치를 고려하면 투자안 A가 가장 좋은 투자안이라 할 수 있다.
그러므로 화폐의 시간적 가치를 고려하지 않는 평균회계이익률법의 평가결과는 잘못된 것이다. 또한 평균회계이익률법에서는 현금흐름이 아닌 장부상의 인위적인 수치인 회계적 이익을 사용한다는 문제점과 목표 AAR의 설정이 어렵다는 문제점을 동시에 가지고 있다.

9 정액법으로 완전상각하는 경우 평균투자액은 다음과 같이 구할 수 있다.

$$\text{평균투자액} = \frac{\text{투자의 총장부가치}}{2} = \frac{30,000}{2} = 15,000\text{만원}$$

3.3 내부수익률법과 수익성지수법

내부수익률법

■ 내부수익률의 의의

내부수익률(internal rate of return: IRR)은 투자의 결과 발생하는 현금유입의 현가와 현금유출의 현가를 같아지게 하는 할인율로서 평균투자수익률의 의미를 가진다.

$$NPV = PV(\text{현금유입}) - PV(\text{현금유출}) = 0 \rightarrow \text{할인율}(r) = IRR \qquad (4\text{-}8)$$

내부수익률은 투자안의 특성을 요약하는 단일의 수치(평균투자수익률)로서 자본비용과 관계없이 계산된다. 내부수익률은 단지 투자안의 내부적 특성, 즉 그 투자안의 현금흐름에 의해서 결정된다. 그러나 비록 내부수익률을 계산하는 데는 자본비용이 필요 없지만, 그것에 의해 투자안을 평가하기 위해서는 자본비용이 필요하게 된다는 사실에 유의해야 한다.

예를 들어 현재 200만원을 투자하면, 다음 3년 동안 매년 말 100만원씩을 얻을 수 있는 투자안의 내부수익률을 계산해 보자. 이 투자안의 현금흐름을 나타내면 다음과 같다.

0	1년도 말	2년도 말	3년도 말
−200만원	100만원	100만원	100만원

이와 같은 투자안의 순현가는 다음과 같다.

$$NPV = \frac{100}{1+r} + \frac{100}{(1+r)^2} + \frac{100}{(1+r)^3} - 200$$

그러므로 투자안의 내부수익률은 다음의 식에 의해서 구할 수 있다.

$$\frac{100}{1+IRR}+\frac{100}{(1+IRR)^2}+\frac{100}{(1+IRR)^3}-200=0$$

위의 식을 만족할 때까지, 즉 $NPV=0$이 될 때까지 계속해서 임의의 할인율을 대입하여 내부수익률을 구하는 방법인 시행착오법(trial and error method)에 의해서 IRR을 구하는 과정은 다음과 같다.[10]

할인율	NPV
20%	10.65만원
⋮	⋮
23.37%	0원
⋮	⋮
30%	−18.39만원

순현가를 0으로 만드는 할인율인 내부수익률은 23.37%이다. 할인율에 따른 순현가의 변화를 그림으로 나타내면 [그림 4-2]와 같다. [그림 4-2]에서 볼 수 있듯이 투자안의 순현가는 할인율이 증가할수록 감소한다. 이와 같은 경우 할인율(자본비용) r이 내부수익률보다 작은 영역에서는 NPV가 0보다 크며, 할인율 r이 내부수익률보다 큰 영역에서는 NPV는 0보다 작아진다.

- $IRR > r \rightarrow NPV > 0$
- $IRR < r \rightarrow NPV < 0$

■ 투자안 평가기준

• 독립적인 투자안

내부수익률이 자본비용 r보다 높을 경우 투자안을 채택하고, 내부수익률이 자본비용 r보다 낮을 경우 투자안을 기각한다.

10 엑셀의 함수식을 이용하면 쉽게 내부수익률을 구할 수 있다.

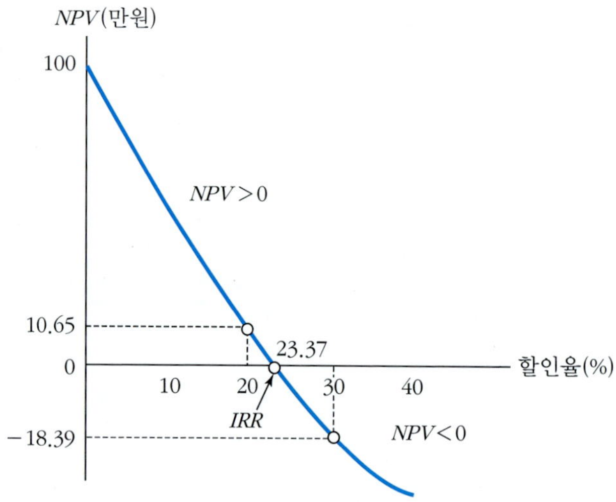

그림 4-2 할인율에 따른 순현가의 변화

- $IRR > r$ (∵ $NPV > 0$) → 투자안 채택
- $IRR < r$ (∵ $NPV < 0$) → 투자안 기각

앞의 예에서 자본비용이 20%라고 가정한다면, 투자안의 내부수익률이 23.37%로서 자본비용보다 높기 때문에 이 투자안을 채택하여야 한다. 이와 같은 평가결과는 순현가법(NPV = 10.65만원: 투자안 채택)과 동일할 것이다.

- 상호배타적인 투자안

$IRR > r$인 투자안들 중에서 IRR이 가장 높은 투자안을 선택한다.

예제 4-5 **내부수익률법에 의한 투자안 평가**

앞의 〈예제 4-2〉를 내부수익률법에 의해서 평가하라.

해설

$NPV=0$이 되게 하는 할인율, 즉 내부수익률은 다음의 식에 의해서 구할 수 있다.

$$NPV=\frac{300}{1+IRR}+\frac{200}{(1+IRR)^2}+\frac{300}{(1+IRR)^3}+\frac{400}{(1+IRR)^4}-1,000=0$$

내부수익률 IRR을 시행착오법에 의해 구하면 7.2%로 자본비용 10%보다 작기 때문에 바다주식회사는 이 투자안을 기각하여야 한다. 이 결과는 순현가법의 결과와 일치한다.

수익성지수법

■ 수익성지수의 의의

수익성지수(profitability index: PI)는 투자로 인하여 발생하는 현금유입의 현가를 현금유출의 현가로 나눈 비율이다.[11]

$$PI=\frac{PV(\text{현금유입})}{PV(\text{현금유출})} \tag{4-9}$$

수익성지수는 순현가와 유사한 정보를 제공한다. 그러나 순현가는 투자안의 경제적 공헌을 금액으로 나타내고 있으나, 수익성지수는 투자안의 상대적

11 실무(특히 사회자본에 대한 투자분석)에서는 비용편익분석(cost-benefit analysis)을 사용하는데 이는 수익성지수법과 동일한 것이다. 비용편익분석에서 비용편익비율(B/C)은 편익(benefit), 즉 PV(현금유입)를 비용(cost), 즉 PV(현금유출)로 나누어 산출한다.

인 수익성을 비율로서 나타내고 있다는 점을 유의하여야 한다.

■ 투자안 평가기준

• 독립적인 투자안

수익성지수가 1보다 큰 투자안은 채택하고, 수익성지수가 1보다 작은 투자안은 기각한다.

• $PI > 1$ ($\because NPV > 0$) → 투자안 채택

• $PI < 1$ ($\because NPV < 0$) → 투자안 기각

• 상호배타적인 투자안

$PI > 1$인 투자안들 중에서 PI가 가장 높은 투자안을 선택한다.

예제 4-6 수익성지수법에 의한 투자안 평가

앞의 〈예제 4-2〉를 수익성지수법에 의해서 평가하라.

해설

PV(현금유출) = 현재시점의 투자지출액 = 1,000만원

$$PV(\text{현금유입}) = \frac{300}{(1+0.1)} + \frac{200}{(1+0.1)^2} + \frac{300}{(1+0.1)^3} + \frac{400}{(1+0.1)^4} = 936.6\text{만원}$$

$$\rightarrow PI = \frac{936.6}{1,000} = 0.9366$$

$PI < 1$이므로 바다주식회사는 이 투자안을 기각하여야 한다.

뉴스 속 재무

경인운하(경인아라뱃길) 경제성 있나 … 평가주체 따라 수익분석 엇갈려

2009년 5월 6일 열린 경인아라뱃길 착공식

인천시 서구 오류동에서 서울시 강서구 개화동 사이 18㎞를 저폭 80m의 물길로 연결하는 우리나라 최초의 이 운하사업은 사업이 갖는 상징성과 투입되는 자원의 규모에 걸맞지 않게 시작부터 과학적이지 않은 많은 약점을 안고 출발했다. 87년 7월 인천의 부평과 김포 일대는 대규모의 홍수 피해를 입었다. 이로 인해서 부평 일대를 관통하는 굴포천에 대한 종합적인 치수 대책 수립이 현안으로 부상했다. 홍수 방재를 위한 방수로 건설로 시작된 논의는 95년 민자유치대상사업으로서 경인운하건설사업으로 전환되고, 98년 나라가 IMF 외환위기 사태로 흔들리던 시점에 현대건설과 한국수자원공사 등을 묶은 민간사업자 컨소시엄과 정부간에 경인운하 실시협약이 체결됐다. 당시 이 사업은 운하 건설에 목적이 있다기보다는 민자유치대상사업에 자동적으로 부가돼 제공되는 주변지개발사업권 부여에 초점이 맞춰진 특혜성 사업이라는 일부 시민단체들의 의혹이 강하게 제기됐으나 아무 해명도 없이 묻혀버리고 말았다.

이후 99년 12월에는 98년 실시협약에 기초해 경인운하주식회사가 설립됐고 환경단체들을 비롯한 일부 시민단체들의 경인운하 백지화 투쟁이 격화했다. 이에 영향을 받은 노무현정부의 대통령직 인수위는 2003년 1월 경인운하를 백지화한다고 발표했다가 곧바로 번복하는 해프닝을 연출하기도 했다. 결국 2003년 9월 국정현안 조정회의에서 굴포천 방수로와 제방도로만을 우선 건설하고 경인운하의 경제성은 재검토하도록 결론을 내렸고,

이에 따라 감사원이 감사에 착수한 결과 당초 한국개발연구원(KDI)의 비용편익분석 보고서가 국토해양부(구 건설교통부)의 개입으로 조작됐다는 감사 결과 보고가 제출됐다. 마침내 2004년 ㈜경인운하에 대한 사업자 지정이 취소됐고, 그해 12월에는 당시 건설교통부에 의해 이 사업의 중도 포기에 따른 사업자의 손해를 보상하는 해지지급금 1,200억원 지급결정까지 이뤄졌다.

그러나 이런 과정을 거치면서도 끝내 이 사업에 대한 미련을 버리지 못한 건설교통부는 2004년 네덜란드의 DHV와 한국의 한 용역회사가 결합한 용역컨소시엄회사에 경인운하건설사업 재검토 용역을 발주했고 2007년 그 결과물이 제출됐다. 이 사업의 경제성(B/C)은 1.76이므로 사업 실현의 타당성이 있다고 분석한 이 보고서는 운하를 항행하는 선박은 해양과 운하를 동시 항행할 수 있는 소위 R/S(River/Sea) 선박을 사용하는 것이 좋을 것이라는 조언까지 담았다. 하지만 즉각 시민사회단체들의 부실용역 논란에 휩싸이며 또 다시 KDI의 조정을 받게 됐다. 결국 KDI의 재검증 결과 조정된 1.065라는 아슬아슬한 경제성을 기초로 2009년 3월 한국수자원공사는 무려 2조2,500억원이라는 예산을 갖고 본격적인 공사에 들어갔고, 명칭도 경인아라뱃길로 바뀌었다.

이 사업을 둘러싼 사회적인 논점은 몇 가지로 요약할 수 있다. 우선 경인운하 경제성 분석이 제대로 이뤄진 것인지에 대한 원천적인 문제가 있다. 또한 홍수방재 기능이 제대로 작동할 것인지, 양쪽 끝이 갑문으로 폐쇄돼 있는 일종의 거대한 물탱크에 해수와 담수를 섞어 담아 놓고 수질을 관리할 수 있는지, 서해안 진입 수로관리를 위한 갯벌의 파괴 문제 등을 포함한 환경 생태적인 문제가 있다. 과연 우리나라에서 한 번도 운항해본 적 없는 R/S 선박이 연안항로 운항과 아라뱃길 주 운수로의 운항에 적합한지와 안전한지, 그리고 18㎞의 선박 운항 편익을 위해 막대한 시간과 하역비용이 추가

경인운하 비용편익(B/C) 분석 결과

연도	평가 주체(용역기관)	B/C
1989년	수자원공사	2.08
1996년	수자원공사(해운산업연구원)	2.2
2002년 1차	건교부(한국개발연구원)	0.8166
2002년 2차	건교부(한국개발연구원)	0.9206
2002년 3차	건교부(한국개발연구원)	0.9233~1.2807
2003년	감사원	0.7607~0.9317
2007년	건교부(네덜란드 DHV)	1.76
2008년	국토해양부(한국개발연구원)	1.065
2010년	경인아라뱃길 재검증위원회	0.274

※비용편익비가 1보다 클 경우 사업타당성을 인정.

로 부담되는 이런 운하를 이용할 물량이 있겠느냐는 물류 유통상의 문제도 있다. 또한 이 운하 건설에 따른 불편을 해소해 달라는 사업지 주변 주민들의 민원과 이 사업에 전혀 참여하지 못한 채 막대한 사후 관리비용만을 떠안게 되는 주변 지방 자치단체들의 불만도 있다.

이런 논점을 해소하기 위해 송영길 인천광역시장은 시장직 당선 후 2010년 10월 경인아라뱃길 재검증위원회를 구성했다. 그리고 재검증위원회는 29명의 분야별 전문가들이 두 달에 걸쳐 검증한 결과를 2010년 11월 30일 발표했다. 그 내용을 요약해보면, 정부 측의 경제성 분석 결과는 무려 8번에 걸쳐 번복됐으며 그 편차도 2.08부터 0.8166에 이르기까지 지나치게 커 신뢰할 수가 없다는 것. 위원회가 스스로 검증한 바에 따르면, 이 사업의 경제성은 0.274밖에 되지 않는 것으로 나타났다. 위원회는 학계에서 통용하는 비용편익분석의 원칙에 따르더라도 개발대상지역의 지가 상승분은 편익에 산입하지 않는 것이 상식임에도불구하고 KDI의 최종 재검증보고서는 편익을 증가시키기 위해 무려 5,560억원의 지가 상승 예상액을 순편익으로 산입하는 오류를 저질렀으며, 운하가 치수 기능을 통합하고 있으므로 치수편익과 소요비용을 총 편익비용 계상에 통합하는 것이 당연함에도 방수로 건설 관련 부분을 의도적으로 계산에서 제외함으로써 5,272억원의 순비용을 감소시키는 등 순편익 부풀리기가 있었다고 지적했다.

2018년 3월 국토교통부 관행혁신위원회 위원들은 '개선 권고안'에서 "해운 물동량이 계획 대비 8% 수준에 불과한 것은 처음부터 사업의 타당성에 문제가 있었음을 보여주는 것"이라고 지적했다.

〈매경이코노미(2011. 3. 9) 및 중앙일보(2019. 6. 24)에서 발췌〉

내부수익률법과 수익성지수법의 문제점

내부수익률법과 수익성지수법의 문제점을 살펴보기 위하여 〈표 4-2〉와 같은 상호배타적인 두 투자안을 생각해 보자.[12] (단, 자본비용 = 10%)

---

12 • $NPV_A = \frac{200}{1+0.1} - 100 = 82$만원, $NPV_B = \frac{15,000}{1+0.1} - 10,000 = 3,636$만원

• $\frac{200}{1+IRR_A} - 100 = 0 \rightarrow IRR_A = 100\%$, $\frac{15,000}{1+IRR_B} - 10,000 = 0 \rightarrow IRR_A = 50\%$

• $PI_A = \frac{200(1+0.1)^{-1}}{100} = 1.82$, $PI_B = \frac{15,000(1+0.1)^{-1}}{10,000} = 1.36$

표 4-2 상이한 투자규모: 상호배타적 투자안 A와 B (단위 : 만원)

시점	현금흐름	
	투자안 A	투자안 B
0	−100	−10,000
1	200	15,000
NPV	82	3,636
IRR	100%	50%
PI	1.82	1.36

순현가법에 의하여 투자안을 평가하면 NPV가 높은 투자안 B가 선택되는 반면, 내부수익률법 또는 수익성지수법에 의하여 투자안을 평가하면 투자안 A가 선택된다. 이와 같은 상반된 결과는 투자규모의 차이, 즉 9,900만원(10,000만원−100만원)에 대한 투자수익률의 가정이 서로 다르기 때문이다.

투자규모 차이에 대한 투자수익률 가정

- 순현가법: 자본비용
- 내부수익률법, 수익성지수법: 내부수익률

상대적으로 투자규모가 작은 투자안에 투자하고 남은 여유자금(투자규모의 차이)에 대해 순현가법은 자본비용으로 투자할 수 있다고 가정하는 반면, 내부수익률법과 수익성지수법은 현재 선택된 투자안과 동일한 투자수익률(내부수익률)을 얻을 수 있는 투자안에 투자할 수 있다는 가정을 하고 있다. 이와 같은 내부수익률법과 수익성지수법의 가정은 치열한 경쟁으로 인하여 한계투자수익률이 체감하는 현실에 비추어 볼 때 비현실적인 가정이라 할 수 있다.[13] 즉 내부수익률법 또는 수익성지수법은 투자안의 투자규모를 합리적으로 고려하지 않는 투자안 평가방법이라 할 수 있다.

13 내부수익률법의 경우에는 투자기간 내 현금흐름에 대해서도 내부수익률로 재투자할 수 있다는 비현실적인 가정을 하고 있으며, 복수의 내부수익률이 나타날 수 있다는 문제점도 있다. 이에 대한 자세한 내용은 감형규 · 신용재, Perfect 재무관리 I (유원북스, 2019), pp. 191-195 참조.

결론적으로 말하면 보다 현실적인 투자수익률(자본비용) 가정하에서 가치 개념에 근거하고 있는 순현가법이야말로 기업가치의 극대화라는 목표를 달성하는 데 있어 가장 우수한 평가방법이라 할 수 있다.

알 | 아 | 두 | 기

평균투자수익률과 한계투자수익률

평균투자수익률은 투자금액 전체에 대한 투자수익의 비율로서, 투자금액 한 단위에 대한 평균적인 수익률이다. 그러나 한계투자수익률은 최종투자 한 단위에 대한 투자수익률을 의미한다. 예를 들어 각각 1,000만원씩 소요되는 투자안 A의 투자수익률은 30%, 투자안 B의 투자수익률은 20%, 투자안 C의 투자수익률은 10%라고 하자. 이 경우 최초 1,000만원을 투자했을 때는 가장 높은 30%, 추가적으로 1,000만원을 더 투자했을 때는 20%, 마지막 1,000만원을 투자했을 때는 가장 낮은 10%의 투자수익률을 얻을 수 있다. 따라서 3,000만원을 투자했을 때의 평균투자수익률과 한계투자수익률은 다음과 같다.

- 평균투자수익률 $= \dfrac{30\% + 20\% + 10\%}{3} = 20\%$
- 한계투자수익률(마지막 1,000만원 투자에 대한 투자수익률) $= 10\%$

경쟁적인 사회에서 높은 투자수익률을 얻을 수 있는 기회는 빠른 속도로 사라지기 때문에 투자규모가 증가함에 따라 한계투자수익률은 체감하게 된다.

최근 창업에 대한 관심이 고조되고 있는데, 창업에서 실패하는 원인 중의 하나는 현재 상당한 인기를 끌고 있다는 이유로 그 업종에 진출하는 데 있다. 현재 상당한 인기를 누리고 있는 업종의 경우 평균적인 투자수익률은 어느 정도 높을지 모르지만, 이미 본격적인 경쟁이 시작되어 추가로 진출했을 때의 투자수익률, 즉 한계투자수익률은 거의 자본비용수준에 불과한 경우가 일반적이다. 따라서 창업시 높은 투자수익률을 얻기 위해서는 기존에 투자가 이루어지지 않은 새로운 업종을 개발해야 할 것이다.

Excel의 활용 Excel을 이용한 순현가와 내부수익률의 계산

엑셀에서 이용할 수 있는 재무함수 중 투자의 현재가치를 계산하는 함수식은 다음과 같다.

=*NPV*(rate, value1, value2, …)

여기서 rate: 할인율(자본비용)

value1, value2, …: 현금흐름을 표시하는 인수(29개까지 사용가능)

(주의사항)

1. NPV함수는 1시점(1기간 말)부터 발생하는 현금흐름의 현재가치를 계산하기 때문에 투자안의 순현가(NPV)를 구하기 위해서는 현재의 현금흐름(일반적으로 현금유출)을 추가적으로 고려해 주어야 함.
2. 제2장에서 설명한 PV함수는 정기적립액(기초 또는 기말)의 현재가치를 계산할 수 있는 함수식인 반면, NPV함수는 매기간 말에 일정하지 않게 발생하는 현금흐름의 현재가치를 계산하는 것임.

그리고 투자안의 내부수익률을 계산하는 함수식은 다음과 같다.

=*IRR*(values, guess)

여기서 values : 일련의 현금흐름이 입력되어 있는 셀의 범위(최소한 1번 이상의 현금유입(+)과 1번 이상의 현금유출(−)이 있어야 함).

guess : 시행착오법에 의해 IRR을 계산할 때 초기치(initial value)로 사용되는 수익률(생략하면 기본값인 10%로 간주)

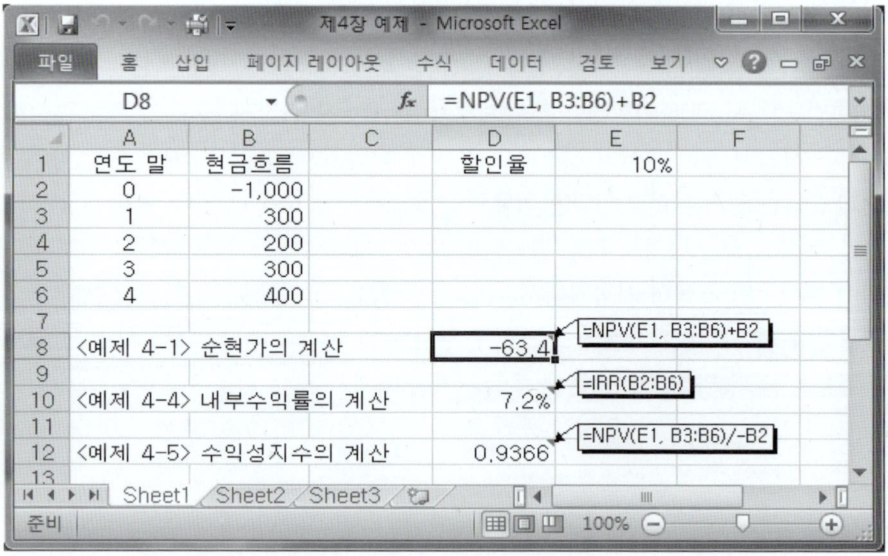

	A	B	C	D	E
1	연도 말	현금흐름		할인율	10%
2	0	-1,000			
3	1	300			
4	2	200			
5	3	300			
6	4	400			
7					
8	<예제 4-1> 순현가의 계산			-63.4	
9					
10	<예제 4-4> 내부수익률의 계산			7.2%	
11					
12	<예제 4-5> 수익성지수의 계산			0.9366	

PRINCIPAL TERMS

주 | 요 | 용 | 어

자본예산 (capital budgeting)

1년 이상 장기적으로 그 효과가 지속되는 투자결정을 의미하는 것으로서, 이와 같은 투자결정의 합리성 여부가 기업가치에 미치는 영향은 매우 크다.

독립적 투자안 (independent investments)

어느 한 투자안의 선택 여부가 다른 투자안의 선택 여부에 의해서 영향을 받지 않는 투자안을 의미한다.

상호배타적 투자안 (mutually exclusive investments)

특정 투자안이 선택되면 다른 투자안들은 자동적으로 기각되는 투자안을 의미한다.

현금흐름 (cash flow)

투자의 결과 발생되는 모든 현금을 의미하며, 이것은 현금유입(투자로 인해 들어오는 현금)과 현금유출(투자로 인해 나가는 현금)로 구분된다.

증분현금흐름 (incremental cash flow)

새로운 투자안으로 인하여 발생하게 되는 기업전체 현금흐름의 변화, 즉 투자안을 채택할 때(with project)와 투자안을 채택하지 않을 때(without project)의 기업전체 현금흐름의 차이를 의미한다.

매몰원가 (sunk costs)

이미 발생된 과거의 원가로서 현재 투자안의 채택 여부와 상관이 없는 원가를 말한다.

기회비용 (opportunity costs)

새로운 투자안을 채택할 때 다른 자산 사용기회를 포기함으로써 잃게 되는 수입, 즉 손실을 의미한다.

잠식비용 (erosion costs)

새로운 투자안에 의해서 생산된 제품 때문에 그 기업의 기존 제품시장이 잠식되는 경우(예를 들어 기존 제품의 매출이 감소되는 경우) 발생하는 손실을 말한다.

영업현금흐름 (operating cash flow)

정상적인 영업활동의 결과 발생하는 현금흐름을 의미한다.

$$\text{영업현금흐름} = (\text{매출액} - \text{영업비용})(1 - \text{법인세율}) + \text{법인세율} \times \text{감가상각비}$$
$$= \text{영업이익} \times (1 - \text{법인세율}) + \text{감가상각비}$$

잉여현금흐름 (free cash flow)

투자안의 평가에 목적적합한 현금흐름으로서 영업현금흐름과 투자의 소요자본을 모두 포함시킨 것이다.

$$\text{잉여현금흐름} = \text{영업현금흐름} - \text{순운전자본의 변동} - \text{자본적 지출}$$

순현가 (net present value: NPV)

투자의 결과 발생하는 현금유입의 현가에서 현금유출의 현가를 차감한 것을 의미한다.

$$NPV = PV(\text{현금유입}) - PV(\text{현금유출})$$

순현가법의 특성

첫째, NPV는 현금흐름을 사용한다.
둘째, NPV는 투자안의 모든 현금흐름을 사용한다.
셋째, NPV는 현금흐름을 적절한 할인율로 할인한다.
넷째, NPV는 가치의 가산원칙(value additivity principle)이 성립한다.

회수기간 (payback period)

투자에 소요된 모든 비용을 회수하는 데 걸리는 기간을 의미한다.

평균회계이익률 (average accounting return: AAR)

투자안의 내용연수 동안의 세후 평균순이익을 투자의 평균장부가치, 즉 평균투자액으로 나눈 것이다.

$$AAR = \frac{\text{세후 평균순이익}}{\text{평균투자액}}$$

내부수익률 (internal rate of return: IRR)

투자의 결과 발생하는 현금유입의 현가와 현금유출의 현가를 같아지게 하는 할인율로서 평균투자수익률의 의미를 가진다.

$$NPV = PV(\text{현금유입}) - PV(\text{현금유출}) = 0 \rightarrow \text{할인율} = IRR$$

수익성지수 (profitability index: PI)

투자로 인해 발생되는 현금유입의 현가를 현금유출의 현가로 나눈 비율이다.

$$PI = \frac{PV(\text{현금유입})}{PV(\text{현금유출})}$$

EXERCISES
연 | 습 | 문 | 제

QUESTION I

완성/선택형 문제

01 자산에 대한 투자결정 중 특히 1년 이상 그 효과가 지속되는 투자, 즉 비유동자산에 대한 투자결정을 (　　　　)이라 한다.

02 투자안은 어느 한 투자안의 선택 여부가 다른 투자안의 선택 여부에 의해서 영향을 받지 않는 (　　　　)과 특정 투자안이 선택되면 다른 투자안들은 자동적으로 기각되는 (　　　　)으로 구분될 수 있다.

03 (　　　　)은 일정한 회계기준에 의하여 추정되는 인위적 수치이므로 투자에 의해 발생되는 현금흐름을 정확히 나타내지 못한다.

04 상대적으로 투자규모가 작은 투자안에 투자하고 남은 여유자금에 대해 순현가법은 (　　　　)으로 투자할 수 있다고 가정하는 반면, 내부수익률법과 수익성지수법은 (　　　　)로 투자할 수 있다는 가정을 하고 있다.

05 투자안은 세후 증분현금흐름(after-tax incremental cash flow)에 의해서 평가되어야 한다. 다음 중 현금흐름 추정시 유의사항과 거리가 먼 것은?

① 감가상각비 등 비현금지출비용은 현금유출에 포함시키지 않아야 한다.

② 이자비용은 현금유출에 포함시키지 않으나, 배당은 현금유출에 포함시켜야 한다.

③ 운전자본의 변동과 자본적 지출은 현금흐름 추정시 고려해 주어야 한다.

④ 현금흐름 추정시 투자안의 매몰원가는 제외시키나, 기회비용 또는 잠식비용 등의 부수적 효과는 고려해 주어야 한다.

⑤ 일반적으로 감가상각비의 세금절감효과는 현금흐름에 직접 고려해 주나, 이자비용의 세금절감효과는 할인율에 간접적으로 고려해 준다.

06 투자안 평가를 위한 현금흐름에 영향을 미치지 않는 것은?

① 감가상각비의 법인세 절감액
② 재고자산, 매출채권의 증가
③ 1년 전에 지출한 시장조사비용
④ 새로운 투자로 인한 기존 제품의 매출감소액
⑤ 비유동자산 처분손실에 따른 법인세 절감액

07 감가상각에 대한 설명으로 적절하지 못한 것은?

① 감가상각방법에 따라 매기의 현금흐름은 달라진다.
② 가능한 한 조기에 감가상각비를 많이 계산하는 경우 초기의 많은 비용지출로 인하여 투자안의 가치가 감소하게 된다.
③ 정률법에 의한 감가상각방법은 정액법에 비해 투자안의 가치를 보다 높여준다.
④ 감가상각방법에 따라 감가상각액이 달라지므로 법인세 절감효과도 달라진다.
⑤ 법인세가 존재하지 않는 경우 감가상각방법에 따라서 투자안의 가치는 영향을 받지 않는다.

08 순현가법에 대한 다음의 설명 중 잘못된 것은?

① NPV는 투자안의 현금유입의 현재가치에서 현금유출의 현재가치를 차감하여 구한다.
② 독립적인 투자안의 경우 $NPV>0$이면 채택하고, $NPV<0$이면 기각한다.
③ 상호배타적인 투자안을 평가할 때, $NPV>0$인 투자안들 중에서 NPV가 가장 높은 투자안을 선택한다.
④ 순현가법의 평가결과는 내부수익률법의 평가결과와 항상 일치한다.
⑤ NPV는 투자안을 채택할 경우 얻게 될 기업가치의 증분을 나타낸다.

09 다음 중 순현가(NPV)의 특성과 거리가 먼 것은?

① NPV는 현금흐름을 사용한다.
② NPV는 투자안의 모든 현금흐름을 사용한다.
③ NPV는 현금흐름을 적절한 할인율로 할인한다.
④ NPV는 가치의 가산원칙(value additivity principle)이 성립한다.
⑤ NPV는 모든 개별 투자안들간의 상호관계를 고려한다.

10 회수기간법에 대한 다음의 설명 중 잘못된 것은?

① 상호배타적인 투자안을 평가할 때 투자안의 회수기간이 목표 회수기간보다 짧은 투자안들 중에서 회수기간이 가장 짧은 투자안을 선택한다.
② 수요변화나 기술적 진부화의 위험이 작은 투자안에 대해 적절한 평가방법이다.
③ 회수기간 내 현금흐름의 시간적 가치를 무시하고 회수기간 이후의 현금흐름을 무시한다는 문제점을 가지고 있다.
④ 적절한 목표 회수기간의 선정이 자의적이다.
⑤ 위험지표로서의 정보를 제공하고 기업의 유동성을 향상시켜 준다.

11 평균회계이익률법에 대한 다음의 설명 중 잘못된 것은?

① 평균회계이익률은 투자안의 세후 평균순이익을 평균투자액으로 나누어 구한다.
② 독립적인 투자안 평가시 투자안의 평균회계이익률이 목표 평균회계이익률보다 높을 경우 투자안을 채택한다.
③ 합리적인 근거에 의해 목표 평균회계이익률을 선정할 수 있다.
④ 현금흐름이 아닌 회계적 이익을 사용하며, 화폐의 시간적 가치를 무시한다.
⑤ 평균회계이익률법은 간단하고 이해하기 쉬우며, 예산편성 때 작성될 회계자료를 바로 이용할 수 있다는 점에서 실무에서 주로 이용되고 있다.

12 내부수익률법(IRR법)에 대한 다음의 설명 중 잘못된 것은?

① 내부수익률(IRR)은 투자의 결과 발생하는 현금유입의 현가와 현금유출의 현가를 같아지게 하는 할인율로서 평균투자수익률의 의미를 가진다.
② 내부수익률은 투자안의 특성을 요약하는 단일의 수치로서 자본비용과 관계없이 계산된다.

③ 투자안의 평가시 내부수익률을 자본비용과 비교하여야 한다.
④ 어떤 투자안의 경우 복수의 내부수익률이 존재하거나 내부수익률이 존재하지 않을 수 있다.
⑤ 상호배타적 투자안의 평가시 NPV법과 IRR법에 의한 평가결과는 항상 일치한다.

13 다음 설명 중 잘못된 것은?

① 투자기간 내 현금흐름과 투자규모의 차이에 대한 묵시적인 재투자수익률의 가정이 순현가법과 내부수익률법에 있어서 서로 다르다.
② 상호배타적인 투자안의 평가시 내부수익률법과 순현가법의 평가결과가 서로 상이할 때 순현가법으로 평가하는 것이 보다 타당하다.
③ 투자기간 내 현금흐름과 투자규모의 차이에 대해 순현가법은 자본비용, 내부수익률법은 내부수익률로 재투자된다고 가정한다.
④ 내부수익률법의 경우 가치의 가산원칙(value additivity principle)이 성립한다.
⑤ 독립적인 투자안을 평가할 때 순현가법과 수익성지수법에 의한 평가결과는 항상 일치한다.

14 수익성지수법(PI법)에 관한 다음의 설명 중 적절하지 못한 것은?

① 수익성지수는 투자로 인하여 미래에 기대되는 현금유입의 현가를 현재의 투자지출액으로 나눈 비율을 의미한다.
② $PI>1$인 경우 항상 $NPV>0$이다.
③ 상호배타적인 투자안의 평가시 $PI>1$인 투자안들 중에서 PI가 가장 높은 투자안을 선택한다.
④ 상호배타적인 투자안의 평가시 투자규모 차이에 대해 NPV법은 자본비용, PI법은 투자안과 동일한 투자수익률(IRR)로 투자할 수 있다고 가정한다.
⑤ 상호배타적인 투자안의 평가시 PI법과 NPV법의 평가결과가 서로 상이할 경우 어떤 경우에서도 NPV법이 항상 타당하다.

QUESTION II

서술/계산형 문제

01 자본예산의 의의, 중요성 및 수립절차를 설명하라.

02 순현가법의 특성을 설명하고, 그 대체적 평가방법인 회수기간법, 평균회계이익률법, 내부수익률법, 수익성지수법의 문제점을 지적하라.

03 (신규투자안의 현금흐름 추정 및 평가)

농업용 기계를 생산하고 있는 (주)청운은 새로운 정수기사업을 고려하고 있다. 정수기사업에 필요한 생산설비의 구입가격은 12억원이며, 기타 부대시설을 설치하는 데는 2억원이 소요된다. 이 생산설비의 내용연수는 3년이며, 3년 후 잔존가치 및 매각가치는 2억원으로 추정된다. 정수기는 연간 5,000대를 생산 · 판매할 수 있으며, 대당 판매가격은 30만원, 대당 변동영업비용은 15만원, 고정현금지출비용은 2억원으로 예상된다. 그리고 정수기사업으로 인하여 운전자본이 추가적으로 1억원 더 소요되며, 법인세율은 40%이다.

(1) 투자안의 현금흐름을 추정하라.

(2) 자본비용이 10%일 경우 순현가법에 의해 투자안을 평가하라.

04 (순현가법에 의한 투자안 평가와 그 특성)

청운주식회사는 현재 1,000만원의 투자자금이 소요되는 새로운 투자안을 고려하고 있다. 그리고 새로운 투자로 인해 기대되는 현금흐름은 다음과 같다. (단, 이 투자안의 할인율은 10%이다.)

(단위 : 만원)

연도 말	현금흐름
1	600
2	300
3	300

(1) 순현가법에 의해 투자안을 평가하라.

(2) 순현가법의 특성을 설명하라.

05 (순현가법과 내부수익률법, 수익성지수법의 비교)

상호배타적인 두 투자안의 현금흐름은 다음과 같다. (단, 투자안의 자본비용은 25%라고 가정한다.)

(단위 : 만원)

연도 말	현금흐름	
	투자안 1	투자안 2
0	−100	−250
1	400	650

(1) 순현가법에 의해 투자안을 평가하라.
(2) 내부수익률법에 의해 투자안을 평가하라.
(3) 수익성지수법에 의해 투자안을 평가하라.
(4) 물음 (1)과 (2), (3)의 결과가 다르다면 그 이유를 설명하고, 가장 합리적인 평가방법을 제시하라.

제5장

위험과 수익률

1. 기대수익률과 위험의 측정
2. 위험과 기대수익률의 관계: CAPM
3. CAPM과 위험투자안의 평가

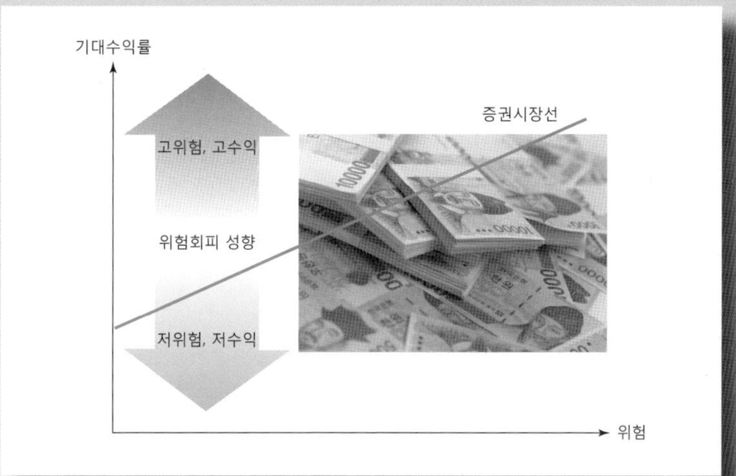

투자자들은 누구나 낮은 위험으로 높은 수익을 얻는 투자를 원한다. 그러나 현실적으로 높은 수익을 얻기 위해서는 높은 위험을 부담해야 하고, 위험을 낮추려면 낮은 수익에 만족해야 한다.

Financial Management

투자는 현재의 확실한 현금흐름을 포기함으로써 미래의 현금흐름을 얻는 것으로 볼 수 있다. 투자로부터 얻을 수 있는 미래 현금흐름은 그 당시의 발생가능한 여러 가지 상황에 따라 달라질 수 있는 불확실한 것이다. 그러므로 투자안을 평가할 때 화폐의 시간적 가치뿐만 아니라 위험도 고려해야 할 것이다.

앞장에서는 투자로부터 실현되는 미래 현금흐름을 확실하게 예측할 수 있다는 전제하에서 투자결정과정을 설명하였다. 그러나 실제로는 투자로 인해 발생되는 미래 현금흐름을 확실하게 알 수 없을 것이다. 이와 같은 경우 미래 현금흐름의 불확실성, 즉 위험을 반영하여 할인율(수익률)을 결정한 후, 이에 의해 투자안을 평가하여야 한다. 본장에서는 투자안(또는 자산)의 가치평가에 필요한 위험과 수익률의 관계에 대해서 자세히 설명하고자 한다.

학습목표

1. 기대수익률과 위험의 측정방법을 학습한다.
2. 포트폴리오의 개념을 이해하고 위험분산효과를 살펴본다.
3. CAPM이론에 근거한 위험과 기대수익률의 관계를 이해한다.
4. 위험을 반영한 투자안의 평가방법을 습득한다.

1. 기대수익률과 위험의 측정

1.1 개별자산의 기대수익률과 위험

수익률의 개념

투자자가 위험자산(또는 투자안)에 1기간 투자했을 때, 투자수익률은 그 기간의 투자수익(투자안의 기말가치 − 기초 투자액)을 기초 투자액으로 나눈 것이다.

$$\text{투자수익률} = \frac{\text{투자안의 기말가치} - \text{기초 투자액}}{\text{기초 투자액}} \quad (5\text{-}1)$$

현재 투자시점(기초)에서의 투자지출액(기초 투자액)은 확실하게 알 수 있으나, 투자안의 기말가치는 미래의 상황에 따라 변할 수 있는 불확실한 것이다.

예를 들어 현재 1,000만원을 투자할 때 투자안의 기말가치가 경기상황에 따라 호황일 때는 1,300만원, 보통일 때는 1,100만원, 불황일 때는 900만원이며, 경기가 호황일 가능성은 30%, 보통일 가능성은 40%, 불황일 가능성은 30%라고 하자. 이와 같은 경우 각 상황에 따라 투자수익률을 구해서, 표로 나타내면 〈표 5-1〉과 같다. 이 표와 같이 투자수익률(확률변수)이 취할 수 있는 모든 값들과 그것들의 발생가능성(확률)을 나타낸 표를 확률분포표(probability distribution table)라 한다.

표 5-1 투자수익률의 확률분포표

상 황	수익률	확 률
호황[1]	0.3	0.3
보통[2]	0.1	0.4
불황[3]	−0.1	0.3

주) 1. $\text{투자수익률} = \frac{1,300 - 1,000}{1,000} = 0.3$, 2. $\text{투자수익률} = \frac{1,100 - 1,000}{1,000} = 0.1$

3. $\text{투자수익률} = \frac{900 - 1,000}{1,000} = -0.1$

알 | 아 | 두 | 기

확률변수와 확률분포표

확률변수(random variables)는 미래의 발생가능한 상황에 일정한 수치를 부여한 값이다. 예를 들어 동전 던지기를 시행하여 앞면이 나오면 1,000원을 받고 뒷면이 나오면 1,000원을 잃게 되는 게임이 있다면, 그것은 앞면과 뒷면이라는 발생가능한 상황들에 각각 1,000원과 −1,000원이라는 수치를 부여하여 게임을 구성한 것이다. 즉 1,000원과 −1,000원은 발생확률이 각각 1/2인 확률변수이며, 이를 요약한 다음과 같은 표를 확률분포표라 한다.

동전 던지기 게임의 확률분포표

상황	성과(확률변수)	확률
앞면	1,000원	0.5
뒷면	−1,000원	0.5

로또 1등에 당첨될 확률은?
약 0.000012%

마찬가지로 투자안의 투자성과를 살펴보는 경우 발생가능한 미래의 상황(예를 들어 경제의 호황, 보통, 불황 등)에 일정한 수치(수익률)를 부여하여 확률변수와 확률분포표를 만들 수 있다.

기대수익률과 위험의 측정

기대수익률(expected return)은 미래에 평균적으로 예상되는 수익률로서, 각 상황별로 발생가능한 수익률에 그 상황이 발생할 확률을 곱한 다음 이를 모두 합하여 구한다.

$$\text{기대수익률} = (\text{수익률} \times \text{확률})\text{의 총합} \tag{5-2}$$

식 (5-2)에 의해 측정된 기대수익률은 미래에 예상되는 평균적인 수익률로서 미래의 실제수익률과 다를 수 있다. 이는 미래의 투자수익이 확정되지 못함으로써 나타나는 것으로, 미래에 발생할 실제수익률과 기대수익률의 차이(이를 편차라 함)가 크면 클수록 기대수익률을 달성하지 못할 가능성, 즉 위험이 커지게 된다.

수익률의 분산(variance of returns)은 기대수익률이 실현되지 않을 가능성, 즉 위험을 나타내는 척도로서, 발생가능한 수익률과 기대수익률의 차이인 편차(deviation)를 제곱한 후 그것의 기대치를 구한 것이다.[1]

$$수익률의\ 분산 = (편차^2 \times 확률)의\ 총합 \quad (5\text{-}3)$$

여기서 편차 = 수익률 − 기대수익률

그리고 분산의 제곱근을 표준편차(standard deviation)라 한다.

$$수익률의\ 표준편차 = \sqrt{분산} \quad (5\text{-}4)$$

이와 같은 수익률의 분산 또는 표준편차가 크면 클수록 미래 수익률이 기대수익률로부터 이탈할 가능성, 즉 투자위험이 높아지게 된다.

〈표 5-1〉에 의해 기대수익률과 분산, 표준편차를 구하면 다음과 같다.

수익률	확률	수익률×확률	편차	(편차)^2	(편차)^2×확률
0.3	0.3	0.09	0.2	0.04	0.012
0.1	0.4	0.04	0	0	0
−0.1	0.3	−0.03	−0.2	0.04	0.012
		0.10			0.024

- 기대수익률 = 0.09 + 0.04 − 0.03 = 0.10
- 분산 = 0.012 + 0 + 0.012 = 0.024
- 표준편차 = $\sqrt{0.024}$ = 0.1549

1 편차의 기대값은 항상 0이 되기 때문에 편차를 제곱하여 분산을 구한다.

1.2 포트폴리오의 기대수익률과 위험

지금까지 개별자산에 대한 기대수익률과 위험에 대해서 살펴보았다. 그러나 대부분 투자자의 경우 하나의 자산에만 투자하지 않고 여러 자산(예를 들어 정기예금, 주식, 채권, 부동산 등)에 투자하는 것이 일반적이다. 이 경우 투자자가 보유하는 두 개 이상의 자산으로 구성된 조합을 포트폴리오(portfolio)라 한다.

포트폴리오는 두 개 이상 자산의 결합으로 구성된다.

포트폴리오의 수익률

설명의 단순화를 위해서 두 개의 자산으로 구성된 포트폴리오를 생각해 보자. 이 경우 포트폴리오의 수익률은 다음과 같이 구할 수 있다.[2]

$$r_P = W_A r_A + W_B r_B \qquad (5\text{-}5)$$

여기서 r_P: 포트폴리오의 수익률
r_A: 자산 A의 수익률
r_B: 자산 B의 수익률
W_A: 자산 A의 구성비율(=자산 A에 대한 투자금액/총투자액)
W_B: 자산 B의 구성비율(=자산 B에 대한 투자금액/총투자액)

포트폴리오의 기대수익률과 위험

〈표 5-2〉와 같이 두 자산에 각각 50%($W_A = W_B = 50\%$)씩 투자하여 구성된 포트폴리오 P의 예에 의해서 기대수익률과 위험(분산 또는 표준편차)을 측정하는 방법을 생각해 보자. 먼저 〈표 5-2〉에서 자산 A의 기대수익률과 분산, 표준편차를 구하면 다음과 같다.

2 구성비율의 합은 항상 1이다. 즉 $W_A + W_B = 1$.

표 5-2 자산 A와 B의 수익률 확률분포표

상 황	확 률	수익률	
		자산 A	자산 B
호황	0.4	0.30	0.10
불황	0.6	0.05	0.15

- 자산 A의 기대수익률 $=0.4\times0.30+0.6\times0.05=0.15$
- 자산 A의 분산 $=0.4\times(0.30-0.15)^2+0.6\times(0.05-0.15)^2=0.015$
- 자산 A의 표준편차 $=\sqrt{0.015}=0.1225$

그리고 자산 B의 기대수익률과 분산, 표준편차는 다음과 같다.

- 자산 B의 기대수익률 $=0.4\times0.10+0.6\times0.15=0.13$
- 자산 B의 분산 $=0.4\times(0.10-0.13)^2+0.6\times(0.15-0.13)^2=0.0006$
- 자산 B의 표준편차 $=\sqrt{0.0006}=0.0245$

■ 포트폴리오의 기대수익률

식 (5-5)에 의해 포트폴리오 P의 수익률 r_P의 확률분포를 구하면 〈표 5-3〉과 같다. 이와 같은 확률분포표에 의해서 포트폴리오 P의 기대수익률 $E(r_p)$를 구하면 다음과 같다.

$$E(r_P)=0.4\times0.2+0.6\times0.1=0.14$$

또는 포트폴리오 P의 기대수익률 $E(r_P)$는 개별자산의 기대수익률을 가중평균하여 구할 수도 있다.

표 5-3 포트폴리오 P의 수익률 확률분포표

상 황	확 률	포트폴리오 수익률
호황	0.4	$0.5\times0.30+0.5\times0.10=0.2$
불황	0.6	$0.5\times0.05+0.5\times0.15=0.1$

$$E(r_p) = E(W_A r_A + W_B r_B) = W_A E(r_A) + W_B E(r_B) \quad (5\text{-}6)$$
$$= 0.5 \times 0.15 + 0.5 \times 0.13 = 0.14$$

여기서 $E(r_A)$: 자산 A의 기대수익률
$E(r_B)$: 자산 B의 기대수익률

■ 포트폴리오의 위험

먼저 〈표 5-3〉에 의해 포트폴리오 P의 분산 $Var(r_P)$, 표준편차 σ_P를 구하면 다음과 같다.

- $Var(r_p) = 0.4 \times (0.2 - 0.14)^2 + 0.6 \times (0.1 - 0.14)^2 = 0.0024$
- $\sigma_P = \sqrt{0.0024} = 0.04899$

또는 포트폴리오 P의 분산, 표준편차를 다음과 같이 구할 수 있다.[3]

$$Var(r_p) = Var(W_A r_A + W_B r_B)$$
$$= W_A^2 Var(r_A) + W_B^2 Var(r_B) + 2W_A W_B Cov(r_A, r_B) \quad (5\text{-}7)$$

여기서 $Var(r_A)$: 자산 A의 분산
$Var(r_B)$: 자산 B의 분산

식 (5-7)에서 $Cov(r_A, r_B)$는 두 자산수익률간의 관계를 나타내는 통계치로서 공분산(covariance)이라 하며 다음과 같이 정의된다.

$$Cov(r_A, r_B) = E[(r_A - E(r_A))(r_B - E(r_B))] \quad (5\text{-}8)$$

공분산은 두 자산수익률의 편차(수익률 − 기대수익률)를 서로 곱한 값의 기대

3 $Var(r_p) = E[r_p - E(r_p)]^2$
$= E[W_A r_A + W_B r_B - W_A E(r_A) - W_B E(r_B)]^2$
$= E[W_A(r_A - E(r_A)) + W_B(r_B - E(r_B))]^2$
$= E[W_A^2(r_A - E(r_A))^2 + W_B^2(r_B - E(r_B))^2 + 2W_A W_B(r_A - E(r_A))(r_B - E(r_B))]$
$= W_A^2 E(r_A - E(r_A))^2 + W_B^2 E(r_B - E(r_B))^2 + 2W_A W_B E[(r_A - E(r_A))(r_B - E(r_B))]$
$= W_A^2 Var(r_A) + W_B^2 Var(r_B) + 2W_A W_B Cov(r_A, r_B)$

치(평균)로서 양(+) 또는 음(−)의 값을 가질 수 있다. 만약 공분산이 양(+)의 값을 가진다면, 이는 평균적으로 두 자산수익률이 서로 같은 방향으로 움직이고 있음을 의미한다. 그러나 만약 공분산이 음(−)의 값을 가진다면, 이는 평균적으로 두 자산수익률이 서로 다른 방향으로 움직이고 있음을 의미한다.

두 자산수익률간의 관계를 나타내는 공분산은 자산수익률의 크기에 따라 영향을 받기 때문에 공분산에 의해서 두 자산수익률간의 관계를 정확히 설명할 수 없다. 그러므로 두 자산수익률간의 관계를 정확히 설명하기 위해서는 자산수익률의 크기에 따라 나타날 수 있는 영향을 제거하여야 한다. 이와 같은 목적을 위하여 공분산을 각 자산수익률의 표준편차에 의해서 표준화시킨 것을 상관계수(correlation coefficient) ρ_{AB}라 하며, 이는 다음과 같이 정의된다.

$$\rho_{AB} = \frac{Cov(r_A,\ r_B)}{\sigma_A \sigma_B} \tag{5-9}$$

여기서 σ_A: 자산 A의 표준편차

σ_B: 자산 B의 표준편차

이와 같은 상관계수는 두 자산수익률이 얼마나 밀접한 선형관계를 가지고 있는지를 나타내며, 그것은 항상 −1과 1 사이의 값을 가진다. 두 자산수익률이 정비례하는 직선관계를 가지고 움직일 때는 $\rho_{AB}=1$이 되며, 반비례하는 직선관계를 가지고 움직일 때는 $\rho_{AB}=-1$이 된다. 그리고 두 수익률간에 선형적인 관계가 없는 경우에는 $\rho_{AB}=0$이 된다. 이와 같은 상관관계를 예시하면 [그림 5-1]과 같다.[4]

식 (5-8)과 식 (5-9)에 의해서 예로 제시된 자산 A, B 수익률간 공분산과 상관계수를 구하면 다음과 같다.

• $Cov(r_A,\ r_B)$

$= 0.4 \times (0.30-0.15)(0.10-0.13) + 0.6 \times (0.05-0.15)(0.15-0.13)$

$= -0.003$

4 $\rho_{AB}=0$이라는 사실은 자산 A와 자산 B의 수익률간에 선형관계가 존재하지 않는다는 것을 의미하는 것이지, 다른 관계(예를 들어 2차함수관계 등)도 존재하지 않는다는 것을 의미하는 것은 아니다. 즉 상관계수는 선형관계의 정도만을 나타내는 통계값임을 유의해야 한다.

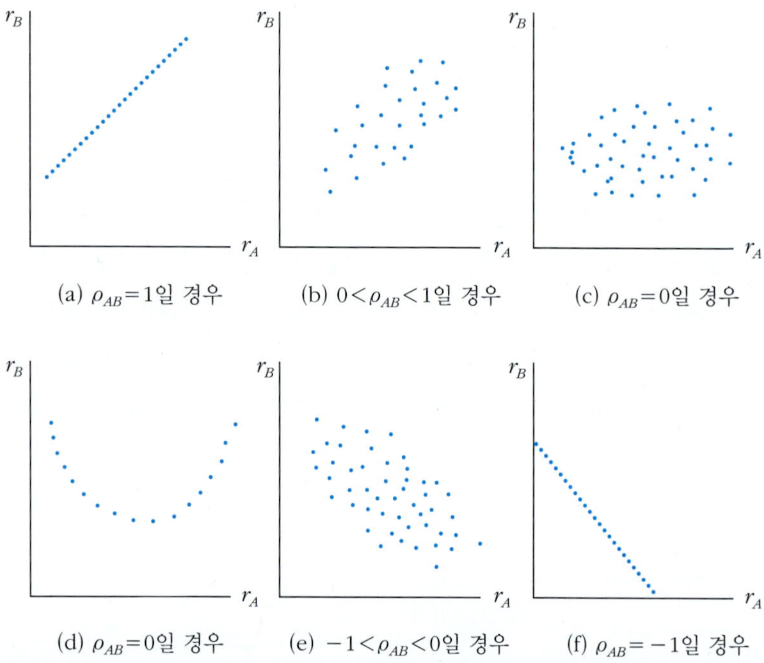

그림 5-1 상관계수의 예시

- $\rho_{AB}=\dfrac{-0.003}{0.1225\times0.0245}=-1$

$\rho_{AB}=-1$이므로 두 자산수익률은 반비례하는 직선관계를 가지고 움직임을 알 수 있다.

이제 식 (5-7)에 의해 자산 A와 B에 각각 50%씩 투자하여 구성한 포트폴리오 P의 분산, 표준편차를 구하면, 〈표 5-3〉과 같은 포트폴리오의 확률분포표에 의해서 구해진 결과와 동일함을 알 수 있다.

- $Var(r_p)=(0.5)^2(0.015)+(0.5)^2(0.0006)+2(0.5)(0.5)(-0.003)=0.0024$
- $\sigma_P=\sqrt{0.0024}=0.04899$

포트폴리오의 위험분산효과

■ 상관계수와 위험분산효과

식 (5-7)을 식 (5-9)에 의해 다음과 같이 나타낼 수 있다.

$$Var(r_P) = W_A^2 Var(r_A) + W_B^2 Var(r_B) + 2W_A W_B \sigma_A \sigma_B \rho_{AB} \quad (5\text{-}7)'$$

식 (5-7)′에서 상관계수 ρ_{AB}가 작을수록 포트폴리오의 위험이 감소한다. 투자자가 포트폴리오를 구성하려는 이유는 일정한 기대수익률하에서 투자위험을 최소화시킬 수 있는 포트폴리오의 위험분산효과(diversification effect)에 의해서 설명될 수 있다. 일반적으로 구성자산들간의 관계를 나타내는 상관계수가 작을수록, 포트폴리오의 위험분산효과가 크게 나타난다.

■ 포트폴리오의 구성자산 수와 위험분산효과

앞에서 설명한 바와 같이 포트폴리오를 구성함으로써 위험을 감소시킬 수 있음을 알 수 있다. 이와 같은 위험분산효과는 [그림 5-2]에서 볼 수 있는 바와 같이 포트폴리오의 구성자산 수를 증가시킴에 따라 포트폴리오의 위험을 현저하게 감소시킬 수 있다.

계란을 한 바구니에 담지마라. 이는 분산투자를 하지 않을 경우 위험이 커진다는 것을 의미한다.

[그림 5-2]에서 자산수익률의 분산(총위험)은 포트폴리오의 구성자산 수를 증가시킴에 따라 제거할 수 없는 부분, 즉 체계적 위험(systematic risk)과 제거할 수 있는 부분, 즉 비체계적 위험(unsystematic

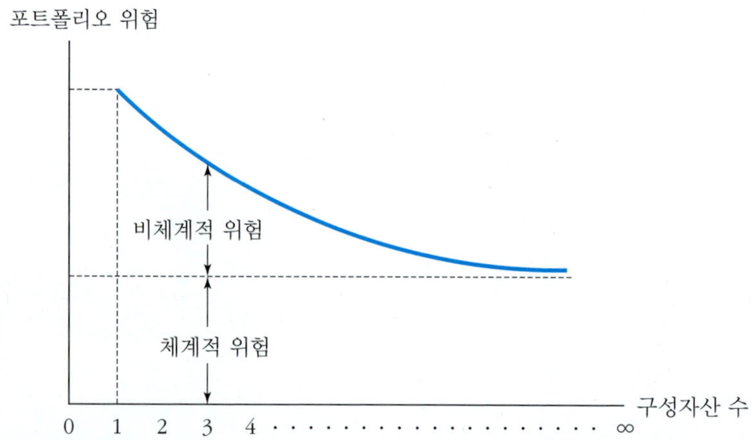

그림 5-2 구성자산 수와 포트폴리오의 위험

risk)으로 구성되어 있다.[5]

자산의 총위험=체계적 위험+비체계적 위험

알 | 아 | 두 | 기

❙ 분산투자의 마법

인간은 살면서 다양한 상황에 부딪히며 수많은 선택과 결정을 해야 한다. 대부분의 경우 선택은 한 가지를 얻기 위해 다른 어떤 것을 포기해야 하는 것이다. 그래서 선택이 중요하다. 투자의 세계에서도 선택은 피할 수 없다. 투자자가 리스크를 감수하지 않고는 높은 수익을 기대할 수 없기 때문이다. 문제는 수익을 내기 위해서 리스크(원금 손실 가능성)를 얼마나 감수할 수 있느냐, 수익을 극대화하면서 리스크를 최소화할

5 체계적 위험 대신에 분산불가능한 위험(undiversifiable risk) 또는 시장위험(market risk), 비체계적 위험 대신에 분산가능한 위험(diversifiable risk) 또는 고유위험(unique risk)이라는 용어를 사용하기도 한다.

수 있는 수단을 갖추고 있느냐에 있다. 정답은 포트폴리오 투자에서 찾을 수 있다.

포트폴리오 투자에 수익성 달렸다

마코위츠(H. M. Markowitz)

포트폴리오라는 단어는 미국의 경제학자이며 1990년 노벨경제학상 수상자인 마코위츠(H. M. Markowitz)의 논문 한 편에서 시작됐다. '계란을 한 바구니에 담지 말라'는 투자 경구로 대표되는 마코위츠의 포트폴리오 선택(portfolio selection) 이론은 현대 포트폴리오 이론의 중심이 되고 있다.

투자 성향과 목적을 토대로 기대수익과 리스크의 수준을 결정하는 것이 포트폴리오 투자다. 기대하는 수익과 감수할 수 있는 손실 수준을 사전에 정해 투자기준으로 삼게 된다. 여기서 수익과 손실 수준은 개별 자산이 아닌 총자산의 수익과 손실을 뜻한다.

투자자들은 항상 수익을 극대화하면서 손실을 최소화할 수 있는 방법을 선택해야 한다. 이를 위해 자산의 적절한 분산이 필요하다. 여러 가지 자산이 다양한 비율로 분산된 포트폴리오를 구성하고 투자자의 기준에 맞는 가장 효율적인 포트폴리오를 선택하는 것이다. 포트폴리오의 효율성은 같은 수익을 거두는 데 리스크를 얼마나 감내할지에 따라 결정된다. 리스크가 같다면 수익을 최대한 끌어올리는 조합이어야 한다. 마코위츠는 이것을 평균-분산(mean-variance)기준에 따른 지배원리라고 정의했다.

포트폴리오 투자는 의사결정의 기준을 명확하게 제시하고 있지만 투자자가 직접 적용하기에는 어려울 수 있다. 효율적인 포트폴리오 구성과정에는 개별자산의 기대수익, 리스크, 자산간 상관관계, 포트폴리오의 기대수익과 리스크들로 나타나는 효율적 투자선의 계산 등 수학적 계산과정이 필요하기 때문이다. 효율적인 포트폴리오 구성에 전문인력과 전산시스템 지원이 필수적인 이유다.

투자대상은 물론 시기도 분산해야

포트폴리오 투자대상의 선택은 상관성이 낮은 자산군(asset class)을 구분하는 것으로부터 시작된다. 일반적인 경우 주식 · 채권 · 원자재 · 부동산 · 통화 등 속성이 다른 기초자산을 기준으로 구분한다. 또 각 자산이 속한 지역 · 국가에 따라 상관성이 낮은 자산을 뽑을 수 있다. 금융상품으로 구성되면 운용방식이나 구조화 여부에 따라 수익과 위험 특성이 변화하게 된다. 구체적으로 한국의 회사채와 브라질 국채 사례를 보자.

이 둘은 상이한 경기사이클과 신용등급으로 속성이 다른 자산으로 구분할 수도 있고, 펀드 등 금융상품으로 구성되는 경우 또 다른 속성을 기준으로 세분화할 수 있다.

실무적으로는 투자대상이 되는 자산은 기대수익과 위험, 자산간의 상관관계를 기준으로 구분된다. 구분된 자산의 조합으로 포트폴리오를 구성하면 독립된 기대수익과 리스크의 특성을 나타내게 되는데, 효율적으로 조합하기 위해서는 상관성이 낮은 자산군의 존재가 필수적이다. 그러나 이런 자산의 특성치는 고정적인 것이 아니라 시장상황에 따라 변화하는 것이 일반적이어서 전문가들의 의견을 반영해 적절하게 보완해야 한다.

포트폴리오 투자과정에서 부딪히는 시장등락에 따른 타이밍 문제는 적절한 투자시기의 분할을 통해 평균화하는 것이 적절하다. 이것은 적립식 투자로 알려져 있는 달러-코스트 평균(dollar-cost average) 투자법과 유사하다. 실제 포트폴리오의 성과에는 자산의 최적배분뿐만 아니라 구체적으로 어떤 상품을 선택했는지에 달려 있다. 상품 선택의 적정성은 금융회사의 능력에 따라 좌우될 수 있는데, 이는 경험에 근거한 전문성과 체계적인 관리능력에 따라 차별화된다.

금융위기가 포트폴리오 투자효과 증명

코스피지수가 2,000선을 넘었던 2007년 장밋빛 전망에 취했던 투자자들 상당수가 2008년 글로벌 금융위기 이후 몰빵 투자에 따른 원금 손실을 경험했다. 3년여가 지났음에도 원금 손실에서 벗어나지 못한 투자자들이 적지 않다. 포트폴리오 투자의 중요성을 비싼 수업료를 치르면서 배우게 된 것이다. 2007년 중반부터 시작한 집중 투자와 포트폴리오 투자의 성과를 비교해 보면 글로벌 분산투자의 효과를 확인할 수 있다. 모델 포트폴리오의 투자성과를 코스피지수와 비교해 보면 다양한 평가기준에서 적절한 분산투자가 우월하다는 것이 쉽게 증명된다.

포트폴리오 투자는 장기적인 관점에서 시장의 변동성을 이겨내는 지루한 과정이다. 실제 투자과정은 복잡한 계산과 선택을 필요로 하기 때문에 일반투자자들이 접근하기 어렵다. 그러나 투자의 역사와 학문적 업적으로 증명되는 포트폴리오 투자의 결과는 충분히 어려움을 이겨낼 만한 가치가 있다. 전문적인 금융회사의 도움을 받는다면 생각보다 쉬운 과정이 될 수 있다.

현재와 같은 저금리 상황이 지속될수록 안전한 예금만을 고집하는 것은 더욱 힘들어진다. 자산의 실질가치를 보전하기 위해서라도 포트폴리오 관점에서 위험이 제한된 채권 같은 자산부터 투자경험을 쌓아가는 것이 장기적으로 바람직하다.

〈한국경제, 2010. 6. 15 수정〉

2. 위험과 기대수익률의 관계: CAPM

2.1 포트폴리오의 선택

포트폴리오의 기대수익률과 위험(분산 또는 표준편차)을 측정함으로써 선택가능한 모든 투자기회집합을 구성할 수 있다. 여기서는 투자자가 선택가능한 투자기회집합 중에서 어느 포트폴리오를 선택하여야 하는지에 대해서 설명하고자 한다.

두 개 이상의 위험자산들로 구성된 포트폴리오의 기대수익률과 표준편차를 측정하여 기대수익률－표준편차 평면상에 표시하면 [그림 5-3]과 같은 선택가능한 투자기회집합(investment opportunity set)을 얻을 수 있다. 투자기회집합 내에 포함된 포트폴리오는 어떤 자산을 어떤 비율로 투자하는가에 따라 수없이 많이 존재할 것이다. 그러나 투자기회집합 내에 있는 수많은 포트폴리오를 모두 고려하여야 하는 것은 아니다.

알 | 아 | 두 | 기

지배원리

일반적으로 사람들은 응분의 대가(이를 위험프리미엄이라 함) 없이 주어지는 위험을 싫어하기 때문에 자산들 간에는 다음과 같은 지배원리가 존재하게 된다.

첫째, 동일한 기대수익률을 가지는 투자대상 중에서는 위험이 작은 것이 큰 것을 지배한다.

둘째, 동일한 위험을 가지는 투자대상 중에서는 기대수익률이 큰 것이 작은 것을 지배한다.

지배원리에 의해서 그 지배관계를 말할 수 없는, 즉 그 우월성을 구분할 수 없는 자산들을 효율적인 자산이라 한다.

지배원리(dominance principle)에 의해서 투자기회집합 내에 있는 포트폴리오 중 비효율적 포트폴리오를 제거한 후, 최종적으로 남은 효율적 포트폴리오만 고려하면 된다. 효율적 포트폴리오집합은 다음과 같은 두 가지 방법에 의해 구할 수 있다.

첫째, 먼저 주어진 기대수익률 하에서 가장 작은 위험을 갖는 포트폴리오들의 집합을 구한다. 이러한 포트폴리오들의 집합을 최소분산포트폴리오집합(minimum variance portfolio set)이라 하며, 이것은 [그림 5-3]에서 $\widehat{XGY}$에 해당한다.

최소분산포트폴리오집합 중 분산(또는 표준편차)이 가장 작은 포트폴리오를 최소분산포트폴리오집합의 최저점(global minimum variance portfolio: GMV portfolio)이라 하며, 이것은 [그림 5-3]에서 G점에 해당한다. 최소분산포트폴리오집합 중 그 최저점 위에 있는 포트폴리오들($\widehat{GY}$)은 그 최저점 아래에 있는 포트폴리오들($\widehat{GX}$)보다 주어진 위험하에서 기대수익률이 더 크다. 그러므로 최소분산포트폴리오집합 중 그 최저점 위에 있는 포트폴리오집합($\widehat{GY}$)만이 효율적 포트폴리오집합(efficient portfolio set)이 된다. 이와 같이 위험자산만으로 구성된 효율적 포트폴리오집합 $\widehat{GY}$를 효율적 투자선(efficient frontier)이라고도 한다.

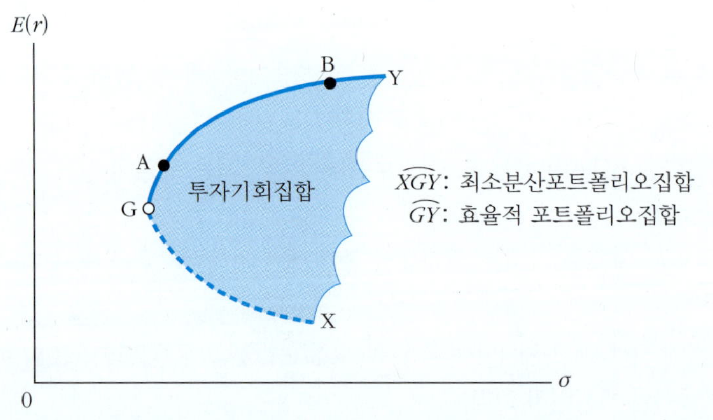

그림 5-3 효율적 포트폴리오집합

둘째, 주어진 분산(또는 표준편차)하에서 가장 높은 기대수익률을 갖는 포트폴리오들의 집합을 구하면, 그것이 효율적 포트폴리오집합이다.

위험자산들의 효율적 포트폴리오집합이 찾아지면, 그것들 중에서 투자자는 자신의 위험에 대한 성향에 따라 하나의 포트폴리오, 즉 최적포트폴리오(optimal portfolio)를 선택하게 된다. 예를 들어 [그림 5-3]에서 위험을 아주 싫어하는 보수적 투자자들은 기대수익률은 낮으나 위험이 낮은 포트폴리오 A를 선택하는 반면, 위험을 상대적으로 덜 싫어하는 공격적 투자자들은 위험은 높으나 기대수익률이 높게 예상되는 포트폴리오 B를 선택할 것이다.

뉴스 속 재무

내 투자성향부터 알고 포트폴리오를 짜자

자신의 투자목적을 달성하기 위해서는 포트폴리오를 잘 구성해야 한다. 투자위험을 낮추면서 기대수익률을 높여야 좋은 포트폴리오다. 또 비용이 저렴해야 하고 자신의 투자성향과 맞아야 한다. 그렇다면 효과적인 포트폴리오를 짜기 위해 점검해야 할 사항은 무엇일까. 우선 포트폴리오를 구성할 때 전체 금융자산 중에서 주식투자 비중을 정하는 것이 매우 중요하다. 주식비중을 정하기 위해서는 자신의 나이, 위험성향, 투자목적 등을 고려해야 한다.

나이를 기준으로 주식투자를 정할 때는 '100－나이'만큼을 주식에 배분하는 방법을 사용하면 좋다. 즉 30세 투자자라면 100－30＝70이므로 전체 투자자금 중 70%를 주식에, 나머지 30%를 채권(이하 현금·예금 등 포함)에 투자하는 방식이다. 이 공식은 미국 근로자들이 퇴직연금에 가입할 때 선택한 결과를 응용한 것이다. 장기간 투자할 수 있는 젊은 투자자일수록 금융자산 중 주식비중을 높게 하고, 나이가 많아질수록 주식비중을 줄이는 방식이다.

주식비중을 결정할 때는 위험에 대한 투자자의 성향도 잘 따져 봐야 한다. 일반적으로 위험성향이 중간수준일 때 주식과 채권을 50 대 50으로 투자하는 게 바람직하다. 보수적인 투자자는 주식과 채권을 30 대 70으로 하고, 적극적인 투자자는 70 대 30으로 나누는 방식으로 결정하면 된다. 위험성향은 수시로 변화하므로 보수적인 투자자라고 해서 무조건 주식비중을 낮게 하는 것이 좋은 투자방법은 아니다. 보수적인 투자자라도 적립식 투자와 같이 스트레스를 적게 받는 장기·분산 투자방법을 통해 위험자산에 대한 투자를 좀 더 늘리는 것이 바람직하다.

투자 목적과 기간도 점검할 요인이다. 10년 이상 투자해야 하는 노후자금의 경우엔 주식 70%, 채권 30%로 나눠 매우 적극적으로 포트폴리오를 구성할 필요가 있다. 반대로 투자기간이 3년 정도인 경우에는 주식과 채권을 50% 대 50%로 배분, 보수적인 자세를 취할 필요가 있다. 3년 이내 투자 땐 주식비중을 30% 이내로 줄이도록 해야 위험이 줄어든다. 시중 증권사의 자산관리컨설팅연구소장은 “투자목적이 모호한 여유자금보다는 노후자금, 주택구입비, 자녀교육비와 같이 좀 더 구체적인 목적을 정해야 투자목적별로 포트폴리오를 효과적으로 구성할 수 있다”고 말했다.

〈한국경제, 2010. 6. 15 수정〉

2.2 자본시장선

자본시장선

일반적으로 투자자의 투자대상에는 위험자산만이 아니라 정부가 발행하는 국공채 등의 무위험자산도 포함된다.[6] 이와 같은 무위험자산을 투자대상에 포함시킬 경우, 효율적 포트폴리오집합은 위험자산만을 투자대상으로 하는 경우와는 달라진다.

위험자산만으로 구성된 효율적 포트폴리오집합 중 하나인 포트폴리오 A와 무위험이자율이 r_f인 무위험자산을 결합하여 구성한 새로운 포트폴리오들은

6 무위험자산이 존재한다는 것은 동일한 무위험이자율로 언제든지 자금을 빌려 오거나 빌려 줄 수 있다는 것을 의미한다.

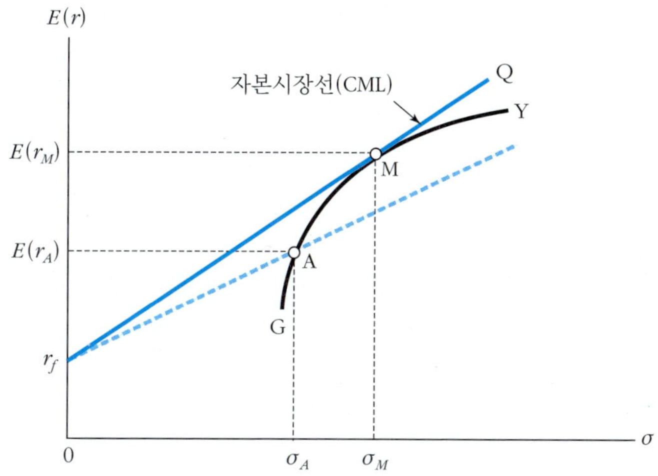

그림 5-4 효율적 포트폴리오집합: 자본시장선

[그림 5-4]의 기대수익률-표준편차 평면상에서 r_f와 A를 연결한 직선 위에 존재하게 된다.[7]

이와 같은 방법으로 위험자산들만에 의해서 구성된 효율적 포트폴리오집합($\widehat{GY}$)상에 있는 한 점과 무위험자산을 결합하여 수많은 새로운 포트폴리오 결합선을 구할 수 있을 것이다. r_f에서 위험자산만으로 구성된 효율적 포트폴리오집합인 $\widehat{GY}$상에 그은 직선들 중 접하는 직선(r_f와 M을 연결한 직선)은 다른 모든 직선보다 주어진 위험하에 기대수익률이 가장 높기 때문에 새로운 효율적 포트폴리오집합이 된다. 즉 무위험자산이 존재하는 경우 투자자들은 항상 위험포트폴리오 M과 무위험자산으로 구성된 직선의 효율적 포트폴리오 집합을 가진다. 이와 같이 무위험자산과 위험자산 등 모든 자산들로 구성된 새로운 효율적 포트폴리오집합을 자본시장선(capital market line: CML)이라 하며, 이를 수식으로 나타내면 다음과 같다.

---

7 $E(r_p) = WE(r_A) + (1-W)r_f$ (단, W: 위험자산 포트폴리오 A의 구성비율)

$$\sigma_P = \sqrt{W^2\sigma_A^2 + (1-W)^2\sigma_{r_f}^2 + 2W(1-W)\sigma_A\sigma_{r_f}\rho_{Ar_f}}$$
$$= \sqrt{W^2\sigma_A^2} \quad (\because \sigma_{r_f}=0)$$
$$= W\sigma_A \quad (\text{단, } W \geq 0)$$
$$\rightarrow E(r_p) = r_f + \left[\frac{E(r_A)-r_f}{\sigma_A}\right]\sigma_P$$

$$E(r_P) = r_f + \left[\frac{E(r_M) - r_f}{\sigma_M}\right]\sigma_P \quad (5\text{-}10)$$

자본시장선은 무위험자산이 존재하는 경우 효율적 포트폴리오의 위험(표준편차)과 기대수익률의 선형관계를 나타내는 직선을 의미한다. 이와 같은 자본시장선의 의미를 살펴보면 다음과 같다.[8]

> 효율적 포트폴리오의 기대수익률
> =무위험이자율+위험프리미엄
> =무위험이자율+(위험의 균형가격)×(위험량)

식 (5-10)에서 자본시장선의 기울기는 추가적인 위험 한 단위에 대한 자본시장에서의 보상액인 위험의 균형가격(equilibrium price of risk: EPR)을 나타낸다는 것을 알 수 있다.[9]

모든 자산들(무위험자산과 위험자산들)로 구성된 효율적 포트폴리오집합(자본시장선) 중 어느 포트폴리오를 선택하느냐는 투자자의 주관적인 위험회피성향에 의해서 결정된다. 일반적으로 위험회피성향이 높은 보수적인 투자자는 $\overline{r_f M}$ 사이의 포트폴리오(기대수익률과 위험이 모두 낮은 포트폴리오)를 선택하며, 위험회피성향이 낮은 공격적인 투자자는 $\overline{MQ}$ 사이의 포트폴리오(위험은 상당히 높으나, 그 기대수익률도 높은 포트폴리오)를 선택할 것이다. 여기에서 $\overline{r_f M}$ 사이의 포트폴리오는 현재 소유하고 있는 자금 중 일부를 무위험자산에 투자하고(무위험이자율로 돈을 빌려주고) 나머지를 포트폴리오 M에 투자하는 경우에 만들 수 있는 포트폴리오로서 대출포트폴리오(lending portfolio)라 한다. 그리고 $\overline{MQ}$ 사이의 포트폴리오는 무위험이자율로 차입한 자금과 현재 보유하고 있는 자금을 합하여 포트폴리오 M에 모두 투자하는 경우에 만들 수 있는 포트폴리오로서 차입포트폴리오(borrowing portfolio)라 한다.

8 자본시장선에 의해 개별자산 등 비효율적 포트폴리오의 위험과 기대수익률의 관계를 설명할 수는 없다.

9 효율적 포트폴리오의 위험은 표준편차에 의해서 측정될 수 있다.

알 | 아 | 두 | 기

분리이론

1981년 노벨경제학상 수상자 토빈(J. Tobin)

포트폴리오 선택행위는 분리된 다음의 두 단계를 거쳐서 이루어진다.

첫 번째, 위험자산만으로 구성된 포트폴리오 M을 선택한다.

두 번째, 투자자는 위험자산들로 구성된 포트폴리오 M과 무위험자산을 어떻게 결합해야 하는지를 결정하여야 한다. 이는 투자자들의 개인적 특성인 주관적인 위험회피성향에 의해서 결정된다. 즉 투자자들은 자신의 위험회피성향에 따라 차입 또는 대출의 비율을 조정함으로써 최적포트폴리오를 선택한다.

이와 같이 포트폴리오의 선택행위는 분리된 두 개의 단계에 의해서 이루어지며, 이를 토빈(J. Tobin)의 분리이론(separation theorem)이라고 한다. 토빈의 분리이론의 함축적인 의미는 경영자가 주주들의 위험에 대한 주관적 선호와 관계없이 시장에서 결정되는 위험의 균형가격(EPR)을 이용하여 투자결정을 할 수 있다는 것이다.

시장균형과 시장포트폴리오

자본시장에 어떠한 장애요인도 존재하지 않는다는 사실을 의미하는 차입이자율과 대출이자율이 동일하다는 가정 이외에, 모든 투자자들이 자산의 수익률, 분산 그리고 공분산에 관해서 동일한 믿음을 가지고 있다는 동질적 기대(homogeneous expectation)의 가정을 추가한다면, 모든 투자자들은 각각의 위험회피성향에 관계없이 항상 위험자산의 포트폴리오 M을 선택하게 된다. 그리고 위험자산의 수요와 공급이 일치하는 시장균형하에서는 모든 자산은 누군가에 의해서 소유되어야 한다. 즉 모든 투자자가 동일한 위험자산의 포트폴리오 M만을 선택하는 균형상태하에서는 위험자산의 포트폴리오 M에 포함되지 못하는 위험자산은 어떤 투자자도 소유하려 하지 않기 때문에 존재할 수 없다. 그러므로 균형시장하에서 위험자산의 포트폴리오 M은 현재 시장에서 거래되는 모든 위험자산7을 포함하는 포트폴리오이며, 이와 같은 포트폴리오 M을 시장포트폴리오(market portfolio)라고 한다. 시장포트폴리오에서의 위험자산 j의 구성비율 W_j^M은 다음과 같다.

$$W_j^M = \frac{\text{위험자산 } j\text{의 총시장가치}}{\text{시장전체 위험자산의 총시장가치} } \quad (5\text{-}11)$$

투자자가 시장포트폴리오를 선택한다는 것은 시장포트폴리오와 동일한 구성비율을 가지는 위험자산 포트폴리오를 구성한다는 것을 의미한다.

$$W_{1j} = W_{2j} = \cdots = W_j^M \quad (5\text{-}12)$$

여기서 W_{ij}=투자자 i가 투자한 위험자산 포트폴리오에서 위험자산 j의 구성비율

모든 위험자산을 포함하고 있는 시장포트폴리오를 확인한다는 것은 현실적으로 거의 불가능하기 때문에 시장포트폴리오의 변화 양상을 비교적 잘 나타낸다고 추정되는 주가지수(우리나라의 경우 코스피지수(Korea Stock Price Index: KOSPI)를 주로 사용함)를 그 대용치(proxy)로 이용하는 것이 일반적이다.

예제 5-1 시장포트폴리오의 구성

단지 3개의 증권으로 구성된 주식시장이 있으며, 주식시장에서 400억원을 투자하려는 투자자 1과 600억원을 투자하려는 투자자 2와 같은 두 투자자만 존재한다고 하자. 주식시장에 관한 자료가 다음과 같을 경우 아래의 물음에 답하라(단, 차입이자율과 대출이자율이 동일하며, 두 투자자는 주식수익률의 미래 확률분포에 대해서 동질적인 기대를 가지고 있다고 한다).

주 식	주 가	발행주식수	총시장가치	시장의 구성비율
A	20,000원	100만주	200억원	20%
B	30,000원	100만주	300억원	30%
C	10,000원	500만주	500억원	50%
합계			1,000억원	100%

각 투자자는 각각의 주식에 얼마씩 투자하겠는가?

해설

무위험자산이 존재하고 동질적 기대를 가지고 있는 경우, 두 투자자는 모두 위험자산으로 구성된 포트폴리오 중 시장포트폴리오에 투자한다.

투자자 1: $W_{1A}=20\%$, $W_{1B}=30\%$, $W_{1C}=50\%$

투자자 2: $W_{2A}=20\%$, $W_{2B}=30\%$, $W_{2C}=50\%$

그러므로 투자자의 개별주식에 대한 투자금액은 다음과 같이 구할 수 있다.

투자금액=투자자의 총투자액×구성비율

이에 의해서 각 투자자의 개별주식에 대한 투자금액을 구하면 다음과 같다.

(단위 : 억원)

주 식	투자자 1의 투자액	투자자 2의 투자액
A	400×0.2=80	600×0.2=120
B	400×0.3=120	600×0.3=180
C	400×0.5=200	600×0.5=300
합계	400	600

2.3 자본자산가격결정모형: 증권시장선

1990년 노벨경제학상 수상자 샤프(W. F. Sharpe)

앞에서 살펴본 바와 같이 동질적 기대의 가정이 성립하는 완전자본시장하에서 모든 투자자들은 완전분산투자된 시장포트폴리오를 항상 선택하며, 이와 같은 분산투자를 통하여 비체계적 위험은 제거될 수 있다. 따라서 분산투자를 통해서도 제거될 수 없는 체계적 위험만이 투자자에게 적합한 위험(relevant risk)이라 할 수 있다.

모든 투자자들이 합리적인 분산투자의 원리에 따라 행동하는 경우, 투자자들에게 적합한 위험은 시장포트폴리오에의 공헌으로 측정되는 체계적 위험이다. 이와 같은 사실에 기초하여 샤프(W. F. Sharpe) 등은 개별증권을 비롯한 모든 자본자산의 적합한 위험(체계적 위험)과 기대수익률 사이에 존재하는 균형관계를 설명하는 모형, 즉 자본자산가격결정모형(capital asset pricing model: CAPM)을 개발하였다.[10]

식 (5-10)의 자본시장선에서는 비체계적 위험이 존재하지 않는 효율적 포트폴리오의 위험과 기대수익률의 관계를 나타내기 때문에 적절한 위험의 측정치로서 표준편차(총위험)를 사용할 수 있다. 그러나 비체계적 위험도 포함하고 있는 개별자산의 경우 적절한 위험의 측정치로서 표준편차가 아닌 체계적 위험을 사용하여야 한다. 이와 같은 논리에 의해서 식 (5-10)의 위험 σ_P 대신 개별자산의 적절한 위험측정치인 체계적 위험(이는 베타계수로 측정됨)을 사용하여야 한다. 따라서 개별자산(또는 증권)의 체계적 위험과 균형기대수익률의 관계를 다음과 같이 나타낼 수 있다.

$$E(r_j) = r_f + [E(r_M) - r_f]\beta_j \qquad (5\text{-}13)$$

여기서 $E(r_j)$: 자산 j의 기대수익률

r_f : 무위험이자율

$E(r_M)$: 시장포트폴리오의 기대수익률[11]

$$\beta_j = \frac{Cov(r_j,\ r_M)}{Var(r_M)}$$

알 | 아 | 두 | 기

▌CAPM의 기본가정

현대 자본시장은 수많은 의사결정변수가 결합된 복잡한 구조를 가지고 있다. 이와 같이 복잡한 구조를 가지고 있는 시장의 모든 현상을 설명할 수 있는 모형을 개발하

---

10 W. F. Sharpe, "Capital Asset Prices: A Theory of Market Equilibrium under Conditions of Risk," *Journal of Finance*, Vol. 19(September 1964), pp. 425-442.

11 시장포트폴리오 수익률은 그 대용치인 코스피지수(KOSPI)를 이용하여 다음과 같이 계산될 수 있다.

$$r_M = \frac{\text{기말 코스피지수} - \text{기초 코스피지수}}{\text{기초 코스피지수}} + \text{시장의 배당수익률}$$

려면 시장에 영향을 미칠 수 있는 수많은 요인들을 동시에 고려하여야 하는데, 이는 거의 불가능한 일이다. 그리고 복잡한 요인들을 동시에 고려하는 경우, 여러 요인들의 상호작용에 의해서 가장 중요한 요인의 효과가 희석되어 그것의 직접적인 효과를 살펴보기 어렵게 된다. 그러므로 일반적으로 모형을 개발할 때 가장 단순화된 가상의 세계를 가정하여 기본적인 모형을 개발한 후, 점점 가정들을 완화시켜서 현실을 보다 잘 설명할 수 있도록 모형을 발전시켜 나가는 방법을 사용한다.

CAPM에서는 다음과 같이 가정하고 있다.

1) 투자자들은 위험회피형이며, 평균-분산 선택기준에 의해서 포트폴리오를 선택한다.
2) 모든 투자자는 단일의 투자기간을 가지며, 미래 증권수익률의 확률분포에 대하여 동질적 기대(homogeneous expectation)를 가진다.
3) 시장은 완전(perfect capital market)하며, 그것의 구체적인 필요조건은 다음과 같다.
   ① 투자자들은 동일한 무위험이자율로 얼마든지 자금을 차입하거나 대출할 수 있다.
   ② 증권투자이익(배당, 이자 그리고 자본소득 등)에 대한 개인소득세, 거래비용 및 기타 증권거래를 저해하는 어떠한 장애요인도 존재하지 않는다.
   ③ 완전경쟁이 이루어져 소수의 투자자가 증권가격에 영향을 줄 수 없다.

이상의 가정들은 다소 비현실적이지만 균형상태하에서 위험과 기대수익률의 직접적인 관계를 도출할 수 있도록 설정된 것이다.

이와 같이 모든 위험자산의 체계적 위험과 기대수익률의 선형관계를 나타내는 직선의 식을 CAPM 또는 증권시장선(security market line: SML)이라 한다.[12] 이상과 같은 증권시장선의 도출과정을 나타내면 [그림 5-5]와 같다.

식 (5-13)에서 β_j는 시장수익률의 변동에 대한 개별자산의 민감도(sensitivity)를 나타낸다.[13] 이 베타계수(beta coefficient)가 큰 증권일수록 시장수익률의

12 CAPM과 SML은 보통 같은 의미로 사용하지만 엄밀하게 구분하면, CAPM은 식 (5-13)과 같은 등식을 의미하며 SML은 이 등식을 그래프로서 나타낸 것을 의미한다. 그러나 본서에서는 두 용어를 구분 없이 사용할 것이다.

13 베타계수는 다음과 같은 단순회귀식, 즉 시장모형(market model)의 기울기를 의미한다.

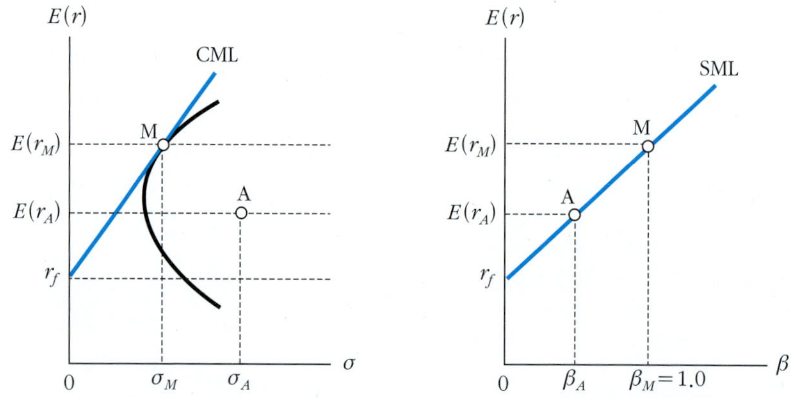

(a) 자본시장선 (b) 증권시장선

그림 5-5 증권시장선의 도출

변동(시장전체의 경기변동)에 대하여 보다 민감하게 반응한다고 할 수 있다. 예를 들어 베타계수가 2인 증권 A와 0.5인 증권 B가 있다고 할 때, 시장수익률이 1%포인트만큼 변동한다면, 증권 A의 수익률은 2%포인트 변동하고 증권 B의 수익률은 0.5%포인트 변동하게 된다. 이러한 점에서 베타계수가 1.0보다 큰 주식을 공격적 주식(aggressive stock)이라 하며, 1.0보다 작은 주식을 방어적 주식(defensive stock)이라 한다.

[그림 5-5]에서 기대수익률-표준편차 평면상에 존재하는 자본시장선은 효율적 포트폴리오의 위험과 기대수익률의 관계를 설명할 수 있으나, 개별자산과 같은 비효율적인 투자기회의 위험과 기대수익률의 관계를 설명하지는 못한다. 예를 들어 자본시장선은 체계적 위험과 비체계적 위험을 모두 가지고 있는 개별증권 A의 위험과 기대수익률의 관계를 설명하지 못한다. 그러므로 적절한 위험의 측정치로서 표준편차가 아닌 체계적 위험(베타)을 사용하여야 효율적 포트폴리오뿐만 아니라 개별증권의 위험과 기대수익률의 관계를 설명할 수 있을 것이다. 즉 기대수익률-베타 평면상에 존재하는 증권시장선으로 모든 위험자산에 대한 위험과 기대수익률의 관계를 설명할 수 있다.

$$r_j = \alpha_j + \beta_j r_M + \varepsilon_j$$

그리고 시장모형의 추정식을 증권특성선(characteristic line: CL)이라 한다.

예제 5-2 **증권시장선과 기대수익률**

무위험이자율이 8%이며, 시장수익률이 10%로 기대된다.
(1) 증권시장선을 구하라.
(2) 베타가 1.5인 증권 K의 기대수익률을 구하라.

해설

(1) 증권시장선은 다음과 같다.

$$E(r_j)=r_f+[E(r_M)-r_f]\beta_j=0.08+(0.10-0.08)\beta_j=0.08+0.02\beta_j$$

(2) 증권시장선에 의해 베타가 1.5인 증권 K의 기대수익률을 구하면 다음과 같다.

$$E(r_K)=0.08+0.02\beta_K=0.08+0.02\times1.5=0.11 \text{ 또는 } 11\%$$

3. CAPM과 위험투자안의 평가

3.1 균형기대수익률

증권시장선은 균형시장(수요=공급)에서 자산(또는 증권)의 체계적 위험(베타)과 기대수익률의 선형관계를 나타내는 직선이다. 즉 균형시장하에서 모든 증권의 기대수익률은 증권시장선에 의해서 결정되므로, 각 증권들은 정확히 증권시장선상에 위치하게 된다. 만약 [그림 5-6]에서의 증권 a 또는 증권 b와 같이 증권시장선을 이탈한 증권이 존재하는 경우, 시장은 증권에 대한 수요와 공급이 일치하지 않는 불균형상태가 된다. 그러나 완전자본시장하에서는 이와 같은 불균형상태가 투자자들의 가격조정활동에 의해서 오래 지속되지

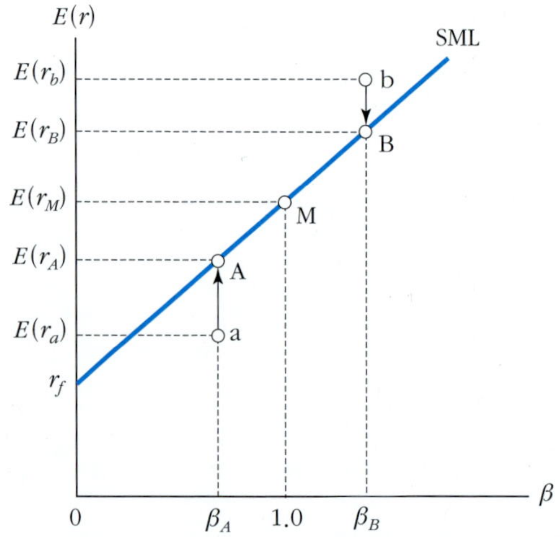

그림 5-6 증권시장선과 균형기대수익률

못한다.[14] 예를 들어 증권시장선 아래에 있는 증권 a의 경우, 그것의 체계적 위험수준(β_A)에서 적절한 기대수익률인 $E(r_A)$보다 낮은 기대수익률 $E(r_a)$를 제공하므로(과대평가되어 있으므로) 이성적인 투자자라면 이와 같은 증권을 보유하려 하지 않는다.[15] 그러므로 증권 a를 보유하고 있는 투자자는 이 증권을 매도(공급의 증가)할 것이며, 그 결과 그 증권의 가격은 하락하여 기대수익률이 증가하게 된다. 이와 같은 증권 a의 가격하락은 그 증권의 기대수익률이 $E(r_A)$로 상승할 때까지 지속된다. 반대로 증권시장선 위에 있는 증권 b의 경우, 그것의 체계적 위험수준(β_B)에서 적절한 기대수익률 $E(r_B)$보다 높은 기대수익률 $E(r_b)$를 제공하므로(과소평가되어 있으므로) 이성적인 투자자라면 이와 같은 증권을 매입하려 할 것이다. 그러므로 증가된 수요에 의해서 증권 b의 가격이 상승하고 기대수익률은 하락하게 된다. 이와 같은 증권 b의 가격상승

14 이와 같은 가격조정활동을 차익거래과정(arbitrage process)이라 한다.

15 증권의 기대수익률은 다음과 같이 계산된다.

$$\text{기대수익률} = \frac{(\text{기말 기대증권가격} - \text{기초 증권가격}) + \text{기대배당금}}{\text{기초 증권가격}}$$

그러므로 기대수익률과 현재 증권가격(기초가격)은 음(−)의 관계를 가진다. 즉 현재 증권가격이 높으면(낮으면), 기대수익률은 낮아진다(높아진다).

은 그 증권의 기대수익률이 $E(r_B)$로 떨어질 때까지 지속된다.

완전자본시장하에서 일시적인 불균형상태는 투자자들의 가격조정활동에 의해서 수요와 공급이 일치하는 균형상태로 곧 회귀하게 된다.[16] 그러므로 장기적으로 볼 때 균형상태가 유지되며, 이 경우 모든 증권들은 증권시장선상에 위치하게 된다.

위험자산(또는 위험투자안)의 체계적 위험(베타)이 추정되면, 균형상태하에서 그 자산의 체계적 위험에 따른 적절한 보상인 기대수익률을 증권시장선에 의해서 측정할 수 있다. 증권시장선에 의해서 측정된 균형기대수익률은 투자자들이 체계적 위험에 대해서 요구하게 되는 최소한의 요구수익률(required rate of return) 또는 자본비용(cost of capital)이라 할 수 있다.

3.2 CAPM에 의한 자산의 평가

일반적으로 위험자산의 가치는 자산을 소유하였을 때의 현금흐름과 적절한 할인율에 의해서 결정된다. 그리고 증권 또는 위험투자안 등의 위험자산을 평가할 때 필요한 할인율은 CAPM을 이용하여 구할 수 있다. 이와 같은 논리에 의해서 위험자산을 평가하는 과정을 나타내면 [그림 5-7]과 같다.

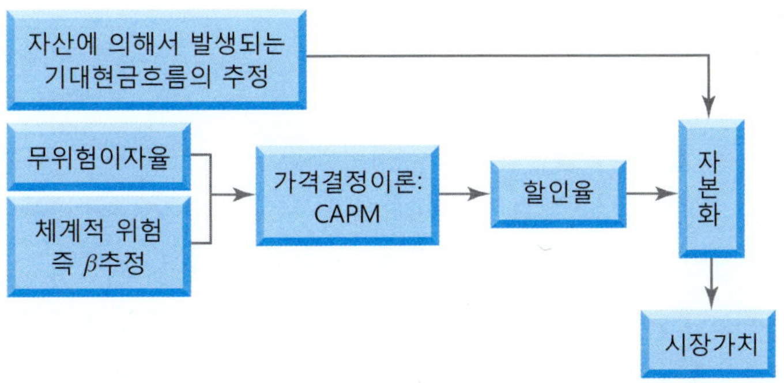

그림 5-7 CAPM에 의한 자산의 평가과정

16 물론 개인소득세, 거래비용 등의 거래를 방해하는 장애요인이 존재하는 경우, 즉 불완전자본시장에서는 이와 같은 투자자들의 가격조정활동이 제약을 받게 된다. 그러므로 불완전자본시장에서는 불균형상태가 장기적으로 지속될 수도 있다.

예제 5-3 CAPM에 의한 자산의 평가

A기업의 기말 주식가격은 20,000원으로 기대되며, 이 주식의 베타는 1.5이다. 또한 시장의 기대수익률은 12%이며, 무위험이자율은 8%이다. A기업의 현재 주식가치는 얼마인가? (단, 배당은 없다고 가정한다.)

해설

$$PV(\text{주식}) = \frac{20,000}{1+[0.08+(0.12-0.08)\times 1.5]} = 17,544\text{원}$$

3.3 위험과 투자안 평가

위험투자안을 평가하는 방법을 살펴보기 위하여 다음과 같은 현금흐름을 가지는 임의의 투자안을 생각해 보자.

$t=0$	1	2	…………	$n-1$	n
$-I_0$	$E(CF_1)$	$E(CF_2)$	…………	$E(CF_{n-1})$	$E(CF_n)$

여기서 투자안에 대한 미래 각 기간의 현금흐름은 그 확률분포에 의해서 계산된 기대현금흐름을 의미한다. 이와 같이 투자안의 현금흐름에 위험이 내포된 경우, 그 위험을 적절히 반영하여 투자안을 평가하여야 한다.

위험투자안을 평가할 때, 먼저 현금흐름에 내포된 위험을 반영하여 할인율, 즉 위험조정할인율(risk adjusted discount rate: RADR)을 추정하여야 한다. 위험조정할인율은 체계적 위험을 나타내는 투자안의 베타를 추정한 후, CAPM을 이용하여 계산할 수 있다.

$$E(r) = r_f + [E(r_M) - r_f]\beta \tag{5-14}$$

식 (5-14)에 의해서 측정된 위험조정할인율, 즉 투자안의 자본비용이 매기간 일정하다고 가정하는 경우, 투자안의 순현가를 다음과 같이 계산할 수 있다.

$$NPV = \frac{E(CF_1)}{1+E(r)} + \frac{E(CF_2)}{[1+E(r)]^2} + \cdots + \frac{E(CF_n)}{[1+E(r)]^n} - I_0 \qquad (5\text{-}15)$$

예제 5-4 위험투자안의 평가

투자안의 기대현금흐름은 다음과 같다.

(단위 : 만원)

시 점	기대현금흐름
0	−200
1	100
2	100
3	100

이 투자안의 β =0.75이며, 무위험이자율과 시장의 기대수익률은 각각 6%와 14%이다. 이 투자안을 평가하라.

해설

먼저 투자안의 위험조정할인율을 구하면 다음과 같다.

$$E(r) = r_f + [E(r_M) - r_f]\beta = 0.06 + (0.14 - 0.06) \times 0.75 = 0.12 \text{ (또는 12\%)}$$

위험조정할인율 12%로 할인하여 순현가를 구하면 다음과 같다.

$$NPV = \frac{100}{1+0.12} + \frac{100}{(1+0.12)^2} + \frac{100}{(1+0.12)^3} - 200 = 40.2\text{만원}$$

투자안의 순현가는 40.2만원으로서 0보다 크기 때문에 이 투자안을 채택해야 한다.

3.4 가치의 가산원칙: 포트폴리오의 베타

CAPM에서는 개별자산의 위험 중 분산투자를 통하여 제거할 수 없는 체계적 위험만 고려한다. 그러므로 CAPM에 의해서 자산이 평가된다면, 개별투자자가 분산투자를 통하여 위험을 감소시켜서 자산의 가치를 증가시키려는 노력은 소용이 없게 된다. 따라서 여러 자산에 분산투자를 하는 경우, 그 포트폴리오의 가치는 개별가치를 단순히 합한 것과 같다는 가치의 가산원칙이 성립한다. 예를 들어 자산 A와 자산 B로 구성된 포트폴리오의 가치 $PV(\mathrm{A}+\mathrm{B})$는 다음과 같이 나타낼 수 있다.

$$PV(\mathrm{A}+\mathrm{B})=PV(\mathrm{A})+PV(B) \tag{5-16}$$

그리고 포트폴리오의 베타는 포트폴리오를 구성하고 있는 각 자산의 베타를 구성비율에 의해서 가중평균하여 구할 수 있다. 즉 자산 A와 자산 B로 구성된 포트폴리오의 베타는 다음과 같다.

$$\beta_p = W_A\beta_A + W_B\beta_B \tag{5-17}$$

여기서 $W_A=\dfrac{PV(\mathrm{A})}{PV(\mathrm{A})+PV(\mathrm{B})}$

$$W_B=\frac{PV(\mathrm{B})}{PV(\mathrm{A})+PV(\mathrm{B})}$$

CAPM이 성립하는 경우에는 합병(merger)을 통한 위험분산효과가 존재하지 않음을 알 수 있다.[17] 투자자들이 주식의 분산투자를 통하여 제거할 수 있는 비체계적 위험을 이미 제거하였기 때문에, 합병을 통하여 비체계적 위험을 제거하려는 기업의 노력은 소용이 없을 것이다.

17 그러나 합병을 통해서 운영상의 시너지효과(synergy effect)는 존재할 수 있다(예: 생산공정의 합리적 연결, 규모의 경제에 의한 생산비의 절감, 인적 구성의 상호보완적 효과 등).

예제 5-5 가치의 가산원칙과 포트폴리오 베타

청운전자(주)는 다음과 같은 두 개의 자산을 가지고 있다. (단, 무위험이자율은 5%이며, 시장의 기대수익률은 10%이다.)

자 산	기대현금흐름(억원)		베 타
	0시점	1시점	
A	0	330	1.0
B	0	230	2.0

(1) 증권시장선을 구하라.

(2) 각 자산의 요구수익률을 계산하라.

(3) 각 자산의 현재가치 $PV(\mathrm{A})$와 $PV(\mathrm{B})$를 각각 구하라.

(4) 청운전자(주)의 요구수익률과 현재가치 $PV(\mathrm{A+B})$를 구하라.

(5) 물음 (3)과 (4)를 비교하여 가치의 가산원칙이 성립함을 보여라.

해설

(1) $E(r_j)=r_f+[E(r_M)-r_f]\beta_j=0.05+(0.10-0.05)\beta_j=0.05+0.05\beta_j$

(2) 각 자산의 요구수익률을 구하면 다음과 같다.

- $E(r_A)=0.05+0.05\beta_A=0.05+0.05\times1.0=0.10$
- $E(r_B)=0.05+0.05\beta_B=0.05+0.05\times2.0=0.15$

(3) • $PV(\mathrm{A})=\dfrac{\text{기대현금흐름}}{1+E(r_A)}=\dfrac{330}{1+0.10}=300$억원

• $PV(\mathrm{B})==\dfrac{\text{기대현금흐름}}{1+E(r_B)}=\dfrac{230}{1+0.15}=300$억원

(4) 청운전자(주)는 자산 A와 자산 B로 구성된 포트폴리오로 생각할 수 있다. 그러므로 청운전자(주)의 베타는 각 자산의 구성비율에 의해서 가중평균하여 구할 수 있다.

$$\beta_P=W_A\beta_A+W_B\beta_B=\left(\frac{300}{300+200}\right)\times1.0+\left(\frac{300}{300+200}\right)\times2.0=1.4$$

그러므로 청운전자(주)의 요구수익률은 다음과 같다.

$$E(r_p)=0.05+0.05\beta_p=0.05+0.05\times 1.4=0.12$$

그리고 청운전자(주)의 현재가치는 다음과 같다.

$$PV(\text{A}+\text{B})=\frac{\text{기대현금흐름}}{1+E(r_p)}=\frac{330+230}{1+0.10}=500\text{억원}$$

(5) $PV(\text{A})+PV(\text{B})=300+200=500=PV(\text{A}+\text{B})$

그러므로 가치의 가산원칙이 성립한다.

PRINCIPAL TERMS

주ㅣ요ㅣ용ㅣ어

기대수익률 (expected return)

미래에 평균적으로 예상되는 수익률로서, 각 상황별로 발생가능한 수익률에 그 상황이 발생할 확률을 곱한 다음 이를 모두 합하여 구한다.

기대수익률 = (수익률 × 확률)의 총합

수익률의 분산 (variance of returns), 표준편차 (standard deviation of returns)

기대수익률이 실현되지 않을 가능성, 즉 위험을 나타내는 척도로서 발생가능한 수익률과 기대수익률의 차이인 편차(deviation)를 제곱한 후, 그것의 기대치를 구한 것이다. 그리고 분산의 제곱근을 표준편차라 한다.

수익률의 분산 = (편차^2 × 확률)의 총합
수익률의 표준편차 = $\sqrt{\text{분산}}$

포트폴리오 (portfolio)

하나의 자산에만 투자하지 않고 여러 자산(예를 들어 정기예금, 주식, 채권, 부동산 등)에 투자하는 경우 투자자가 보유하는 두 개 이상의 자산에 대한 조합을 의미한다.

포트폴리오의 기대수익률

$$E(r_p) = W_A E(r_A) + W_B E(r_B)$$

공분산 (covariance)

두 자산수익률간의 관계를 나타내는 통계치로서 두 자산수익률의 편차를 서로 곱한 값의 기대치(평균)로 측정된다.

$$Cov(r_A, r_B) = E[(r_A - E(r_A))(r_B - E(r_B))]$$

상관계수 (correlation coefficient)

공분산을 두 자산수익률의 표준편차를 곱한 값으로 나누어 표준화시킨 것으로서 두 자산수익률이 얼마나 밀접한 선형관계를 가지고 있는지를 나타내며, 항상 −1과 1 사이의 값을 가진다.

$$\rho_{AB} = \frac{Cov(r_A,\ r_B)}{\sigma_A \sigma_B}$$

포트폴리오의 분산

$$\begin{aligned} Var(r_p) &= W_A^2\, Var(r_A) + W_B^2\, Var(r_B) + 2W_A W_B\, Cov(r_A,\ r_B) \\ &= W_A^2 \sigma_A^2 + W_B^2 \sigma_B^2 + 2W_A W_B \sigma_A \sigma_B \rho_{AB} \end{aligned}$$

포트폴리오의 위험분산효과 (diversification effect)

구성자산들간의 관계를 나타내는 상관계수가 작을수록, 포트폴리오의 구성자산 수가 증가할수록 포트폴리오의 위험은 감소한다.

체계적 위험 (systematic risk)

자산의 총위험 중 포트폴리오의 구성자산 수를 증가시키더라도 제거할 수 없는 위험으로서, 분산불가능한 위험(undiversifiable risk) 또는 시장위험(market risk)이라고도 한다.

비체계적 위험 (unsystematic risk)

자산의 총위험 중 포트폴리오의 구성자산 수를 증가시킴에 따라 제거할 수 있는 위험으로서, 분산가능한 위험(diversifiable risk) 또는 고유위험(unique risk)이라고도 한다.

자산의 총위험 = 체계적 위험 + 비체계적 위험

지배원리 (dominance principle)

- 동일한 기대수익률을 가지는 투자대상 중에서는 위험이 작은 것이 큰 것을 지배한다.
- 동일한 위험을 가지는 투자대상 중에서는 기대수익률이 큰 것이 작은 것을 지배한다.

최소분산포트폴리오집합 (minimum variance portfolio set)

주어진 기대수익률하에서 가장 작은 위험을 갖는 포트폴리오들의 집합을 의미한다.

효율적 포트폴리오집합 (efficient portfolio set)

주어진 위험하에서 가장 높은 기대수익률을 갖는 포트폴리오들의 집합을 의미한다.

최적포트폴리오 (optimal portfolio)

효율적 포트폴리오집합 중에서 각자의 위험에 대한 성향에 따라 투자자들이 최종적으로 선택하게 되는 포트폴리오를 의미한다.

자본시장선 (capital market line: CML)

무위험자산과 위험자산 등 모든 자산들로 구성된 새로운 효율적 포트폴리오 집합으로서, 효율적 포트폴리오의 위험(표준편차)과 기대수익률의 선형관계를 나타내는 직선을 의미한다.

$$E(r_P) = r_f + \left[\frac{E(r_M) - r_f}{\sigma_M}\right]\sigma_P$$

대출포트폴리오 (lending portfolio)

투자자금 중 일부를 무위험자산에 투자하고(무위험이자율로 자금을 대출하고) 나머지를 시장포트폴리오에 투자하는 경우에 만들 수 있는 포트폴리오이다.

차입포트폴리오 (borrowing portfolio)

무위험이자율로 차입한 자금과 현재 보유하고 있는 자금을 합하여 시장포트폴리오에 모두 투자하는 경우에 만들 수 있는 포트폴리오이다.

시장포트폴리오 (market portfolio)

시장에서 거래되는 모든 위험자산을 포함하여 구성된 포트폴리오를 의미한다.

증권시장선 (security market line: SML)

모든 위험자산의 체계적 위험과 기대수익률의 선형관계를 나타내는 직선이다.

$$E(r_j) = r_f + [E(r_M) - r_f]\beta_j$$

베타계수 (beta coefficient)

체계적 위험의 측정치로서 시장수익률의 변동에 대한 개별자산의 민감도(sensitivity)를 나타낸다.

$$\beta_j = \frac{Cov(r_j, r_M)}{Var(r_M)}$$

포트폴리오의 베타

포트폴리오를 구성하고 있는 각 자산의 베타를 구성비율에 의해서 가중평균한 것이다.

EXERCISES
연 | 습 | 문 | 제

QUESTION I

완성/선택형 문제

01 투자수익률(확률변수)이 취할 수 있는 모든 값들과 그것들의 발생가능성(확률)을 나타낸 표를 (　　　　)라 한다.

02 두 자산수익률이 정비례하는 직선관계를 가지고 움직일 때는 ρ_{AB} = (　　　　)이 되며, 반비례하는 직선관계를 가지고 움직일 때는 ρ_{AB} = (　　　　)이 된다.

03 구성자산들간의 관계를 나타내는 (　　　　)가 작을수록, 포트폴리오의 (　　　　)가 증가할수록 포트폴리오의 위험은 감소한다.

04 자산수익률의 분산(총위험)은 포트폴리오의 구성자산 수를 증가시킴에 따라 제거할 수 있는 부분, 즉 (　　　　)과 제거할 수 없는 부분, 즉 (　　　　)으로 구성되어 있다.

05 (　　　　)은 효율적 포트폴리오의 위험(표준편차)과 기대수익률의 선형관계를 나타내는 직선을 의미하는 반면, (　　　　)은 개별자산 등 모든 위험자산의 체계적 위험과 기대수익률의 선형관계를 나타내는 직선이다.

06 베타계수가 1.0보다 큰 주식을 (　　　　)이라 하며, 1.0보다 작은 주식을 (　　　　)이라 한다.

07 다음의 증권들 중 수익률이 가장 높을 것으로 기대되는 것은?

① 담보채　　② 무담보채　　③ 국공채

④ 주식 ⑤ 금융채

08 투자안(또는 자산)의 위험을 나타내는 척도로서 가장 적합한 것은?

① 분산 또는 표준편차 ② 평균편차 ③ 범위
④ 기대값 ⑤ 중앙값

09 포트폴리오에 대한 다음의 정의들 중 가장 타당한 것은?

① 두 개 이상의 채권으로 구성된다.
② 두 개 이상의 주식으로 구성된다.
③ 두 개 이상의 자산으로 구성된다.
④ 몇 개의 주식과 채권으로 구성된다.
⑤ 몇 개의 주식과 무위험자산으로 구성된다.

10 다음의 포트폴리오들 중 위험분산효과가 가장 크게 나타나는 것은?

① 자산간 상관계수가 높고, 많은 자산으로 구성된 포트폴리오
② 자산간 상관계수가 낮고, 많은 자산으로 구성된 포트폴리오
③ 자산간 상관계수가 낮고, 적은 자산으로 구성된 포트폴리오
④ 자산간 상관계수가 높고, 적은 자산으로 구성된 포트폴리오
⑤ 자산간 상관계수와 관계없이, 많은 자산으로 구성된 포트폴리오

11 다음의 자본시장이론에 대한 설명 중 옳지 않는 것은 어느 것인가?

① 일정한 기대수익률하에서 최소의 분산 또는 표준편차를 제공하는 포트폴리오집합의 모든 포트폴리오는 효율적 포트폴리오이다.
② 자본시장선(capital market line: CML)은 효율적 포트폴리오의 위험(σ_P)과 기대수익률의 선형관계를 나타내고 있으며, 증권시장선(security market line: SML)은 모든 자산의 체계적 위험(β)과 기대수익률의 선형관계를 나타낸다.
③ 무위험자산이 존재하는 경우 투자결정과 자본조달결정은 분리될 수 있다.
④ 잘 분산투자된 포트폴리오의 비체계적 위험은 상대적으로 아주 작아서 무시할 수 있다.
⑤ 자본시장에 대해서 모든 투자자가 동일한 정보를 가지고 있다면 모든 투자자들은 항상 동일한 위험자산 포트폴리오, 즉 시장포트폴리오를 선택한다.

12 다음의 위험(risk)에 관한 여러 설명 중 옳은 것은? (CPA 2004)

① 총위험이 큰 주식의 기대수익률은 총위험이 낮은 주식의 기대수익률보다 항상 크다.

② 증권시장선(SML)보다 위쪽에 위치하는 주식의 기대수익률은 과대평가되어 있으므로 매각하는 것이 바람직하다.

③ 시장포트폴리오의 베타는 항상 1로서 비체계적 위험은 모두 제거되어 있다.

④ 상관관계가 1인 두 주식으로 포트폴리오를 구성하는 경우에도 미미하지만 분산투자의 효과를 볼 수 있다.

⑤ 베타로 추정한 주식의 위험과 표준편차로 추정한 주식의 위험 사이에는 일정한 관계가 있다.

13 다음과 같은 3개의 주식과 무위험자산만이 존재하는 자본시장을 가정한다.

자 산	시장가치(억원)
주식 A	300
주식 B	500
주식 C	200
무위험자산	100

이와 같은 경우 시장포트폴리오의 구성비율은?

① 주식 A=27.3%, 주식 B=45.4%, 주식 C=18.2%

② 주식 A=30%, 주식 B=50%, 주식 C=20%

③ 주식 A=20%, 주식 B=50%, 주식 C=30%

④ 주식 A=27.3%, 주식 B=45.4%, 주식 C=18.2%, 무위험자산=9.1%

⑤ 주식 A=18.2%, 주식 B=45.4%, 주식 C=27.3%, 무위험자산=9.1%

14 무위험이자율이 8%이며, 시장수익률이 10%일 때 베타가 1.5인 주식의 기대수익률은 얼마인가?

① 8% ② 9% ③ 10%

④ 11% ⑤ 12%

15 CAPM에 대한 설명으로 틀린 것은? (CPA 2006)

① 시장위험프리미엄(market risk premium)은 항상 0보다 커야 한다.
② 시장포트폴리오와 무위험자산 간의 상관계수는 정확히 0이다.
③ SML에 위치한다고 해서 반드시 CML에 위치하는 것은 아니다.
④ 위험자산의 기대수익률은 무위험자산의 수익률보다 항상 높아야 한다.
⑤ 개별자산의 진정한 위험은 총위험의 크기가 아니라 체계적 위험의 크기만으로 평가되어야 한다.

16 다음 중 CAPM의 의미와 거리가 먼 것은?

① 투자자들에게 중요한 위험은 분산투자에 의해 제거되지 않는 체계적 위험이다.
② 균형시장에서 자산의 체계적 위험(베타)과 기대수익률은 선형관계를 갖는다.
③ 자산의 기대수익률은 시차보상인 무위험이자율과 위험보상인 위험프리미엄의 합계와 같다.
④ 개별투자자가 분산투자를 통하여 위험을 감소시켜서 자산의 가치를 증가시키려는 노력은 소용이 없다.
⑤ 어떠한 경우에도 과소 또는 과대평가된 증권은 존재할 수 없다.

17 무위험이자율은 3%, 시장포트폴리오의 기대수익률은 13%이다. 아래 두 자산 가격의 균형/저평가/고평가 여부에 대하여 가장 적절한 것은? (CPA 2005)

자 산	β 계수	기대수익률
A	0.5	9%
B	1.5	17%

① 두 자산의 가격은 모두 균형상태이다.
② 두 자산의 가격은 모두 저평가되어 있다.
③ 두 자산의 가격은 모두 고평가되어 있다.
④ 자산 A는 저평가되어 있고 자산 B는 고평가되어 있다.
⑤ 자산 A는 고평가되어 있고 자산 B는 저평가되어 있다.

18 펀드매니저 A는 베타가 1.1인 300억원 규모의 포트폴리오를 운영하고 있으며 추가로 450억원 규모의 자금 운용을 맡아 신규 자산에 투자하려고 한다. 추가 자금의 투자로 재구성된 수정 포트폴리오의 기대수익률은 14%를 목표로 하고 있으며, 무위험이자율은 4.6%, 시장위험 프리미엄은 5%이다. 수정 포트폴리오의 목표 기대수익률을 달성하기 위해 추가로 투자되는 새로운 자산들의 평균 베타에 가장 가까운 것은? (단, CAPM이 성립한다.) (CPA 2023)

① 1.5 ② 1.9 ③ 2.4

④ 2.8 ⑤ 3.1

QUESTION II

서술/계산형 문제

01 무위험자산이 존재하고 동질적 기대 가정이 성립하는 경우 합리적인 모든 투자자들은 항상 시장포트폴리오를 선택하게 된다. 이와 같은 경우 투자자가 고려해야 하는 개별증권의 위험은 무엇인가?

02 자본시장선과 증권시장선을 비교 설명하라.

03 기업의 재무의사결정에서 CAPM이 어떻게 이용될 수 있는지를 설명하라.

04 (기대수익률, 분산, 표준편차의 측정)

다음과 같은 확률분포를 가지는 두 자산이 있다.

상 황	확 률	수익률	
		자산 A	자산 B
호황	0.6	0.40	0.15
불황	0.4	−0.05	0.20

(1) 자산 A와 B의 기대수익률, 분산, 표준편차를 각각 구하라.

(2) 두 자산에 각각 50%씩 투자하여 구성한 포트폴리오의 기대수익률, 분산, 표준편차를 구하라.

05 (상관계수와 포트폴리오의 위험)

주식 A와 주식 B의 기대수익률과 분산은 각각 다음과 같다.

주 식	기대수익률	분 산
A	0.2	0.1
B	0.3	0.2

(1) 두 주식 사이의 상관계수가 0.5일 때, 총투자자금 중 60%를 주식 A에 투자하고 그 나머지 40%를 주식 B에 투자하여 구성한 포트폴리오의 기대수익률과 분산을 계산하라.
(2) 두 주식 사이의 상관계수가 −0.5일 때, 총투자자금 중 60%를 주식 A에 투자하고 그 나머지 40%를 주식 B에 투자하여 구성한 포트폴리오의 기대수익률과 분산을 계산하라.
(3) 상관계수가 포트폴리오의 위험에 미치는 영향을 설명하라.

06 (증권시장선과 투자안 평가)

무위험이자율은 4%, 시장포트폴리오의 기대수익률은 12%이다. CAPM의 제 가정이 성립한다고 가정하여 다음의 물음에 답하라.
(1) 증권시장선을 구하라.
(2) 베타가 1.5인 투자안의 요구수익률을 구하라.
(3) 만약 베타가 0.8인 투자안에 대해서 9.8%의 기대수익률을 얻을 수 있다면, 이 투자안을 채택하여야 하는가?
(4) 만약 시장에서 주식 X의 수익률이 11.2%로 기대된다면, 이 주식의 베타는 얼마인가?

07 (위험투자안의 자본비용과 순현가)

다음과 같은 현금흐름이 예상되는 투자안이 있다.

연도 말	기대현금흐름(만원)
0	−100
1	40
2	60
3	70

이 투자안의 베타는 1.5이다. 그리고 무위험이자율과 시장의 기대수익률은 각각 8%와 16%이다. 투자안의 자본비용을 추정하고 순현가를 구하라.

제 6 장

가치평가

1. 가치평가의 의의와 중요성
2. 채권의 가치평가
3. 주식의 가치평가

세계최대 규모인 뉴욕증권거래소(New York Stock Exchange: NYSE) 내부/뉴욕시 맨해튼(Manhattan) 남단부에 있는 월가(Wall Street)에 위치

Financial Management

기업은 금융시장에서 주식이나 채권 등의 증권을 발행하여 투자에 필요한 자금을 조달한다. 주식과 채권은 기업이 보유하고 있는 자산에 대한 청구권을 나타내며, 이들의 가치에 의해서 재무의사결정의 기준이 되는 기업의 가치가 결정된다. 그러므로 주식과 채권 등 자산의 가치평가는 재무관리의 가장 기본적인 문제라 할 수 있다.

이론적으로 모든 자산의 가치는 그 자산의 미래 현금흐름을 적절한 할인율로 할인한 현재가치를 의미한다. 본장에서는 먼저 가치평가의 의의와 중요성에 대해 설명한 후, 채권과 주식의 가치평가에 대해서 살펴보고자 한다.

학습목표

1. 가치평가의 의의와 중요성을 알아본다.
2. 채권의 개념을 이해하고 채권가치 평가방법을 학습한다.
3. 주식의 개념을 이해하고 주식가치 평가방법을 학습한다.

1. 가치평가의 의의와 중요성

1.1 가치평가의 의의

자산가치는 자산보유에 따른 미래 현금흐름의 크기, 발생시기, 위험도(불확실성) 등 3개의 요인에 의해 결정된다. 즉 자산가치는 그 자산으로부터 발생되는 미래의 기대현금흐름을 그 발생시기와 위험도에 따라 적절하게 할인하여 구한 현재가치의 총합을 의미한다. 따라서 이론적인 자산가치는 다음과 같이 나타낼 수 있다.

$$\text{자산가치} = \frac{CF_1}{1+r} + \frac{CF_2}{(1+r)^2} + \cdots + \frac{CF_n}{(1+r)^n} \quad (6\text{-}1)$$

여기서 n: 자산의 수명(내용연수)
CF_t: t시점에서의 현금흐름($t=1, 2, \cdots, n$)
r: 추정된 현금흐름의 위험정도를 반영한 할인율

자산의 형태에 따라 현금흐름의 유형은 달라진다. 예를 들어 주식을 보유하는 경우 얻을 수 있는 현금흐름은 배당금이며, 채권의 경우에는 액면이자 및 만기상환액(원금 또는 액면가), 그리고 실물자산의 경우에는 그 자산으로 인해 발생되는 잉여현금흐름(free cash flow)이 적합한 현금흐름이 된다. 그리고 할인율은 추정된 현금흐름의 위험도에 의해서 결정되며, 위험이 높을수록 할인율이 높아진다.

1.2 가치평가의 중요성

대부분의 경영자들은 순현가법을 이용하여 투자결정을 한다. 그러나 경영

전략을 수립하거나 경영성과를 평가할 때는 순현가와 같은 창출된 가치 이외의 다른 지표를 이용하는 경우가 많다.[1] 즉 개별 프로젝트를 평가할 때는 가치에 근거한 순현가법을 사용하나, 기업전체에 대한 의사결정시에는 가치에 근거하지 않는 회계적 성과지표, 즉 주당순이익(earning per share: EPS) 성장률, 자기자본순이익률(return on equity: ROE), 총자산순이익률(return on assets: ROA), 매출액순이익률(return on sales: ROS) 등을 사용하는 경우가 많다. 이와 같이 경영자들이 일관성 없는 의사결정지표를 이용하는 것은 모순된 것이라 할 수 있다.

가치는 완전한 정보(손익계산서와 재무상태표정보)를 필요로 하는 유일한 척도이며, 다양한 이해관계자들의 장기적인 이익이 서로 상충되지 않게 하고, 장기적인 관점에서 미래지향적으로 결정되기 때문에 가장 합리적인 성과지표라 할 수 있다. 이와는 달리 EPS 성장률, ROE, ROA, ROS 등 주로 손익계산서를 이용하여 산출되는 회계적 지표는 재무상태표정보를 충분히 반영하고 있지 않으며, 과거지향적이고 근시안적이라는 문제점을 가지고 있다.

2. 채권의 가치평가

채권(bond)은 일정한 기간 동안 정기적으로 약정된 이자를 지급하고 만기일에 원금, 즉 채권의 액면가를 상환할 것을 약속한 증서이다. 채권을 발행할 때는 채권의 액면가(face value), 액면(표면)이자율(coupon rate) 그리고 만기(maturity)의 세 가지가 반드시 표시되어야 한다.

채권은 이자지급방법에 따라서 순수할인채권, 확정이자부채권 등으로 구분될 수 있다.[2] 순수할인채권(pure discount bond or zero-coupon bond)은 이자

1 J. F. Weston and T. E. Copeland, *Managerial Finance*, 9th ed.(The Dryden Press, 1992), pp. 704-708.

2 넓은 의미로 이자를 지급하는 채권을 이표채(coupon bond)라 하기도 하며, 중간에 이자를 지급하지 않고 만기일에 복리된 이자와 원금을 한꺼번에 상환하는 채권을 복리채(compound interest bond)라 한다. 또한 채권은 그 발행주체에 따라 국채(정부), 지방채(지방자치단

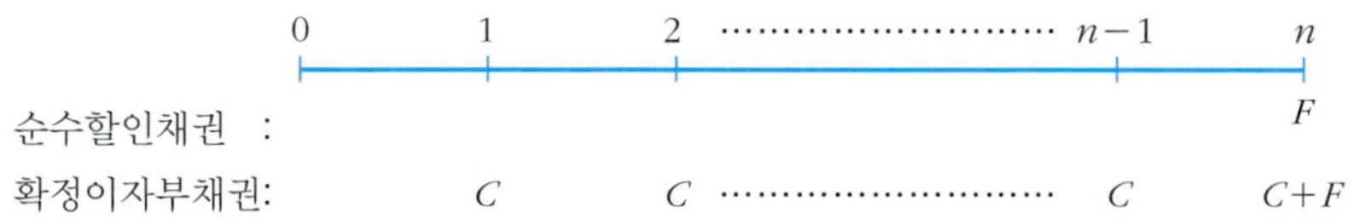

그림 6-1 채권의 현금흐름유형

를 지급하지 않고 만기일에 원금만을 상환하는 채권이며, 확정이자부채권(level-coupon bond)은 만기까지 확정된 액면이자(coupon)를 매기간 말에 지급하고 만기일에는 원금이 상환되는 채권이다. n기간 말에 액면가 F만을 상환하는 순수할인채권과 n기간 말까지 매기간 말에 액면이자(액면가×액면이자율) C를 지급하고 만기일인 n기간 말에 원금 F를 상환하는 확정이자부채권의 현금흐름유형을 각각 나타내면 [그림 6-1]과 같다.

과거 삼성전자가 발행했던 회사채 샘플이며, 아랫부분은 이자지급교부표로서 이를 지정된 기간에 제시하면 이자를 받을 수 있다.

채권의 가치는 그 채권을 소유함으로써 얻을 수 있는 미래 현금흐름을 적절한 할인율(시장이자율)로 할인하여 현재가치로 환산한 값이다.[3] 그러므로 만기일인 n기간 말에 액면가 F만을 상환하는 순수할인채권의 현재가치는 다음과 같이 구할 수 있다.

체), 특수채(특별법에 의해서 설립된 특별법인), 금융채(금융기관), 그리고 회사채 또는 사채(기업)로 구분될 수 있다.

3 현재 시장에서 형성된 이자율, 즉 시장이자율은 채권투자자가 요구하는 최소한의 수익률로서 채권투자에 대한 기회비용이라 할 수 있다.

$$PV(\text{순수할인채권}) = \frac{F}{(1+r)^n} \tag{6-2}$$

여기서 r: 시장이자율

그리고 n기간 말까지 매기간 말에 액면이자 C를 지급하고 만기일인 n기간 말에 원금 F를 상환하는 확정이자부채권의 현재가치는 다음과 같다.

$$PV(\text{확정이자부채권}) = \frac{C}{1+r} + \frac{C}{(1+r)^2} + \cdots + \frac{C}{(1+r)^n} + \frac{F}{(1+r)^n} \tag{6-3}$$

식 (6-2)와 식 (6-3)에서 볼 수 있는 바와 같이 채권가격은 액면이자(C), 액면가(F), 만기까지의 기간(n), 그리고 시장이자율(r)에 의해 결정된다. 채권의 발행시점에서 채권의 액면이자, 액면가, 만기 등이 결정되기 때문에 채권가격은 주로 시장이자율에 의해 변동됨을 알 수 있다. 시장이자율이 상승하면 채권투자자가 받을 수 있는 미래 현금흐름(액면이자 및 원금)의 현재가치, 즉 채권가격이 떨어진다. 따라서 시장이자율과 채권가격은 역(−)의 관계를 가지고 움직인다는 것을 알 수 있다.

채권가격과 시장이자율(금리)의 관계

알 | 아 | 두 | 기

채권의 발행가격

액면이자율이 시장이자율보다 높을 경우 채권은 액면가보다 높은 가격으로 발행되는데, 이와 같은 채권을 할증채(premium bond)라고 한다. 그 반대로 액면이자율이 시장이자율보다 낮을 경우 채권은 액면가보다 낮은 가격으로 발행되는데, 이와 같은 채권을 할인채(discount bond)라고 한다. 한편 액면이자율이 시장이자율과 같을 경우 채권은 액면가로 발행되는데, 이와 같은 채권을 액면채(par bond)라고 한다. 할증채,

할인채 등 모든 채권가격은 시간이 경과함에 따라 액면가에 접근하게 되며, 만기시점에서는 모두 액면가와 같아지게 된다. 시간이 경과함에 따라 할증채의 가격은 하락하여 자본손실(capital loss)이 나타나는 반면, 할인채의 가격은 상승하여 자본이득(capital gain)이 발생하게 된다.

예제 6-1 순수할인채권의 가치평가

만기는 20년 후이며, 액면가는 100만원인 순수할인채권의 현재가치는 얼마인가? (단, 시장이자율은 10%이다.)

해설

$$PV(\text{순수할인채권}) = \frac{100}{(1+0.1)^{20}} = 14.86\text{만원}$$

예제 6-2 확정이자부채권의 가치평가

희망주식회사는 액면가 100만원, 만기 3년, 액면이자율 8%(단, 이자는 매년 말에 지급됨)인 사채를 발행하였다.

(1) 시장이자율이 6%인 경우 사채의 발행가격은?

(2) 시장이자율이 8%인 경우 사채의 발행가격은?

(3) 시장이자율이 10%인 경우 사채의 발행가격은?

해설

(1) $PV(\text{사채}) = \frac{8}{1+0.06} + \frac{8}{(1+0.06)^2} + \frac{108}{(1+0.06)^3} = 105.35\text{만원}$

→ 시장이자율 < 액면이자율: 할증발행

(2) $PV(\text{사채}) = \dfrac{8}{1+0.08} + \dfrac{8}{(1+0.08)^2} + \dfrac{108}{(1+0.08)^3} = 100.00\text{만원}$

→ 시장이자율 = 액면이자율: 액면발행

(3) $PV(\text{사채}) = \dfrac{8}{1+0.1} + \dfrac{8}{(1+0.1)^2} + \dfrac{108}{(1+0.1)^3} = 95.03\text{만원}$

→ 시장이자율 > 액면이자율: 할인발행

Excel의 활용

채권의 가치평가

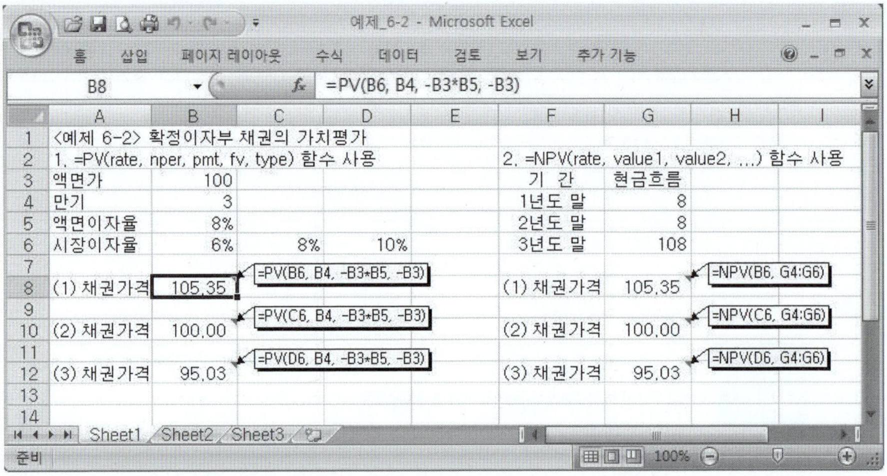

	A	B	C	D	E	F	G	H	I
1	<예제 6-2> 확정이자부 채권의 가치평가								
2	1. =PV(rate, nper, pmt, fv, type) 함수 사용					2. =NPV(rate, value1, value2, ...) 함수 사용			
3	액면가	100				기 간	현금흐름		
4	만기	3				1년도 말	8		
5	액면이자율	8%				2년도 말	8		
6	시장이자율	6%	8%	10%		3년도 말	108		
7									
8	(1) 채권가격	105.35	=PV(B6, B4, -B3*B5, -B3)			(1) 채권가격	105.35	=NPV(B6, G4:G6)	
9									
10	(2) 채권가격	100.00	=PV(C6, B4, -B3*B5, -B3)			(2) 채권가격	100.00	=NPV(C6, G4:G6)	
11									
12	(3) 채권가격	95.03	=PV(D6, B4, -B3*B5, -B3)			(3) 채권가격	95.03	=NPV(D6, G4:G6)	
13									
14									

뉴스 속 재무

'액면금리 낮은 국고채' 쓸어담는 개미들 … 자본차익 · 절세 노린다

채권시장 '큰손'으로 떠오른 개인투자자 사이에서 초저금리 시기 대거 발행된 '저쿠폰 국채'(액면 금리가 낮은 국고채)가 인기를 끌고 있다. 시장금리 하락에 따른 자본(매매)차익과 함께 세금절감을 기대할 수 있다는 점이 알려지면서다.

2025년 3월 5일 금융투자업계에 따르면 올 들어 지난달 27일까지 개인투자자

그래픽=문화일보 전승훈 기자

올해 개인투자자가 많이 산 채권 (단위: %, 원)

채권명	표면금리(연)	채권의 실제 가격(민평가)	만기일
국고 20-2	1.50	8153.83	2050년 3월 10일
국고 24-8	2.75	1만469.12	2054년 9월 10일
국고 19-6	1.125	8229.51	2039년 9월 10일

*민평가격은 2월 28일 기준 자료: 코스콤

는 채권을 총 6조2,165억원어치 순매수한 것으로 나타났다. 같은 기간 유가증권시장과 코스닥시장에서 개인이 순매수한 금액(5조2,113억원)보다 20% 가량 많다. 올해 코스피지수가 5% 넘게 뛰었지만 채권 인기가 훨씬 많았던 것이다.

자본차익에 절세효과까지

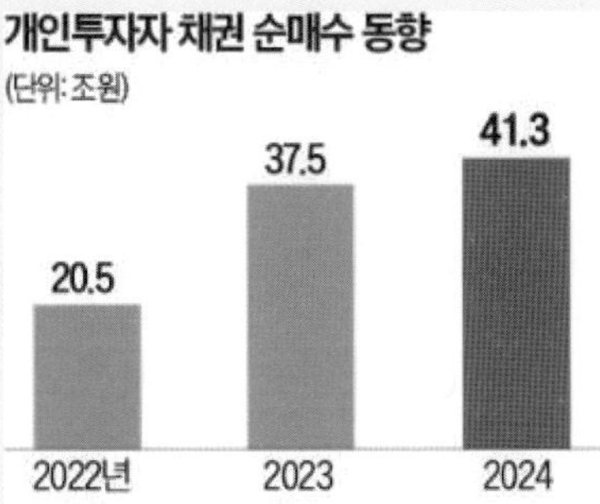

장외 채권시장에서 개인이 가장 많이 산 채권은 '국고01500-5003(20-2)'이었다. 2020년 연 1.5% 금리로 발행된 30년 만기 저쿠폰채다. 이 밖에 표면금리가 연 2.75%인 국고(24-8)와 연 1.125%인 국고(19-06)도 순매수 상위권에 이름을 올렸다. 국고 20-2 같은 저쿠폰채는 고액 자산가가 주로 찾는 상품이다. 저금리 시절 발행돼 표면금리가 낮은 게 특징이다. 금리상승으로 채권 값이 하락하며 손실이 불어났다. 채권금리와 가격은 정반대로 움직이기 때문이다. 그 대신 가격이 떨어진 채권을 사들여 만기까지 보유하면 실질수익률을 높일 수 있다. 액면가 1만원인 국고 20-2의 민평가격은 2025년 2월 28일 기준 8,153.83원이다. 민평가격은 채권평가사들이 채권시장의 여러 상황을 종합해 매일 고시하는 기준가격이다. 증권가에선 저쿠폰채의 적절한 투자시기로 2025년 상반기를 꼽는다. 향후 기준금리 인하 기조 속에 채권 값이 급격히 뛸 가능성이 있기 때문이다.

절세 측면에서도 유리하다는 게 증권가의 설명이다. 세금은 실질수익률과 관계없이 액면금리에 연동하는 구조여서다. 예컨대 연 4%짜리 은행 예금에 가입하면 15.4% 이자소득세를 내야 하지만, 연 1%짜리 쿠폰금리가 적용되는 이표채는 1%에 대해서만 세금을 납부하면 된다. 채권 값 상승 후 시장에 매도해도 차익에는 비과세한다. 액면가 1만원인 저쿠폰채를 9,000원에 매수해 만기까지 보유하더라도 매매차익(1,000원)에 대해선 비과세를 적용한다. 한 증권사의 프라이빗뱅커(PB)는 "저쿠폰채는 세후수익률을 실질적으로 높일 수 있는 만큼 금융소득 과세에 예민한 고액 자산가가 큰 관심을 기울이고 있다"고 설명했다.

올 들어 개인투자자들의 채권별 순매수 현황

(단위:억원, %)

채권 유형	순매수액	비중
국채	1조9502	31.38
지방채	1121	1.80
특수채	5904	9.50
통안증권	68	0.10
은행채	6155	9.90
기타금융채	1조1908	19.16
회사채	1조7330	27.88
자산유동화증권(ABS)	177	0.28

*1월 2일~2월 27일 기준 자료:금융투자협회

美 저쿠폰채도 관심 … 환율은 변수

미국의 저쿠폰 채권도 주목받고 있다. 만기가 동일한 한국 국고채보다 금리 측면에서 유리하기 때문이다. 현재 미국 기준금리는 연 4.5%로, 한국(연 3.0%)보다 1.5%포인트 높다. 자본차익에 대한 면세 혜택 역시 똑같다. 다만 원화 가치 약세는 부담이다. 최근 원·달러 환율은 1,450원 안팎에서 거래된다. 환율은 2024년 11월까지만 해도 달러당 1,400원 아래에서 움직였다. 향후 환율 하락에 따른 환차손 가능성을 염두에 둬야 한다는 지적이 나오는 배경이다. 일각에선 저쿠폰 미국 국채의 만기를 다양화하거나 국내 저쿠폰채 투자를 병행할 필요가 있다고 조언한다.

김지만 삼성증권 연구원은 "채권 신규 투자를 고려하고 있다면 금리가 더 하락(채권값 상승)하기 전에 적절한 매수 타이밍을 잡는 게 중요하다"며 "미국 채권 보유자라면 만기가 좀 더 긴 국채 투자도 고려해볼 만하다"고 말했다.

〈한국경제, 2025. 3. 5 수정〉

3. 주식의 가치평가

시시각각 변하는 주식시세를
나타내는 전광판

3.1 기본적인 주식평가모형

이미 설명한 바와 같이 자산의 가치는 그 미래 현금흐름의 현재가치에 의해서 결정된다. 주식(stock)을 보유하는 경우 두 가지 종류의 현금흐름, 즉 대부분의 주식들이 정기적으로 지급하는 배당금과 주식을 처분하였을 때의 매도금액을 얻을 수 있다. 그러므로 먼저 주식을 1년 동안만 투자한다고 가정한다면, 주식의 현재가치를 다음과 같이 구할 수 있다.

$$P_0 = \frac{D_1}{1+r} + \frac{P_1}{1+r}$$

여기서 P_0: 주식의 현재가치
P_1: 1년도 말의 주식가격
D_1: 1년도 말의 배당금
r: 주식의 할인율

이 경우 1년도 말의 주식가격 P_1은 그 시점에서 주식을 매입하려는 투자자가 기꺼이 지불하려고 하는 가격으로서, 2년도 말의 배당금 D_2와 주식가격 P_2에 의해서 결정된다.

$$P_1 = \frac{D_2}{1+r} + \frac{P_2}{1+r}$$

이상의 두 식에 의해서 다음과 같은 식을 도출할 수 있다.

$$\begin{aligned} P_0 &= \frac{D_1}{1+r} + \frac{1}{1+r}\left(\frac{D_2}{1+r} + \frac{P_2}{1+r}\right) \\ &= \frac{D_1}{1+r} + \frac{D_2}{(1+r)^2} + \frac{P_2}{(1+r)^2} \end{aligned}$$

또한 위 식에서 P_2는 2년도 말의 주식가격으로서 3년도 말의 배당금 D_3과 주식가격 P_3을 얻기 위하여 2년도 말에 투자자가 지불할 수 있는 가격이다. 이와 같은 논리를 계속적으로 적용해 나가면, 다음과 같은 기본적인 주식평가모형을 얻을 수 있다.

$$P_0 = \frac{D_1}{1+r} + \frac{D_2}{(1+r)^2} + \frac{D_3}{(1+r)^3} + \cdots \qquad (6\text{-}4)$$

그러므로 보통주의 현재가치는 미래에 기대되는 배당금의 현재가치와 동일하다. 비록 투자자가 영구적으로 주식을 소유하지 않고 일정한 기간이 지난 후에 매도한다 하더라도 그 판매가격은 매도시점 이후 발생하는 배당금에 의해서 결정되므로, 결국 주식의 가치는 보유기간에 관계없이 식 (6-4)에 의해서 결정된다.

3.2 단순화된 배당평가모형

이상에서 설명한 바와 같이 주가는 미래배당금에 의해서 결정된다. 그러면 이와 같은 개념을 실제에 있어서 어떻게 적용할 수 있겠는가? 앞에서 도출한 식 (6-4)는 기대배당금의 수준이 어떻게 변하더라도 적용가능한 가장 기본적인 모형이다. 이와 같은 기본적인 주식평가모형은 기업의 배당금이 일정한 형태를 따른다고 가정한다면 보다 단순화될 수 있을 것이다.

성장 없는 주식의 평가모형

배당금이 매년 일정할 것으로, 즉 성장이 없다고 기대되는 주식(zero growth stock)의 현재가치는 다음과 같이 결정될 수 있다.[4]

$$P_0 = \frac{D_1}{1+r} + \frac{D_1}{(1+r)^2} + \frac{D_1}{(1+r)^3} + \cdots$$

$$= \frac{D_1}{r} \qquad (6\text{-}5)$$

예제 6-3 성장 없는 주식의 가치

투자자들은 미래주식회사가 매년 주당 3,000원씩의 배당금을 영구적으로 지급할 것으로 기대하고 있다. 만약 투자자들이 이 주식에 대하여 15%의 수익률을 요구한다면, 이 주식의 주당가격은 얼마인가?

해설

$$P_0 = \frac{D_1}{r} = \frac{3,000}{0.15} = 20,000\text{원}$$

4 이는 영구연금의 현재가치를 구하는 공식과 동일하다.

일정성장배당평가모형

만약 주식에 대한 배당금이 매년 일정한 비율 g로 증가한다고 가정한다면, 이 주식에 대한 각 연도 말의 배당금은 [그림 6-2]와 같이 나타낼 수 있다.

그러므로 배당금이 매년 일정한 비율로 증가하는 주식, 즉 일정성장주식(constant growth stock)의 가치는 다음과 같이 구할 수 있다.[5]

$$P_0 = \frac{D_1}{1+r} + \frac{D_1(1+g)}{(1+r)^2} + \frac{D_1(1+g)^2}{(1+r)^3} + \cdots$$

$$= \frac{D_1}{r-g} \quad (\text{단, } r>g) \qquad (6\text{-}6)$$

식 (6-6)을 일정성장배당평가모형(constant growth dividend valuation model)이라 한다. 일반적으로 배당성장률 g는 다음과 같이 추정될 수 있다.

$$g = \text{유보비율} \times \text{투자수익률} \qquad (6\text{-}7)$$

$$\text{여기서 유보비율} = \frac{\text{순이익} - \text{배당액}}{\text{순이익}} = 1 - \text{배당성향}$$

새로운 투자안에 대한 정보는 공개적으로 이용가능한 정보가 아니기 때문

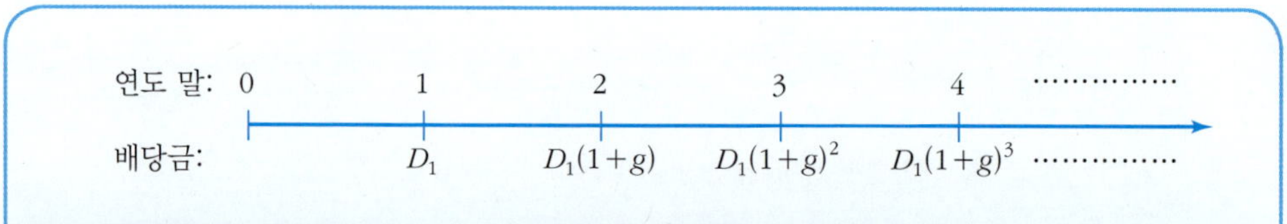

그림 6-2 일정성장주식의 배당금

---

5 일정성장주식의 가치는 공비가 $\left(\frac{1+g}{1+r}\right)$인 무한등비수열의 합이므로 다음과 같이 구할 수 있다.

$$P_0 = \frac{\text{초항}}{1-\text{공비}} = \frac{\frac{D_1}{1+r}}{1-\left(\frac{1+g}{1+r}\right)} = \frac{D_1}{r-g} \quad (\text{단, } r>g)$$

에 투자수익률을 정확하게 추정하는 것은 어려운 일이다. 그러므로 현재 실시하려고 하는 투자안이 과거 투자안들과 동일한 수익률을 올릴 수 있다고 가정하여, 일반적으로 자기자본순이익률(ROE)을 그 대용치로 사용한다.

예제 6-4 **일정성장주식의 가치**

미래주식회사는 금년도에 주당 1,000원씩 배당하였다. 이 회사의 배당금은 매년 10%씩 증가해 오고 있으며 이러한 증가율은 앞으로도 계속될 전망이다. 이 주식에 대한 요구수익률이 15%일 경우, 이 주식의 현재가치는 얼마인가?

해설

$$D_1 = D_0(1+g) = 1{,}000(1+0.1) = 1{,}100\text{원}$$

그러므로

$$P_0 = \frac{D_1}{r-g} = \frac{1{,}100}{0.15-0.1} = 22{,}000\text{원}$$

뉴스 속 재무

슬기로운 주식투자를 위한 마인드셋(mindset)

자신의 투자유형을 알아야 한다.

주식투자를 시작하기에 앞서 많은 이들이 간과하는 부분이 있는데, 대부분 자기 자신에 대해 잘 모르는 채로 투자를 한다는 것이다. 저위험 상품이 맞는지, 리스크를 감수하는 타입인지, 중장기 투자형인지, 단타 매매에 적합한지를 먼저 확인해야 한다. 승부사적 기질이 충만한 도파민(dopamine)형 유형의 사람들은 단기간에 가시적인 결과를 보고 싶어 하기에 변동성이 심한 고위험상품이나 선물·옵션 투자에 관심을 보이지만, 위험회피형 세로토닌(serotonin) 성격의 사람들은 적금처럼 안정적인, 예를 들면 삼성전자나 애플, 구글 같은 어지간해서는 절대 망할지 않을 만한 대장주에 관심을 보인다. 나 같은 소심한 사람들이 보면 코로나 관련주, 제약, 바이오 등의 급등주만 찾아다니며 투자를 하는 사람들이 제정신인가 싶지만, 어떤 사람들은 1년에 3~4% 수익이 목표라는 나를 보면서 '그럴 거면 뭐하러 주식하냐?'라며 핀잔을 주기도 한다.

자신의 멘탈(mental)이 얼마나 안정적인지 평가가 선행되어야 한다.

대부분의 주식투자자는 비전문가, 일반인이다. 따라서 정확한 예측과 기술로 변수에 대응할 수 없다. 일반인들이 주식을 살 때 의지할 수 있는 기준은 오로지 몇 가지 주워들은 정보, 찌라시, 네이버토론방, 뉴스, 그리고 자신의 멘탈이다. 주식투자를 시작하게 되는 계기가 '다른 사람이 이번에 카카오로 대박이 났다더라, 신풍제약으로 1억 넘게 먹었다더라'하는 질투와 경쟁심이어서는 곤란하다. 주식투자는 친구나 지인과의 승부가 아니다. 감정이 지나치게 앞서면 평소에 이성적이던 사람도, 신용이나 레버리지(leverage)로 무리한 추격매수를 하기도 한다.

또, 현실도피형으로 주식투자를 하는 사람들도 있다. 직장에서나 가정에서 번아웃(burnout)과 매너리즘(mannerism), 우울증을 벗어나고자 새로운 자극을 얻기 위해 투자를 한다. 물론 이들이 도박을 하거나 경마장에 가는 것보다는 건강해 보이지만, 문제는 투자의 규모에 있다. 어지간한 중독자가 아닌 일반인의 경우 도박이나 경마에 수천만원을 베팅하는 사람은 없다. 하지만 주식 투자를 할 땐 보통 적어도 500만원, 1천만원 정도로 시작하는 사람이 많다. 위험에 대한 각성도가 떨어져 있기 때문이다. '다들 이 주식이 괜찮다던데, 설마 이 기업이 망하겠어?'라는 안일한 의식. 자신이 정말 잘 모르는 분야, 사전 조사가 일천한 기업에 그만한 돈을 별 고민 없이 투자할 수 있는 이유는 방심이나 근거 없는 긍정심 때문인데, 이러한 사고는 불안을 인지하고 조절하는 능력이 떨어져 있음에 기인한다. 우울감 혹은 초조감으로 인해 이성적인 뇌가 일시적으로 마비되어 있는 것이다. 따라서 투자를 시작하기 전 반드시 본인이 정서적, 환경적인 스트레스가 심하지는 않은지, 최근에 감정적으로 우울한 일은 없었는지에 대해 평가해 볼 필요가 있다.

ABC는 알고 투자해야 한다.

주식투자에 덤비는 일반인들이 꼭 하는 말이 있다. '꼭 전문가라고 수익률이 높은 건 아니던데? 내 친구는 완전 초보인데 엄청 벌었던데?' 도박이 아닌 투자를 하고 싶다면, 주식은 확률의 싸움이다. 그 확률을 높이기 위해선 공부를 해야 한다. 아니 최소한의 용어는 이해하고 투자를 위한 나름의 포트폴리오, 스토리텔링에 대한 근거는 세워둔 채 투자에 임해야 한다. 유상증자, 무상증자, PBR, PER, 액면분할이나 20일, 60일선 같은 용어에 대해서조차 모른다면 당신은 투자자가 아닌 도박사임을 인정해야 한다.

또한 최소한의 정치와 경제뉴스, 해외 이슈 등은 매일 확인해야 한다. '정부가 부동산 규제를 강하게 하고, 초저금리를 유지하면 코스피는 우상향 할 가능성이 있겠구나.' '트럼프가 무제한으로 달러를 풀고 있으니 환율은 떨어질 거 같고, 원유나 금 같은 안전자산에 관심을 가져야겠다.' '캘리포니아 산불이 몇 주째 지속되고 있으니 농산물 공급이 떨어져 농산물 펀드가 오를 수 있겠구나.' '방탄소년단이 빌보드 1위를 찍으니 빅히트 주식을 많이 갖고 있는 넷마블이 앞으로 현금 확보가 수월해지겠구나.' 실제 결과는 예측할 수 없더라도, 최소한 이 정도의 생각은 하고 투자에 임해야 한다는 것이다. 이런 초보적인 생각조차 없이 오로지 감이나 소문에 휩쓸려 투자를 하는 이들이 너무나도 많다.

손실이 생겼을 때 대응을 미리 정해둬야 한다.

손절가를 반드시 미리 정해두어야 한다. 마이너스(−) 3%, 5% 혹은 10%일지 반드시 알림을 설정해두고 주식투자에 임해야 한다. 또한 손절 후 재매수를 할지, 오히려 물타기를 할지에 대해서도 미리 최소한의 알고리즘(algorithm)을 만들어두어야 한다. 불안과 좌절에 빠진 뇌가 아니라, 평소의 이성적인 뇌가 미리 위기 상황의 행동원칙을 정해두어야 한다는 것이다. 물타기를 하면, 어느 구간에서 얼마만큼씩 분할 매수를 할지, 손절을 할 때는 일괄매도를 할지 1/4씩 분할매도를 할지 등을 계획해두어야 한다. 1~2 %의 하락에는 누구나 이성적으로 대응할 수 있다. 문제는 9시에 장이 열린지 4~5분 만에 10% 이상 폭락을 하는 경우다. 요새는 그런 일이 너무나도 많다. 멘붕에 빠진 상태로 고민을 시작하면 이미 늦다. 대부분 안 좋은 판단을 내리기 때문이다. 손이 떨리고 심장이 하도 뛰어서 매도 주문조차 적시에 못 내는 사람들이 너무 많다.

〈정신의학신문, 2020. 9. 22 수정, 박종석 전문의(구로 연세 봄 정신과)〉

3.3 성장기회와 주식평가모형

미래의 성장가능성이 높은 기업의 주식은 성장가능성이 낮은 기업에 비해 상대적으로 높게 평가될 수 있다. 그 이유는 기업의 미래 성장기회가 현재의 주가에 반영된 결과라 할 수 있다. 지금까지 설명한 배당평가모형과는 다른 관점에서 기업의 성장기회를 분리하여 그 가치를 평가한 후, 그것을 이용하여 주식의 가치를 평가할 수 있다.

성장 없는 주식의 평가모형

기업이 순이익을 모두 배당한다면, 유보비율(retention ratio)은 0이므로 성장률이 0이 된다. 이 경우 주주들은 매년 일정한 주당배당금(=주당순이익)을 받게 된다. 이와 같은 주식의 가치는 다음과 같이 평가될 수 있다.

$$P_0 = \frac{D_1}{r} = \frac{EPS_1}{r} \tag{6-8}$$

여기서 EPS_1: 1년도 말의 주당순이익

성장주식의 평가모형: NPVGO모형

기업이 높은 수익을 얻을 수 있는 투자기회를 가지고 있는 경우, 순이익 중 일부를 유보하여 투자함으로써 성장기회를 가질 수 있다. 이 경우 주식의 가치는 투자의 순현가, 즉 성장기회의 순현가(net present value of the growth opportunity: NPVGO)만큼 증가하게 된다. 즉 새로운 투자안을 선택함으로써 성장기회를 가질 수 있는 기업의 주가는 다음과 같이 나타낼 수 있다.

$$\begin{aligned} P_0 &= \text{성장 없는 주식의 현재가치} + \text{성장기회의 순현가} \\ &= \frac{EPS_1}{r} + NPVGO \end{aligned} \tag{6-9}$$

알 | 아 | 두 | 기

성장기회와 주가

주식투자자들은 모든 방법을 통해서 주가를 예측하려고 한다. 그러나 실제로 주가를 정확하게 예측하는 방법을 개발하는 것은 매우 어려운 일이다. 이와 같은 상황하에서 주식투자에 성공하기 위해서는 주가에 영향을 미칠 수 있는 요인들을 발견하고, 빠른 시간 내에 분석하는 등 부단한 노력을 기울이는 수밖에 없을 것이다. 특히 기업의 성장기회를 포착하는 데 중점을 두어야 한다. 예를 들어 과거 우리나라의 모제약회사가 피부에 부착하는 당뇨병 치료제를 개발하는 데 성공했다는 사실에 의해 그 회사 주가가 상당한 기간 동안 수직 상승한 적이 있다. 이와 같은 주가 상승은 그 회사의 성장가능성을 반영한 것으로 볼 수도 있다.

그리고 외국의 경우에도 애플, 구글, 아마존, 페이스북, 테슬라 등 무한한 성장기회를 가진 주식들의 경우 성장기회를 반영하여 주가가 높게 형성되는 것은 일반적인 현상이다. 이와 같이 높은 성장성을 가진 주식들을 성장주(growth stock or glamour stock)라 한다.

뉴스 속 재무

훌륭한 성장주 기업의 특성 6개

2024년 뉴욕증시 랠리를 이끌어왔던 성장주에 대해서도 옥석 가리기가 필요하다고 성장주 전문 자산운용사인 문로 파트너스가 주장했다. 2024년 7월 25일(현지시간) CNBC에 따르면 문로 파트너스의 최고투자책임자(CIO)이면서 창립자인 닉 그리핀은 2023년부터 주요 기술 기업들이 대체로 좋은 실적을 보였지만, 그들의 성과는 균등하지 않았다면서 이같이 주장했다. 그는 엔비디아(NAS:NVDA), 알파벳 A(NAS:GOOGL), 아마존닷컴(NAS:AMZN), 애플(NAS:AAPL), 메타 플랫폼스(페이스북)(NAS:META), 마이크로소프트(NAS:MSFT), 테슬라(NAS:TSLA) 등 이른바 매그니피센트 7종목이 스탠더드앤드푸어스(S&P) 500의 랠리를 주도해 왔다고 강조했다.

그는 성장주들은 2022년에 매우 어려운 시기를 겪었고 일부 펀드들은 완전히 회복하지 못했다고 덧붙였다. 그는 "우리는 닷컴 붕괴 이후 가장 큰 성장주 붕괴 중 하나를 겪었고 많은 성장주 펀드 매니저들은 이전의 최고치로 돌아가지 못했다"고 지적했다. 그는 성장주 붕괴의 원인으로 가파르게 오른 금리를 지목했다. 그는 금리가 0%에서 5%로 매우 빠르게 올랐고, 자산들이 매우 빠르게 재평가되었다면서 그리고 수많은 군소경쟁자가 자본에 대한 접근을 완전하게 잃었다고 덧붙였다.

성장주 옥석 가리는 6개의 잣대

그는 수많은 성장주 가운데 구조적 수익 성장에 초점을 맞추는 등 승자를 식별하는 방법도 제시했다. 무슨 일이 일어나든 상관없이 수익을 증가시키는 기업들이 승자가 될 것이라는 게 그의 진단이다. 그는 "경제가 어떻게 될지 알아내려고 노력하는 것은 어렵다"면서 "수익 성장 기업을 가려내는 게 돈을 벌 가능성이 더 크다"고 강조했다. 그는 "그래서 경기 사이클과 어느 정도 독립적으로 성장할 수 있는 기업들에 집중하고 있다"면서 "우리는 그들을 이러한 관심 영역이나 테마로 조직한다"고 덧붙였다.

문로 파트너스에 따르면 수익을 두 배로 늘릴 수 있는 훌륭한 성장주 기업의 6가지 특성이 있다. 우선 국내총생산(GDP) 대비 최소 두 배는 되는 매출 성장률을 가지고 있어야 한다. 기업들이 그 성장을 활용할 수 있어야 한다는 점도 감안됐다. 어느 정도의 가격 결정력이나 경쟁 우위가 있어야 한다. 이는 그들의 수익이나 에비타(earnings before interest, taxes, depreciation and Amortization: EBITDA)가 실제로 매출보다 더 빠르게 성장하고 있다는 점을 의미한다. 해당 성장이 장기적으로 지속 가능해야 한다는 점도 기준 가운데 하나다. 주주들의 이익과 매우 부합하는 경영진도 갖춰져야 한다. 구글 트렌드와 리뷰 같은 자료로 입증될 정도로 해당 기업들은 그들의 제품에 대해 놀라운 고객 인식을 가지고 있다.

5년 사이에 수익이 2배 되는 성장주를 찾아라

문로 파트너스의 포트폴리오 매니저인 키랜 무어는 "그래서 우리가 보고 싶은 것은 해당 기업들의 수익이 5년 사이에 두 배가 될 수 있는 잠재력"이라고 강조했다. 그는 "우리의 투자 프로세스는 5년 동안 수익을 두 배로 늘릴 수 있는 주식을 목표로 한다"면서 "이는 그들의 수익이 연간 최소 15% 정도 성장해야 한다는 의미"라고 덧붙였다.

문로 파트너스의 CIO인 그리핀은 현재 고성능 컴퓨팅 분야가 가장 큰 관심사라고 밝혔다. 그는 "오랫동안 우리는 컴퓨터를 더 빠르게 만드는 데 도움을 주는 기업들이 승리할 것이라고 생각해 왔다"

면서 "인간이 이룩한 혁신의 전체 핵심은 빠른 컴퓨터였기 때문"이라고 강조했다. 그는 이런 트렌드를 활용하는 자신의 펀드 가운데 일부 종목을 언급했다. 엔비디아(NAS:NVDA), 서비스나우(NYS:NOW), TSMC(ADR)(NYS:TSM) 등이 이에 해당하는 종목들이다. 이들은 문로 글로벌 그로스 펀드의 상위 10개 종목에도 포함됐다. 그는 대형 성장주를 선호하지만 비싸지 않은 일부 소형주들도 선호한다고 언급했다. 여기에는 핀터레스트(NYS:PINS)와 고대디(NYS:GDDY)도 포함된다. 두 종목 모두 인공지능(AI)의 큰 수혜가 기대된다는 이유에서다.

〈연합인포맥스, 2024. 7. 26〉

예제 6-5 성장주식의 가치

참치통조림을 생산하고 있는 바다식품(주)은 새로운 투자기회를 가지지 못한다면 영구적으로 매년 1억원을 벌 수 있다고 기대된다. 이 기업의 총발행주식수는 100,000주이다. 이 기업은 다음연도에 1천만원이 소요되는 새로운 광고를 계획하고 있다. 이 새로운 광고로 인하여 참치통조림의 수요가 증대되어 광고를 실시한 이후 연도부터 매년 210만원의 영구적인 순이익 증가가 기대된다. 이 주식의 요구수익률은 10%이다.

(1) 새로운 광고를 실시하지 않는 경우, 주가는 얼마인가?

(2) 새로운 광고를 실시하는 경우, 주가는 얼마인가?

해설

(1) 새로운 광고를 실시하지 않는 경우, 성장기회를 가지지 못하게 된다. 이와 같은 성장 없는 주식의 가치를 구하기 위하여 먼저 주당순이익(EPS_1)을 구하면 다음과 같다.

$$EPS_1 = \frac{100,000,000}{100,000} = 1,000\text{원}$$

그러므로

$$P_0 = \frac{EPS_1}{r} = \frac{1,000}{0.1} = 10,000\text{원}$$

(2) 새로운 광고를 실시하는 경우, 성장기회를 가질 수 있다. 이 경우 광고는 1년도 말에 실시되므로 먼저 그 시점에서의 순현가를 구한 후, 다시 현재시점의 가치로 할인하면 성장기회의 순현가 NPVGO를 구할 수 있다.

• 1년도 말에서의 광고의 순현가 $= \dfrac{2,100,000}{0.1} - 10,000,000 = 11,000,000$원

• 현재시점에서의 광고의 순현가 $= \dfrac{11,000,000}{1+0.1} = 10,000,000$원

그러므로 광고의 주당 순현재가치(NPVGO)는 다음과 같다.

$$NPVGO = \frac{10,000,000}{100,000} = 100\text{원}$$

따라서[6]

$$P_0 = \frac{EPS_1}{r} + NPVGO = 10,000 + 100 = 10,100\text{원}$$

알 | 아 | 두 | 기

경제적 부가가치 (economic value added: EVA)

경제적 부가가치(EVA) 개념은 경제학자인 마샬(Alfred Marshall)에 의해서 처음으로 사용된 경제적 이익(economic profit: EP)과 같은 개념이다.[7] 마샬은 1890년에 "기업 소유주 또는 경영자가 얻은 이윤에서 현재 이자율 수준으로 계산된 투하자본(invested capital)에 대한 이자를 차감한 나머지가 기업을 경영함으로써 얻게 되는 이

---

6 배당평가모형에 의해서 직접 구하여도 동일한 결과를 얻을 수 있다. 이에 대한 계산은 감형규, 신용재, Perfect 재무관리 I (유원북스, 2019), p. 122 참조.

7 Stern Stewart & Company는 EVA라는 용어를 사용하는 반면, McKinsey & Company는 EP라는 용어를 주로 사용하고 있다.

익이다"라고 서술하였다.[8] 즉 마샬은 기업이 어느 일정기간 동안 창출한 경제적 이익(EP)은 회계상 기록된 비용뿐만 아니라 투자된 자본에 대한 기회비용까지도 감안한 결과이어야 한다고 역설하였다.

경제적 부가가치는 영업활동을 통하여 얻은 이익에서 영업활동에 투자된 자본(부채 및 자기자본)과 관련된 비용, 즉 자본비용을 차감한 것과 같다.

$$\begin{aligned} EVA &= \text{세후 영업이익} - (\text{세후 이자비용} + \text{자기자본비용(금액)}) \\ &= \text{투하자본} \times (\text{투하자본수익률} - \text{가중평균자본비용}) \end{aligned}$$

$$\text{여기서 투하자본수익률} = \frac{\text{세후 영업이익}}{\text{투하자본}} = \frac{\text{영업이익} \times (1 - \text{법인세율})}{\text{투하자본}}$$

뉴스 속 재무

韓증시 '밸류업'으로 저평가 탈출 시도 … 기업 호응 관건

서울 한국거래소 전경

8 Alfred Marshall, *Principles of Economics*, Vol. 1(New York: Macmillan & Co., 1890), p. 142.

금융당국이 2024년 2월 26일 기업 밸류업 프로그램을 내놓으면서 만성적인 '코리아 디스카운트'(한국 증시 저평가)를 해결하겠다는 의지를 드러냈다. 기업들의 자발적인 기업가치 제고 노력과 주주가치 존중 문화의 확산을 통해 한국 증시를 한 단계 도약시키겠다는 것이다. 기업들의 적극적인 호응과 장기적인 추진 동력 확보가 정책 성패를 가를 것으로 보이지만, 시장 참여를 유인할 인센티브가 기대보다 약하다는 평가도 나온다.

韓증시 규모 세계 13위인데 … 코스피 상장사 66% 장부가치 이하

국내 증시는 지난 십수년간 눈부신 양적 성장을 거듭해 왔지만, 지지부진한 주가 수준을 벗어나진 못했다. 금융위와 거래소에 따르면 2023년 말 기준 한국 증시(코스피 · 코스닥 합산) 시가총액은 2천558조원으로 주요국 13위 수준까지 성장했지만 순자산 또는 순이익 대비 주가 수준은 현저히 뒤떨어진다. 한국 주식시장의 주가순자산비율(PBR)은 2023년 말 기준 1.05배, 10년 평균 1.04배로 집계됐다. PBR 1배 수준이라는 건 순자산의 장부가치 수준에서 주가가 형성됐다는 의미다. 이는 2023년 말 기준 미국(4.55배) 등 선진국 평균(3.10배)에 훨씬 못 미치는 수준일 뿐 아니라 대만(2.41배), 인도(3.73배), 중국(1.13배) 등 신흥국 평균(1.61배) 대비로도 낮은 것이다. 코스피 상장사 526개(65.8%)와 코스닥 상장사 533개(33.8%)의 주가는 장부가보다도 저평가된 PBR 1배 이하를 기록했다.

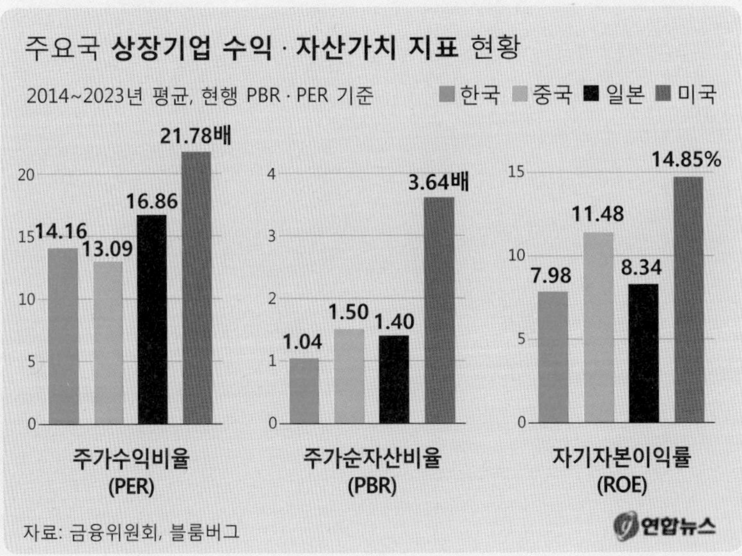

전문가들은 배당 등 미흡한 주주환원 정책과 저조한 수익성, 불투명한 지배구조 등을 '코리아 디스카운트'의 유력 원인으로 꼽아왔다. 금융위는 "경제성장 동력 확보를 위한 자본의 효율적 활용 및 생산성 향상이 긴요한 시점"이라며 "국민 입장에서도 근로소득 이외 자산소득을 통한 안정적 현금흐름 확보 필요성도 커졌다"고 판단했다.

상장사에 자발적인 '밸류업' 요구 … 일본 증시 활황 이어받을까

2024년 2월 26일 발표한 밸류업 프로그램도 국내기업이 자본시장에서 제대로 평가받고, 그 과실을 투자자들과 함께 향유하는 '선순환적 자본시장 구축'을 목표로 했다. 상장사들이 '기업가치 제고 계획'을 자율적으로 수립·이행하고, 이를 유도하기 위해 다양한 세제 방안 등 인센티브를 제공하는 것이 프로그램의 골자다. 기업들에 의무 조항을 주지 않고, 시장 압력에 맡기는 방식을 택한 것도 특징이다. 금융당국은 기업가치 우수 기업들로 구성된 '코리아 밸류업 지수'를 개발하고, 이를 추종하는 상장지수펀드(ETF)를 연내 상장시켜 주주가치 존중 기업이 투자자들의 선택을 받을 수 있도록 할 방침이다.

국민연금 등 '큰 손'들의 투자 판단에 활용될 수 있도록 스튜어드십 코드(기관투자자 행동 지침)에도 '투자 대상 회사의 밸류업 노력을 점검해야 한다'는 취지의 조항을 반영한다. 이는 도쿄거래소의 기업가치 제고 권고 및 그에 따른 일본 증시 호황세를 벤치마크한 것이다. 일본 증시 밸류업 기대감에 엔저 효과 등이 더해지면서 최근 일본 닛케이225 평균주가(닛케이지수)가 역사적 고점을 경신하며 초강세를 보이고 있다. 특히 외국인 투자자들의 대규모 매수세가 증시를 끌어올리고 있다.

이 때문에 우리 증시도 금융위가 연초 업무 계획을 통해 기업 밸류업 프로그램 도입을 시사한 이후 저PBR 업종이 급등하는 등 증시 훈풍에 대한 기대감이 지속돼왔다. 정은보 거래소 이사장은 "우리 증시도 일본처럼 정부의 정책적 노력과 기업의 적극적 참여가 더해진다면 2021년 기록한 사상 최고치를 넘어 국내외 투자자로부터 코리아 프리미엄을 인정받는 기회가 될 수 있을 것"이라고 말했다.

단기 테마 아닌 중장기적 문화돼야 … "이 정도론 변화 어려워" 평가도

핵심은 이번 정부 정책이 '일회성 주주환원'이나 '단기 테마' 성격에 그치지 않고 장기 동력을 확보할 수 있을지다. 중장기적인 문화로 자리매김하기 위해서는 기업들의 광범위한 참여가 필수적이다. 그러나 시장에서는 기업 자율 이행 형식인 데 비해 인센티브가 너무 부족하다는 평가도 나온다. 기업을 움직일 만한 확실한 '당근과 채찍'이 빠졌다는 것이다. 익명을 요구한 한 유관기관 관계자는 "이 정도로는 시장에 변화를 만들어내기 어렵다"며 "구체적인 세제 · 세정 지원은 모범 납세자 선정 같은 내용뿐인데 기업들이 체감할 수 있는 인센티브라고 보기 어렵다"고 말했다. 이경수 하나증권 연구원은 "'밸류업 표창'의 기준으로 목표설정의 적절성, 계획 수립의 충실도, 이행, 주주와의 소통 노력 등을 언급했는데 가장 중요한 향후 추가 이익 및 현금 창출을 위한 노력에 대한 언급은 없다"고 지적했다.

한국기업 특유의 지배구조 개선에 대한 내용이 담기지 않은 것도 한계로 지목됐다. 영국계 헤지펀드 헤르메스의 조너선 파인즈 일본 제외 아시아 수석 포트폴리오 매니저가 최근 "한국에서는 가족이 지배하는 상장기업이 훨씬 더 많고 지배권을 가진 이들은 현재의 규제 환경에서 대단히 많은 경제적 이익을 향유하고 있다"며 "단순히 한국의 지배 패밀리들에게 소액주주를 '착하게' 대하라는 논리는 설득력이 없다"고 꼬집은 바 있다. 기업 거버넌스 문제가 아니라 재무구조가 주로 문제가 됐던 일본 사례와 다르다는 것이다. 황용식 홍익대 경영학과 교수도 "밸류업 프로그램으로 소액투자자, 기관투자자, 외국인 투자자가 유입되면 증시는 오를 것"이라며 "그러나 기업 입장에서는 경영권 방어 측면에서 적극적인 호응을 할 것 같지 않다"고 예상했다. 다만 정부가 '코리아 디스카운트' 해소에 대한 의지를 적극 표명하면서 상승 모멘텀은 당분간 연장될 것이란 낙관론도 여전하다.

일반·소액주주 보호 강화 … ATS 2025년 상반기 출범

금융당국은 한국 증시 저평가 해소를 위해 밸류업 이외에도 다양한 노력을 이어 나간다는 방침이다. 소액주주 권익을 보호하기 위해 이사 책임 강화, 주주총회 내실화, 주식매수청구권 제도 개선 등을 골자로 한 상법 개정도 추진하고 있다. 불법 공매도를 근절하고 자본시장 접근성을 개선하는 방안도 꾸준히 추진하고 있다. 대체거래소(alternative trading system: ATS) 2025년 상반기 출범 등을 통해 시장 간 경쟁을 촉진하고 비상장주식시장의 제도화 방안도 올해 상반기 발표한다. 금융위는 "자본시장 선진화 정책을 다각적으로 추진 중"이라며 "이런 노력을 종합돼 시장 신뢰가 제고되고 주주가치 존중 문화가 정착되면 코리아 디스카운트 해소에 기여할 수 있을 것"이라고 말했다.

〈연합뉴스, 2024. 2. 26 수정〉

PRINCIPAL TERMS

주 | 요 | 용 | 어

자산가치

자산으로부터 발생되는 미래의 기대현금흐름을 그 발생시기와 위험도에 따라 적절하게 할인하여 구한 현재가치의 총합을 의미한다.

채권 (bond)

일정한 기간 동안 정기적으로 약정된 이자를 지급하고 만기일에 원금, 즉 채권의 액면가를 상환할 것을 약속한 증서이다.

순수할인채권 (pure discount bond or zero-coupon bond)

이자를 지급하지 않고 만기일에 원금만을 상환하는 채권이다.

$$PV(\text{순수할인채권}) = \frac{F}{(1+r)^n}$$

확정이자부채권 (level-coupon bond)

만기까지 확정된 액면이자(coupon)를 매기간 말에 지급하고 만기일에는 원금이 상환되는 채권이다.

$$PV(\text{확정이자부채권}) = \frac{C}{1+r} + \frac{C}{(1+r)^2} + \cdots + \frac{C+F}{(1+r)^n}$$

성장 없는 주식의 평가모형

$$P_0 = \frac{D_1}{r}$$

일정성장배당평가모형

$$P_0 = \frac{D_1}{r-g} \quad (\text{단, } r>g)$$

성장주식의 평가모형: NPVGO모형

$$P_0 = \text{성장 없는 주식의 현재가치} + \text{성장기회의 순현가}$$

경제적 부가가치(economic value added: EVA)

기업이 영업활동을 통하여 얻은 이익에서 자본비용을 차감한 것과 같다.

$$EVA = \text{세후 영업이익} - (\text{세후 이자비용} + \text{자기자본비용(금액)})$$

EXERCISES

연 | 습 | 문 | 제

QUESTION I

완성/선택형 문제

01 자산가치는 자산보유에 따른 미래 현금흐름의 크기, 발생시기, (   ) 등 3개의 요인에 의해 결정된다.

02 회계적 지표는 (   )정보를 충분히 반영하고 있지 않으며, 과거지향적이고 근시안적이라는 문제점을 가지고 있다.

03 채권을 발행할 때는 채권의 (   ), (   ) 그리고 (   )의 세 가지가 반드시 표시되어야 한다.

04 일반적으로 배당성장률은 유보비율에 (   )을 곱하여 추정될 수 있다.

05 만기는 5년 후이며, 액면가는 100만원인 순수할인채권의 현재가치는 얼마인가? (단, 시장이자율은 10%이다.)

① 61.23만원 ② 62.09만원 ③ 63.34만원
④ 65.21만원 ⑤ 68.76만원

06 소망주식회사는 액면가 10,000원, 만기 2년 그리고 액면이자율 10%인 사채를 발행하였다. 시장이자율이 8%라면, 이 사채의 발행가격은 얼마인가?

① 9,519.8원 ② 9,623.6원 ③ 10,356.7원
④ 10,423.8원 ⑤ 10,532.5원

07 채권가격과 이자율의 관계에 대한 다음의 설명 중 잘못된 것은?

① 시장이자율이 변동할 때 확정이자부채권보다 순수할인채권의 가격변동 폭이 더 크다.
② 시장이자율이 액면이자율보다 큰 경우 할인발행된다.
③ 시장이자율이 액면이자율보다 작을 경우 할증발행된다.
④ 시장이자율과 액면이자율이 같을 경우 액면발행된다.
⑤ 만기가 짧을수록 시장이자율에 대한 채권가격의 변동 폭이 커진다.

08 연간 액면이자율이 10%인 채권이 있다. 그리고 현재의 시장이자율은 12%로 향후 일정하게 유지될 것으로 예상된다. 1년 후에 이 채권의 가격은 어떻게 되리라고 예상할 수 있는가?

① 지금보다 낮아진다.
② 지금보다 높아진다.
③ 지금과 동일하다.
④ 액면이자의 지급시기에 따라 다르다.
⑤ 1년 후의 채권가격의 변동사항을 알 수 없다.

09 투자자들은 영원주식회사가 매년 주당 2,000원씩의 배당금을 영구적으로 지급할 것으로 기대하고 있다. 만약 투자자들이 이 주식에 대하여 10%의 수익률을 요구한다면, 이 주식의 주당가격은 얼마인가?

① 19,000원 ② 20,000원 ③ 21,000원
④ 22,000원 ⑤ 23,000원

10 청산주식회사는 금년도에 주당 1,000원씩 배당하였다. 이 회사의 배당금은 매년 5%씩 증가해 오고 있으며 이러한 증가율은 앞으로도 계속될 전망이다. 이 주식에 대한 요구수익률이 10%일 경우, 이 주식의 현재가치는 얼마인가?

① 19,000원 ② 20,000원 ③ 21,000원
④ 22,000원 ⑤ 23,000원

11 첨단전자주식회사는 1년도 말부터 4년도 말까지는 주당 1,000원씩 일정하게 배당하고, 그 이후부터는 매년 5%씩 배당금을 계속 증가시키려고 한다. 이 주식의 요구수익률이 10%라면, 이 주식의 현재가치는 얼마인가?

① 17,513원 ② 17,623원 ③ 18,000원
④ 18,256원 ⑤ 19,235원

12 새나라주식회사의 전년도 말 당기순이익은 2억원이었으며, 당기순이익 중 40%를 유보한다. 그리고 이 기업의 과거 자기자본순이익률(ROE)은 16%였으며, 이것은 미래에도 계속될 것으로 예상된다. 새나라주식회사의 현재 발행주식수는 10만주이며, 그 주식의 현재가격은 10,000원이다. 이와 같은 경우 이 주식의 할인율, 즉 요구수익률은 얼마인가?

① 10.1% ② 14.5% ③ 17.3%
④ 19.2% ⑤ 20.4%

QUESTION II

서술/계산형 문제

01 시장이자율과 채권가격 간의 관계를 설명하라.

02 우리나라 주식시장에서 성장기회가 주가에 반영된 사례를 조사하라.

03 (시장이자율과 채권가격)

한라주식회사는 지금 다음과 같은 사채를 발행하려고 한다.

- 액면가: 1,000원
- 만기: 4년
- 액면이자율: 2%

(1) 시장이자율이 2.5%인 경우, 사채의 발행가격은?

(2) 시장이자율이 2%인 경우, 사채의 발행가격은?
(3) 시장이자율이 1.5%인 경우, 사채의 발행가격은?
(4) 시장이자율과 사채의 발행가격 사이의 관계는?

04 (배당평가모형)

현재 고속성장을 하고 있는 가나전자주식회사는 1년도 말에 주당 1,150원을 배당한 후, 그 다음 4년 동안에는 매년 15%씩 그리고 그 이후부터는 매년 10%씩 배당금을 계속 증가시키려고 한다. 이 주식의 요구수익률이 15%라면, 이 주식의 현재가치는 얼마인가?

05 (일정성장배당평가모형)

한샘가구(주)는 올해 초 주당 100원씩 배당을 지급하였다. 그리고 배당금은 앞으로 3년 동안 연 14%씩 증가하며, 그 이후부터는 영구적으로 5%씩 증가한다고 기대된다. 이 주식의 적절한 할인율은 15%이다. 이 주식의 가격은 얼마인가?

06 (성장기회와 주식가치)

오디오를 생산하고 있는 소리전자(주)는 당해연도 말 5억원의 순이익을 기대하고 있다. 이 회사가 새로운 투자를 하지 않는다면, 순이익은 매년 3%씩 증가될 것이다. 이 회사는 지금 비디오사업을 고려중이다. 이 사업의 투자비용 10억원을 지금 즉시 지출하여야 하나, 그 이익은 1년 후부터 발생하기 시작한다. 이 사업을 실시하는 경우 추가적인 3억 2천만원의 이익을 얻을 수 있으며, 이것도 역시 매년 3%씩 증가할 것이다. 기업의 할인율은 13%이고, 이 회사의 현재 발행주식수는 20만주이다.
(1) 비디오사업에 진출하지 않을 경우, 소리전자(주)의 주당 주식가격은 얼마인가?
(2) 비디오사업으로 인하여 발생하는 성장기회의 가치는 얼마인가?
(3) 비디오사업에 진출하는 경우, 소리전자(주)의 주당 주식가격은 얼마인가?

제3편

자본조달결정과 M&A

FINANCIAL MANAGEMENT

제 7 장

기업의 자본조달과 자본비용

1. 기업의 자본조달
2. 자본비용

자본비용은 기업이 자본(자기자본 또는 부채)을 사용한 대가로 자본제공자(주주 또는 채권자)에게 지급해야 하는 비용이다.

Financial Management

자본비용은 투자안 평가의 기준이 되며, 자본조달결정의 판단기준이 되기 때문에 기업의 재무의사결정에 있어 가장 중요한 요인이라 할 수 있다. 기업의 자본비용은 기업전체에 대한 자본비용 또는 요구수익률로서 가중평균자본비용(weighted average cost of capital: WACC)을 의미하며, 다양한 자본조달원천으로부터 발생되는 원천별 자본비용(예를 들어 자기자본비용, 부채비용 등)을 가중평균한 것이다. 본장에서는 먼저 기업의 자본조달 방법에 대해서 설명한 후, 투자결정에 있어 중요한 개념인 WACC에 대해서 설명하고자 한다.

학습목표

1. 기업의 자본조달수단인 보통주, 사채, 우선주에 대해서 알아본다.
2. 자본비용의 개념을 이해한다,
3. 원천별 자본비용과 가중평균자본비용의 측정방법을 학습한다.

1. 기업의 자본조달

기업의 자본조달 방법으로는 보통주의 추가발행을 위한 유상증자나 사채 또는 우선주의 발행, 은행에서의 장기차입, 리스 등의 외부금융(external financing)을 이용하는 방법과, 순이익의 일부를 사내에 유보하여 적립된 잉여금 등의 내부금융(internal financing)을 이용하는 방법이 있다. 여기서는 기업의 가장 기본적인 장기자본조달수단인 보통주, 사채, 우선주 등에 대하여 살펴보고자 한다.

1.1 보통주

보통주(common stock)는 주식회사가 출자의 증거로 주주에게 발행한 증권을 뜻하며, 보통주 주주는 그 기업의 실질적 주인으로서 상법과 해당기업의 정관이 정한 권리 · 의무의 주체가 된다. 보통주의 주주는 기업의 소유주이므로 경영참가권 및 이익분배권을 갖고 있는 반면, 그 기업의 위험을 출자한도 내에서 부담해야 한다. 보통주의 주주는 기업경영에 직접 참가할 임원을 선출하는 의결권을 가짐으로써 기업경영에 간접적으로 참가하게 된다. 그러나 오늘날 대기업에서는 주주의 수가 매우 많으며, 또한 지리적으로도 분산되어 있기 때문에 소액주주들은 이러한 권리를 실제로 행사하는 기회가 거의 없으며, 배당과 주식매매에 의한 자본이득에만 관심을 가지는 실정이다.[1]

보통주는 주권에 액면가격이 표시되어 있느냐에 따라 액면주식(par value stock)과 무액면주식(no-par value stock)으로 구분되며, 주권에 주식소유자의 이름이 명시되어 있느냐의 여부에 따라 기명주식과 무기명주식으로 구분된다. 우리나라에서는 액면가 100원 이상의 액면주식을 발행하도록 하고 있다. 또한 우리나라에서는 기명주식의 발행을 원칙으로 하고 있으나, 무기명주식의 경우 정관에 규정한 경우에 한하여 발행할 수 있고 무기명주식을 발행한

1 우리나라의 경우 대주주의 전횡에 제동을 걸고 소액주주들의 권한을 되찾기 위해 참여연대 등 시민단체가 나서고 있으며, 이와 같은 현실을 반영하여 최근 소액주주들의 권한을 강화하는 방향으로 관련법의 개정이 진행되고 있다.

경우에는 권리행사자를 확정하기 위하여 그 주권을 회사에 공탁하도록 되어 있다.[2]

보통주에 의해 기업이 자금을 조달할 경우 다음과 같은 장·단점이 있다. 보통주의 장점은 다음과 같다.

첫째, 보통주는 회사채나 차입금에 대한 이자와 같은 고정적인 재무비용을 발생시키지 않는다. 보통주에 대한 배당은 이익이 발생할 경우 지급할 수 있지만, 반드시 지급하여야 하는 의무규정은 없다.

둘째, 보통주는 상환부담이 없는 영구자본으로서 안정적인 장기자금을 조달하는 수단이다.

셋째, 보통주로 조달한 자본은 자기자본에 속하므로 기업의 재무구조를 개선시키며 기업의 대외신용도와 차입능력을 증가시킨다.

그러나 보통주 발행에 의한 자본조달은 다음과 같은 단점도 갖고 있다.

첫째, 보통주 발행으로 인하여 기업의 소유권과 경영통제에 영향을 받을 수 있다.

둘째, 이자지급액은 세법상 비용으로 인정되어 법인세 절감효과를 얻을 수 있는 반면, 보통주의 배당금은 법인세 절감효과가 없다. 그러므로 일반적으로 보통주의 자본비용은 부채의 자본비용보다 높게 나타난다.

셋째, 일반적으로 보통주는 다수의 투자자를 대상으로 주주를 모집하기 때문에 그 발행비용은 부채의 발행비용보다 높게 나타난다.

1.2 사 채

사채(corporate bond)는 주식회사가 일반투자자로부터 비교적 장기간에 필요한 거액의 자금을 집단적·공개적으로 조달하기 위하여 발행하는 채무증서로서, 계약에 따라 일정한 이자를 지급하고 만기에 원금을 상환하기로 약속한 것이다. 사채를 나타내는 채무증서, 즉 사채권은 사채의 액면가(face value), 액면이자율(coupon rate), 만기(maturity)를 반드시 표시하도록 되어 있다.

2 현실적으로 상장주식의 경우에 대부분의 주식은 주주가 주권을 직접 소유하기보다는 한국예탁결제원에 집중 예탁되어 있으며, 일반투자자가 주식을 매입하면 한국예탁결제원에서 자동으로 명의개서가 이루어진다.

사채발행을 통하여 조달된 자금은 재무상태표의 대변에 비유동부채(타인자본)로 계상된다. 따라서 기업이 사채를 발행하는 경우 주주의 소유권 또는 경영권에 영향을 주지 않으면서 거액의 장기성 자금을 일시에 조달할 수 있다. 또한 사채의 이자비용은 세법상 비용으로 인정되어 법인세 절감효과를 얻을 수 있다는 점에서 보통주 또는 우선주에 비해 비용면에서 유리하다. 그러나 사채의 과도한 발행은 기업이 이자지급 및 원금상환 등 재무적 의무를 다하지 못할 가능성을 증가시켜 기업을 재무적 곤경에 빠뜨릴 수 있다. 또한 기업이 사채를 발행할 때 사채권자와 까다로운 사채약정을 체결하여야 하는데, 이는 기업의 경영활동을 제약하는 요인이 된다.[3]

알 | 아 | 두 | 기

부채와 기업위험

IMF로부터 구제금융을 받기 몇 개월 전인 1997년 3월 20일자 조선일보기사 중 '빚더미 경영은 망한다'라는 제목하에서 우리나라 기업들의 취약한 재무구조를 비판한 적이 있다. 그 기사에 따르면 그 당시 이미 파산한 한보철강, 삼미그룹뿐만 아니라 그 이후에 파산한 한일그룹, 한라그룹, 뉴코아, 진로그룹 등의 자기자본비율이 10% 미만인 것으로 나타났다. 이와 같이 부채를 많이 사용하는 레버리지(leverage)가 높은 기업들의 경우 불황이 심화되면, 매출은 감소하는 반면 고정적으로 지출해야 하는 금융비용은 눈덩이처럼 불어나기 때문에 파산하는 것이 어떻게 보면 너무나 당연한 결과라 할 수 있을 것이다. 따라서 기업이 불황에 생존하기 위해서는 사전에 과도한 부채를 적정수준으로 조정하는 등의 지속적인 구조조정이 필연적이라 하겠다.

3 사채약정의 내용에는 일반적으로 사채권자를 보호하기 위하여 배당지급의 제한, 감채기금의 규정 및 일정수준의 유동성 유지 등이 포함된다.

1.3 우선주

우선주(preferred stock)는 배당 및 잔여재산분배에 있어서 그 청구권리가 보통주에 우선하는 주식을 말한다. 우선주에 의해 조달된 자본은 법적으로 자기자본을 형성하나 실질적으로 거의 타인자본(부채)과 유사한 성격을 갖는다. 왜냐하면 기업은 우선주 발행시 예정배당률을 미리 정하기 때문에 기업의 이익상태가 호전된다 하더라도 약속된 배당률 이상은 지급하지 않는다. 따라서 우선주의 배당은 고정재무비용인 채권의 이자와 그 성격이 유사하다. 그리고 기업정리 및 파산시에도 잔여재산분배의 청구는 우선주의 액면가에 한하도록 되어 있기 때문에 보통주와는 근본적으로 성격이 다르고 오히려 사채와 유사하다고 할 수 있다. 그러나 우선주가 사채와 다른 점은 우선주는 법적으로 자기자본을 형성하고, 약속된 배당률을 지급하지 않아도 법적 책임을 부담하지 않으며, 이익배당 및 잔여재산분배 청구가 사채보다 후순위라는 것이다.

우선주는 약속된 배당을 지급하지 못하는 경우 미지급된 배당금을 다음 해에 누적시켜 지급하는 누적적 우선주(cumulative preferred stock)와 당해연도에 미지급된 배당을 다음 해에 누적시켜 지급하지 않는 비누적적 우선주(non-cumulative preferred stock)가 있다. 또한 우선주는 이익분배에 참가하느냐에 따라 참가적 우선주(participating preferred stock)와 비참가적 우선주(non-participating preferred stock)로 구분된다. 그리고 일정한 기간에 일정한 가격으로 우선주를 보통주로 전환할 수 있는 옵션(option)을 부여한 전환우선주(convertible preferred stock), 기업의 자금사정에 따라 기업이 상환할 수 있는 수의상환우선주(callable preferred stock) 등이 있다.

기업의 입장에서 우선주를 발행하여 얻을 수 있는 장점은 다음과 같다.

첫째, 우선주는 사채의 이자와는 달리 당기에 배당을 지급하지 않더라도 파산상태에 이르지 않는다.

둘째, 우선주는 일반적으로 의결권이 주어지지 않는 무의결권주이기 때문에 보통주 주주들이 경영권의 침해를 받지 않는다.

셋째, 일반적으로 우선주는 보통주와 마찬가지로 만기가 없는 영구자본으로서 기업의 재무구조를 건전하게 한다.

그러나 기업의 입장에서 볼 때 사채에 비해 우선주는 자본비용이 높다는 단점을 가지고 있다. 사채의 이자는 세금절감효과가 있으나 우선주의 배당은 납세 후 순이익에서 지급되므로 세후기준으로 볼 때 우선주의 자본비용은 사채의 자본비용보다 높은 것이 일반적이다. 또한 우선주는 잔여재산 또는 이익분배에 대한 청구권에 있어 사채보다 그 순위가 늦기 때문에 그것에 대한 보상차원에서 일반적으로 기업은 사채이자에 비해 우선주배당을 높게 한다. 따라서 사채보다 우선주의 자본비용이 높다고 할 수 있다.

뉴스 속 재무

기업 직접금융조달 30% 늘었다

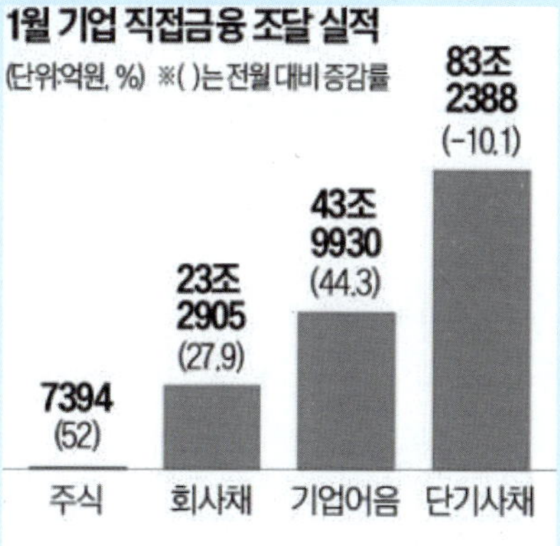

2025년 2월 국내 기업들이 주식과 회사채 등을 발행해 조달한 자금이 2024년 12월보다 30% 가까이 증가했다. LG CNS 상장과 회사채 시장의 연초 효과 영향이 컸다. 2025년 2월 25일 금융감독원이 발표한 '2025년 1월 중 기업의 직접금융 조달 실적'에 따르면 기업이 발행한 주식·회사채 공모 발행금액은 24조299억원으로 전월 대비 5조3,315억원(28.5%) 늘었다. 주식 발행규모는 7,394억원으로 전월 대비 발행규모가 52.0% 증가했다. LG CNS 등 기업공개(initial public offering: IPO)를 통한 조달(7,289억원)이 대부분이었다. 유상증자는 대규모 거래 부재로 전월 대비 96.4% 줄어든 105억원을 기록했다.

회사채 발행규모는 23조2,905억원으로 전월 대비 27.9% 증가했다. 금리인하에 대한 기대감과 함께 2025년 초에 기관들의 자금집행이 시작되면서 일반회사채를 중심으로 발행규모가 늘었다. 일반회사채 발행금액은 8조4,010억원으로 전월 대비 439.0% 증가했다. 매년 초에 발행된 회사채의 만기가 연초에 집중되는 경향이 있어 채무상환 자금 용도의 발행이 크게 증가하는 경향이 있다. 연초 회사채 시장이 활기를 띠면서 신용등급이 'A등급' 및 'BBB등급' 이하 회사채의 발행도 비교적 활발하게 이뤄졌다. 금융채는 13조

8,250억원으로 전월 대비 12.4% 감소했고 자산유동화증권(asset-backed securities: ABS)는 1조 645억원으로 전월 대비 21.9% 늘었다.

기업어음(commercial paper: CP) · 단기사채 발행액은 127조2,318억원으로 전월 대비 3.4% 증가했다. CP 발행금액은 43조9,930억원으로 전월 대비 44.3% 증가했고 단기사채는 83조2,388억원으로 같은 기간 10.1% 감소했다. CP와 단기사채 잔액은 각각 213조7,241억원, 70조7,000억원이다.

〈한국경제, 2025. 3. 3 수정〉

2. 자본비용

2.1 자본비용의 의의

기업이 투자에 필요한 자금을 조달하는 방법에는 크게 주식(보통주 또는 우선주)을 발행하거나 사내유보이익을 통해 자금을 조달하는 방법, 즉 자기자본을 이용하는 방법과 은행 등 금융기관으로부터 차입하거나 채권을 발행하여 자금을 조달하는 방법, 즉 타인자본(부채)을 이용하는 방법이 있다. 자본비용은 기업이 자본을 사용한 대가로 자본제공자(주주 또는 채권자)에게 지급해야 하는 비용이다. 이 경우 자본비용은 자본제공자가 자본시장에서 유사한 위험을 가진 증권에 투자할 때 기대할 수 있는 수익률, 즉 기회비용이라 할 수 있다.

자본제공자인 주주 또는 채권자의 입장에서 자본비용을 기대수익률(expected return), 요구수익률(required rate of return), 최저필수수익률이라고도 하며, 자본비용은 미래 현금흐름을 할인하여 자산 또는 자본의 현재가치를 환산하는데 이용되기 때문에 자본환원율(capitalization rate), 할인율(discount rate)이라고도 한다.

자본비용은 투자안 평가의 기준이 되며, 자본조달결정의 판단기준(자본조

알 | 아 | 두 | 기

평균자본비용과 한계자본비용

평균자본비용(average cost of capital)은 기업이 현재 보유하고 있는 총자본에 대한 평균적인 조달비용이며, 한계자본비용(marginal cost of capital)은 기업이 추가적으로 조달하는 자본에 대한 조달비용을 의미한다.

투자결정 등은 미래에 대한 의사결정이다. 따라서 투자결정시 목적적합한 자본비용은 기존에 이미 투자된 자본에 대한 평균적인 자본비용이 아니라 추가로 조달하여 투자할 자본에 대한 자본비용일 것이다. 그러므로 투자결정 등에 사용될 자본비용은 한계자본비용 개념으로 측정되어야 함을 유의하여야 한다.

달비용의 최소화)이 되기 때문에 기업의 재무의사결정(투자결정과 자본조달결정 등)에 있어 가장 중요한 요인이라 할 수 있다. 기업은 투자를 위해서 다양한 원천으로부터 자금을 조달하며, 기업의 자본비용은 자본조달방법과 자본제공자가 요구하게 되는 수익률에 따라 달라질 수 있다.

2.2 원천별 자본비용

보통주의 자본비용

보통주의 자본비용은 기업이 보통주를 발행하여 자본을 조달할 때 발생되는 비용, 즉 주주들이 요구하는 수익률로서 이를 정확하게 측정하기는 어렵다.[4] 일반적으로 보통주의 자본비용은 CAPM 또는 배당평가모형 중 일정성장배당평가모형을 이용하여 측정된다.[5]

4 유보이익은 주주에게 배당으로 지급하는 대신 투자를 위해 유보시킨 것이므로 주주들은 유보이익에 대해서도 보통주와 동일한 수익률을 요구하게 된다. 따라서 유보이익의 자본비용과 보통주의 자본비용은 동일하다고 할 수 있다.

5 CAPM 또는 일정성장배당평가모형 등은 엄격한 가정하에서 도출된 모형이다. 따라서 이와 같은 모형을 이용하여 추정된 보통주의 자본비용은 실제 자본비용과 다소 차이가 날 수 있음을 유의하여야 한다.

■ CAPM을 이용한 보통주 자본비용의 추정

CAPM에 의해 산출되는 주식의 기대수익률은 자본시장의 균형하에서 투자자가 그 주식에 대해서 요구하는 수익률로 보통주의 자본비용이 된다. 그러므로 제5장에서 설명한 증권시장선(SML)을 이용하여 보통주의 자본비용 r_S를 산출하는 식을 나타내면 다음과 같다.

$$r_S = r_f + [E(r_M) - r_f]\beta_S \tag{7-1}$$

여기서 r_f: 무위험이자율

$E(r_M)$: 시장의 기대수익률

$$\beta_S = \frac{Cov(r_S,\ r_M)}{Var(r_M)}$$

식 (7-1)에서 체계적 위험을 나타내는 보통주 베타 β_S는 근본적으로 투자안의 미래 수익률자료에 의해서 추정되어야 한다. 그러나 현실적으로 투자안의 미래 수익률자료를 얻기란 매우 어려운 일이다. 이와 같은 경우 그 주식의 과거 수익률자료(표본)를 이용하여 추정할 수 있다.

그러나 새로운 투자안일 경우에는 과거 수익률자료도 존재하지 않을 것이다. 이와 같은 경우 일반적으로 투자안과 동일한 위험을 가지고 있다고 생각되는 대용기업(proxy company)을 선정한 후, 그 기업의 과거 수익률자료에 의해서 베타계수를 측정하여 그것을 사용하기도 한다. 그러나 이 경우 상당한 측정오차가 발생할 수 있는데, 이 문제는 동종 산업에 속해 있는 기업들의 평균베타계수를 사용함으로써 어느 정도 완화될 수 있다.

예제 7-1 CAPM을 이용한 보통주 자본비용의 추정

(주)부산의 주식(보통주) 베타는 1.5이다. 무위험이자율이 6%이고, 시장의 기대수익률이 12%라면 (주)부산의 보통주 자본비용은 얼마인가?

해설

$r_S = r_f + [E(r_M) - r_f]\beta_S = 0.06 + (0.12 - 0.06) \times 1.5 = 0.15$ (또는 15%)

■ 일정성장배당평가모형을 이용한 보통주 자본비용의 추정

제6장에서 설명한 바와 같이 일정한 비율로 성장하는 주식의 가치를 평가하는 식, 즉 일정성장배당평가모형은 다음과 같다.

$$P_0 = \frac{D_1}{r-g} \tag{7-2}$$

식 (7-2)에서 현재의 주가 P_0를 알고 있다면, 보통주의 자본비용 r_S를 다음과 같이 구할 수 있을 것이다.

$$r_S = \frac{D_1}{P_0} + g \tag{7-3}$$

여기서 P_0 : 현재의 주식가격
D_1 : 1년도 말의 예상 주당배당금
g : 성장률(유보비율×투자수익률)

예제 7-2 일정성장배당평가모형에 의한 보통주 자본비용의 추정

(주)광주는 전년도 말 보통주에 대하여 주당 1,000원을 배당하였으며, 배당금은 매년 5%씩 증가될 것으로 기대된다. (주)광주의 현재 주가는 20,000원이다. (주)광주의 보통주 자본비용을 추정하라.

해설

$$r_S = \frac{D_1}{P_0} + g = \frac{1,000(1+0.05)}{20,000} + 0.05 = 0.1025 \text{ (또는 10.25\%)}$$

부채와 우선주의 자본비용

일정한 배당을 우선적으로 지급하는 우선주의 경우 원칙적으로 자기자본에 속하나, 보통주 주주의 입장에서는 타인자본의 성격을 띤다고 볼 수 있다. 따라서 부채와 우선주의 자본비용은 유사한 방법으로 산출될 수 있다.

■ 부채의 자본비용

부채의 자본비용은 기업이 부채를 사용할 때 지급해야 하는 대가, 즉 이자율이라 할 수 있다. 부채의 자본비용 r_B는 다음과 같이 측정될 수 있다.

$$r_B = \frac{\text{이자비용}}{\text{부채의 가치}} \qquad (7\text{-}4)$$

일반적으로 기업이 발행한 사채의 유통수익률(만기수익률)은 그 기업의 경영위험과 재무위험에 따라 시장에서 형성되는 실세금리라 할 수 있다. 따라서 사채의 유통수익률을 부채의 자본비용으로 활용하는 것이 합리적일 것이다.

■ 우선주의 자본비용

우선주의 자본비용도 부채의 자본비용과 유사한 방법으로 우선주의 주당배당금을 주가로 나누어 구할 수 있다.

$$r_P = \frac{\text{우선주의 주당배당금}}{\text{우선주의 가격}} \qquad (7\text{-}5)$$

2.3 가중평균자본비용

일반적으로 자본비용이라 함은 원천별 자본비용을 가중평균하여 구한 가중평균자본비용(WACC)을 의미한다. 기업의 자본이 보통주, 우선주, 부채 등으로 조달된다면, WACC는 다음과 같이 계산된다.

$$WACC = \left(\frac{S}{S+P+B}\right) r_S + \left(\frac{P}{S+P+B}\right) r_P + \left(\frac{B}{S+P+B}\right) r_B (1 - T_C) \qquad (7\text{-}6)$$

여기서 S: 보통주의 현재가치
P: 우선주의 현재가치
B: 부채의 가치
T_C: 법인세율

이자비용의 경우 과세소득을 감소시켜 법인세를 줄여 주므로 기업의 입장에서는 그만큼의 세금절감효과를 얻을 수 있다. 그러므로 식 (7-6)에서 이자비용의 세금절감효과를 반영하기 위해서, 부채의 자본비용에 「1 − 법인세율」을 곱하였음을 유의해야 한다. 그리고 식 (7-6)에서 WACC를 계산할 때 가중치로서 사용되는 자본의 구성비율은 시장가치로 산출되어야 한다.

예제 7-3 WACC의 측정

주식과 채권을 발행하여 자본을 조달하고 있는 (주)인천의 주식과 채권에 관한 자료는 다음과 같다.

- 주식(보통주): 총발행주식수 = 100만주, 주가 = 20,000원, 베타 = 1.2
- 채권: 액면가액 = 100억원, 시장가치 = 95억원, 유통수익률 = 10%

무위험이자율은 8%, 시장의 위험프리미엄(시장의 기대수익률−무위험이자율)은 5%, 법인세율은 40%일 경우 (주)인천의 가중평균자본비용을 산출하라.

해설

먼저 주식과 채권의 자본비용을 추정하면 다음과 같다.

- $r_S = r_f + [E(r_M) - r_f]\beta_S = 0.08 + 0.05 \times 1.2 = 0.14$
- r_B = 유통수익률 = 0.1

그리고 자기자본(보통주)과 타인자본(채권)의 가치를 다음과 같이 산출할 수 있다.

- 자기자본의 가치 = 주가 × 총발행주식수 = 20,000원 × 100만주 = 200억원
- 타인자본의 가치 = 채권의 시장가치 = 95억원

이상의 결과를 이용하여 (주)인천의 가중평균자본비용을 구하면 다음과 같다.

$$WACC = \left(\frac{200}{200+95}\right)(0.14) + \left(\frac{95}{200+95}\right)(0.10)(1-0.4) = 0.1142$$

즉 (주)인천의 가중평균자본비용은 11.42%이다.

2.4 기업의 자본비용과 투자안의 자본비용

기업이 기존의 사업과 전혀 다른 새로운 사업을 시작하는 경우, 새로운 사업에 대한 체계적 위험은 기존 기업의 체계적 위험과 다를 것이다. 이와 같은 경우에 기존 기업의 자본비용을 사용하여 투자안을 평가한다면, 잘못된 평가 결과가 나올 수 있다. 기존 기업의 자본비용에 의해서 투자안을 평가하는 경우, 위험이 낮은 투자안은 기각되는 반면에 위험이 높은 투자안은 채택될 가능성이 커진다. 예를 들어 만약 기업의 자본비용으로 투자안을 평가한다면, [그림 7-1]에서 볼 수 있는 바와 같이 투자안 A와 B는 그 기대수익률이 기업

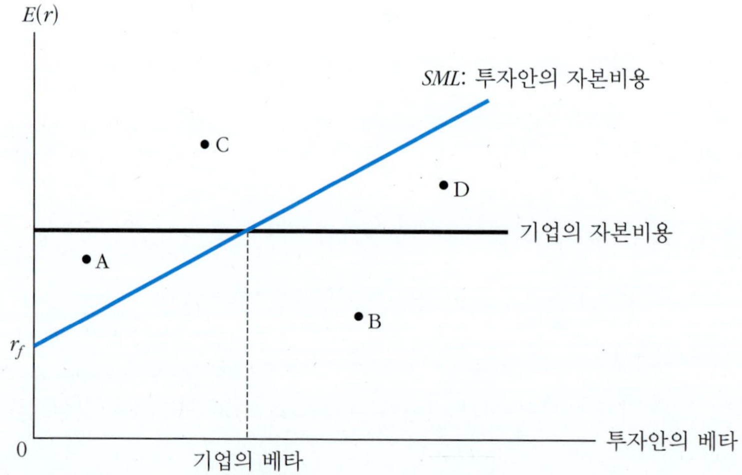

그림 7-1 기업의 자본비용과 투자안의 자본비용

의 자본비용보다 낮기 때문에 기각되나, 투자안 C와 D는 그 기대수익률이 기업의 자본비용보다 더 높기 때문에 채택된다. 그러나 이와 같은 평가결과는 각 투자안의 위험을 정확히 반영한 것이 아니기 때문에 잘못된 평가결과라 할 수 있다.

투자안의 자본비용은 반드시 그 투자안 자체의 체계적 위험에 의해서 측정되어야 한다. 기업의 자본비용이 아닌 투자안의 자본비용에 의해서 평가한다면, 투자안의 자본비용을 나타내는 증권시장선 위에 있는 투자안 A와 C를 채택하고, 증권시장선 아래에 있는 투자안 B와 D는 기각되어야 한다. 결론적으로 기존 기업의 위험과 투자안의 위험이 다를 경우, 투자안의 자본비용으로서 기업의 자본비용을 사용할 수 없다.

예제 7-4 **투자안의 자본비용**

가정용 청소기구를 생산하고 있는 청결주식회사의 주식베타는 1.3이다. 이 회사는 현재 부채를 사용하고 있지 않으며, 앞으로도 부채를 사용하지 않을 예정이다. 이 회사는 현재 주방기구를 생산하는 새로운 투자안을 고려하고 있다. 새로운 투자안의 베타는 이 회사의 기존의 주식베타보다 약간 높은 1.5로 추정된다. 새로운 투자안의 적절한 할인율은 얼마인가? (단, 무위험이자율과 시장의 기대수익률은 각각 7%, 10%으로 예상된다.)

해설

$$r_S = r_f + [E(r_M) - r_f]\beta_S = 0.07 + (0.10 - 0.07)(1.5) = 0.115 \text{ (또는 11.5\%)}$$

알 | 아 | 두 | 기

▌레버리지와 기업위험

레버리지(leverage)는 지레장치 또는 지렛대 작용을 의미하는 개념으로 이용되고 있다. 지레장치는 힘들이지 않고 무거운 물건을 끌어올리는 데 이용되는 도구를 말한다. 지렛대의 원리를 이용하면 무거운 물건을 힘들이지 않고 쉽게 들어올릴 수 있다. 이와 같은 지렛대의 원리가 기업경영에도 적용된다. 기업경영에서 지레장치의 역할을 하는 것이 고정영업비용과 고정재무비용이다. 총비용 중에서 고정영업비용이 차지하는 비중을 높게 조정함으로써 매출액의 변화에 따라 그보다 높은 비율로 영업이익이 변화하는 효과를 얻을 수 있으며, 고정재무비용의 비중을 높게 조정함으로써 영업이익의 변화에 따라 주당순이익이 그보다 높은 비율로 변화하는 효과를 얻을 수 있다. 이와 같이 고정영업비용과 고정재무비용이 지렛대 작용을 하기 때문에 매출액이 작은 비율로 변동하더라도 영업이익이나 주당순이익이 그보다 높은 비율로 변동하는 현상이 일어나는데, 이와 같은 효과를 레버리지효과라고 한다.

레버리지는 영업레버리지와 재무레버리지로 구분된다. 영업레버리지(operating leverage)는 총비용 중에서 고정영업비용이 차지하는 비중으로 측정되며, 고정영업비용이 발생되는 비유동자산을 이용하는 것을 의미한다. 그리고 재무레버리지(financial leverage)는 총비용 중에서 고정재무비용(이자비용 등)이 차지하는 비중으로 측정되며, 고정재무비용이 발생되는 부채를 이용하는 것을 의미한다. 한편 레버리지는 총비용 중에서 고정영업비용과 고정재무비용이 차지하는 비중으로 측정될 수 있다.

기업이 경영활동을 수행하는 과정에서 직면하는 기업위험은 경영위험과 재무위험으로 구분된다. 경영위험(business risk)은 경제환경 변화에 따라 예상 밖으로 영업이익이 줄어들 수 있는 가능성을 의미한다. 경영위험을 결정하는 가장 중요한 요인은 영업비용 중에서 고정영업비용이 차지하는 비중, 즉 영업비용의 구조이다. 투자정책이나 영업정책의 결정시 고정영업비용의 비중을 높일수록 매출액의 변화에 따라 영업이익의 변동성이 커지기 때문이다. 예를 들어 자동차, 철강, 석유화학 등과 같은 자본집약적 산업은 비유동자산의 비중이 높기 때문에 경영위험이 높은 특성을 보이고 있다. 재무위험(financial risk)은 자본조달정책 결정시 이자비용을 발생시키는 부채를 이용할 때 나타나는 위험을 의미한다. 부채의존도가 높을수록 이자비용의 비중이 증가하기 때문에 영업이익이 감소할 때 순이익이 그보다 높은 비율로 줄어드는 재무위험이 발생된다. 따라서 업종에 관계없이 부채를 많이 사용하는 기업일수록 재무위험이 높아진다.

뉴스 속 재무

"핵심 자본비용 분석 빠져" 2% 부족한 '밸류업 공시'

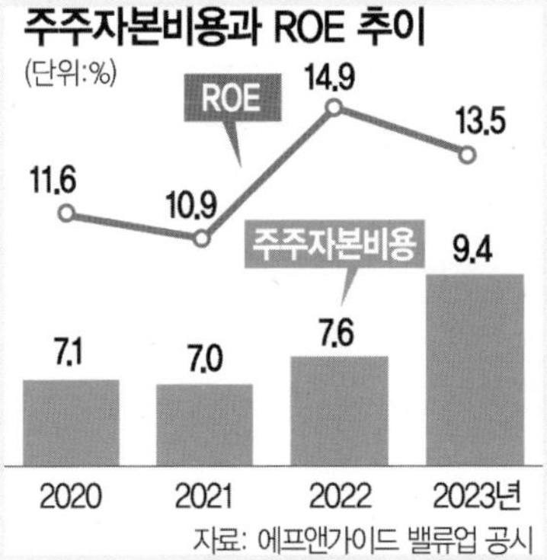

키움증권, 에프앤가이드 등의 상장사들이 경쟁적으로 밸류업 공시를 내놨지만 핵심인 주주자본비용(cost of equity: COE) 분석은 빠뜨렸다는 지적이 나온다. 대신 배당이나 자사주 매입·소각 등 주주환원 계획만 제시하는 데 그쳐 시장 실망만 키웠다는 분석이다. 업계에서는 진정한 밸류업을 위해서는 자본비용을 먼저 제시하고 이를 통해 주주환원 또는 투자 계획을 설명해야 한다고 조언한다.

2024년 6월 3일 금융투자업계에 따르면 전문가들은 밸류업 공시의 핵심 지표로 자본비용을 꼽으면서 이를 바탕으로 한 기업가치 제고 계획이 필요하다고 지적하고 있다. 투자자들이 COE와 자기자본이익률(return on equity: ROE)을 구체적으로 비교할 수 있어야 정확하게 판단이 가능하기 때문이다. COE는 회사가 주주로부터 자금을 조달받을 때 드는 비용으로, 투자자 입장에선 기대 수익률에 해당한다. ROE가 COE보다 높으면 사내유보를 통해 새로운 사업에 투자하는 것이 이익이지만, COE가 더 높다면 배당이나 자사주 매입·소각 등 주주환원을 하는 것이 유리하다. 앞서 밸류업 공시를 낸 키움증권은 자본비용 분석이 제외됐다.

국내 기업들에 대한 주주환원 요구가 커진 건 국내 기업들이 마땅한 투자 계획도 없이 현금만 쌓아두고 있었기 때문이다. 자본시장연구원에 따르면 2014-2021년 한국 기업의 평균 ROE는 7.54%로 선진국(9.5%)이나 신흥국(11.39%)보다 낮다. 국내 기업 3곳 중 2곳은 ROE가 자본비용보다 낮다는 연구 결과도 있다. 적절한 투자나 자산 효율화 등을 통해 ROE를 높이는 것도 코리아 디스카운트를 해소할 수 있는 방안이라는 것이다.

투자업계에선 주주환원 자체를 목적으로 할 것이 아니라 자본비용을 먼저 제시하고 이를 통해 주주환원 또는 투자 계획을 설명할 필요가 있다고 조언하고 있다. 정부도 밸류업 공식 가이드라인에 자본비용과 관련해 COE, 가중평균자본비용(WACC) 등을 포함하고 있다. 일본이 먼저 시작한 기업가치 제고 프로그램도 공식 명칭은 '자본비용과 주가를 의식한 경영 실천방안'이다.

2024년 5월 31일 코스닥 상장사인 에프앤가이드는 밸류업 공시를 통해 2023년 자기자본이익률(ROE)이 13.5%, 주주자본비용(COE)이 9.4%를 기록했다고 밝혔다. 상장 이후 지속적으로 ROE가 COE를 웃돌았으나 주가수익비율(PER)과 주가순자산비율(PBR)이 코스닥 평균을 하회하고 있다. 이에 에프앤가이드는 "당사 성장성에 대한 시장 평가가 저조하기 때문에 성장성 제고를 통한 기업가치 향상이 필요하다"며 자산 효율화 방침을 설명했다.

행동주의펀드의 한 관계자는 "한국 기업이 가진 문제는 투자를 잘하는 것도 아닌데 주주환원도 안 한다는 것"이라며 "주주환원을 무조건 많이 하는 것이 좋은 것은 아닌 만큼 일본처럼 자본비용을 고려한 경영 계획을 설명하는 것이 중요하고 당국과 거래소도 이러한 방향으로 유도할 필요가 있다"고 말했다.

〈서울경제, 2024. 6. 3 수정〉

PRINCIPAL TERMS

주 | 요 | 용 | 어

보통주 (common stock)

주식회사가 출자의 증거로 주주에게 발행한 증권을 뜻하며, 보통주 주주는 그 기업의 실질적 주인으로서 상법과 해당기업의 정관이 정한 권리 · 의무의 주체가 된다.

사채 (corporate bond)

주식회사가 일반투자자로부터 비교적 장기간에 필요한 거액의 자금을 집단적 · 공개적으로 조달하기 위하여 발행하는 채무증서로서, 계약에 따라 일정한 이자를 지급하고 만기에 원금을 상환하기로 약속한 것이다.

우선주 (preferred stock)

배당 및 잔여재산분배에 있어서의 청구권리가 보통주에 우선하는 주식을 말한다.

자본비용 (cost of capital)

기업이 자본을 사용한 대가로 자본제공자(주주 또는 채권자)에게 지급해야 하는 비용으로서 자본제공자가 자본시장에서 유사한 위험을 가진 증권에 투자할 때 기대할 수 있는 수익률, 즉 기회비용이라 할 수 있다.

보통주의 자본비용

$$r_S = r_f + [E(r_M) - r_f]\beta_S \quad \text{또는} \quad r_S = \frac{D_1}{P_0} + g$$

부채의 자본비용

$$r_B = \frac{\text{이자비용}}{\text{부채의 가치}}$$

우선주의 자본비용

$$r_P = \frac{\text{우선주의 주당배당금}}{\text{우선주의 가격}}$$

가중평균자본비용 (weighted average cost of capital: WACC)

$$WACC = \left(\frac{S}{S+P+B}\right)r_S + \left(\frac{P}{S+P+B}\right)r_P + \left(\frac{B}{S+P+B}\right)r_B(1-T_C)$$

EXERCISES

연|습|문|제

QUESTION I

완성/선택형 문제

01 기업의 장기자본조달 방법으로는 보통주의 추가발행을 위한 유상증자나 사채 또는 우선주의 발행, 그리고 은행의 장기차입금, 리스 등의 (   )을 이용하는 방법과, 순이익의 일부를 사내에 유보하여 적립된 잉여금 등의 (   )을 이용하는 방법이 있다.

02 (   )은 투자안 평가의 기준이 되며, 자본조달결정의 판단기준이 되기 때문에 기업의 재무의사결정에 있어 가장 중요한 요인이라 할 수 있다.

03 이자비용의 경우 과세소득을 감소시켜 법인세를 줄여 준다. 따라서 WACC를 산출할 때 이자비용의 세금절감효과를 반영하기 위해서, 부채의 자본비용(세전)에 (   )을 곱해야 한다.

04 기존 기업의 위험과 투자안의 위험이 다를 경우, 투자안의 자본비용으로서 기업의 자본비용을 사용할 수 없다. 이와 같은 경우 투자안의 자본비용은 반드시 그 투자안 자체의 (   )에 의해서 측정되어야 한다.

05 다음 중 증권발행시 주주들의 경영지배권 변동을 고려하지 않아도 되는 경우는?

① 보통주 발행
② 전환사채 발행
③ 신주인수권부사채의 발행
④ 일반사채 발행
⑤ 전환우선주 발행

06 주식과 사채를 비교한 것 중 잘못된 것은?

① 주식으로 조달된 자본은 자기자본에 속하고, 사채로 조달된 자본은 타인자본에 귀속된다.
② 주식발행으로 조달된 자본은 영구자본이나, 사채발행으로 조달된 자본은 기한부자본이다.
③ 주식은 경영참가권이 있으나, 사채는 경영참가권이 없다.
④ 보통주는 고정재무비용을 발생시키지 않으나, 사채는 고정재무비용을 발생시킨다.
⑤ 투자자의 입장에서 볼 때 주식은 사채보다 투자위험이 더 작다.

07 우선주에 대한 다음의 설명 중 잘못된 것은?

① 우선주에 의해 조달된 자본은 법적으로 자기자본을 형성하나 실질적으로 타인자본과 거의 유사한 성격을 갖는다.
② 우선주가 사채와 다른 점은 우선주는 법적으로 자기자본을 형성하고, 약속된 배당률을 반드시 지급하지 않아도 법적인 책임을 부담하지 않으며, 이익배당 및 잔여재산분배 청구가 사채보다 후순위라는 것이다.
③ 사채의 이자와 마찬가지로 우선주의 배당도 감세효과가 있다.
④ 우선주는 일반적으로 의결권이 주어지지 않는 무의결권주이기 때문에 주주들이 경영권의 침해를 받지 않는다.
⑤ 일반적으로 우선주는 보통주와 마찬가지로 만기가 없는 영구자본으로서 기업의 재무구조를 건전하게 한다.

08 자본비용과 관련된 다음의 용어 중 그 성격이 다른 하나는?

① 할인율 ② 평균수익률 ③ 최저필수수익률
④ 기대수익률 ⑤ 투자의 기회비용

09 (주)전주는 당해연도 말 보통주에 대하여 주당 800원을 배당할 예정이며, 배당금은 매년 6%씩 증가될 것으로 기대된다. (주)전주의 현재 주가는 10,000원이다. 무위험이자율이 8%이고, 시장의 기대수익률이 12%라면 (주)전주의 베타는?

① 1.0 ② 1.2 ③ 1.5
④ 2.0 ⑤ 2.4

10 자본비용에 관한 설명으로서 적절치 못한 것은?

① 자본비용은 자본제공자가 자본시장에서 유사한 위험을 가진 증권에 투자하여 기대할 수 있는 수익률, 즉 기회비용이라 할 수 있다.
② 투자결정시 목적적합한 자본비용은 평균자본비용이 아니라 한계자본비용이다.
③ 회사채의 유통수익률을 부채의 자본비용으로 활용하는 것이 합리적이다.
④ 부채의 이자비용에 의해 세금절감효과를 얻을 수 있기 때문에 우선주보다 부채로 자금을 조달하는 것이 유리할 수 있다.
⑤ 투자안을 평가할 때 반드시 기업의 자본비용을 사용하여야 한다.

11 (주)천안은 부채비율이 1.0인 목표자본구조를 가지고 있다. 보통주의 자본비용은 20%, 부채의 자본비용은 12%이다. 법인세율이 40%일 경우 (주)천안의 가중평균자본비용은?

① 10.3% ② 12.5% ③ 13.6%
④ 14.0% ⑤ 16.0%

12 자본비용과 관련된 다음 서술 중 가장 옳은 것은? (CPA 2001)

① 자기자본비용은 부채의존도와는 무관하다.
② 타인자본비용이 자기자본비용보다 더 크다.
③ 신규투자안 평가시 기존의 WACC를 사용한다.
④ WACC가 최소가 되는 자본구성이 최적자본구조이다.
⑤ 사내유보이익을 투자재원으로 사용하는 경우 자본비용은 없다.

QUESTION II

서술/계산형 문제

01 기업의 입장에서 우선주의 장 · 단점을 설명하라.

02 기업의 재무의사결정에서 자본비용이 어떻게 활용될 수 있는지를 설명하라.

03 임의의 기업을 선정하여 그 기업의 자본비용을 추정해 보라.

04 (자본비용의 계산)

(주)청운은 현재 주가가 10,000원인 보통주 10만주와 액면가 5억원, 액면이자율 10%, 시장가격 5억원인 회사채를 발행하여 자본을 조달하고 있다. (주)청운의 전기 말 당기순이익은 1억원, 배당성향은 60%, 유보이익의 재투자수익률은 15%이며, 이와 같은 배당성향과 재투자수익률이 계속 유지될 것으로 예상된다. (단, 법인세율은 40%이다.)

(1) (주)청운의 보통주 자본비용을 계산하라.
(2) 무위험이자율은 6%, 시장의 위험프리미엄이 6%일 경우 (주)청운의 보통주 베타를 추정하라.
(3) (주)청운의 부채 자본비용을 계산하라.
(4) (주)청운의 가중평균자본비용을 계산하라.

05 (자본비용의 계산)

현재 (주)하나의 시장가치로 표시된 재무상태표는 다음과 같다.

재무상태표

자산	100	부채	60
		자기자본	40

그리고 이 회사의 주식베타와 부채베타는 각각 2.0과 0.2이다. 시장의 기대수익률과 무위험이자율은 각각 15%와 8%라고 할 때, 이상의 자료를 이용하여 다음의 물음에 답하라. (단, 법인세율은 40%이다.)

(1) 이 회사의 자기자본비용과 부채비용을 계산하라.
(2) 이 회사의 가중평균자본비용(WACC)을 계산하라.

06 (기업의 자본비용과 투자안의 자본비용)

(주)은하는 다음과 같은 독립적인 네 개의 투자안을 고려하고 있다.

투자안	베타	기대수익률
A	0.5	0.12
B	0.6	0.14
C	1.2	0.16
D	2.0	0.20

(주)은하는 현재 부채가 없으며, 향후에도 부채를 사용하지 않을 예정이다. 무위험이자율은 7%이며, 시장의 기대수익률은 15%이다. 그리고 이 기업의 자본비용은 15%라고 한다. 이상의 자료를 이용하여 다음의 물음에 답하라.

(1) 네 개 투자안의 자본비용을 각각 구하라.

(2) 물음 (1)의 결과에 의해서 네 개의 투자안을 평가하라.

(3) 네 개의 투자안을 기업의 자본비용에 의해서 평가하고, 그것의 문제점을 지적하라.

제 8 장

자 본 구 조

1. 자본조달결정과 가치창출
2. MM의 자본구조이론
3. 자본구조의 현실

경영자가 투자에 필요한 자금을 자기자본 또는 부채 중 어떤 것으로 조달할지 고민하고 있다. 기업가치를 극대화시킬 수 있는 자기자본과 부채의 조합, 즉 최적자본구조는?

Financial Management

기업은 자금을 조달하기 위하여 보통주, 우선주, 사채 등 여러 가지 다양한 증권들을 발행할 수 있다. 자본구조와 관련된 문제는 두 가지로 요약될 수 있다. 하나는 기업이 단순히 자본구조, 즉 자기자본과 부채의 구성만을 변경시킴으로써 기업의 가치(궁극적으로는 주주의 부)를 증가시킬 수 있는가에 대한 것이고, 다른 하나는 만약 자본구조에 따라 기업의 가치가 달라진다면 기업의 가치를 극대화시킬 수 있는 최적자본구조(optimal capital structure)는 무엇이냐에 관한 것이다.

본장에서는 먼저 기업의 자본조달결정이 가치창출에 어떤 영향을 미치는지에 대하여 설명한 후, 자본구조이론의 선구자라 할 수 있는 모딜리아니와 밀러(F. Modigliani and M. H. Miller: 이하 MM이라 약칭함)가 1958년과 1963년에 각각 발표하였던 자본구조이론과 파산비용, 대리인비용 등 현실적 요인을 고려한 자본구조이론에 대해서 차례로 설명하고자 한다.

학습목표

1. 자본조달결정에 의해 기업가치를 증가시킬 수 있는지를 살펴본다.
2. 법인세가 없는 완전자본시장하에 도출된 MM의 무관련이론을 학습한다.
3. 법인세가 있는 완전자본시장하에 도출된 MM의 수정이론을 학습한다.
4. 파산비용, 대리인비용 등을 고려한 자본구조이론을 학습한다.
5. 우리나라 기업의 자본구조에 대해서 알아본다.

1. 자본조달결정과 가치창출

기업은 두 가지 주요한 재무의사결정, 즉 투자결정과 자본조달결정에 의해 새로운 가치를 창출하여야 한다. 지금까지 설명한 투자결정 문제의 결론은 정(+)의 순현가를 가지는 투자안을 채택함으로써 새로운 가치를 창출할 수 있다는 것이다.[1] 그러면 자본조달결정에 의해서도 기업의 가치를 증가시킬 수 있는가? 먼저 현실적으로 가능한 다음의 세 가지 방법을 생각해 보자.

1.1 어리석은 투자자

기업이 전환사채(convertible bond)와 같은 복합증권(complex security)을 발행하려 한다고 가정해 보자. 일반 투자자들은 전환사채에 부여된 권리와 특성에 대해서 정확히 이해하기 어렵다. 그러므로 투자자들은 전환사채에 부여된 전환권에 대해 과대하게 평가하여 높은 가격으로 전환사채를 매입할 수도 있다.

전환사채는 만기 이전의 일정기간 내에 정해진 가격으로 발행회사의 보통주로 전환할 수 있는 권리(전환권)가 부여된 채권을 말한다.

이와 같은 경우 기업은 어리석은 투자자들로 인하여 전환사채를 발행함으로써 새로운 가치를 창출할 수 있다. 따라서 재무관리자는 투자자들을 현혹시켜서 새로운 가치를 창출할 수 있는 복합적인 증권을 구성하려는 노력을 할 것이다. 그러나 실증적인 연구결과에 의하면 투자자들은 쉽게 현혹되지 않는다. 그러므로 어리석은 투자자들에 의해 새로운 가치를 창출한다는 것은 현

1 투자결정에 의한 새로운 가치창출의 구체적 사례
- 특정 제품이나 서비스에 대한 미충족된 수요를 확인함.
- 다른 기업들이 경쟁하기 어렵게 하는 장벽(품질, 가격, 서비스 등)을 만듦.
- 경쟁업체보다 낮은 원가로 제품이나 서비스를 생산함.
- 가장 먼저 신제품을 개발함.

실적으로 어려운 일이다. 특히 효율적 자본시장하에서는 전체적으로 시장이 매우 이성적이기 때문에 모든 증권가격은 공정하게 평가된다. 따라서 효율적 자본시장하에서 기업은 어리석은 투자자들을 이용하여 새로운 가치를 창출할 수 없다.

알 | 아 | 두 | 기

▎효율적 자본시장과 행동재무학

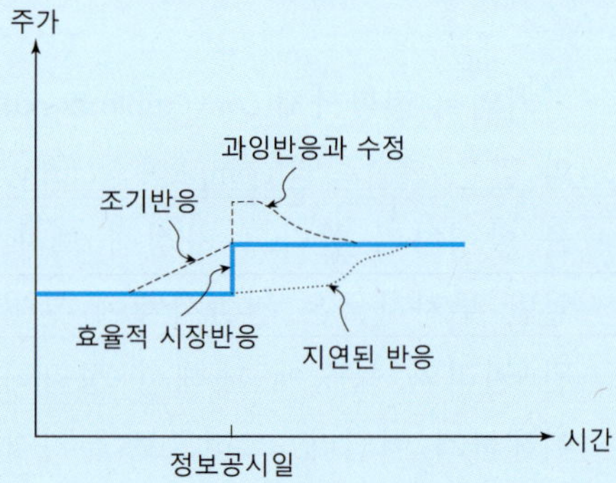

효율적 자본시장(efficient capital market)은 주가에 영향을 미칠 수 있는 모든 정보가 주가에 '신속하게' 그리고 '충분히' 영향을 미치고 있는 시장을 일컫는다. 이는 시장이 정보를 다루고 이를 반영시키는 데 있어 효율적인 경우를 의미한다. 따라서 시장에서의 주가는 그 시점에서의 모든 이용 가능한 정보에 대한 정확한 평가에 기초하여 결정될 것이다.

효율적 자본시장은 투자자와 기업에 대해 다음과 같은 의미를 가진다.

첫째로, 정보가 즉각적으로 가격에 반영되기 때문에 투자자들은 정상적인 수익률만을 기대할 수 있다. 정보가 공시된 후 투자자들이 그 정보를 이용하여 비정상적인 초과수익을 얻을 수 없다. 왜냐하면 투자자가 공시된 정보를 이용하여 거래하기 전에 이미 그 정보를 반영하여 증권가격이 수정되기 때문이다.

둘째로, 증권을 발행할 때 기업은 공정한 가격으로 발행하게 된다. 즉 투자자들의 어리석음을 이용하여 정상가격보다 높은 가격으로 증권을 발행할 수 없음을 의미한다.

한편 행동재무학(behavioral finance)은 인간의 비합리성을 바탕으로 현실 금융시장에서 자산가격이 왜곡되고 시장이 비효율적으로 진행되는 과정에 대하여 분석한다. 투자자가 비합리적이라고 해서 시장이 반드시 비효율적이 되는 것은 아니다. 왜냐하면 비합리적 투자자로 인해 자산의 가격이 비정상적으로 형성된 경우에도 합리적인 전문투자자의 활발한 차익거래로 인해 가격은 본질가치를 찾아갈 것이므로 시장은 여전히 효율성을 유지할 수 있기 때문이다. 하지만 행동재무학에서는 이 같은 차익거래가 현실에서는 여러 가지 제약으로 인해 제대로 실행되지 못한다고 주장한다. 즉 투자자의 비합리성과 차익거래 제약의 현실적 존재가 행동재무학에서 주장하는 시장의 비효율성의 근간이 된다. 이와 같이 행동재무학은 투자자들의 비합리성을 다루는 영역과 차익거래의 한계를 다루는 두 가지 영역으로 구분된다. 또한 투자자의 비합리성에 대한 원인은 정보처리의 오류에 의한 잘못된 추론(보수주의 편의, 과신, 대표성 편의)과 투자자의 특정한 신념이나 선호와 관련된 행태적 편의(액자편의, 심리회계, 후회기피, 전망이론) 두 가지 범주로 분류될 수 있다.[2]

1.2 비용 감소 또는 보조금 획득

자본조달수단에 따라 세금혜택이 달라진다. 그러므로 기업은 세금을 최소화하는 자본조달수단을 선택함으로써 기업의 가치를 증가시킬 수 있다. 또한 어떠한 자본조달수단도 여러 가지 발행비용을 발생시킨다. 예를 들어 증권을 발행할 때 증권회사, 변호사, 회계사 등에 대한 수수료를 지불해야 한다. 따라서 기업은 이러한 비용을 최소화시키는 증권들로 자본을 조달함으로써 역시 기업의 가치를 증가시킬 수 있다. 마지막으로 보조금을 제공하는 자본조달수단, 즉 특혜금융을 이용함으로써 기업의 가치를 증가시킬 수 있을 것이다.[3]

1.3 새로운 증권 창출

최근 20년간 급속한 금융혁신(financial innovation)이 이루어져 왔다. 이는 한

2 투자자 개인의 비합리성의 원인으로 제시된 보수주의 편의, 과신, 대표성 편의, 액자편의, 심리회계, 후회기피, 전망이론 등에 관한 세부 내용은 Perfect 재무관리 I(감형규 · 신용재, 유원북스, 2019), pp. 500~504 참조.

3 우리나라의 대표적인 특혜금융은 각종의 기금-예를 들어 국민주택기금, 에너지비축기금 등-에 의해서 낮은 금리의 대출금 또는 지원금을 받는 것이다.

편으로 금융거래의 혁신, 투자기법의 혁신을 의미하기도 하지만 다른 한편으로는 다양한 새로운 종류의 증권이 개발되었다는 것을 의미한다. 다양한 새로운 종류의 증권이 급속히 개발되어 이용되는 현상을 특히 '증권화'(securitization)현상이라 한다.

과거에는 일반 회사채와 보통주만을 발행하던 기업들이 우선주, 할인채권, 옵션부채권, 전환증권 등을 발행하여 일반화시켰다. 그리고 최근 우리나라의 경우 신주인수권부채권, 풋옵션부채권, 금리변동부채권, 주택저당채권 등을 도입하기 시작하였다.

새로운 종류의 증권은 기존의 증권에 만족하지 못하는 투자자에게 보다 비싼 가격으로 그 증권을 팔기 위해서 만들어진다. 그러나 기업이 새로운 종류의 증권을 높은 가격으로 발행하여 얻는 이득은 장기간 지속될 수 없다. 왜냐하면 다른 기업 역시 그와 같은 종류의 증권을 발행하려 할 것이고, 그 결과 공급이 증가하여 가격이 하락할 것이기 때문이다. 그러므로 새로운 증권의 창출에 의한 가치의 증가는 금융혁신에 앞장선 기업만이 얻을 수 있을 것이다.

알 | 아 | 두 | 기

증권화와 자산유동화증권

클래식 록앤롤(rock'n'roll) 앨범인 'The Rise and Fall of Ziggy Stardust and the Spiders from Mars'가 어떻게 채권시장과 연관되어 있을까? 당신이 생각하는 그 이상일 것이다. 이 앨범의 연주자인 록 스타 데이빗 보위(David Bowie)는 자신의 앨범판매로 연간 최소 500만달러를 벌었다. 그러나 1997년 보위는 갑자기 많은 돈이 필요해서 자신을 도울 수 있는 금융전문가를 찾아갔다. 투자은행은 보위가 자신의 앨범을 판매해서 받는 로열티를 모두 저축할 수 있도록 신탁계좌를 개설했다. 그런 후에 그들은 신탁계좌에 들어가는 돈으로 상환할 수 있는 채권을 발행했다. 그리고 투자자들은 5,500만달러로 그 채권을 구입했다.

데이빗 보위(David Bowie)

보위뿐만 아니라 다른 저명한 가수들도 유사한 계약을 맺었다. 예를 들어 1999년에 '소울의 대부'(Godfather of Soul)인 제임스 브라운(James Brown)과 헤비메탈밴드의 우상인 메이든(Maiden)도 3,000만달러의 채권계약을 맺었다. 2000년에 유사한 거래가 전설적인 마빈 게이(Marvin Gaye)의 재산에 대해서도 이루어졌다.

이렇게 일련의 현금흐름을 구성해서 채권과 같이 현금흐름에 대한 청구권을 판매하는 과정을 '증권화'(securitization)라 하며, 그 청구권은 '자산유동화증권'(asset-backed securities)이라 한다. 보위 채권은 연간 1,500억달러 규모로 성장하고 있는 자산유동화증권시장의 아주 일부일 뿐이다. 최근의 자산유동화증권은 상당히 독창적으로 만들어지고 있다. 보위의 로열티 수수료에 덧붙여 몇 가지 예를 더 들면, 트럭대여, 복권당첨, 헬스클럽 회비, 백과사전 판매대금 등이 시장에서 증권화되고 있다.

〈연강흠 역, 엣센셜 기업재무(석정, 2005), p. 206 참조〉

2. MM의 자본구조이론

2.1 MM의 무관련이론: 법인세가 없는 경우

1985년 노벨경제학상 수상자 모딜리아니(F. Modigliani)

1990년 노벨경제학상 수상자 밀러(M. H. Miller)

모딜리아니와 밀러(MM)는 법인세가 없는 완전자본시장(perfect capital market)

하에서 기업의 가치는 그 자본구조와 무관하다는 무관련이론(irrelevant theory)을 주장하였다.[4]

알 | 아 | 두 | 기

MM의 기본적 가정

MM은 자본구조이론을 설명하기 위해서 다음과 같은 몇 가지 가정을 하였다.

① 자본시장은 완전하다.

② 모든 기업은 경영위험에 따라 같은 위험집단, 즉 동질적 위험집단(homogeneous risk class)으로 분류될 수 있다.

③ 모든 투자자는 기업의 미래 현금흐름의 확률분포에 대해 동질적 기대(homogeneous expectation)를 가진다.

④ 기업의 모든 현금흐름(영업이익)은 매년도마다 항상 일정하며 영구적으로 발생된다. 이는 기업이 동일한 규모로 계속 영업을 지속하기 위하여 지난해의 영업으로 인하여 감소된 부분(감가상각비)만 재투자한다는 것을 의미한다.

⑤ 기업은 주식과 사채의 두 가지만을 발행하여 자금을 조달하며, 사채는 위험이 없다고 가정한다.

MM 명제 I

일반적으로 기업의 시장가치는 매년 기업이 벌어들일 기대현금흐름을 그 기업이 속하는 위험집단의 수준에서 적절하다고 생각되는 할인율로 할인하여 계산된다.

부채(타인자본)를 사용하지 않는 기업 U의 가치는 기업의 기대현금흐름, 즉 기대영업이익 $E(NOI)$를 할인하여 다음과 같이 구할 수 있다.[5]

---

4 F. Modigliani and M. H. Miller, "The Cost of Capital, Corporation Finance and the Theory of Investment," *American Economic Review*, Vol. 48(June 1958), pp. 261-297.

5 MM은 기업의 모든 현금흐름이 영구연금과 동일한 형태라고 가정하였기 때문에 영구연금의 현재가치를 구하는 공식에 의해 기업 등의 가치를 구할 수 있다.

$$V_U = S_U = \frac{E(NOI)}{r_U} \qquad (8\text{-}1)$$

여기서 V_U: 무부채기업의 가치
S_U: 무부채기업의 자기자본가치
r_U: 무부채기업의 자본비용(자기자본비용)

한편 부채를 사용하는 기업 L의 연간 기대현금흐름 CF_L은 주주에게 지급될 수 있는 부분과 채권자에게 지급될 수 있는 부분을 합하여 다음과 같이 구할 수 있다.

$$CF_L = \text{주주에게 지급되는 현금흐름} + \text{채권자에게 지급되는 현금흐름}$$
$$= [E(NOI) - r_B B] + r_B B = E(NOI)$$

여기서 r_B: 부채의 자본비용, 즉 이자율
B: 부채가치

이와 같은 현금흐름을 적절한 할인율, 즉 기업의 가중평균자본비용(WACC)으로 할인하여 부채를 사용하는 기업 L의 가치를 구할 수 있다.

$$V_L = S_L + B = \frac{E(NOI)}{WACC} \qquad (8\text{-}2)$$

여기서 V_L: 부채를 사용하는 기업의 가치
S_L: 부채를 사용하는 기업의 자기자본가치

MM은 "기업의 가치는 기업이 벌어들일 영업이익에 의해서 결정되는 것이지, 부채사용의 유무와는 관계가 없다"고 주장하였다. 이와 같은 MM의 주장, 즉 명제 I 을 요약하면 다음과 같다.

> MM 명제 I : 기업의 가치는 자본구조와 무관하다. 즉 $V_U = V_L$

MM 명제 I 은 자본구조만 서로 다르고 경영위험(또는 영업위험)과 영업이익이 동일한 두 기업의 가치는 동일하여야 한다는 것을 의미한다. 이와 같은 두 기업의 가치는 일시적으로 서로 다를 수 있지만, 차익거래이익(arbitrage profit)을 얻기 위한 투자자들의 차익거래과정(arbitrage process)을 통해서 결국 같아지게 된다. 차익거래이익은 자금을 추가로 투자하지 않고, 위험도 부담하지 않으면서 얻을 수 있는 이익을 의미한다. 그리고 이와 같은 차익거래이익을 얻기 위해서 실시하는 거래를 차익거래라고 한다.

MM 명제 II

부채를 사용하는 기업 L의 자기자본비용(자기자본에 대한 요구수익률) r_S는

알 | 아 | 두 | 기

| 차익거래과정의 예

차익거래과정을 쉽게 설명하기 위하여 피자 1판은 20,000원이나, 그것을 6등분하여 1조각당 4,000원에 팔 수 있다고 생각해 보자. 피자의 판매에 따른 거래비용이 존재하지 않는 완전시장이라면, 사람들은 어떤 행동을 할 것인가?

이와 같은 경우 사람들은 피자 1판을 20,000원에 구입한 후, 그것을 6등분하여 1조각에 4,000원씩 판매하려고 할 것이다. 이렇게 함으로써 사람들은 4,000원(4,000원×6조각−20,000원)의 이익을 얻을 수 있다. 이와 같은 행동을 통해 얻게 되는 이익을 차익거래이익이라 한다.

4,000원의 차익거래이익을 얻기 위해서 모든 사람들은 이와 같은 차익거래에 참여하게 된다. 그 결과 피자 1판에 대한 수요는 증가하여 그 가격이 상승하게 되는 반면, 피자 1조각에 대한 공급이 증가하여 그 가격은 하락할 것이다. 결국에는 피자 1판의 가격이나 6조각의 가격은 동일하게 되며, 이때 차익거래는 일어나지 않게 된다.

이와 같이 완전시장하에서는 피자의 가격(기업가치)은 피자의 크기(기업의 영업이익)에 달려 있는 것이지, 그것을 어떻게 나누느냐(자기자본 또는 부채)에 달려 있는 것이 아님을 알 수 있다.

주주에게 지급되는 현금흐름을 자기자본가치로 나누어 구할 수 있다.[6]

$$r_S = \frac{E(NOI) - r_B B}{S_L} = r_U + (r_U - r_B)\left(\frac{B}{S_L}\right) \tag{8-3}$$

식 (8-3)에서 볼 수 있는 바와 같이 기업의 자기자본비용 r_S는 부채비율(B/S_L)에 비례함을 알 수 있다. 즉 재무레버리지(부채)가 증가할수록 재무위험이 증가하기 때문에 자기자본비용이 증가하게 된다. 부채를 사용하는 경우, 자기자본비용은 상대적으로 저렴한 비용으로 사용할 수 있는 부채의 이점을 완전히 상쇄할 정도로 증가하게 된다. 이를 MM 명제Ⅱ라고 하며 그 내용을 요약하면 다음과 같다.

MM 명제Ⅱ: 자기자본비용 r_S는 부채비율(B/S_L)이 증가함에 따라 증가하여 상대적으로 저렴한 비용으로 사용할 수 있는 부채의 이점을 완전히 상쇄시킨다. 즉 $r_S = r_U + (r_U - r_B)\left(\frac{B}{S_L}\right)$

부채를 사용하는 경우 상대적으로 저렴한 비용으로 부채를 사용하는 이점이 자기자본비용의 증가로 인하여 완전히 상쇄됨으로써 기업의 가중평균자본비용(WACC)은 일정하게 되고, 결과적으로 기업의 가치는 자본구조에 의해서 영향을 받지 않게 된다. 이상에서 설명한 재무레버리지와 자본비용의 관계를 그림으로 나타내면 [그림 8-1]과 같다.

6 앞의 식 (8-1)에서 $E(NOI) = V_U \cdot r_U$, MM 명제 I 에 의해서 $V_U = S_L + B$이므로 r_S는 다음과 같다.

$$r_S = \frac{(S_L + B)r_U - r_B B}{S_L} = r_U + (r_U - r_B)\left(\frac{B}{S_L}\right)$$

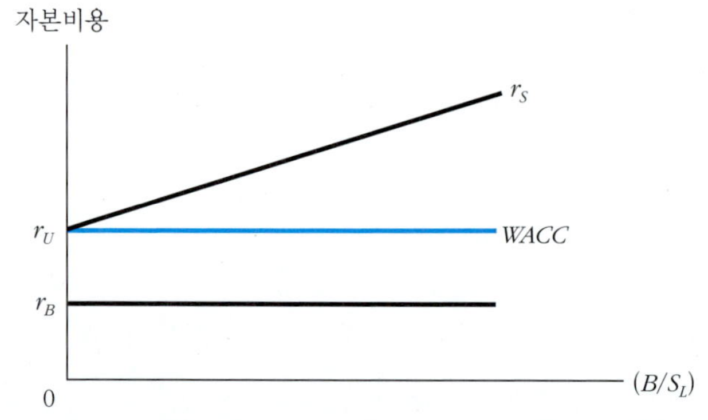

그림 8-1 재무레버리지와 자본비용의 관계: 법인세가 없는 경우

예제 8-1 MM의 무관련이론: 법인세가 없는 경우

현재 부채를 사용하지 않고 있는 (주)청운의 자본비용은 15%이다. 이 회사는 10%의 이자율로 차입할 수 있다. 법인세가 없다고 가정하여 다음의 물음에 답하라.

(1) 자기자본 80%, 부채 20%로 구성된 자본구조가 이 회사의 목표자본구조일 경우, 자기자본비용과 가중평균자본비용을 구하라.

(2) 자기자본 50%, 부채 50%로 구성된 자본구조가 이 회사의 목표자본구조일 경우, 자기자본비용과 가중평균자본비용을 구하라.

(3) 이상의 결과에 의해 MM 명제 II를 설명하라.

해설

(1) $r_S = r_U + (r_U - r_B)\left(\frac{B}{S_L}\right) = 0.15 + (0.15 - 0.10)\left(\frac{0.2}{0.8}\right) = 0.1625$

$$WACC = \left(\frac{S_L}{S_L + B}\right) r_S + \left(\frac{B}{S_L + B}\right) r_B = 0.8 \times 0.1625 + 0.2 \times 0.10 = 0.15$$

(2) $r_S = r_U + (r_U - r_B)\left(\frac{B}{S_L}\right) = 0.15 + (0.15 - 0.10)\left(\frac{0.5}{0.5}\right) = 0.20$

$$WACC = \left(\frac{S_L}{S_L + B}\right) r_S + \left(\frac{B}{S_L + B}\right) r_B = 0.5 \times 0.20 + 0.5 \times 0.10 = 0.15$$

(3) 레버리지가 증가함에 따라 자기자본비용이 증가하여 상대적으로 저렴한 비용인 부채의 이점을 완전히 상쇄하기 때문에 자본구조에 관계없이 *WACC*는 15%로 항상 일정함을 알 수 있다.

2.2 MM의 수정이론: 법인세가 있는 경우

MM의 무관련이론은 법인세가 없다는 가정을 전제로 하고 있다. 그러나 법인세가 있는 경우 자본구조의 변경이 기업의 가치에 영향을 줄 수 있을 것이다. MM은 기업의 법인세가 있는 완전자본시장하에서 앞의 명제가 어떻게 달라지는지를 보였는데 이를 MM의 수정이론이라 한다.[7] MM은 법인세가 있는 경우 부채로 인한 이자비용의 세금절감효과(tax shield effect)를 얻을 수 있으므로 부채가 증가함에 따라 비례적으로 기업의 가치가 증가한다고 주장하였다.

MM 명제 I

부채를 사용하지 않는 기업 U의 가치는 세후 기대현금흐름, 즉 세후 기대영업이익 $E(NOI)(1-T_C)$를 할인하여 다음과 같이 구할 수 있다.

$$V_U = S_U = \frac{E(NOI)(1-T_C)}{r_U} \tag{8-4}$$

여기서 T_C: 기업의 법인세율

한편 부채를 사용하는 기업 L의 세후 기대현금흐름 CF_L은 주주에게 지급될 수 있는 부분과 채권자에게 지급될 수 있는 부분을 합하여 다음과 같이 구할 수 있다.

---

7 F. Modigliani and M. H. Miller, "Corporate Income Taxes and the Cost of Capital: A Correction," *American Economic Review*, Vol. 53(June 1963), pp. 433-443.

$$\begin{aligned} CF_L &= \text{주주에게 지급되는 현금흐름} + \text{채권자에게 지급되는 현금흐름} \\ &= [E(NOI) - r_B B](1 - T_C) + r_B B \\ &= E(NOI)(1 - T_C) + T_C \cdot r_B B \end{aligned} \quad (8\text{-}5)$$

식 (8-5)에서 오른쪽의 첫째 항은 부채를 사용하지 않는 기업의 주주들이 받는 현금흐름과 동일하므로 무부채 기업의 자본비용 r_U에 의해서 할인될 수 있다. 그리고 둘째 항은 부채의 사용에 따른 법인세의 절감액으로서 부채의 자본비용 r_B로 할인되어야 한다. 그러므로 부채를 사용하는 기업 L의 가치는 다음과 같이 구할 수 있다.

$$\begin{aligned} V_L = S_L + B &= \frac{E(NOI)(1 - T_C)}{r_U} + \frac{T_C \cdot r_B B}{r_B} \\ &= V_U + T_C B \end{aligned} \quad (8\text{-}6)$$

식 (8-6)에서 법인세가 있을 경우 부채를 사용하는 기업의 가치 V_L은 자기자본만 사용하는 기업의 가치 V_U보다 이자비용의 법인세 절감액의 현가 $T_C B$만큼 크다. 따라서 부채가 증가함에 따라 V_L은 비례하여 증가하게 된다. 이를 MM 명제 I 이라 하며 그 내용을 요약하면 다음과 같다.

> MM 명제 I : 부채를 사용하는 기업의 가치 V_L은 부채를 사용하지 않는 기업의 가치 V_U와 이자비용의 법인세 절감액의 현가 $T_C B$를 합한 것과 같다. 즉 $V_L = V_U + T_C B$

MM 명제 II

부채를 사용하는 기업 L의 자기자본비용은 다음과 같이 나타낼 수 있다.[8]

---

8 식 (8-4)와 식 (8-6)에 의해서 $E(NOI)(1 - T_C) = V_U \cdot r_U$, $V_U = S_L + B - T_C B$이므로 r_S는 다음과 같다.

$$r_S = \frac{(S_L + B - T_C B) r_U - r_B B(1 - T_C)}{S_L} = r_U + (r_U - r_B)(1 - T_C)\left(\frac{B}{S_L}\right)$$

$$r_S = \frac{[E(NOI) - r_B B](1 - T_C)}{S_L}$$

$$= r_U + (r_U - r_B)(1 - T_C)\left(\frac{B}{S_L}\right) \qquad (8\text{-}7)$$

식 (8-7)을 앞의 식 (8-3)과 비교해 보면, 부채비율(B/S_L)이 증가함에 따라 자기자본비용 r_S는 증가하나, $(1-T_C)$가 항상 1보다 작기 때문에 식 (8-7)에서 r_S는 식 (8-3)보다 작게 증가함을 알 수 있다. 즉 부채비율이 증가하는 경우 자기자본비용은 상대적으로 저렴한 부채의 이점을 완전히 상쇄할 정도로 증가하지는 않는다는 것을 의미한다. 이를 MM 명제Ⅱ라고 하며 그 내용을 요약하면 다음과 같다.

> MM 명제Ⅱ : 자기자본비용 r_S는 부채비율(B/S_L)이 증가함에 따라 증가하나 상대적으로 저렴한 비용으로 사용할 수 있는 부채의 이점을 완전히 상쇄하지는 못한다. 즉 $r_S = r_U + (r_U - r_B)(1 - T_C)\left(\frac{B}{S_L}\right)$

부채비율의 증가에 따른 상대적으로 저렴한 부채의 이점은 자기자본비용의 증가에 의해서 완전히 상쇄되지 않기 때문에 부채비율이 증가함에 따라 가중평균자본비용(WACC)이 감소하여 기업의 가치는 증가하게 된다.

법인세가 있는 경우 기업의 가중평균자본비용은 다음과 같다.[9]

$$WACC = r_U\left[1 - T_C\left(\frac{B}{V_L}\right)\right] \qquad (8\text{-}8)$$

식 (8-8)에서 볼 수 있는 바와 같이 WACC는 부채비율이 증가함에 따라 점점 감소하기 때문에 기업가치가 증가하게 됨을 알 수 있다.

---

9 $WACC = \left(\frac{S_L}{S_L+B}\right)r_S + \left(\frac{B}{S_L+B}\right)r_B(1-T_C)$에 $r_S = r_U + (r_U - r_B)(1 - T_C)\left(\frac{B}{S_L}\right)$를 대입하여 정리하면 식 (8-8)을 도출할 수 있다.

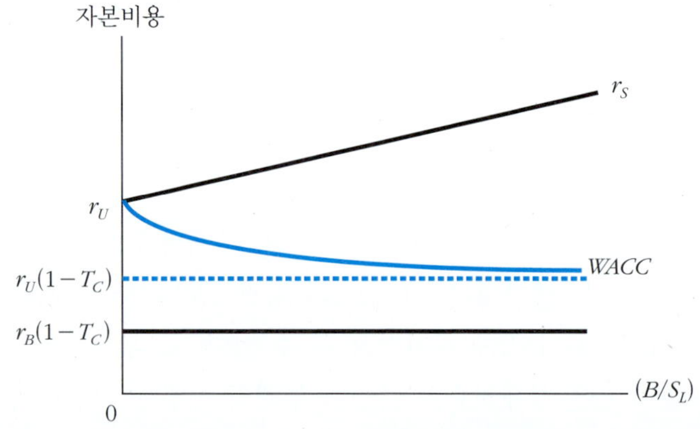

그림 8-2 재무레버리지와 자본비용의 관계: 법인세가 있는 경우

지금까지의 결과를 종합하여 재무레버리지와 자본비용의 관계를 그림으로 나타내면 [그림 8-2]와 같다.

예제 8-2 MM의 수정이론: 법인세가 있는 경우

앞의 〈예제 8-1〉에서 법인세율이 40%일 경우 다음의 물음에 답하라.

(1) 자기자본 80%, 부채 20%로 구성된 자본구조가 (주)청운의 목표자본구조일 경우, 자기자본비용과 가중평균자본비용을 구하라.

(2) 자기자본 50%, 부채 50%로 구성된 자본구조가 (주)청운의 목표자본구조일 경우, 자기자본비용과 가중평균자본비용을 구하라.

(3) 이상의 결과에 의해 MM 명제 II를 설명하라.

해설

(1) $r_S = r_U + (r_U - r_B)(1 - T_C)\left(\frac{B}{S_L}\right)$

$$= 0.15 + (0.15 - 0.10)(1 - 0.4)\left(\frac{0.2}{0.8}\right) = 0.1575$$

$$WACC = \left(\frac{S_L}{S_L+B}\right)r_S + \left(\frac{B}{S_L+B}\right)r_B(1-T_C)$$

$$= 0.8 \times 0.1575 + 0.2 \times 0.10 \times (1-0.4) = 0.138$$

또는

$$WACC = r_U\left[1 - T_C\left(\frac{B}{V_L}\right)\right] = 0.15 \times (1 - 0.4 \times 0.2) = 0.138$$

(2) $r_S = r_U + (r_U - r_B)(1-T_C)\left(\frac{B}{S_L}\right)$

$$= 0.15 + (0.15 - 0.10)(1-0.4)\left(\frac{0.5}{0.5}\right) = 0.18$$

$$WACC = \left(\frac{S_L}{S_L+B}\right)r_S + \left(\frac{B}{S_L+B}\right)r_B(1-T_C)$$

$$= 0.5 \times 0.18 + 0.5 \times 0.10 \times (1-0.4) = 0.12$$

또는

$$WACC = r_U\left[1 - T_C\left(\frac{B}{V_L}\right)\right] = 0.15 \times (1 - 0.4 \times 0.5) = 0.12$$

(3) 앞의 〈예제 8-1〉과 비교해 보면, 레버리지가 증가함에 따라 자기자본비용이 상대적으로 적게 증가하여 부채사용의 이점이 완전히 상쇄되지 않기 때문에 WACC가 15%(무부채)에서 12%(부채비율=1)로 감소됨을 알 수 있다.

2.3 재무레버리지와 베타

MM은 체계적 위험의 개념을 도입하지 않았기 때문에 부채가 없는 기업의 자본비용 r_U를 어떻게 측정해야 하는지를 제시하지 못하였다. 그러므로 MM 이론에 의해서는 기존 기업과 서로 다른 체계적 위험을 가지는 새로운 투자안을 평가할 때 어려움이 따르게 된다. 그러나 CAPM을 이용한다면 부채가 없는 기업의 자본비용 r_U를 그 기업의 체계적 위험 β_U에 의해서 측정할 수 있다. 그러므로 CAPM을 MM이론과 결합시킴으로써 MM이론의 한계점을 해결할 수 있을 것이다.

부채를 사용하는 기업에서 부채가 없는 경우의 체계적 위험 β_U를 직접적으로 측정하기는 어렵다. 그러나 부채를 사용하는 기업의 주식베타 β_S는 시장의 주가자료를 이용하여 쉽게 측정될 수 있을 것이다. β_U와 β_S가 일정한 관계를 가지고 있다면, β_S를 먼저 추정한 후 그 관계식에 의해서 간접적으로 β_U를 추정할 수 있다. 부채를 사용하지 않는 기업의 베타 β_U와 부채를 사용하는 경우의 주식베타 β_S의 관계를 살펴보면 다음과 같다.

먼저 자기자본비용 r_S에 대한 CAPM과 MM의 정의는 다음과 같이 서로 같아야 한다.

$$r_f + [E(r_M) - r_f]\beta_S = r_U + (r_U - r_B)(1 - T_C)\left(\frac{B}{S_L}\right) \qquad (8\text{-}9)$$

무위험부채($\beta_B = 0$)를 가정하는 경우 $r_B = r_f$가 되고, CAPM에 의하면 $r_U = r_f + [E(r_M) - r_f]\beta_U$의 관계가 성립한다. 이들을 식 (8-9)에 대입하여 정리하면 다음과 같은 관계식을 얻을 수 있다.

$$\beta_S = \beta_U\left[1 + (1 - T_C)\left(\frac{B}{S_L}\right)\right] \qquad (8\text{-}10)$$

식 (8-10)을 부채가 없는 경우의 체계적 위험, 즉 무부채베타 β_U에 대해 정리하면 다음과 같다.[10]

$$\beta_U = \frac{\beta_U}{1 + (1 - T_C)\left(\frac{B}{S_L}\right)} \qquad (8\text{-}11)$$

증권시장에서 관찰할 수 있는 주식수익률을 이용하여 β_S를 측정할 수 있다면, 식 (8-11)에 의해서 무부채베타 β_U를 구할 수 있다. 그리고 β_U를 CAPM에 적용함으로써 무부채기업의 자기자본비용을 구할 수 있다.

---

10 식 (8-11)을 하마다 공식(Hamada equation) 또는 하마다 모형이라고 한다.
R. S. Hamada, "Portfolio Analysis, Market Equilibrium, and Corporate Finance," *Journal of Finance*, Vol. 24(March 1969), pp. 13~31.

예제 8-3 재무레버리지와 베타

현재 (주)신정에 관한 자료는 다음과 같다.

- 부채구성비율$(B/V_L) = 20\%$, 무위험이자율$= 7\%$
- $\beta_S = 0.5$, 시장의 기대수익률$= 17\%$, 법인세율$= 50\%$

위의 자료를 이용하여 다음의 물음에 답하라.

(1) 이 회사의 자기자본비용과 가중평균자본비용을 구하라.

(2) 이 회사의 무부채베타 β_U와 무부채자기자본비용 r_U를 구하라.

(3) 이 회사가 지금 목표자본구조를 변경하여 부채구성비율을 35%로 증가시킬 경우, 새로운 자기자본비용과 가중평균자본비용을 구하라.

해설

(1) CAPM을 이용하여 자기자본비용을 구하면 다음과 같다.

$$r_S = r_f + [E(r_M) - r_f]\beta_S = 0.07 + (0.17 - 0.07) \times 0.5 = 0.12$$

그리고 가중평균자본비용을 구하면 다음과 같다.

$$\begin{aligned} WACC &= \left(\frac{S_L}{S_L + B}\right) r_S + \left(\frac{B}{S_L + B}\right) r_B (1 - T_C) \\ &= 0.8 \times 0.12 + 0.2 \times 0.07 \times (1 - 0.5) = 0.103 \end{aligned}$$

(2) 부채구성비율이 20%인 경우 부채비율은 다음과 같다.

$$\left(\frac{B}{S_L + B}\right) = 0.2 \ \rightarrow \ \frac{B}{S_L} = \frac{0.2}{0.8} = 0.25$$

재무레버리지와 베타의 관계를 이용하여 무부채베타와 이를 이용한 무부채자본비용을 구하면 다음과 같다.

$$\beta_U = \frac{\beta_S}{1 + (1 - T_C)\left(\dfrac{B}{S_L}\right)} = \frac{0.5}{1 + (1 - 0.5) \times 0.25} = 0.444$$

$$r_U = r_f + [E(r_M) - r_f]\beta_U = 0.07 + (0.17 - 0.07) \times 0.444 = 0.1144$$

(3) 새로운 목표자본구조에서의 부채비율은 다음과 같다.

$$\left(\frac{B}{S_L+B}\right)=0.35 \rightarrow \frac{B}{S_L}=\frac{0.35}{0.65}=0.5385$$

MM의 수정명제 II를 적용하여 자기자본비용 r_S를 구하면 다음과 같다.

$$r_S=r_U+(r_U-r_B)(1-T_C)\left(\frac{B}{S_L}\right)$$
$$=0.1144+(0.1144-0.07)(1-0.5)(0.5385)=0.1264$$

한편 자기자본비용 r_S는 새로운 자본구조를 반영한 주식베타와 CAPM을 활용하여 다음과 같이 구할 수도 있다.

$$\beta_S=\beta_U\left[1+(1-T_C)\left(\frac{B}{S_L}\right)\right]$$
$$=0.444\times[1+(1-0.5)\times0.5385]=0.5635$$
$$r_S=r_f+[E(r_M)-r_f]\beta_S=0.07+(0.17-0.07)\times0.5635=0.1264$$

새로운 자본구조에서의 가중평균자본비용은 식 (8-8)을 이용하여 다음과 같이 구할 수 있다.

$$WACC=r_U\left[1-\left(\frac{B}{S_L+B}\right)T_C)\right]$$
$$=0.1144\times(1-0.35\times0.5)=0.0944$$

물론 위의 가중평균자본비용은 제7장에서 설명한 식 (7-6)을 이용하여 다음과 같이 구할 수도 있다.

$$WACC=\left(\frac{S}{S+B}\right)r_S+\left(\frac{B}{S+B}\right)r_B(1-T_C)$$
$$=0.65\times0.1264+0.35\times0.07\times(1-0.5)=0.0944$$

3. 자본구조의 현실

3.1 파산비용

파산비용의 의의

부채의 증가에 따른 재무적 곤경에 의해서 기업이 파산할 수 있다.

부채가 증가함에 따라 기업이 재무적 의무를 다하지 못할 가능성은 커지게 된다. 만약 이와 같은 상황이 악화되면, 기업은 재무적 곤경에 처하게 될 것이다. 예를 들어 기업은 우선주에 대한 배당을 하지 못하며, 공급자 또는 은행 등은 기업에 대한 신용(credit)을 확대하지 않을 것이다. 이와 같은 제약은 궁극적으로 기업에 영향을 미칠 수 있다. 만약 이러한 상황이 일정기간 동안 지속되면, 기업은 매력적인 투자기회도 어쩔 수 없이 포기하여야 하는 경우가 발생할 수 있기 때문에 기업의 수익성이 나빠질 수 있다. 극단적인 경우 재무적 곤경에 의해서 기업은 파산(bankruptcy)할 수도 있다.

파산시 주주들은 기업의 자산을 채권자들에게 넘겨주게 된다. 주주들은 채권자들끼리 남아 있는 자산을 가지고 서로 다투도록 하면서 빠져나오면 된다. 주주들은 기업자산의 가치가 채권자들의 청구권의 가치보다 작을 경우에만 이와 같은 행동을 할 것이다. 그러므로 파산의 가능성에 의해서 채권자들은 항상 그들의 청구권의 가치보다 작은 것을 얻게 될 위험에 직면하게 된다. 더구나 파산시 발생하게 되는 파산비용(bankruptcy costs)에 의해서 채권자들의 몫은 더 작아지게 된다. 그러므로 채권자들은 파산가능성이 클수록 파산시 그들이 입게 되는 손실을 보전하기 위하여 더 높은 수익률을 요구하게 된다. 결국 파산비용은 주주들이 부담하게 되는 비용으로서 기업의 가치를 감소시킨다. 여기서 파산으로 인하여 기업의 가치가 감소하는 것은 파산 그 자체의 위험에 의해서가 아니라 파산과 관련된 비용, 즉 파산비용 때문이라는 사실을 유의하여야 한다. 즉 파산의 가능성이 존재하더라도 파산비용이 발생하지 않는 경우에는 완전자본시장의 가정을 벗어난 것이 아니다.[11]

파산비용은 부채를 과다하게 사용하는 기업이 부채의 원리금을 갚지 못해 파산하는 경우 발생하는 제반비용으로서 직접파산비용과 간접파산비용으로 구분될 수 있다. 직접파산비용은 파산이 선고된 기업의 청산과 재조직에 소요되는 법률비용과 관리비용을 의미한다. 즉 직접파산비용은 기업의 파산과정에서 기업이 제3자에게 지급하는 보수로서 변호사수수료, 회계사수수료, 소송비용 등을 말한다. 그리고 간접파산비용은 주요 직원의 기업이탈, 정상가격 이하로 기업자산 매각, 매출액 감소 등에 의해서 간접적으로 기업이 입게 되는 기회비용을 의미한다.[12]

파산비용과 최적자본구조

부채로 인하여 파산비용이 나타나게 되며, 이와 같은 파산비용은 부채를 사용하는 기업의 가치를 감소시킨다. 부채가 증가할수록 실제로 파산한다는 것이 아니라 파산가능성이 커지는 것이므로 엄밀하게 말하면 파산비용은 기대파산비용을 의미하는 것이다. 대개의 경우 파산은 부채사용 후 수년 뒤에 나타날 것이기 때문에 이 파산비용의 현가만큼 기업의 가치가 감소할 것이다. 따라서 법인세와 파산비용을 동시에 고려할 경우 부채를 사용하고 있는 기업의 가치는 다음과 같이 나타낼 수 있다.

$$V_L = V_U + T_C B - PV(BC) \tag{8-9}$$

여기서 $PV(BC)$: 파산비용의 현가

식 (8-9)에서 볼 수 있는 바와 같이 부채의 사용을 증가시킴에 따라 이자비

11 이와 같은 경우 MM(1958년, 1963년)의 명제가 성립할 수 있다.

12 간접파산비용에 주주와 채권자의 이해상충으로 인하여 발생하게 되는 부채의 대리인비용도 포함시킬 수 있다.

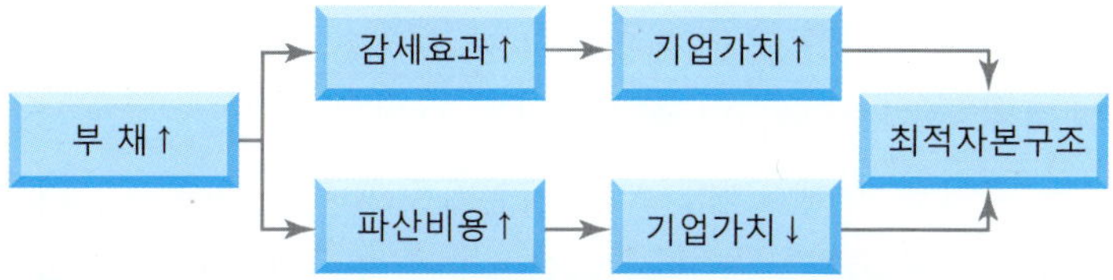

그림 8-3 파산비용과 부채사용의 효과

용의 세금절감효과에 의해 기업의 가치가 증가하는 반면, 파산비용의 증가로 인하여 기업의 가치가 감소하게 된다. 이와 같이 부채의 사용은 기업의 가치에 상반된 영향을 미칠 수 있다. 이와 같은 관계를 그림으로 나타내면 [그림 8-3]과 같다. 이 그림에서 볼 수 있는 바와 같이 부채의 사용에 의해서 나타나는 상반관계(trade-off relationship)에 의해서 최적자본구조가 존재할 수 있음을 알 수 있다.

최적자본구조는 이론적으로 부채사용으로 인한 한계이익(감세효과)과 한계비용(파산비용)이 같아지는 점에서 이루어진다. 파산비용과 기업가치의 관계

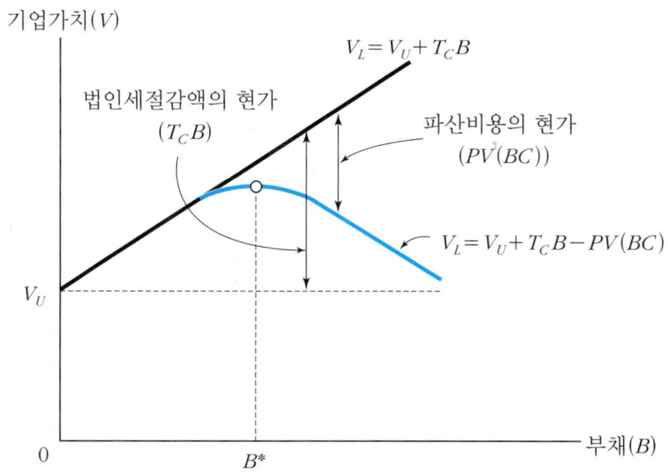

그림 8-4 파산비용과 기업가치

를 구체적으로 나타내면 [그림 8-4]와 같다. 이 그림에서 볼 수 있는 바와 같이 파산비용을 고려할 경우 기업가치는 부채를 이용함에 따라 부채발행액이 B^*일 때까지 증가하다가 그 이후부터는 오히려 감소함을 알 수 있다. 즉 B^* 이전에는 법인세 감세효과에 의한 기업가치의 증가액이 파산비용에 의한 기업가치의 감소액보다 크게 되어 기업가치가 증가하다가, B^*보다 많은 부채를 사용하는 경우 법인세 감세효과에 의한 기업가치의 증가액이 파산비용에 의한 기업가치의 감소액보다 작아져서 기업가치가 감소함을 의미한다. 따라서 기업이 부채를 B^*만큼 사용할 경우 그 기업은 최적자본구조에 도달하게 된다. 그러나 파산비용의 정확한 측정은 아주 어려운 일이기 때문에 최적부채수준을 결정하는 정확한 공식을 도출할 수는 없다.

3.2 대리인비용

대리인비용의 의의

대리인관계는 기업에 자금을 제공한 주인(외부주주 또는 채권자)이 기업의 운영권을 대리인(소유경영자 또는 내부주주)에게 위임하는 계약관계를 말한다. 이와 같은 계약이 대리인에 의해서 행해질지 모를 모든 발생가능한 상황을 충분히 고려하여 체결된다면 대리인문제는 발생하지 않을 것이다. 그러나 계약사항이 불완전하여 대리인의 활동에 자의성이 개입될 여지가 있다면 주인과 대리인 사이에는 갈등이 생기기 쉽다. 이러한 갈등은 주인과 대리인들이 모두 자신들의 효용을 극대화시키는 방향으로 행동하려고 하기 때문에 생기는 것이다. 따라서 주인은 계약에 여러 가지 조항을 규정하여 대리인이 주인의 목표에 벗어나지 않도록 제약을 가하고 또한 대리인들의 활동을 감독하려고 할 것이다.

젠센과 맥클링(M. Jensen and W. Meckling)은 이와 같은 대리인문제로부터 발생하는 금전적 또는 비금전적 비용을 대리인비용(agency costs)이라 하고 이를 다음과 같은 3가지로 분류하고 있다.[13]

---

13 M. Jensen and W. Meckling, "Theory of the Firm: Managerial Behavior, Agency Costs and Ownership Structure," *Journal of Financial Economics*, Vol. 3(October 1976), pp. 305-360.

첫 번째 비용은 감시비용(monitoring costs)으로서 이는 대리인의 행위가 주인의 이익으로부터 이탈하는 것을 제한하기 위하여 주인이 부담하는 비용이다.

두 번째 비용은 확증비용(bonding costs)으로서 이는 대리인이 주인에게 해가 되는 행위를 하지 않고 있음을 확증하기 위하여 대리인이 부담하는 비용이다.

세 번째 비용은 잔여손실(residual losses)로서 이는 위의 감시와 확증에도 불구하고 제거되지 않는 비용이다.

이와 같은 대리인비용들은 기업의 외부자금조달시에 발생하게 되는데 젠센과 맥클링은 주식의 발행에 따른 대리인비용을 지분의 대리인비용(agency costs of equity)이라 하고, 사채의 발행에 따른 대리인비용을 부채의 대리인비용(agency costs of debt)이라 하였다.

대리인비용과 최적자본구조

기업의 부채가 증가할수록 부채의 대리인비용은 증가하고, 반대로 부채 대신에 외부주식의 비율이 증가하면 지분의 대리인비용이 증가한다. 그러므로 이와 같은 두 가지 대리인비용의 합, 즉 총대리인비용이 최소가 되는 외부주식과 부채의 최적배합이 존재할 수 있으며, 이는 세금이 없거나 파산비용이 아주 작은 사회에서도 대리인비용에 의해서 최적자본구조가 존재할 수 있음을 의미한다.

부채의 사용을 증가시킴에 따라 이자비용의 법인세 절감효과에 의해 기업의 가치가 증가하는 반면, 파산비용의 증가로 인하여 기업의 가치가 감소하고 동시에 대리인비용의 순효과(부채의 대리인비용의 증가로 인한 기업가치의 감소액에서 지분의 대리인비용의 감소로 인한 기업가치의 증가액을 차감한 것)만큼 기업의 가치는 감소할 수 있다. 이와 같이 부채의 사용은 기업의 가치에 상반된 영향을 미칠 수 있다. 그 관계를 구체적으로 나타내면 [그림 8-5]와 같다.

[그림 8-5]에서 볼 수 있는 바와 같이 부채의 증가에 따라 나타나는 상반효과에 의해서 최적자본구조가 존재할 수 있다. 최적자본구조는 이론적으로 부채사용으로 인한 한계이익(감세효과와 지분의 대리인비용의 감소로 인한 기업가치의 증가)과 한계비용(파산비용과 부채의 대리인비용의 증가로 인한 기업가치의 감소)이 같아지는 점에서 이루어진다. 그러나 파산비용 또는 대리인비용의 정

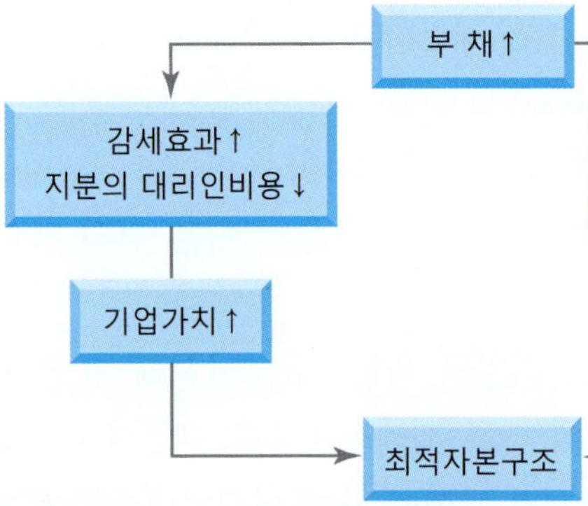

그림 8-5 대리인비용과 부채사용의 효과

확한 측정이 어려운 현실에 비추어 정확한 최적자본구조를 도출한다는 것은 어려운 일이다.

뉴스 속 재무

기업의 자본구성에는 '동료효과'가 존재할까

기업의 자본구조란 외부에서 빌려온 타인자본과 스스로 조달한 자기자본의 비율을 의미한다. 재무학계는 오래 전부터 자본구조를 결정하는 요인들에 대해 끊임없이 논쟁을 벌여왔다. 현재까지 밝혀진 바에 따르면 한계세율이나 부도위험에서 비롯되는 손실, 정보비대칭 등 여러 요인들이 복합적으로 작용하는 것으로 알려져 있다. 이와 더불어 자본구조에 대한 기업의 의사결정은 독립적으로 이뤄진다고 여겨져 왔다. 즉 기업의 최고재무책임자(CFO)는 본인 기업의 특성을 고려해 최적의 자본구조를 결정하며 이 과정에서 다른 기업의 자본구조나 기업 특성은 배제한다.

그러나 미 워싱턴대 올린경영대학원의 마크 리어리 교수가 동료 교수와 함께 발표한 논문은 기존에 알려진 바와 다르다. 리어리 교수는 자본구조에 대한 의사결정에서 '동료효과(peer effect)'가 존재하는지 살펴봤다. 동료효과란 집단 내 동료들의 행동과 사고방식이 그 집단에 속한 개인의 의사결정에 영향을 주는 현상을 일컫는다. 리어리 교수는 1965~2008년에 걸쳐 총 9,126개 미국 상장기업으로 표본을 구성해 동료 기업군의 자본구조와 어떤 상관관계가 있는지를 분석했다. 그 결과 동료 기업의 부채비율이 상승하면 표본 기업의 부채비율도 상승했다. 특히 규모가 작고 수익성이 낮은 기업은 규모가 크고 수익성이 좋은 기업의 영향을 크게 받았다. 반대의 관계에서는 동료효과가 관찰되지 않았다. 따라서 자본구조를 결정하는 과정에 동료효과가 실증적으로 존재하며 이는 집단 내 선도기업의 자본구조를 바람직하다고 여겨 이를 따라 하고자 하는 현상으로 나타나는 것을 알 수 있다. 어떤 자본구조가 최적인가에 대한 학문적 합의는 아직 없다. CFO 중에도 본인 기업에 딱 맞는 자본구조가 무엇인지 명확히 답할 수 있는 사람이 많지 않을 것이다. 이 연구에 따르면 이런 CFO들은 동료 CFO들의 결정을 눈여겨보다가 모방할 가능성이 높다.

〈동아일보, 2015. 4. 16 수정, 엄찬영교수(한양대 파이낸스 경영학과)〉

3.3 우리나라 기업의 자본구조

우리나라의 산업별 자본구조는 〈표 8-1〉과 같다. 〈표 8-1〉에서 볼 수 있는 바와 같이 2023년 말 현재 제조업의 부채비율(77.0% → 75.9%)이 전년 말보다 감소하였으나, 차입금의존도(22.1% → 22.5%)는 전년 말보다 소폭 상승하였다. 전년도에 비해 2023년도 재무구조의 안정성은 약간 개선된 것으로 나타났다. 기업규모별로는 대기업에 비해 중소기업의 안정성지표가 전년 말보다 더 많이 개선되었으나, 대기업이 중소기업보다 양호한 것으로 나타났다.

2023년 말 현재 비제조업 차입금의존도는 37.0%로 전년 말 36.9%에 비해 0.1%p 상승하였고, 부채비율이 163.2%로 전년 말의 164.0%에 비해 0.8%p 감소하여 전반적인 재무구조 안정성은 약간 개선된 것으로 평가된다. 기업규모별로 보면 대기업, 중소기업 모두 부채비율이 감소하였으나, 차입금의존도에 있어서는 중소기업은 약간 감소한 반면 대기업은 소폭 상승하였다.

그리고 〈표 8-2〉에서 볼 수 있는 바와 같이 우리나라 제조업의 부채비율은 미국, 일본 등 주요 선진국에 비해서 현저하게 낮은 실정이다.

표 8-1 산업별 자본구조

(단위 : %)

산 업	부채비율			차입금의존도		
	2022	2023	차이	2022	2023	차이
제조업	77.0	75.9	−1.1	22.1	22.5	0.4
대기업	64.4	64.3	−0.1	16.8	17.7	0.9
중소기업	117.4	114.5	−2.9	35.2	34.8	−0.4
비제조업	164.0	163.2	−0.8	36.9	37.0	0.1
대기업	141.6	143.0	1.4	31.1	31.6	0.5
중소기업	203.6	198.0	−5.6	45.0	44.6	−0.4

주) 부채비율(%) $= \frac{\text{부채}}{\text{자기자본}} \times 100$, 차입금의존도(%) $= \frac{\text{차입금} + \text{회사채}}{\text{총자본}} \times 100$.

자료: 한국은행, 2023년 기업경영분석

표 8-2 한국 · 미국 · 일본의 부채비율(제조업) 비교

(단위 : %)

국가	2016	2017	2018	2019	2020	2021	2022	2023
한국	80.2	77.0	73.6	73.5	76.3	78.6	77.0	75.9
미국	147.2	141.6	141.1	141.3	144.8	132.7	121.4	121.6
일본	109.7	105.5	100.3	103.9	104.7	102.4	100.8	96.7

자료: 한국은행, 2023년 기업경영분석

뉴스 속 재무

1,000대 상장사 재무건전성 개선 … 부채비율 20년 새 320% → 160%

최근 20년 새 국내 대기업 재무건전성이 크게 개선됐다. 지난 2000년 당시 국내 1,000대 기업의 부채비율은 300%를 넘었는데, 2010년 이후로 200% 미만 수준을 유지해오고 있는 것으로 조사됐다. 2021년엔 160%를 기록했다 업종별 부채비율은 해운과 항공 등이 포함된 운송업은 높고, 전자업은 낮아 대조를 보였다. 기업분석전문 한국CXO연구소는 2022년 7월 20일 이 같은 내용을 골자로 한 '2000~2021년 국내 1,000대 기업 부채비율 변동 분석' 결과를 발표했다. 조사 대상 1,000대 기업은 상장사 기준이고, 각 년도 매출 순이다. 부채비율은 통상

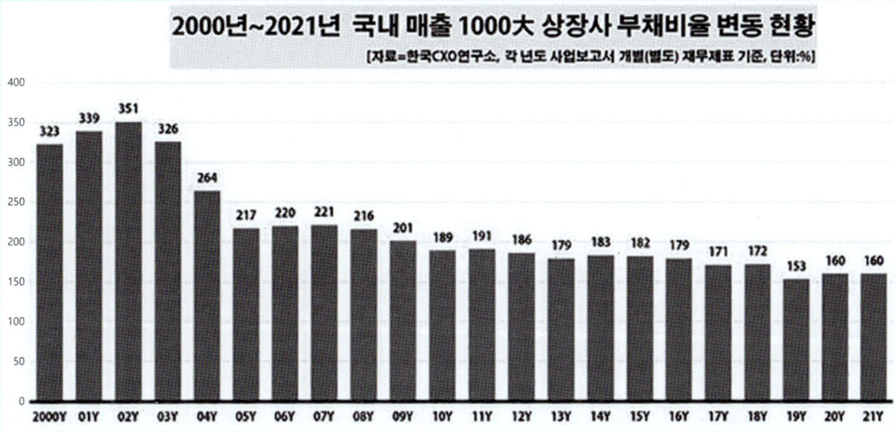

200%를 넘으면 경영에 불안요소가 높아지고 300%면 금융비용이 순이익을 깎아먹는 상황, 400%면 기업 존립이 위태롭다는 의미가 강하다.

조사 결과 지난 2000년 당시 국내 1,000대 기업의 전체 부채비율은 323% 수준인 것으로 확인됐다. 이는 우리나라에 IMF 외환위기가 찾아왔던 1997년 당시 589%에 비하면 크게 떨어진 수치다. 2001년(339%)→2002년(351%)→2003년(326%)에도 여전히 부채비율 300%대를 유지했다. 그러다 2004년으로 넘어오며 부채비율은 264%로 300% 미만으로 떨어지기 시작했다. 이후 2005년 217% → 2006년 220% → 2007년 221% → 2008년 216%로 220% 내외 수준으로 비슷했다. 2010

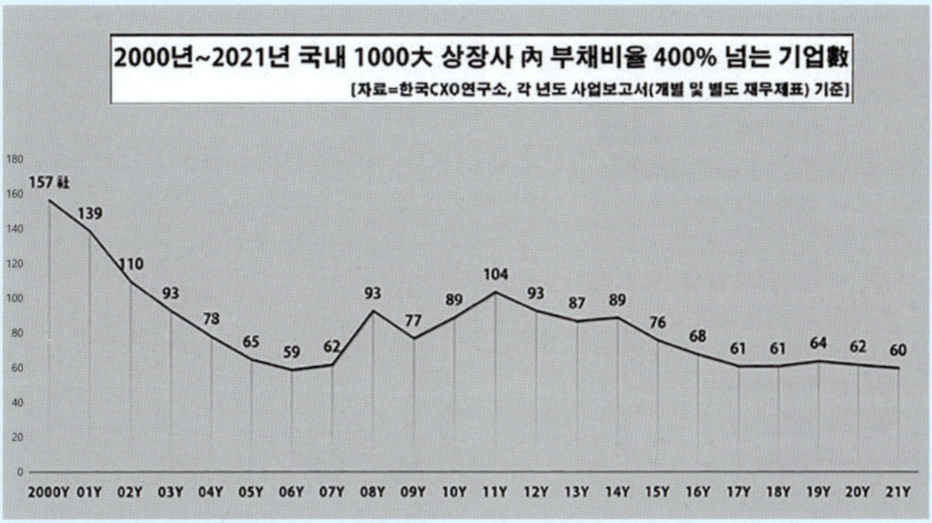

년(189%)부터는 본격적으로 200% 미만으로 부채비율이 낮아졌다. 2019년에는 153%로 최근 20년 중 가장 낮은 부채비율을 기록하기도 했다. 2020년과 2021년 최근 2년 간 부채비율도 160%로 조사됐다. 현재와 같은 상황이 유지되면 제2의 IMF외환위기가 발생할 가능성도 현저히 낮아진다.

부채비율이 400%가 넘는 고위험 기업 숫자도 줄어드는 추세다. 지난 2000년 당시만 해도 1,000곳 중 157곳이 부채비율 400%를 넘었던 것으로 파악됐다. 2001년(139곳)과 2002년(110곳)에도 100곳 넘게 포함됐다. 지난 2006년에는 59곳으로 2000년 이후 가장 적었다. 2016년부터 2021년까지는 70곳 미만 수준으로 집계

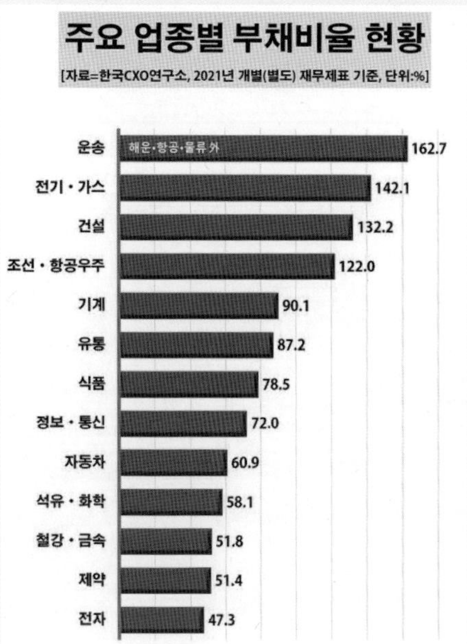

됐다. 재무건전성에 경고등이 들어온 기업은 2000년대 초반 때보다는 줄었다.

업종별 부채비율을 2021년 기준으로 살펴보면 희비가 엇갈렸다. 해운·항공·육상물류 등이 포함된 운송업의 작년 평균 부채비율은 162.7% 수준이었다. 주요 업종 중 상대적으로 높은 편에 속했다. 이 중에서도 아시아나항공의 2021년 말 기준 부채비율이 2,200%를 넘어섰고 티웨이항공(1,495%), 에어부산(674%), 제주항공(587%) 등도 500%를 넘어섰다. 대한항공은 275%로 항공사 중에서는 부채비율이 상대적으로 적은 편에 속했다. 운송업 다음으로 전기·가스업(142.1%), 건설(132.2%), 조선·항공우주업(122%) 순으로 부채비율이 높았다. 이와 달리 삼성전자와 SK하이닉스 등이 포함된 전자업은 47.3%로 가장 낮았다. 이 중 국내 1위 기업 삼성전자의 2021년 말 기준 부채비율은 30%밖에 되지 않았다. 재무건전성이 매우 우수한 기업군에 속한다. 이외 △제약업(51.4%) △철강·금속(51.8%) △석유화학(58.1%) △자동차(60.9%) △정보·통신(72%) △식품(78.5%) △유통(87.2%) △기계(90.1%) 업종 등은 2021년 업계 평균 부채비율이 100% 미만이었다.

2021년 국내 1,000대 기업 중 매출 1조 클럽에 가입한 대기업 중 비금융 업체이면서 2022년 1분기 기준 부채비율이 400%를 넘고, 1분기에만 영업적자와 순손실을 동시 기록해 트리플 악재의 위기

에 처한 곳은 대우조선해양이 유일했다. 이 회사의 2022년 3월 말 기준 자본총액은 1조 6,359억원, 부채총액은 8조 9,424억원으로 부채비율만 해도 546.6%인 것으로 파악됐다. 이는 3개월 이전인 2021년 말 기준 부채비율 390.7%보다 155%포인트나 높아진 수치다. 재무건전성이 불과 3개월 새 급속히 나빠졌다는 얘기다.

〈데일리 한국, 2022. 7. 20 수정〉

PRINCIPAL TERMS

주 | 요 | 용 | 어

MM의 무관련이론 (법인세가 없는 경우)

- MM 명제 I : 기업의 가치는 자본구조와 무관하다.

$$V_U = V_L$$

- MM 명제 II : 자기자본비용 r_S는 부채비율(B/S_L)이 증가함에 따라 증가하여 상대적으로 저렴한 비용으로 사용할 수 있는 부채의 이점을 완전히 상쇄시킨다.

$$r_S = r_U + (r_U - r_B)\left(\frac{B}{S_L}\right)$$

차익거래이익 (arbitrage profit)

자금을 추가로 투자하지 않고, 위험도 부담하지 않으면서 얻을 수 있는 이익을 의미한다.

MM의 수정이론 (법인세가 있는 경우)

- MM 명제 I : 부채를 사용하는 기업의 가치 V_L은 부채를 전혀 사용하고 있지 않은 기업의 가치 V_U와 이자비용의 법인세 절감액의 현가 $T_C B$를 합한 것과 같다.

$$V_L = V_U + T_C B$$

- MM 명제 II : 자기자본비용 r_S는 부채비율(B/S_L)이 증가함에 따라 증가하나 상대적으로 저렴한 비용으로 사용할 수 있는 부채의 이점을 완전히 상쇄하지는 못한다.

$$r_S = r_U + (r_U - r_B)(1 - T_C)\left(\frac{B}{S_L}\right)$$

파산비용 (bankruptcy costs)

부채를 과다하게 사용하는 기업이 부채의 원리금을 갚지 못해 파산하는 경우 발생하는 제반비용으로서 직접파산비용(파산이 선고된 기업의 청산과 재조직에 소요되는 법률비용과 관리비용 등)과 간접파산비용(주요 직원의 기업이탈, 정상가격 이하로 기업자산 매각, 매출액 감소 등에 의해서 간접적으로 기업이 입게 되는 기회비용)으로 구분된다.

파산비용과 기업가치

$$V_L = V_U + T_C B - PV(BC)$$

파산비용과 최적자본구조

이론적으로 부채사용으로 인한 한계이익(감세효과)과 한계비용(파산비용)이 같아지는 점에서 이루어진다.

대리인비용 (agency costs)

주인과 대리인의 갈등, 즉 대리인문제로부터 발생하는 금전적 또는 비금전적 비용으로서 감시비용, 확증비용, 잔여손실로 분류된다.

지분의 대리인비용 (agency cost of equity)

주인인 외부주주와 대리인인 소유경영자(내부주주) 사이의 갈등에 따라 발생하는 대리인비용을 의미한다.

부채의 대리인비용 (agency cost of debt)

주인인 채권자와 대리인인 소유경영자(내부주주) 사이의 갈등에 따라 발생하는 대리인비용을 말한다.

대리인비용과 최적자본구조

부채의 대리인비용과 지분의 대리인비용의 합, 즉 총대리인비용이 최소가 되는 외부주식과 부채의 최적배합을 의미한다.

EXERCISES
연 | 습 | 문 | 제

QUESTION I

완성/선택형 문제

01 다양한 새로운 종류의 증권이 급속히 개발되어 이용되는 현상을 (　　　　)현상이라 한다.

02 법인세가 없는 완전자본시장에서 두 기업의 가치는 일시적으로 서로 다를 수 있지만, (　　　　)을 얻기 위한 투자자들의 (　　　　)을 통해서 결국 같아지게 된다.

03 법인세가 존재하는 경우 부채로 인한 (　　　　)를 얻을 수 있으므로 부채가 증가함에 따라 비례적으로 기업의 가치가 증가한다.

04 부채의 사용을 증가시킴에 따라 부채의 법인세 절감효과에 의해 기업의 가치가 (　　　　)하는 반면, 파산비용의 증가로 인하여 기업의 가치가 (　　　　)하고 동시에 대리인비용의 순효과(부채의 대리인비용의 증가로 인한 기업가치의 감소액에서 지분의 대리인비용의 감소로 인한 기업가치의 증가액을 차감한 것)만큼 기업의 가치는 (　　　　)할 수 있다.

05 자본조달과 기업가치에 대한 다음의 설명 중 잘못된 것은?

① 효율적 자본시장하에서도 기업이 전환사채와 같은 복합증권(complex security)을 발행하여 새로운 가치를 창출할 수 있다.

② 자본조달수단에 따라 세금혜택이 달라지게 된다. 그러므로 기업은 세금을 최소화하는 자본조달수단을 선택함으로써 기업의 가치를 증가시킬 수 있다.

③ 발행비용 등을 최소화시키는 증권들로 자본을 조달함으로써 기업의 가치를 증가시킬 수 있다.

④ 새로운 증권의 창출에 의한 가치의 증가는 금융혁신에 앞장선 기업만이 얻을 수 있다.

⑤ 보조금을 제공하는 자본조달수단, 즉 특혜금융을 이용함으로써 기업의 가치를 증가시킬 수 있을 것이다.

06 MM의 무관련이론(1958년)에 대한 다음의 설명 중 거리가 먼 것은?

① 법인세가 없는 완전자본시장을 가정한다.

② MM 명제 I 은 자본구조만 서로 다르고 경영위험과 영업이익이 동일한 두 기업의 가치는 동일하여야 한다는 것을 의미한다.

③ 기업이 자본구조를 변경함으로써 개별투자자는 보다 높은 투자성과를 얻을 수 있다.

④ MM의 명제 I 이 성립하려면 개인이 기업과 동일한 이자율로 부채를 차입할 수 있다는 전제가 필요하다.

⑤ 레버리지의 증가에 따라서 자기자본의 위험이 증가하며, 그것에 대한 보상으로 보다 높은 수익률을 요구하게 된다는 것이 MM의 명제 II 이다.

07 (주)청남의 가중평균자본비용(WACC)은 15%이며, 부채의 자본비용은 12%이다. 만약 (주)청남의 부채비율(부채/자기자본)이 1이라면, 이 회사의 자기자본비용은? (단, 법인세가 없다고 가정한다.)

① 15% ② 18% ③ 19%

④ 20% ⑤ 22%

08 MM의 수정이론(1963년)에 대한 다음의 설명 중 거리가 먼 것은?

① 법인세가 있는 경우 부채로 인한 이자비용의 세금절감효과를 얻을 수 있으므로 부채가 증가함에 따라 비례적으로 기업의 가치가 증가한다.

② MM 명제 I 에 의하면 부채를 사용하는 기업의 가치 V_L은 부채를 전혀 사용하고 있지 않은 기업의 가치 V_U와 이자비용의 법인세 절감액의 현가 $T_C B$를 합한 것과 같다.

③ MM 명제 II 에 의하면 부채비율이 증가하는 경우, 자기자본비용은 상대적으로 저렴한 부채의 이점을 완전히 상쇄할 정도로 증가하지는 않는다.

④ 부채비율이 증가함에 따라 가중평균자본비용(WACC)이 감소하여 기업의 가치는 증가하게 된다.

⑤ 법인세율이 인하될 경우 가중평균자본비용이 감소된다.

09 (주)청남의 가중평균자본비용(WACC)은 15%이며, 부채의 자본비용은 12%이다. 만약 (주)청남의 부채비율(부채/자기자본)이 1이라면, 이 회사의 자기자본비용은? (단, 법인세율은 40%이다.)

① 18.0% ② 20.4% ③ 21.1%
④ 22.8% ⑤ 23.2%

10 (주)서울은 현재 부채를 사용하지 않고 있으며, 자기자본의 가치는 20억원이다. (주)서울이 10억원의 부채를 발행하여 자사주를 재매입하는 경우 이 회사의 가치는? (단, 법인세율은 40%이다.)

① 22억원 ② 24억원 ③ 26억원
④ 28억원 ⑤ 30억원

11 D기업의 자본구조는 부채 20%와 자기자본 80%로 구성되어 있다. 이 기업의 최고경영진은 부채를 추가로 조달하여 자사주매입 후 소각을 통해 부채비율(부채/자기자본)을 100%로 조정하고자 한다. 현재 무위험수익률은 3%이고, D기업 보통주의 베타는 2.30이며 법인세율은 40%이다. 부채를 추가로 조달한 후의 베타에 가장 가까운 것은? (단, CAPM 및 MM의 수정이론(1963)이 성립하고, 부채비용은 무위험수익률과 동일하다고 가정한다.) (CPA 2020)

① 3.05 ② 3.10 ③ 3.15
④ 3.20 ⑤ 3.25

12 파산비용과 대리인비용에 대한 다음의 설명 중 거리가 먼 것은?

① 파산위험으로 인하여 기업의 가치가 감소한다.
② 파산비용의 정확한 측정은 아주 어려운 일이기 때문에 최적부채수준을 결정하는 정확한 공식을 도출할 수는 없다.
③ 기업의 부채가 증가할수록 부채의 대리인비용은 증가하고, 반대로 부채 대신에 외부주식의 비율이 증가하면 지분의 대리인비용이 증가한다.
④ 세금이 존재하지 않거나 파산비용이 아주 작은 사회에서도 대리인비용에 의해서 최적자본구조가 존재할 수 있다.
⑤ 최적자본구조는 이론적으로 부채사용으로 인한 한계이익과 한계비용이 같아지는 점에서 이루어진다.

QUESTION II

서술/계산형 문제

01 기업이 자금조달결정에 의해 새로운 가치를 창출할 수 있는 방법에 대해 설명하라.

02 MM의 명제 Ⅰ, Ⅱ를 법인세가 없는 경우와 있는 경우로 구분하여 설명하라.

03 기업가치와 파산비용, 대리인비용의 관계에 대해서 설명하라.

04 (MM의 무관련이론(1958): 법인세가 없는 경우)

바다식품(주)는 수산물을 가공하는 새로운 공장의 건설을 계획하고 있다. 이 회사는 전통적으로 모든 이익을 주주에게 배당하고, 투자에 소요되는 자금을 보통주의 신규발행에 의해서 조달해 왔다. 현재 발행된 부채 또는 우선주는 없다. 기업과 새로운 공장에 대한 자료는 다음과 같다. 모든 이익은 일정하게 영구적으로 발생된다.

(기업자료)
- 현재의 연간이익: 25억원
- 발행주식수: 100만주

(새로운 공장)
- 최초의 투자지출액: 20억원
- 추가적인 연간이익: 5억원

경영자는 새로운 공장과 기업의 위험이 동일하다고 생각한다. 현재의 자기자본에 대한 요구수익률은 10%이다. 법인세가 없는 완전자본시장을 가정하여 다음의 물음에 답하라.

(1) 새로운 공장에 대한 자금을 조달하기 위하여 보통주를 발행한다면, 바다식품(주)의 총시장가치는 얼마인가?

(2) 이자율 8%로 영구채 20억원을 발행하여 새로운 공장에 대한 자금을 조달하였다.

① 바다식품(주)의 총시장가치는 얼마인가?

② 자기자본의 요구수익률은 얼마인가?

05 (MM의 수정이론(1963): 법인세가 있는 경우)

부채비율(부채/자기자본)이 200%인 (주)서울의 자기자본비용은 18%이다. 그리고 부채에 대한 이자율은 10%이다. 법인세율이 40%일 경우 다음의 물음에 답하라. (단, 시장의 기대수익률은 12%, 무위험이자율은 8%이다.)

(1) 이 회사의 가중평균자본비용을 구하라.

(2) 이 회사가 주식을 발행하여 현재의 부채를 전액상환할 경우의 자기자본비용과 베타를 구하라.

06 (MM의 수정이론(1963): 법인세가 있는 경우)

(주)청운은 현재 부채를 사용하지 않고 있으며, 현재가치는 50억원, 자본비용은 15%이다. 이 회사는 부채비율(부채/자기자본)을 1.0으로 변경하려고 한다. 부채에 대한 이자율은 10%, 법인세율은 40%일 경우 다음의 물음에 답하라.

(1) 부채비율을 1.0으로 변경할 경우 이 회사의 자기자본비용과 가중평균자본비용은?

(2) 부채비율을 1.0으로 변경하려면 이 회사가 부채로 조달해야 하는 자금은?

07 (법인세 절감효과, 파산비용 등)

(주)청산은 현재 부채를 사용하지 않고 있으며, 기업가치는 100억원이다. 이 회사는 사채를 발행하여 자사주를 매입하는 경우 기업가치는 105억원이며, 파산비용의 현재가치는 2억원으로 추정된다. (주)청산이 부채를 발행하여 자사주를 매입할 경우, 부채사용으로 인한 법인세 절감액의 현재가치는?

제 9 장

배 당 정 책

1. 현금배당과 배당의 지급절차
2. 배당과 기업가치
3. 배당정책의 실제
4. 배당의 특수형태

주주가 배당으로 나온 돈을 받고 기뻐하고 있다. 그러나 기업이 단순히 배당을 늘린다고 해서 주주 부(주식가치)가 증가될 수 있을까?

Financial Management

기업이 주주에게 배당을 얼마나 지급하여야 하는가에 관한 문제는 경영자의 주요한 관심사 중 하나이다. 주주들은 직접 또는 간접적으로 기업이 창출한 이익의 분배를 기대하면서 기업에게 자본을 제공한다. 기업이 이익 중 일부를 배당의 형태로서 지급할 때 주주들은 직접적인 이득을 취할 수 있다. 그러나 기업이 새로운 성장기회를 얻기 위하여 배당을 지급하는 대신 이익을 유보시킨다면, 주주들은 주가상승을 통하여 간접적인 이득을 기대할 수 있을 것이다. 즉 주주의 부는 배당 또는 자본이득을 통하여 증가될 수 있다. 이 경우 주주들이 어느 방법을 통한 이득을 더 선호하느냐, 즉 배당 또는 자본이득 중 어느 것을 더 선호하느냐가 배당정책의 핵심이라 할 수 있다.

배당정책(dividend policy)이란 기업이 벌어들인 순이익을 기업의 소유주인 주주들에게 지급하는 배당과 미래의 투자기회에 대처하기 위하여 사내에 적립하는 이익잉여금 또는 유보이익(retained earnings)으로 구분하는 의사결정을 의미한다. 배당정책도 다른 재무의사결정과 마찬가지로 기업가치 또는 주주의 부를 극대화시킬 수 있는 차원에서 이루어져야 한다. 이를 위하여 본장에서는 배당정책이 기업가치에 어떠한 영향을 미치는지에 관하여 자세히 살펴보고자 한다.

학습목표

1. 현금배당과 배당의 지급절차에 대해서 알아본다.
2. 배당과 기업가치의 관계에 관한 여러 가지 이론들을 학습한다.
3. 기업의 실제 배당정책을 살펴본다.
4. 주식배당, 주식분할, 자사주 매입 등 배당의 특수형태에 대해 살펴본다.

1. 현금배당과 배당의 지급절차

일반적으로 배당이란 주식회사가 주주에게 기업의 순이익을 배분하기 위하여 지급하는 현금을 의미한다.[1]

1.1 현금배당의 유형

현금배당(cash dividend)은 지급방법에 따라 정규현금배당, 추가현금배당, 특별현금배당 등으로 분류된다.

알 | 아 | 두 | 기

배당의 척도

기업이 얼마나 배당하고 있는가를 나타내는 척도로는 다음과 같은 여러 가지가 사용되고 있다.

- 주당배당금(dividend per share): 주식 1주에 대한 현금배당액

$$주당배당금 = \frac{총배당액}{총발행주식수}$$

- 배당수익률(dividend yield): 주식의 시장가치에 대한 배당액의 비율

$$배당수익률 = \frac{주당배당금}{주가}$$

- 배당률(dividend ratio): 주식의 액면가치에 대한 배당액의 비율

$$배당률 = \frac{주당배당금}{액면가}$$

- 배당성향(dividend payout): 기업의 순이익 중 주주에게 배당으로 지급된 금액 비율

$$배당성향 = \frac{주당배당금}{주당순이익} = 1 - 유보비율$$

---

1 배당은 대부분 현금을 지급하는 형태로 이루어지나 기업의 사정에 따라 주식배당, 자사주 매입, 주식분할 등 특수한 형태를 취하는 경우가 있다. 이에 대해서는 본장의 제4절에서 자세히 설명할 것이다.

정규현금배당

정규현금배당(regular cash dividend)은 매년 정기주주총회의 결의를 거쳐 정기적으로 지급되는 배당을 말한다. 일반적으로 정규현금배당은 기업의 일시적인 경영성과와 관계없이 일정하게 지급되는 경향이 있다. 대부분의 기업에서는 순이익이 일시적으로 증가하거나 감소하더라도 안정적인 배당을 위하여 매년 일정한 배당을 지급하고 있다. 특히 경영자들은 장기적으로 기업전망이 호전되어 적어도 배당압박에 대한 우려가 없다는 확신이 있을 때만 정규현금배당을 증가시킬 것이다.

추가현금배당

추가현금배당(extra cash dividend)은 경영자가 장기적으로 기업전망이 개선될 것이라고 확신할 수는 없지만 일시적으로 많은 이익을 얻을 경우 정규현금배당 이외에 추가적으로 지급되는 현금배당을 의미한다. 따라서 추가현금배당은 순이익의 증가가 지속적으로 실현될 경우에는 계속 지급될 수 있으나, 순이익의 증가가 일시적일 때는 그 지급이 중단될 수 있다.

특별현금배당

특별현금배당(special cash dividend)은 1회용 보너스의 형태로 지급되는 현금배당으로서 정상적인 배당지급시기 이외의 시기에 임시주주총회의 결의를 거쳐 지급되는 배당이다. 따라서 특별현금배당은 반복적으로 지급되지 않는 경향이 있다.

1.2 현금배당의 지급절차

우리나라의 상법에서는 배당지급에 관한 사항을 매회계연도 종료일로부터 3개월 내에 열리는 주주총회에서 결의하도록 규정하고 있다. 배당지급에 관한 사항은 주당배당금, 배당기준일, 배당지급일 등을 포함한다. 미국의 경우

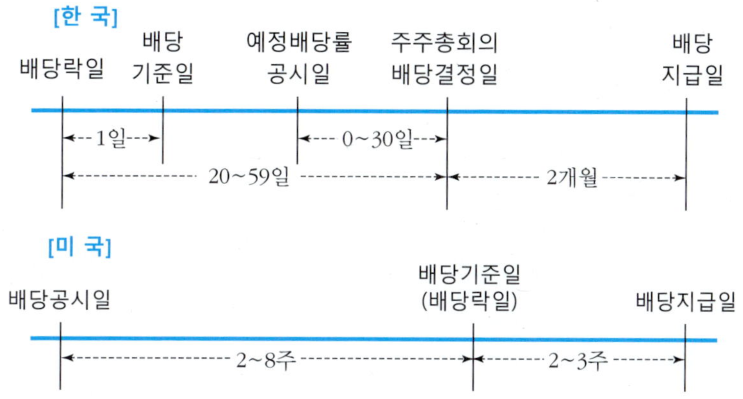

그림 9-1 한국과 미국의 배당지급절차 비교

우리나라와 달리 이사회의 결정에 의해 배당이 지급된다.

우리나라와 미국의 배당지급절차는 다소 상이하며, 양국의 지급절차를 단계별로 비교하여 정리하면 [그림 9-1]과 같다. 이 그림에서 배당기준일(record date)은 배당을 지급받을 주주를 확정시키기 위하여 주주명부를 폐쇄시키는 날을 말한다. 따라서 배당기준일은 주식의 명의개서가 가능한 마지막 날이다. 12월 말 결산법인의 경우에는 당해사업연도의 마지막 날인 12월 31일이 배당기준일이다. 그리고 배당락일(ex-dividend date)은 배당금에 대한 권리가 상실되는 날을 의미하며, 배당락일 이후에 주식을 매입하는 경우 배당을 받을 수 없다. 일반적으로 배당락일은 배당기준일 이전에 발생되는데, 그 이유는 투자자가 주식을 매입한 후 그 결제가 완료되거나 그 주식의 소유권이전을 회사에 통고하기까지는 일정한 시간이 소요되기 때문이다. 우리나라의 경우에는 거래체결일을 포함하여 거래체결일로부터 3일째 되는 날(T+2)에 결제가 이루어지므로 배당락일이 배당기준일 1일 전인 경우가 많다.[2] 예를 들어 6월 30일 결산법인의 경우 배당락일은 6월 29일이다. 그러나 12월 말 결산법인의 경우는 증권시장이 연말에 거래일기준으로 1일간 휴장되어 결제가 허용되지 않기 때문에 배당락일은 12월 마지막 거래일의 하루 전날이 된다.

2 미국의 경우 거래체결일을 포함하여 거래체결일로부터 2일째 되는 날(T+1)에 결제가 이루어지므로 배당락일은 배당기준일이 된다.

이와 같은 배당락조치는 배당을 받을 수 있는 주주를 확정시키기 위하여 한국거래소(Korea Exchange: KRX)에서 이루어지는 시장조치로서 배당락일에 형성되는 주가를 배당락주가라고 한다. 우리나라에서는 결산기가 지난 후에 지급되는 배당(연말배당) 외에 영업연도 중 1회에 한하여 이사회의 결의에 의해 정관에 정해진 날(배당기준일로 통상 반기 결산일)에 현금으로 중간배당(반기배당)을 할 수 있도록 허용하고 있다. 또한 배당활성화를 유도하기 위하여 2004년 4월부터 분기배당제도가 도입됨으로써 상장법인은 연말배당을 포함하여 1년에 최대 4회의 배당을 실시할 수 있게 되었다.

우리나라의 배당지급제도는 다음과 같은 몇 가지 문제점을 가지고 있다.

첫째, 미국에서는 배당금이 기업의 재무정책의 일환으로서 수시로(통상적으로 매분기마다, 즉 1년에 4번) 지급되고, 결산서류의 확정 및 이익배당결정권이 주주총회가 아닌 이사회에 부여되고 있다. 이는 회사경영 전반에 정통한 이사들이 이익배당을 정하는 것이 합리적이라는 데 근거를 두고 있다. 우리나라에서는 주주의 이익을 보호한다는 취지에서 배당결정권을 주주총회에 부여하고 있으나, 이 경우 배당정책이 기업의 계속적인 성장을 위한 장기계획에 의거하여 실시되기보다는 주주들의 현금요구를 만족시키는 수준에서 근시안적으로 결정되기 쉽다는 문제점이 있다.

둘째, 우리나라 연말배당의 경우 결산기 이후에 개최되는 주주총회에서 연말 정기배당결의가 이루어지기 때문에 배당금이 확정되기 전에 배당락이 일어난다는 모순이 발생할 수 있다.[3] 미국에서는 이사회의 결의로 배당금의 수준과 배당기준일이 정해지고 이에 의거하여 배당락가격이 형성되는 데 반하여, 우리나라에서는 배당금이 확정되지 않은 상태에서 배당락가격이 형성된다. 이 경우 배당락은 투자자들의 배당금에 대한 기대를 근거로 이루어지기 때문에 공정하고 정확한 배당락주가의 형성이 어렵고, 따라서 구주주와 신주주 사이에 이해상충의 가능성이 존재할 수 있다. 예를 들어 당초의 기대보다 더 높은 배당금이 지급된다면, 배당금에 대한 권리를 보유하고 있는 기존주주들은 배당락 이후에 주식을 매입한 신주주들의 희생하에 부당이득을 취할 수 있게 된다.

3 2024년부터 정관변경에 의해 주주총회에서 배당이 결정된 후 배당기준일을 정할 수 있게 되었다.

알 | 아 | 두 | 기

중간배당, 분기배당, 현물배당

중간배당

기업이 영업연도 중간에 실시하는 배당을 말한다. 우리나라 상법에 따르면 기업이 정관에 정한 바에 따라 영업연도 중 1회에 한하여 이사회 결의로 일정한 날(배당기준일)을 정하여 주주에게 현금(현물 포함)으로 중간배당을 할 수 있다. 중간배당은 정기주주총회의 의결을 거쳐 정기적으로 지급되는 정규현금배당과 달리 이사회의 결의로 가능하다. 중간배당은 통상 반기결산일을 기준으로 이뤄지고 있는데, 예를 들어 12월 결산법인이 실시하는 중간배당의 기준일은 6월 30일이 된다. 중간배당의 결정시기는 정관으로 정하며, 중간배당은 이사회결의후 1월 내 지급된다.

분기배당

기업이 분기마다 실시하는 배당을 말한다. 자본시장법에 따르면 사업연도 개시일로부터 3, 6, 9월 말일(배당기준일)의 주주에게 이사회결의로 분기배당을 실시할 수 있다. 분기배당은 중간배당과 달리 현금으로만 이뤄진다. 분기배당의 결정시기는 분기말일로부터 45일 이내이며, 분기배당은 이사회 결의후 20일 내에 지급된다.

현물배당

현금이 아닌 기업이 보유한 주식, 상품 등 비화폐성 자산으로 실시되는 배당으로서 재산배당이라고도 한다. 현물배당이 실시될 경우 배당금액은 주주에게 분배할 비화폐성 자산의 공정한 시장가치가 된다. 현물배당제도는 2011년 상법 개정으로 도입되었는데, 2015년 6월에 삼성물산과 제일모직의 합병을 반대한 미국 헤지펀드 엘리엇 매니지먼트가 삼성물산에 현물배당을 할 수 있도록 정관 개정을 요구하면서 세간의 관심을 끌었다.

뉴스 속 재무

2024년 상반기 84개社 배당절차 개선 … 깜깜이 투자 해소 확산할까

2023년 초 금융위원회가 배당절차 개선방안을 발표한 이후 처음으로 맞이한 2024년 상반기 결산 배당 시즌에 총 84개 유가증권시장 상장법인이 동참한 것으로 나타났다. 2024년 7월 4일 관련 당국과 업계에 따르면 2024년 상반기 배당기준일 관련 정관 정비를 완료한 후 주주총회에서 배당안을 결의한 회사는 총 127개였다. 그중 약 66% 비율을 차지하는 총 84곳의 상장기업이 실제 배당절차를 개선한 것으로 집계됐다. 요컨대 정관 정비로 배당절차 개선이 가능하면서 실제 배당을 한 회사 중 절반이 넘는 수의 상장사가 배당예측 가능성을 제고한 것이다. 이러한 비율에는 주총으로 배당액을 최종 확정한 이후 시점에 배당기준일을 설정해놓은 회사뿐만 아니라, 주총 이전에 배당기준일을 설정하긴 했지만 그 시점 자체는 이사회의 배당안 결의 이후였던 회사도 포함된다. 공시된 각 일자를 살펴보면 84개 상장사 중 21개 사는 주총 이전에 배당기준일을 설정했다. 이사회 배당안 결의 시점과 주총 일정 사이에 배당기준일을 두고 있는 것이다. 나머지 63개 사는 주총까지 완료된 후에 배당기준일을 두고 있었다.

2023년 1월 금융위는 배당절차 개선안을 발표하며 '先 배당액 확정, 後 배당기준일'이라는 가이드라인을 제시한 바 있다. 당시 제시된 예시를 보면 3월 주총에서 배당액을 확정한 후 4월에 배당받을 주주를 확정하는 배당기준일을 설정할 수 있다고 나와 있다. 실제 SK, 두산, CJ 등의 상장사들은 2월에 이사회 결의를 마치고 3월 말 주총에서 배당액을 확정한 뒤 4월 초에 배당기준일을 둔 것으로 파악됐다. 그러나 실질적으론 주총이 열리기 전에도 투자자들은 충분히 배당액과 관련한 정보를 습득할 수 있다. 주총 이전 이사회 결의로 각 회사가 배당 여부와 배당액을 공시하고 있기 때문이다. 따라서 배당기준일이 주총 이전이더라도 배당안을 결정하는 이사회 결의 이후이기만 하면 투자의사 결정에 필요한 정보

배당절차 개선방안 예시 〈출처: 금융위원회〉

〈결산 배당(현금) 개선 회사의 연속 배당 현황〉

구 분	해당		미해당		합계
	회사 수(개사)	비율(%)	회사 수(개사)	비율(%)	
3년 연속 배당	72	85.7	12	14.3	84(100.0)
5년 연속 배당	66	78.6	18	21.4	

〈출처: 한국상장회사협의회〉

〈기업 규모별 결산 배당(현금) 개선 현황〉

구 분	회사 수(개사)	비율(%)
대기업	35	41.7
중견기업	30	35.7
금융회사 · 공기업	18	21.4
중소기업	1	1.2
합계	84	100.0

〈출처: 한국상장회사협의회〉

를 파악할 수 있는 것이다.

한국상장회사협의회 관계자는 "주총을 통해 배당액이 확정되는 시점은 물론이거니와 그에 앞서 이사회 결정을 통해 배당안이 공개되는 시점에서도 배당 관련 정보를 투자자들이 알 수 있다"고 설명했다. 물론 주총 과정에서 이사회가 결의한 배당안에 변경이 생길 일말의 가능성이 있긴 하나 극히 드물다. 실제 올해 배당절차를 개선한 기업들의 정기 주주총회 결과와 이사회 현금 · 현물배당 결정 공시를 모두 대조해본 결과, 배당액과 같은 배당 관련 중요 사항에 큰 변동이 생긴 경우는 없었던 것으로 파악됐다. 금융위 관계자는 "주총 이전 이사회의 배당안 공시가 배당기준일 전에 이뤄진다면 투자자들의 배당 예측 가능성 측면에서는 그 취지를 달성한 것으로 볼 수 있다"며 "실제 배당절차 개선 여부를 통계로 취합할 때도 같은 기준을 적용하고 있다"고 전했다.

배당절차 개선 회사 중 여러 사업연도에 걸쳐 배당을 실시한 회사의 비중은 최대 약 85%에 이르는 것으로 나타났다. 상장협이 발간한 배당절차 개선 관련 이슈 페이퍼에 따르면 배당절차 개선 전체 회사 중 최근 5년 연속으로 배당을 실시한 회사 비중은 78.6%였고, 3년 연속 배당을 기준으로 하면 그 비중이 85.7%에 달하는 것으로 집계됐다. 또 배당절차 개선 상장사 가운데 대기업이 41.7%로 가장 큰 비중을 차지했고 중견기업이 35.7%, 금융회사와 공기업이 21.4%로 뒤를 이었다.

〈연합인포맥스, 2024. 7. 4 수정〉

2. 배당과 기업가치

배당과 기업가치의 정확한 관계를 살펴보기 위해서는 먼저 기업의 투자결정이 이루어진 후에 배당정책이 결정되며, 배당으로 인한 추가적인 부채의 발행이 없다고 가정하여야 한다. 기업의 투자와 자본구조가 일정하다고 가정함으로써 배당이 기업가치에 미치는 순효과를 살펴볼 수 있을 것이다. 이와 같은 가정하에서는 기업이 배당을 증가시키려고 계획하고 있으나 자금이 부족한 경우 신주에 의해서만 그 자금을 조달할 수 있다. 따라서 기업의 선택가능한 배당정책은 이익을 유보하는 정책과 배당을 지급하고 신주를 발행하는 정책으로 구분될 수 있다. 이와 같은 점을 유의하면서 배당과 기업가치의 관계에 관한 여러 가지 이론들을 살펴보기로 하자.

2.1 완전자본시장과 배당무관련이론

밀러와 모딜리아니(M. H. Miller and F. Modigliani: 이하 MM이라 약칭함)는 1961년에 발표된 논문에서 완전자본시장하에서는 배당정책과 기업가치가 무관련하다는 배당무관련이론을 주장하였다.[4]

MM의 이론을 구체적으로 설명하기 위하여 다음과 같은 (주)서울의 예를 생각해 보자.

- 현재 자기자본만을 사용하고 있으며, 앞으로 1년 후에 해산될 예정이다.
- 현재(0시점)와 1년 후(1시점)의 현금흐름은 각각 1,000만원으로 확실하게 예측된다.
- 정(+)의 순현가를 얻을 수 있는 추가적인 투자안을 가지고 있지 않다.
- 현재 발행주식수는 1,000주이며, 자기자본비용은 10%이다.

4 M. H. Miller and F. Modigliani, "Dividend Policy, Growth, and the Valuation of Shares," *Journal of Business*, Vol. 34(October 1961), pp. 411-433.

이 경우 (주)서울은 다음의 두 가지 배당정책을 생각해 볼 수 있을 것이다.

배당정책 1: 현금흐름과 동일하게 배당을 지급한다

이 경우 각 시점의 배당금은 그 현금흐름과 동일한 1,000만원씩이다. (주)서울의 가치는 각 시점의 배당금들을 할인하여 다음과 같이 구할 수 있다.

$$V_0 = 1{,}000\text{만원} + \frac{1{,}000\text{만원}}{1+0.1} = 1{,}909.09\text{만원}$$

그리고 (주)서울의 현재 발행주식수는 1,000주이므로 이 회사의 주가 P_0은 다음과 같다.

$$P_0 = 10{,}000\text{원} + \frac{10{,}000\text{원}}{1+0.1} = 19{,}090.9\text{원} \qquad (9\text{-}1)$$

식 (9-1)에서 구한 주식가격은 배당부가격이다. 그러므로 현재시점에서 주당 10,000원의 배당이 지급된 후에는 주가가 9,090.9원(19,090.9원 − 10,000원)으로 하락할 것이다.[5] 효율적 자본시장하에서는 정확히 배당만큼 주가가 하락하게 된다.

배당정책 2: 초기의 배당을 그 시점의 현금흐름보다 더 많이 지급한다

(주)서울의 다른 배당정책으로서 현재 주당 11,000원씩 배당하는 경우를 살펴보자. 이 경우 현재시점에서 (주)서울이 지급하여야 하는 총배당금은 1,100만원이다. 현재시점에서 (주)서울의 현금흐름은 1,000만원이기 때문에 이 회사는 100만원의 추가적인 현금흐름이 필요하게 된다. 이 회사는 현재(0시점) 100만원의 추가적인 자금을 조달하기 위하여 주식 또는 부채를 발행할 수 있을 것이다. 자금을 조달하기 위하여 주식이 발행되며, 새로운 주주는 현재시

5 엄밀하게 말하면 배당의 효과가 나타나는 배당락일은 배당의 실제지급일보다 더 빠를 것이다. 그러나 여기서는 단순성을 위하여 배당락일과 배당지급일이 서로 같다고 가정하였다.

점에서의 투자에 대해 10%의 수익률을 요구한다고 가정하자. 즉 새로운 주주들은 현재시점에서 100만원을 투자할 경우 1시점에서 110만원을 요구하게 된다. 이 경우 1시점에서 새로운 주주들에게 110만원을 지급하여야 하므로 구주주들에게는 단지 890만원의 현금흐름만이 주어질 것이다. 구주주들의 배당금은 다음과 같다.

	0	1
구주주들의 총배당금:	1,100만원	890만원
주당배당금:	11,000원	8,900원

그러므로 주당배당금의 현재가치, 즉 주가는 다음과 같다.

$$P_0 = 11{,}000\text{원} + \frac{8{,}900\text{원}}{1+0.1} = 19{,}090.9\text{원} \tag{9-2}$$

여기서 신주의 발행가격을 구해 보자. 신주에는 현재의 배당을 지급받을 수 있는 권리가 없기 때문에 신주의 가격은 8,090.9원(8,900원/1.1)이 된다. 그러므로 신주는 123.60주(100만원/8,090.9원)가 발행된다.

배당의 무관련성

앞에서 두 배당정책하의 주가, 즉 식 (9-1)과 식 (9-2)에서 구한 주가가 동일함을 알 수 있다. 이와 같은 사실은 배당정책의 변경이 주식가치에 영향을 미치지 못한다는 것을 의미한다. 이제 이와 같은 결과가 내포하고 있는 의미를 살펴보기로 하자.

새로운 주주들은 현재시점에서 자신의 돈을 투자(주식 매입)하고 1시점에서 적절한 수익률로 상환받을 수 있다. 즉 그들은 순현가가 0인 투자안을 선택하는 것이다. [그림 9-2]에서 예시된 바와 같이 배당정책 2에 의하면 구주주들은 현재시점에서 보다 많은 현금흐름(배당)을 얻을 수 있지만, 그들은 1시점에서 새로운 주주들에게 적절한 수익률로 상환하여야 한다. 구주주들은 현

		0	1
배당정책 1:		1,000만원	1,000만원
배당정책 2:	(구주주)	1,100만원	890만원
	(신주주)	−100만원	110만원

그림 9-2 배당정책 1과 배당정책 2에서 주주들의 현금흐름

재의 추가적인 배당을 위하여 조달한 자금, 즉 원금과 그것에 대한 적절한 수익을 합한 금액만큼을 신주주들에게 상환(배당)하여야 하기 때문에 현재시점에서 새로운 주식을 발행하는 행위는 구주주들의 부를 증가 또는 감소시키지 못할 것이다. 구주주들이 새로운 주주들에게 순현가가 0인 투자안을 제공하는 것과 같다.[6] 구주주에 대한 현재시점에서의 배당의 증가는 1시점에서 그와 상응하는 배당의 감소를 초래하므로 구주주가 소유하고 있는 주식의 가치는 변하지 않는다. 즉 현재 배당의 증가는 다른 시점에서의 배당의 감소에 의해서 정확히 상쇄되어 배당정책의 변경에 따른 순효과는 나타나지 않는다.

배당의 무관련성은 주주들이 자신의 취향에 맞는 배당수준을 스스로 조정할 수 있다는 자기배당(homemade dividend)의 논리에 의해서도 설명될 수 있다. 주주들이 기업의 배당정책과 상이한 배당을 선호한다면, 그들은 주식을 매입 또는 매도함으로써 자신의 선호에 따라 배당을 스스로 조정해 나갈 수 있다. 이와 같이 주주들이 자기배당에 의해서 원하는 배당수준을 스스로 조정해 나갈 수 있기 때문에 주주들은 기업에 의해서 채택된 특정한 배당정책에 가치를 부여하지 않는다. 그러므로 배당정책은 주주의 부(또는 기업가치)와 무관련하게 된다. 경영자가 현재의 배당을 증가 또는 감소시킴으로써 기업의 가치에 영향을 미칠 수 없다.

완전자본시장이라는 아주 단순화된 사회를 전제하여 도출된 MM의 배당무관련이론은 배당정책에 관한 설명의 출발점이다. 따라서 MM이 내세운 기본

6 배당정책 2에서 신주주들의 순현가는 다음과 같다.

$$NPV = -100\text{만원} + \frac{110\text{만원}}{1+0.1} = 0$$

적인 가정을 완화함으로써 현실적으로 존재하는 다양한 배당정책들을 설명할 수 있다.

예제 9-1 배당과 기업가치의 무관련성

태평주식회사는 주당 10,000원하는 주식을 100,000주 발행하고 있으며, 현재 주당 500원의 배당을 실시할 예정이다. 세금이 존재하지 않는 완전자본시장을 가정하여 다음의 물음에 답하라.

(1) 배당을 실시할 경우 주가는 어떻게 되겠는가?

(2) 배당을 실시하지 않을 경우 주가는 어떻게 되겠는가?

(3) 현재 이 회사는 2억원이 소요되는 투자안을 고려하고 있다. 태평주식회사가 순이익 1억원을 보유하고 있다가 주당 500원씩 배당하였다면, 이 회사는 투자안의 자본조달을 위해 신주를 몇 주 발행하여야 하는가?

해설

(1) 세금이 존재하지 않는 완전자본시장하에서는 배당만큼 주가는 감소한다. 그러므로 주당 500원의 배당 후 주가는 9,500원(10,000원－500원)이 된다.

(2) 배당을 실시하지 않으면, 주가는 변하지 않는다. 즉 주가는 10,000원이 된다.

(3) 먼저 투자에 소요되는 자금 중 신주를 발행하여 조달해야 하는 금액을 구하면 다음과 같다.

- 유보이익(이익잉여금)＝순이익－배당액
  ＝100,000,000원－500원×100,000주＝50,000,000원
- 신주발행액＝투자액－유보이익＝200,000,000원－50,000,000원
  ＝150,000,000원

주당 500원씩 배당하였으므로 주가는 9,500원으로 하락한다. 그러므로 1억 5천만원을 조달하기 위하여 발행해야 하는 주식수는 다음과 같다.

$$\text{발행주식수} = \frac{\text{신주발행액}}{\text{주가}} = \frac{150,000,000}{9,500} = 15,790\text{주}$$

2.2 저배당정책의 선호에 대한 현실적 요인

앞에서 설명한 MM의 배당무관련이론은 세금, 발행비용 등을 무시하였다. 그러나 이러한 요인들은 현실적으로 존재하며, 이들을 고려하는 경우 주주들은 저배당정책을 더 선호할 수도 있다.

세 금

기업이 배당을 하게 되는 경우 주주는 배당소득 가운데 일부를 배당소득세로 내게 된다. 그러나 배당을 하지 않고 이를 미래투자를 위한 내부의 유보이익으로 남겨 둘 경우에는 그 결과가 주가에 반영되고, 이는 결국 주식매매로 인한 차익으로서 자본이득이 되기 때문에 주주는 자본이득세를 납부하게 된다. 만일 배당소득과 자본이득에 대한 유효세율이 동일하다면, 배당정책은 주주의 부에 직접적인 영향을 주지 못한다. 그러나 양자의 차이가 존재한다면 배당정책은 주주의 부에 직접적인 영향을 미칠 수 있다.

현실적으로 자본이득보다는 배당소득에 대하여 훨씬 높은 개인소득세율이 부과된다.[7] 현재 우리나라에서 배당소득에 대해서는 소득세가 부과되고 있으나, 자본이득에 대해서는 소득세가 부과되지 않고 있다. 이와 같은 소득세제하에서 납세 후 기준으로 보면 투자자에게는 자본이득 1원이 배당소득 1원보다 더 유리할 것이다. 그러므로 투자자들은 배당성향이 낮은 기업을 더 선호하게 되고, 따라서 기업들은 배당을 지급하기보다는 이익을 유보하려는 성향을 가질 것이다.

발행비용

앞에서 설명하였던 세금효과 이외에 주주들의 저배당정책 선호에 대한 현실적 요인으로 발행비용(issuance costs)을 들 수 있다. 기업이 현금배당을 지

7 1986년에 개정된 미국의 세법에서는 자본이득과 배당소득이 동일한 세율로 과세되고 있지만, 이 경우에도 자본이득에 대한 세금은 주식이 매각되어 그 소득이 실현될 때까지 납세가 무한히 연기될 수 있으므로 그 유효세율은 훨씬 낮다고 할 수 있다.

급하게 되면 신주를 발행하여 자금을 조달하여야 한다.[8] 이 경우 인수료, 주권인쇄비용 등의 발행비용이 소요되어 기업의 가치를 감소시키게 된다.

2.3 고배당정책의 선호에 대한 현실적 요인

앞서 살펴본 바와 같이 세금이나 발행비용이 존재하는 경우 기업의 재무관리자는 배당을 줄이려고 할 것이다. 그러나 현실적으로 주주들에게 높은 배당을 지급하는 기업이 존재하고 있다. 기업의 고배당정책 선호에 대한 현실적 요인으로 주주들의 현재수입에 대한 선호, 배당에 의한 미래 불확실성의 감소 등을 들 수 있다.

현재수입에 대한 선호

많은 개인들은 미래의 수입보다 현재의 수입을 더 선호한다. 이와 같은 현재의 소비에 대한 실질적인 욕구 때문에 투자자들은 현재의 높은 배당을 더 선호하게 된다. 이러한 주장에 대하여 현재의 수입을 바란다면 소유하고 있는 주식을 매각하면 된다고 할 수도 있지만, 현실적으로 주식을 매각할 때 매매수수료와 증권거래세 등 거래비용이 발생하게 된다. 또한 소유하고 있는 주식을 매각하는 것은 투자원금을 없앤다는 심리적인 이유로 인하여 꺼리게 되는 경우도 있다.

불확실성의 감소

고든(M. J. Gordon)은 현재의 높은 배당이 주주의 미래 불확실성에 대한 불안을 감소시키기 때문에 투자자들이 배당을 유보이익보다 높게 평가한다고 주장하였다.[9] 고든에 의하면, 미래의 배당은 현재의 배당에 비해 훨씬 불확실

8 배당이 기업가치에 미치는 순효과를 살펴보기 위해서는 기업의 투자와 자본구조가 일정하다고 가정하여야 한다. 이와 같은 가정하에서는 기업이 배당을 증가시키려고 계획하고 있으나 자금이 부족한 경우 신주에 의해서만 그 자금을 조달할 수 있다.

9 M. J. Gordon, *The Investment, Financing, and Valuation of the Corporation*(Homewood, Ill.: Richard D. Irwin, 1961).

하기 때문에 현재의 배당을 희생하여 미래의 배당을 증가시키는 경우 증가된 위험에 의해 주주들의 요구수익률이 더 높아지고 그 결과 기업의 주가가 감소하게 된다.

그러나 투자와 자본구조가 변하지 않는 한 기업의 전체 현금흐름은 배당정책에 따라 반드시 영향을 받는 것은 아니다. 또한 전체 현금흐름의 위험이 배당정책에 따라 어떻게 변하는지를 정확히 파악하는 것도 어려운 일이다.

2.4 배당정책에 대한 현실적 설명

앞에서 저배당정책의 선호에 대한 현실적 요인과 고배당정책의 선호에 대한 현실적 요인을 살펴보았다. 배당정책에 있어서 어느 요인이 더 지배적인 요인인지, 즉 배당과 주가가 정(+) 또는 부(−)의 관계를 가지는지는 아직까지 명확한 결론이 내려지지 않고 있다. 다시 말하면 배당정책 문제는 아직 해결되지 않은 문제라 할 수 있다.

최근 배당정책에 대해 다른 측면에서의 연구−배당의 정보효과와 고객효과−가 이루어지고 있는데 이를 살펴보자.

배당의 정보효과

배당정책의 변화를 시장에서 투자자들이 기업내용 변화의 신호로 인식하여 주가가 변하는 것을 배당의 정보효과(information-content effect) 또는 신호효과(signaling effect)라 한다. 배당의 정보효과는 경영자가 일반투자자들보다 기업내용에 관해 우월한 정보를 가지고 있다는 정보의 비대칭성(informational asymmetry) 때문에 성립되는 논리이다. 정보비대칭하에서는 경영자가 가지고 있

배당정책의 변화를 시장에서 투자자들이 기업내용 변화의 신호로 인식하여 주가가 변한다.

는 정보를 투자자들에게 전달해 주기 위한 수단으로 배당정책이 이용될 수 있다.

일반적으로 기업은 안정적인 배당을 유지하려는 경향이 있다. 경영자는 미래의 현금흐름에 대한 기대가 극히 비관적이어서 현재의 배당수준을 지속적으로 유지하는 것이 불가능하기 전에는 배당을 줄이기를 꺼리며, 반대로 앞으로 지속적으로 높은 배당을 유지할 만큼 미래 현금흐름이 증가하지 않는 한 일시적으로 배당을 증가시키지 않는 경향이 있다. 따라서 기대하지 못한 배당의 증가가 이루어진 경우에 일반투자자들이 이를 기업에 관한 '좋은 소식'(good news)의 신호로 인식함으로써 주가가 상승하게 되며, 반대로 기대하지 못한 배당의 감소가 발생한 경우에는 기업에 관한 '나쁜 소식'(bad news)의 신호로 인식하여 주가가 하락하게 된다. 결론적으로 주가는 배당정책 자체에 의해서 변하는 것이 아니라 배당이 가지고 있는 정보내용에 의해서 변한다는 것이다.[10]

배당의 고객효과

자본시장의 모든 투자자들은 기업의 배당정책에 대하여 동일한 태도를 가지고 있다고 할 수 없다. 은퇴한 개인이나 사회단체 등은 당기의 소비가능한 소득을 원하기 때문에 현금배당을 훨씬 선호하게 된다. 한편 배당 이외의 다른 원천으로부터 충분한 소득을 얻어낼 수 있는 주주들은 상대적으로 높은 세율을 부담해야 하는 배당소득보다는 자본이득을 바라게 된다. 이와 같이 어떤 기업의 주주들이 어떻게 이루어져 있는가에 따라 그 기업의 배당정책은 달라지며, 이러한 효과를 배당의 고객효과(clientele effect)라고 부른다. 일단 기업들의 배당정책이 주주들의 선호와 일치하면, 어떠한 기업도 단순히 배당정책을 변화시킴으로써 그 가치에 영향을 미칠 수 없을 것이다.

10 S. Bhattacharya, "Imperfect Information, Dividend Policy, and 'the Bird in the Hand' Fallacy," *Bell Journal of Economics*, Vol. 10(Spring 1979), pp. 259-270.

3. 배당정책의 실제

지금까지 설명한 바로는 기업이 높은 배당을 지급해야 할 이유도 있는 반면, 낮은 배당을 지급해야 할 이유도 있다. 그러면 실제로 기업은 특정기간에 지급할 배당수준을 어떻게 결정하여야 하는가? 어떤 요인들이 기업의 배당결정에 영향을 주는 것인가? 이에 대해 한마디로 어떤 요인이라고 단언할 수는 없다. 그러므로 여기서는 배당정책의 실제적 특성을 강조하기 위하여 기업이 실제로 어떻게 배당정책을 결정하는가를 살펴보고, 그 밖의 고려사항들을 차례로 검토하기로 하자.

3.1 잔여배당정책

앞절에서 언급한 바와 같이 높은 배당을 지급하려는 기업들은 그 재원조달을 위하여 빈번하게 신주를 발행하게 된다. 그러나 배당재원의 조달을 위한 신주발행은 많은 발행비용을 발생시키므로 바람직하지 못하다. 이와 같은 관점에서 기업은 신주발행의 필요성을 최소화하기를 원한다고 가정하자. 또한 기업은 현행의 자본구조를 계속 유지하려 한다고 가정하자.

만약 기업이 신주발행을 가능한 한 피하려 한다면, 정(+)의 순현가를 가지는 새로운 투자안에 필요한 자금의 조달은 주로 유보이익 등 내부생성자금에 의존하게 될 것이다. 이 경우 내부자금 중 새로운 투자에 지출하고 남는 부분이 배당으로 지급될 수 있다. 이와 같이 남겨진 부분을 잔여자금이라 하고, 이를 배당으로 지급하는 정책을 잔여배당정책(residual dividend policy)이라 한다.

잔여배당정책하에서 기업의 목표는 배당을 지급하기 전에 투자수요를 충족시키고 바람직한 자본구조를 유지하는 것이다. 예를 들어 순이익이 10억원이며 목표부채비율(부채/자기자본)이 1/2인 기업(총자본은 부채 1/3, 자기자본 2/3로 구성됨)을 생각해 보자. 이 기업의 경우 수익성 있는 신규투자에 필요한 자금이 9억원이라면, 목표부채비율을 유지하기 위해서는 투자소요자금 중 3억원(9억원×1/3)은 부채로, 나머지 6억원(9억원×2/3)은 자기자본으로 조달하여야 할 것이다. 그러므로 잔여배당정책에 의하면 이 기업은 순이익 10억원

중 6억원을 투자소요자금으로 충당한 후, 잔여이익 4억원을 배당으로 지급할 수 있다.

이와 같은 논리에 의하면 많은 투자기회를 가지고 있는 기업의 경우에는 배당을 적게 할 것이고, 투자기회가 거의 없는 기업의 경우에는 많은 배당을 지급한다고 할 수 있다. 이와 같은 현상은 실제에서도 흔히 볼 수 있다. 즉 도입기 또는 성장기의 고속성장하는 기업의 경우는 배당을 적게 하는 반면, 성숙기의 저성장 기업의 경우는 보다 많은 배당을 지급하는 경향이 있다.

3.2 배당의 안정성

많은 기업들은 목표배당(target dividend)을 정하여 주당배당금을 일정하게 유지하려는 경향이 있다. 즉 기업의 이익이 일시적으로 변동할지라도 배당금을 이와 관계없이 일정하게 유지시키려고 한다. 기업 이익의 일시적인 증가만으로 배당률을 변경시키지 않고 이익의 증가가 미래에도 지속될 것이라는 판단이 내려졌을 때 비로소 주당배당금을 증가시키는 것이다.

많은 기업들이 배당의 안정성을 유지하려는 이유로는 다음 세 가지를 들 수 있다.

첫째, 비록 이익이 감소되었다 하더라도 기업이 일정 배당수준을 유지하면 투자자들은 비교적 확실하게 그들의 미래 배당을 예측할 수 있다. 또한 특정 연도의 이익감소가 기업이 회복하기 어려운 계속적인 것이 아니라 일시적인 현상이라는 것을 간접적으로 나타내는 정보전달의 효과를 지닌다.

둘째, 증권투자가 대중화됨에 따라 배당수입에 의해서 생활을 영위하는 투자자층이 많아지고 있는데, 불규칙적이고 불안정한 배당수입은 투자자들의 생활자체를 위협할 수 있다. 물론 불안정한 배당의 경우에도 보유중인 주식을 매각하여 수입을 안정화시킬 수는 있으나, 이들 투자자들에 있어 보유중인 주식의 처분은 투자원금 자체에 대한 감소라는 심리적 압박 때문에 용이하지가 않다.

셋째, 연금기금, 투자신탁, 보험회사 등 많은 기관투자자들은 공적인 자금을 운용하므로 수익도 중요하지만 미래 현금흐름의 확실성을 보다 더 요구한다.

앞에서 설명한 잔여배당정책에 의하면 투자기회에 따라 배당이 변동하기 때문에 배당의 안정성을 유지하기 어려울 것이다. 그러나 일반적으로 기업은 향후의 투자기회 등을 감안하여 잔여배당정책에 의해 장기적인 배당정책을 결정하지만 단기적으로는 배당수준을 일정하게 유지하는 경향이 있다.

3.3 기타의 고려사항

법률상의 제한

배당결정은 원칙적으로 기업의 자율적 의사결정이지만, 관련법규에서는 기업이 건전한 자본구조를 유지하도록 하기 위하여 배당재원을 일정한도로 제한하고 있다. 우리나라 현행 상법은 배당재원을 기업의 순재산액에서 자본금과 해당 결산기까지 적립된 자본준비금 및 이익준비금의 합계액 그리고 해당 결산기에 적립하여야 할 이익준비금을 모두 공제한 나머지 금액 범위로 제한하고 있다.

사채약정서의 제한조항

기업이 사채를 발행하거나 금융기관에서 자금을 차입할 때 채권자들의 요구에 따라 배당금의 지급을 제한하는 조항을 사채약정서상에 명기하는 경우가 있다.

기업의 유동성

기업의 재무상태표상에 나타나는 배당가능이익이나 유보이익은 기업이 실제로 현금을 보유하는 것이 아니라 영업활동을 위한 자산의 형태로 투자되어 있는 것이다. 따라서 배당은 재무상태표상의 숫자로 나타나는 배당가능이익에 의해 결정되는 것이 아니라 기업이 보유하고 있는 현금(유동성)에 의해 결정되는 경우가 많다. 그러므로 유동성이 좋지 않고 은행으로부터의 차입이 곤란한 경우에는 배당을 지급하지 않거나 배당을 축소하고 주식배당 등을 고려하여야 할 것이다.

차입능력

기업이 현재 유동성을 풍부하게 유지해야만 자금사정의 융통성이 확보되는 것은 아니다. 기업이 원하는 시기에 원하는 금액을 빌릴 수 있다면, 그 경우에도 자금사정의 융통성은 확보될 수 있다. 따라서 기업의 차입능력이 클수록 자금사정의 융통성이 보다 커지며 현금배당의 가능성도 증가하게 된다.

기업의 지배권

기업이 많은 배당금을 지급한다면, 향후 수익성 있는 투자기회에 대한 자금조달을 위하여 신주발행의 필요성이 더 커질 것이다. 이 경우 새로운 외부주주를 받아들이게 됨으로써 기존의 기업지배권이 희석될 수 있기 때문에 배당을 줄이려는 경향이 있다.

뉴스 속 재무

2024년 코스피 상장사 현금배당 30조 … 10곳 중 7곳 실시

연도별 코스피 상장사 배당 법인 및 배당금 규모

연도	법인수		배당금*	
	상장법인	배당 법인(A)	총액(B)	평균(=B/A)
2020	769사	529사	331,638억원	627억원
2021	779사	556사	286,107억원	515억원
2022	784사	557사	265,854억원	477억원
2023	799사	558사	274,525억원	492억원
2024	807사	565사	303,451억원	537억원

* 결산 · 현금배당 기준(우선주 포함)

자료: 한국거래소

2024년 코스피 상장사 10곳 중 7곳이 배당을 한 것으로 나타났다. 배당금 규모는 30.3조원으로 2021년 이후 최고치를 기록했다. 2024년 4월 16일 한국거래소가 '2024년도 코스피시장 12월 결산 법인의 현금배당 실적, 시가배당률, 배당성

연도별 코스피 상장사 평균 시가배당률 현황

연도	국고채 수익률*(A)	보통주		우선주	
		평균 시가배당률(B)	수익률 차이(B−A)	평균 시가배당률(C)	수익률 차이(C−A)
2020	0.84%	2.28%	1.44%p	2.62%	1.78%p
2021	0.92%	2.32%	1.40%p	2.65%	1.73%p
2022	2.65%	2.70%	0.05%p	3.01%	0.36%p
2023	3.53%	2.72%	−0.81%p	3.43%	−0.10%p
2024	3.17%	3.05%	−0.12%p	3.70%	0.53%p

* 국고채 수익률 : 1년 만기 국고채의 일별 시장금리 평균(출처: 한국은행 경제통계시스템)
자료: 한국거래소

향 및 주가등락률' 등을 분석한 결과에 따르면 전체 12월 결산 법인(807사) 중 70%에 해당하는 565사가 현금배당을 실시했다. 총 배당금 규모는 30조3,451억원으로 이는 전년(27조4,525억원) 대비 10.5% 증가한 수치다. 2021년부터 최근 4년래 최대 규모다. 특히 전체 배당사 중 454개사가 5년 이상 연속배당을 실시했다. 이는 80.4% 비중이다.

2024년 보통주와 우선주 평균 시가배당률은 각각 3.05%, 3.70%로 집계됐다. 이는 모두 최근 5년 내 가장 높은 수치다. 최근 5년간 업종별 평균 시가배당률은 금융(3.80%), 전기가스(3.61%), 통신(3.49%) 순으로 상위권을 차지했다. 2024년 배당법인의 배당성향은 34.74%로, 전년(34.31%) 대비 0.43%포인트 증가했다.

현금배당 실시법인의 평균 주가등락률은 2024년 −5.09%를 기록하였으나 같은 기간 코스피 지수 하락률(−9.63%)보다 양호한 수준으로 나타났다. 밸류업 공시를 진행한 12월 결산 법인 105사의 현금배당 공시를 분석한 결과, 5개사를 제외한 100사가 배당을 실시한 것으로 드러났다. 배당금은 18조원으로 2024년 현금배당 총액(30조3,000억원)의 59.2% 차지했다. 밸류업 공시법인의 2024년 보통주, 우선주 시가배당률은 각각 3.15%, 3.99%로 파악됐다. 배당성향은 40.95%로 전체 현금배당 법인의 평균보다 높았다. 거래소 관계자는 "고금리, 환율 상승 등 경영환경 악화에도 불구, 다수의 상장사가 기업이익의 주주 환원 및 안정적인 배당정책 유지에 노력하고 있다"며 "밸류업 공시법인이 전체 배당법인에 비해 더 높은 주주환원을 통해 기업가치제고 및 국내 증시 활성화에 앞장서고 있다"고 해석했다.

연도별 코스닥 상장사 현금배당 실시 현황

(단위 : 사, 원)

구 분		2020년	2021년	2022년	2023년	2024년
배당 기업	전체 (전년대비)	557 (+0.7%)	589 (+5.7%)	594 (+0.8%)	607 (+2.2%)	612 (+0.8%)
	5년 연속 (전체대비)	344 (61.8%)	360 (61.1%)	379 (63.8%)	389 (64.1%)	402 (65.7%)
배당금*	총액 (전년대비)	1조7,662억 (+12.3%)	2조2,040억 (+24.8%)	2조1,774억 (−1.2%)	2조527억 (−5.7%)	2조3,130억 (+12.7%)
	1사 평균 (전년대비)	31.7억 (+11.2%)	37.4억 (+18.0%)	36.7억 (−1.9%)	33.8억 (−7.9%)	37.8억 (+11.8%)

* 보통주 및 우선주의 결산 현금배당금 기준(중간 · 분기배당 제외)
자료: 한국거래소

코스닥의 경우 12월 결산법인 중에서는 612개사가 총 2조3,130억원의 현금배당을 실시했다. 배당금 규모는 전년(2조527억원) 대비 2,603억원(12.7%) 늘었다. 5년 연속 결산배당을 실시한 법인은 402개사로 역대 최대치를 기록했다. 코스닥 배당법인의 평균 배당성향은 34.4%로 최근 5년 내 최고치를 나타냈다. 평균 시가배당률은 2.529%로 전년 대비 0.56%포인트 증가했다. 배당을 실시한 법인의 지난해 평균 주가 수익률은 −13.0%로, 코스닥지수 수익률(−21.7%) 대비 양호한 흐름을 나타냈다.

거래소 관계자는 "배당 법인수와 5년 연속 배당 법인수가 역대 최대치를 기록했다"며 "배당을 통한 적극적 주주환원 정책에 동참하는 상장법인이 증가하는 추세"라고 밝혔다.

〈이데일리, 2025. 4. 16 수정〉

4. 배당의 특수형태

일반적으로 배당정책이란 현금배당의 수준에 관한 의사결정만을 나타내는 것으로 이해되고 있다. 그러나 주식배당, 주식분할, 자사주 매입 등도 배당정책의 일환으로 고려될 수 있다. 여기서는 배당의 특수형태로서 주식배당, 주식분할, 자사주 매입 등에 대해서 살펴보고자 한다.

4.1 주식배당

주식배당(stock dividend)은 현금배당 대신 주식을 추가로 발행하여 기존주주에게 무상으로 교부하는 것이다. 주식배당은 기업의 이익 중 주식배당액만큼 자본금으로 편입되기 때문에 발행주식수만 늘어날 뿐 기존주주의 지분율은 그대로 유지되어 실질적인 주주 부의 증가를 가져오지는 않는다.

주식배당에 의한 자기자본구조의 변화를 살펴보기 위하여 다음과 같은 자본구조를 가진 청솔주식회사의 경우를 생각해 보자.

알 | 아 | 두 | 기

주식배당의 회계처리방법

주식배당을 회계처리하는 방법으로서 액면금액법과 시가법의 두 가지가 있다. 액면금액법(par value method)은 주식배당으로 인해 새로 발행하게 될 주식의 총수에 대하여 액면금액에 해당되는 금액만큼을 이익잉여금에서 차감하여 자본금으로 대체하는 방법이다. 한편 시가법(market value method)은 주식배당으로 인해 새로 발행하게 될 주식의 총수에 대하여 시장가격에 상응하는 금액을 이익잉여금에서 차감하여 자본금과 자본잉여금에 각각 대체시키는 방법이다. 이때 시가해당액 중 액면금액에 해당하는 금액은 자본금으로, 액면금액을 초과하는 금액은 주식발행초과금계정을 사용하여 자본잉여금으로 대체한다.

청솔주식회사의 자기자본구조(주식배당 전) (단위 : 원)

자 본 금(액면 5,000원, 발행주식수 10만주)	500,000,000
자본잉여금	20,000,000
이익잉여금	80,000,000
자기자본합계	600,000,000

청솔주식회사가 10%의 주식배당을 결정했다면, 10만주의 10%인 10,000주를 새로 발행하게 된다. 주식배당 후 청솔주식회사의 재무상태표상 자기자본구조는 다음과 같다.[11]

청솔주식회사의 자기자본구조(주식배당 후) (단위 : 원)

자 본 금(액면 5,000원, 발행주식수 11만주)	550,000,000
자본잉여금	20,000,000
이익잉여금	30,000,000
자기자본합계	600,000,000

주식배당을 실시하는 경우 주식배당에 해당하는 5천만원이 이익잉여금(유보이익)에서 자본금으로 옮겨갈 뿐이지 자기자본합계에는 전혀 변화가 없다. 또한 추가로 발행된 1만주는 기존주주의 지분율에 따라 배분되므로 개별주주의 지분율도 변함이 없다. 그러므로 이론적으로 볼 때 주식배당으로 인하여 주주의 부는 변하지 않을 것이다.[12]

우리나라에서는 1984년의 상법개정에 의하여 주식배당제도가 도입되었다. 주식배당제도는 현금배당으로 인한 기업의 자금유출을 막고 사내유보를 증가시켜, 기업의 유동성을 유지하거나 필요한 투자재원을 확보하고자 하는 취지에서 도입된 것이다. 주식배당이 배당 그 자체로서는 긍정적인 효과가 없음에도 불구하고 현실적으로 기업에서 주식배당을 실시하는 이유는 다음과

11 이는 액면금액법으로 회계처리한 것이다.

12 이론적으로 볼 때 주식배당으로 인하여 개별주주가 소유한 주식의 총가치는 변하지 않는다. 예를 들어 주식배당 전 청솔주식회사의 주가가 10,000원이라면 이 회사 주식의 시가총액은 10억원(10,000원×10만주)이다. 주식배당 후에도 이 회사 주식의 시가총액이 10억원이기 위해서는 이론적으로 주가는 9,091원(10억원/11만주)으로 하락되어야 한다.

같다.[13]

첫째, 안정적인 배당을 유지하려고 하는 기업의 경우 주식배당 후에도 주당현금배당을 종전과 같이 유지하는 것이 보통이므로 결과적으로 현금배당이 증가하게 될 것이다. 이와 같은 측면에서 볼 때 주식배당은 기업의 미래 현금흐름 및 배당의 증가를 알려주기 위한 유리한 신호로 해석될 수 있다.

둘째, 주식배당은 대체로 성장속도가 빠른 기업이 사외현금유출을 막고 수익성이 높은 투자기회에 대한 재투자를 위하여 실시하는 경향이 있다. 이 경우 주식배당은 투자자들에게 기업의 미래전망에 대한 좋은 뉴스를 전달해 주는 역할을 담당한다.

셋째, 주가가 높은 기업의 경우 주식배당을 함으로써 시장에서의 유동성을 높일 수 있다. 주가가 아주 높은 주식의 경우 일반투자자들이 쉽게 매매할 수 없다.

주식배당은 이상과 같은 몇 가지 이점이 있으나 다음과 같은 몇 가지 단점 또한 무시할 수 없다.

첫째, 주식배당은 신주를 발행하여 지급하게 되는데, 신주발행에는 발행비용이 따르게 되어 동일한 금액의 현금배당보다 비용이 많이 든다.

둘째, 안정적인 배당을 유지하려는 기업의 경우 주식배당은 미래의 현금배당을 증가시켜 기업의 유동성을 감소시킬 수 있다.

셋째, 주식배당은 기업이 현금배당을 행할 수 없을 정도로 어려운 상황이라는 것을 알려주는 신호로 해석되기도 한다. 특히 주당현금배당이 감소하고 이를 보충하기 위한 수단으로 주식배당이 이용된 경우, 주식배당은 기업의 자금사정 악화를 알려주는 신호로 해석될 수 있다.

4.2 주식분할

주식분할(stock split)은 엄밀히 말해 배당의 형태라고 할 수 없으나 그 경제적 효과가 주식배당과 유사하므로 여기서 설명하고자 한다. 주식분할은 기존

13 우리나라의 경우 특히 고가주에 대한 주식배당은 투자자들에게 대체로 긍정적으로 받아들여지고 있다. 이는 우리나라의 비현실적인 현금배당제도, 즉 액면배당제도 때문이라 할 수 있다.

의 1주를 분할하여 그 이상의 배수로 만드는 것이다. 주식분할을 실시하는 경우 단순히 발행주식수가 증가하고 이에 따라 액면가가 줄어들게 되는 이외에 외형적으로 재무상태표의 자기자본항목은 변하지 않는다. 예를 들어 청솔주식회사가 10 : 1로 주식분할을 실시하는 경우 자기자본구조의 변화를 살펴보면 다음과 같다.

주식분할은 기존의 1주를 분할하여 그 이상의 배수로 만드는 것이다.

청솔주식회사의 자기자본구조(주식분할 전) (단위 : 원)

자 본 금(액면 5,000원, 발행주식수 10만주)	500,000,000
자본잉여금	20,000,000
이익잉여금	80,000,000
자기자본합계	600,000,000

청솔주식회사의 자기자본구조(10 : 1 주식분할 후) (단위 : 원)

자 본 금(액면 500원, 발행주식수 100만주)	500,000,000
자본잉여금	20,000,000
이익잉여금	80,000,000
자기자본합계	600,000,000

이상과 같이 청솔주식회사는 주식분할에 의해 액면가와 발행주식수만 변하였을 뿐 그 외에는 아무런 변화가 없다.

기업에서 주식분할을 실시하는 이유는 주로 기업의 성장과 함께 주가가 높아져서, 증권시장에서 원활히 거래가 되지 않을 때 주식분할을 통하여 적절한 가격으로 조절할 수 있기 때문이다. 즉 주식분할은 주식의 거래를 원활하게 하고, 주가의 안정을 얻을 목적으로 행하여진다.

이론적으로 주식분할은 주가를 분할배수만큼 하락시키지만 실제로 분할직후에 형성된 주가는 이론적 주가보다 약간 높게 형성되는 것이 일반적이다. 이는 주식배당에서와 같이 주식분할이 시장에서 일반투자자들에게 기업의 미래전망에 대한 좋은 뉴스를 전달해 주는 역할을 하는 것으로 해석될 수 있기 때문이다.

주식분할과는 반대로 여러 주식을 하나의 주식으로 통합하는 것을 주식병합(reverse stock split)이라 한다. 주식병합은 주가가 너무 낮을 때 주가를 적절한 수준으로 올려놓기 위해서 실시된다.

뉴스 속 재무

주식 쪼개면 무조건 급등? … 서학개미 '액면분할의 유혹' 주의보

미국 증시에서 액면분할(일정 비율로 주식 액면가를 나눠 총 주식 수를 늘리는 것)에 나서는 대형 기술주가 잇달아 등장한 가운데 이들 주식을 사모으는 국내 투자자도 크게 늘었다. 액면분할은 곧 주가 상승이라는 주식시장 통념이 작용했다는 분석이 나온다. 하지만 액면분할 기대감을 등에 업은 기술주라고 해도 순환매 장세나 돌발적인 리스크와 같은 변수에는 여지없이 흔들리는 모습이다. 시장에서는 액면분할이 주가 상승을 무조건 담보하지 않는 만큼 투자자도 신중하게 접근해야 한다는 의견이 나온다.

2024년 7월 18일 한국예탁결제원에 따르면 7월 들어 16일까지 국내 투자자가 가장 많이 산 해외 주식은 미국 통신반도체 기업인 브로드컴으로 집계됐다. 이 기간 개인은 브로드컴을 1억 4,547만달러(약 2,010억원) 규모로 순매수했다. 2024년 4~5월까지만 해도 브로드컴은 순매수 상위권에 이름을 올리지 못했다. 2024년 6월 갑자기 4위(2억 2,863만달러·약 3,159억원)를 차지하더니 7월 들어 1위까지 장악한 것이다. 시장에선 브로드컴이 2024년 6월 12일(현지시각) 매출 전망치를 500억달러에서 510억달러로 상향 조정하는 동시에 10분의 1 액면분할을 발표한 영향으로 풀이한다. 7월 15일 액면분할이 미 증시에 반영되기 전까지 브로드컴 주가는 16.41% 치솟았다.

기업이 일정 비율로 주식 액면가를 쪼개 주식 수를 늘리는 액면분할을 하면 주당 가격은 낮아진다. 투자자로선 주가가 저렴해졌다는 착각을 느낄 수 있다. 통상 액면분할 직후 거래량이 늘면서 주가가 단기적으로 치솟는 이유다. 올해 미국에서는 브로드컴을 비롯해 엔비디아·월마트·치폴레 등의 기업이 액면분할을 단행했다. 엔비디아는 2024년 5월 22일 10분의 1 액면분할을 발표했다. 이후 6월 10일 증시에 적용되기 전까지 이 회사 주가는 26.73% 급등했다. 이 기간에 서학개미(해외 주식에 투자하는 국내 개인 투자자)는 엔비디아 주식을 3억 1,241만달러(약 4,316억원)어치 순매수했다. 하지만 브로드컴도 엔비디아도 단기 급등 이후 최근 들어서는 주가가 조정받는 모양새다. 대형 기술주에서 차익 실현한 뒤 중·소형주로 옮겨가는 순환매 장세가 나타나면서 '액면분할 효과'도 힘을 발휘하지 못하는 상황이다. 엔비디아 주가는 6월 10일 액면분할 이후 올랐던 상승분을 모두 반납하고 7월 17일까지 2% 넘게 하락했다. 브로드컴 역시 액면분할이 반영된 7월 15일부터 17일까지 8.28% 하락했다.

여기에 2024년 11월 대선을 앞두고 각 진영 정책 기조에 따라 증시 변동성도 커지는 분위기다. 예컨대 2024년 7월 17일 공화당 대선후보인 도널드 트럼프 전 미국 대통령은 대만 TSMC 등에 지급하는 반도체 보조금을 문제 삼는 듯한 발언을 했다. 이후 반도체 업종 전반의 투자 심리가 악화하면서 엔비디아와 브로드컴 모두 6~7%대 약세를 보였다. 투자 과열 우려도 액면분할 효과를 약화하는 요소로 꼽힌다. 미국 투자회사 비스포크 인베스트먼트 그룹은 6월 19일 '극도의 과매수' 종목 리스트를 공개했다. 브로드컴이 1위, 엔비디아가 5위에 이름을 올렸다. 금융투자업계 관계자는 "액면분할 자체에 의미를 두지 말고 기업가치 자체에 집중해야 한다"고 말했다.

〈조선일보, 2024. 7. 18 수정〉

4.3 자사주 매입

자사주 매입(stock repurchase)이란 기업이 발행한 보통주를 다시 매입하여 금고주(treasury stock)의 형태로 소유하는 것을 말한다. 우리나라에서는 과거 기업내부의 경영자가 악용할 우려가 있으므로 상법상 특별한 경우를 제외하고는 자사주 매입을 원칙적으로 금지하였으나, 2011년 상법개정 후 현행 「자본시장과 금융투자업에 관한 법률」(자본시장통합법 또는 자본시장법)에서와 마찬가지로 주주총회 또는 이사회의 의결을 거쳐 배당가능이익의 범위 내에서 자기주식의 취득을 허용하였다.

자사주 매입은 주주들에게 배당지급과 같은 효과를 주게 된다. 기업이 배당을 지급할 자금으로 자사주를 매입하면 발행주식수가 줄어들게 되며, 시장에서 유통되는 나머지 주식의 가격은 배당부주가 수준으로 일정하게 유지될 것이다.[14] 그러므로 주주들은 배당금 대신에 자본이득을 얻게 되며, 이로 인하여 배당소득세를 회피할 수 있다는 이점이 있다.

완전자본시장의 경우에는 이상에서 설명한 주식배당, 주식분할, 자사주 매입 등에 의해 주주의 부는 변하지 않을 것이다. 이에 대한 사항을 요약하면 〈표 9-1〉과 같다.

표 9-1 주식배당, 주식분할, 자사주 매입의 효과

배당의 특수형태	발행주식수	주가	주주의 부
주식배당	증가	하락	불변
주식분할	증가	하락	불변
자사주 매입	감소	불변	불변*

* 발행주식수가 감소하여 주주들이 보유하고 있는 주식의 총시장가치는 감소하나, 그 감소된 가치는 주주들이 기업에 주식을 매도하여 얻게 되는 소득과 일치하게 되므로 주주의 부는 변하지 않는다.

뉴스 속 재무

자사주 매입 나선 상장사, 절반은 주가 떨어졌다

정부가 2024년 1월 '밸류업'(기업가치 제고) 정책을 내놓은 뒤 자사주를 사들이는 기업이 늘고 있다. 하지만 자사주 매입을 공시한 유가증권시장 상장사의 46%, 코스닥시장 상장사의 60%는 주가가 오히려 떨어졌다. 전문가들은 "'이익 체력'을 넘어서는 주주환원책 공시는 투자 심리에 독이 될 수 있다"고 지적했다.

'매입=상승' 공식 깨졌다

2024년 8월 11일 한국거래소에 따르면 올 들어 유가증권시장에서 자사주 매입을 공시한 상장사는 90곳이었다. 이 중 47곳(52.2%)은 자사주 매입 발표 후 지난 9일까지 주가가 올랐지만 42곳(46.7%)은 하락했다. 1곳은 주가가 보합이었다. 90개 종목의 공시 후 평균 주가 상승률은

14 그러나 자본시장이 불완전한 경우 주식에 대한 수요가 증가하여 주가가 상승할 수도 있다.

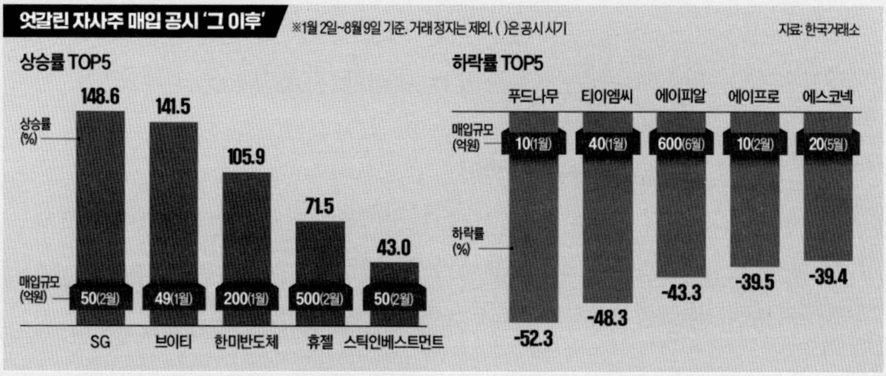

3.08%였다. 상승률이 높았던 종목은 한미반도체(105.9%), 스틱인베스트먼트(43%), 한화손해보험(32%) 등이었다. 반면 에이피알(−43.3%), 에프앤에프(−33.95%), 두산밥캣(−26.2%) 등은 주가가 크게 내렸다. 코스닥시장에서는 163곳이 자사주 매입 공시를 냈다. 이 중 99곳(60.7%)은 공시 후 주가가 하락했다. 건강식 플랫폼 '랭킹닭컴' 운영사 푸드나무(−52.3%), 반도체·특수가스 전문업체 티이엠씨(−48.3%) 등이 높은 하락률을 기록했다. 주가가 오른 기업은 60곳(36.8%)에 불과했고 4곳은 보합이었다. 163개 종목은 주가가 공시 후 평균 2.05% 떨어졌다.

'자본 절약'의 딜레마

정부가 1월 밸류업 정책을 추진하겠다고 발표한 이후 상장사들 사이에서 자사주 매입 열풍이 불었다. 자사주 매입은 유통주식 수를 줄이는 효과가 있어 주식시장에선 호재로 취급된다. 자사주 취득은 주가가 저평가일 때 이뤄진다는 인식이 있어 신규 투자자가 유입되기도 한다. 기업들이 주가 부양 수단으로 자사주 매입을 활용해온 이유다. 2024년 들어 8월 9일까지 총 6조 879억원어치의 자사주 매입 계획이 발표됐다. 전년 동기 대비 3,977억원 늘었다. 유가증권시장에서 메리츠금융지주(3월 · 5,000억원), 기아(1월 · 5,000억원), 고려아연(8월 · 4,000억원) 등이 대규모 자사주 매입을 공시했다.

전문가들은 '밸류업 대표주'로 꼽히는 금융 관련주를 주목해야 한다고 조언했다. 2024년 8월 7일 미래에셋증권과 KB금융이 자사주 소각 계획을 밝히는 등 금융사들은 밸류업 정책에 적극적으로 동참하고 있다. KB금융, 하나금융지주, BNK금융지주, 신한지주 등은 올해 자사주 매입 공시 이후 주가가 22.3~26.1% 올랐다. 설용진 SK증권 연구원은 "거시경제 지표 악화로 은행들 수익성이 제한

적임에도 주주환원 매력은 은행주의 주된 투자 포인트가 되고 있다"고 평가했다. 코스닥시장에서는 화장품 업체 브이티(141.5%), 보톡스 제작사 휴젤(71.5%) 등이 자사주 매입 공시 이후 주가가 뛰었다. 하지만 주가가 오른 기업보다 하락한 기업이 더 많았다. 실적 악화 등으로 경쟁력이 떨어지고 있다고 평가받은 기업은 자사주 매입 공시가 효과를 발휘하지 못했다는 분석이 나온다. 반도체 장비업체 HPSP가 2024년 들어 코스닥시장 최대 규모인 500억원의 자사주 매입을 발표하고도 8월 7일부터 9일까지 1%밖에 오르지 않은 게 대표적이다. 한 자산운용사 임원은 "경기 침체 우려 속에선 오히려 자본을 아끼는 기업의 매력이 돋보일 수 있다"며 "정부의 기대만큼 코스닥시장 상장기업들이 밸류업에 동참하지 않는 이유도 여기에 있다"고 분석했다.

〈한국경제, 2024. 8. 19 수정〉

PRINCIPAL TERMS

주ㅣ요ㅣ용ㅣ어

배당정책 (dividend policy)

기업이 벌어들인 순이익을 기업의 소유주인 주주들에게 지급하는 배당과 미래의 투자기회에 대처하기 위하여 사내에 적립하는 유보이익(이익잉여금)으로 구분하는 의사결정을 의미한다.

정규현금배당 (regular cash dividend)

매년 정기주주총회의 의결을 거쳐 정기적으로 지급하는 배당으로서 기업의 일시적인 경영성과와 관계없이 일정하게 지급되는 경향이 있다.

추가현금배당 (extra cash dividend)

경영자가 장기적으로 기업전망이 개선될 것이라고 확신할 수는 없지만 일시적으로 많은 이익을 얻을 경우에 정규현금배당 이외에 추가적으로 지급되는 현금배당을 의미한다.

특별현금배당 (special cash dividend)

1회용 보너스의 형태로 지급되는 현금배당으로서 정상적인 배당지급시기 이외의 시기에 임시주주총회의 결의를 거쳐 지급되는 배당이다.

배당기준일 (record date)

배당을 지급받을 주주를 확정시키기 위하여 주주명부를 폐쇄시키는 날, 즉 주식의 명의개서가 가능한 마지막 날이다.

배당락일 (ex-dividend date)

배당금에 대한 권리가 상실되는 날을 의미하며, 배당락일 이후에 주식을 구입하는 경우 배당을 받을 수 없다.

MM의 배당무관련이론

완전자본시장하에서는 배당정책과 기업가치가 무관련하다.

자기배당 (homemade dividend)

주주들이 기업의 배당정책과 상이한 배당을 선호한다면, 그들은 주식을 매입 또는 매도하여 현금흐름을 조정함으로써 자신이 선호하는 배당의 효과를 얻는 것을 의미한다.

저배당정책의 선호에 대한 현실적 요인

- 세금: 배당소득세율 > 자본차익세율
- 발행비용

고배당정책의 선호에 대한 현실적 요인

- 현재수입에 대한 선호
- 불확실성의 감소

배당의 정보효과 (information-content effect)

시장에서 투자자들이 배당정책의 변화를 기업내용 변화의 신호로 인식하여 주가가 변하는 것(예, 배당증가 → 좋은 신호 → 주가상승 등)을 의미하는 것으로서, 이를 신호효과(signaling effect)라고도 한다.

배당의 고객효과 (clientele effect)

기업의 주주들의 선호(예, 고소득자 → 저배당, 저소득자 → 고배당 등)에 따라 기업의 배당정책이 달라지며, 일단 기업들의 배당정책이 주주들의 선호와 일치하면 어떠한 기업도 단순히 배당정책을 변화시킴으로써 그 가치에 영향을 미칠 수 없다는 것을 의미한다.

잔여배당정책 (residual dividend policy)

내부자금 중 새로운 투자에 지출하고 남는 부분이 배당으로 지급되는 것을 의미한다.

배당의 안정성

기업이익의 일시적 변동에 관계없이 목표배당을 정하여 주당배당금을 일정하게 유지하려는 경향을 의미한다.

주식배당 (stock dividend)

현금배당 대신 주식을 추가로 발행하여 기존주주에게 무상으로 교부하는 것으로서 기업의 이익 중 주식배당액만큼 자본금으로 편입되기 때문에 발행주식수만 늘어날 뿐 기존주주의 지분율은 그대로 유지되어 실질적인 주주 부의 증가를 가져오지는 않는다.

주식분할 (stock split)

기존의 1주를 분할하여 그 이상의 배수로 만드는 것으로서 단순히 발행주식 수가 증가하고 이에 따라 액면가가 줄어들게 되는 이외에 외형적으로 재무상태표의 자기자본란은 변하지 않는다.

자사주 매입 (stock repurchase)

기업이 발행한 보통주를 다시 매입하여 금고주(treasury stock)의 형태로 소유하는 것을 말한다.

EXERCISES
연 | 습 | 문 | 제

QUESTION I

완성/선택형 문제

01 현금배당은 지급방법에 따라 ( ), ( ), ( ) 등으로 분류된다.

02 우리나라의 경우 결산기 이후에 개최되는 주주총회에서 배당결의가 이루어지기 때문에 배당금이 확정되기 전에 ( )이 일어난다는 모순이 발생한다.

03 현실적으로 자본이득보다는 배당소득에 대하여 보다 높은 개인소득세율이 부과되기 때문에 투자자들은 배당성향이 ( ) 기업을 더 선호하는 경향이 있다.

04 배당의 정보효과는 경영자가 일반투자자들보다 기업내용에 관한 우월한 정보를 가지고 있는 ( ) 때문에 성립되는 논리이다.

05 도입기 또는 성장기의 고속성장하는 기업의 경우는 배당을 ( )하는 반면, 성숙기의 저성장 기업의 경우는 배당을 ( )하는 경향이 있다.

06 배당에 대한 다음의 설명 중 잘못된 것은?

① 일반적으로 정규현금배당은 기업의 일시적인 경영성과와 관계없이 일정하게 지급되는 경향이 있다.

② 우리나라에서 배당락일은 배당기준일 1일 전인 경우가 많다.

③ 배당기준일(record date)은 주식의 명의개서가 가능한 마지막 날이다.

④ 우리나라에서는 배당금이 확정되는 즉시 배당락가격이 형성된다.

⑤ 우리나라의 경우 공정하고 정확한 배당락주가의 형성이 어렵기 때문에 구주주와 신주주 사이의 이해상충 가능성이 존재한다.

07 MM의 배당이론(1961년)에 대한 다음의 설명 중 거리가 먼 것은?

① 완전자본시장하에서는 배당정책과 기업가치가 무관련하다.

② 정확히 배당만큼 주가가 하락하게 된다.

③ 기업의 투자기회에 따라 배당정책을 결정해야 한다.

④ 주주들이 기업의 배당정책과 상이한 배당을 선호한다면, 그들은 주식을 매입 또는 매각함으로써 자신의 선호에 따라 배당을 스스로 조정해 나갈 수 있다.

⑤ MM이 내세운 기본적인 가정을 완화함으로써 현실적으로 존재하는 다양한 배당정책들을 설명할 수 있을 것이다.

08 세금이 존재하지 않는 완전자본시장하에서 현재 주가가 20,000원인 기업이 주당 500원을 배당하는 경우 배당락주가는?

① 19,500원 ② 19,500 이상 ③ 19,500원 미만
④ 20,000원 ⑤ 알 수 없음

09 투자자의 저배당정책 선호에 대한 현실적 요인으로 볼 수 있는 것은?

A. 차별적 세금: 배당소득세율 > 자본이득세율
B. 증권의 발행비용
C. 현재수입에 대한 선호
D. 배당으로 인한 불확실성의 감소
E. 배당의 정보효과

① A, B ② A, C ③ C, D
④ D, E ⑤ B, E

10 배당의 정보효과와 고객효과에 대한 다음의 설명 중 잘못된 것은?

① 정보비대칭하에서는 경영자가 가지고 있는 정보를 투자자들에게 전달해 주기 위한 수단으로 배당정책이 이용될 수 있다.

② 주가는 배당정책 자체에 의해서 변하는 것이 아니라 배당이 가지고 있는 정보내용에 의해서 변한다.
③ 은퇴한 개인이나 사회단체 등은 당기의 소비가능한 소득을 원하기 때문에 현금배당을 보다 선호하게 된다.
④ 배당 이외의 다른 원천으로부터 충분한 소득을 얻어낼 수 있는 주주들은 상대적으로 높은 세율을 부담해야 하는 배당소득보다는 자본이득을 바라게 된다.
⑤ 주주들의 선호에 따라 배당정책을 변화시킴으로써 기업가치에 영향을 미칠 수 있다.

11 대부분의 기업들은 목표배당을 정하여 주당배당금을 일정하게 유지하려는 경향이 있다. 그 이유에 대한 다음의 설명 중 적절치 못한 것은?

① 비록 이익이 감소되었다 하더라도 기업이 일정 배당수준을 유지하면 투자자들은 비교적 확실하게 그들의 미래 배당을 예측할 수 있다.
② 모든 투자자들은 자본이득보다 배당을 더 선호한다.
③ 특정 연도의 이익감소가 기업이 회복하기 어려운 계속적인 것이 아니라 일시적인 현상이라는 것을 간접적으로 나타내는 정보전달의 효과를 지닌다.
④ 배당수입에 의하여 생활을 영위하는 투자자들에게는 불규칙적이고 불안정한 배당수입은 생활 그 자체를 위협하게 된다.
⑤ 연금기금, 투자신탁, 보험회사 등 많은 기관투자자들은 공적인 자금을 운용하므로 수익도 중요하지만 미래 현금흐름의 확실성을 보다 더 요구한다.

12 다음은 10 : 1 주식분할(stock split)에 대한 설명이다. 이 중 가장 옳지 않은 것은? (단, 주식분할과 관련된 모든 비용은 무시한다.) (CPA 2003)

① 주식의 액면가는 1/10 로 하락한다.
② 장부상 자본잉여금이 보통주 자본금으로 전입될 뿐 자기자본 총액에는 변동이 없다.
③ 주주의 지분권(기업지배권)에는 변동이 없다.
④ 발행주식수가 10배 증가한다.
⑤ 주당순이익(EPS)이 1/10 로 하락하고, 이론적인 주가는 1/10 수준으로 하락한다.

13 기업이 자사주를 매입(stock repurchase)하고자 하는 동기에 대한 설명 중 가장 타당성이 낮은 것은? (CPA 1997)

① 채권자를 보호하는 수단이다.
② 성과급 스톡옵션의 실행을 위한 수단이다.
③ 현금배당에 대한 주주의 소득세를 절감할 수 있는 수단이다.
④ 적대적 기업합병 · 인수(M&A)에 대한 방어수단이다.
⑤ 주가가 저평가되었을 때 이 사실을 투자자에게 전달하는 수단이다.

QUESTION II

서술/계산형 문제

01 우리나라 배당지급제도에 대해서 설명하고, 그 문제점을 지적하라.

02 MM의 배당무관련이론을 설명하라.

03 배당의 정보효과에 대하여 설명하라.

04 잔여배당정책을 설명하라.

05 주식배당과 주식분할의 차이점을 설명하라.

06 (MM의 배당무관련이론)

현재 발행주식수가 100만주이며, 순이익의 전부를 배당하는 정책을 채택하고 있는 (주)태양의 순이익은 4억원으로 곧 배당을 실시할 예정이다. 그리고 이 회사의 1년 후 기업의 가치는 110억원으로 예상된다. 이 회사의 적절한 할인율이 10%이며, 완전자본시장을 가정하여 다음의 물음에 답하라.

(1) (주)태양의 현재가치는?
(2) (주)태양이 현재의 배당정책을 계속 유지하는 경우, 주식의 배당락가격은?
(3) 배당정책과 관련된 회의에서 이 회사의 일부 임원들은 배당이 너무 적어 주가가 낮게 형성된다고 주장하였다. 그러므로 그들은 신주 발행에 의해 자금을 조달하여 주당 600원씩의 배당을 하자고 제안하였다.
  ① 낮은 배당으로 인해 주가가 저평가되었다는 주장에 대해 평가하라.
  ② 주당 600원씩 배당하자는 안이 채택된다면, 신주를 얼마에(발행가) 얼마만큼(발행주식수) 발행하여야 하는가?

07 (세금과 투자수익률)

천하주식회사의 1년도 말 주가는 12,000원으로 기대된다. 자본이득에 대해서는 과세하지 않으나 배당소득에 대해서는 20%의 세율로 과세한다고 할 때, 천하주식회사가 1년도 말에 주당 2,000원을 배당할 경우와 배당하지 않을 경우 각각의 현재 주가를 구하고 투자수익률을 비교하라. (단, 이 회사의 할인율은 20%이다.)

08 (주식배당)

(주)은하의 현재 주가는 18,000원, 주당순이익은 1,000원이며, 자기자본은 다음과 같이 구성되어 있다.

(주)은하의 자기자본구조

자 본 금(액면 5,000원, 발행주식수 100만주)	50억원
자본잉여금	20억원
이익잉여금	10억원
자기자본합계	80억원

이 회사가 10%의 주식배당을 실시하였다고 가정하여 다음의 물음에 답하라.
(1) 이 회사의 자기자본구조는 어떻게 변하겠는가?
(2) 이 회사의 주가는?
(3) 이 회사의 주가수익비율(price earning ratio: PER)은 어떻게 변하겠는가?
(4) 주식배당 전 100주를 가지고 있던 투자자가 있다면, 그의 부는 어떻게 되겠는가?
(5) 현실적으로 외부주주들은 기업의 내부정보를 잘 알지 못한다. 이 경우 주식배당은 정보를 전달하는 하나의 수단으로 사용될 수 있다. 이와 같은 논리하에서 긍정적인 정보로서의 주식배당을 설명하라.

제 10 장

기업의 합병과 매수

1. M&A의 의의와 유형
2. M&A의 시너지효과
3. M&A의 평가
4. M&A의 방어전략

M&A는 한 기업이 다른 기업을 합병(merger)하거나 매수(acquisition)하는 것으로서, 일반적으로 신규사업의 진출이나 기업확장의 수단으로 이용된다.

기업은 급변하는 환경 속에서 살아남기 위하여 지속적으로 성장을 추구하여야 한다. 기업의 성장은 합리적인 투자결정, 자본조달결정 등을 통하여 기존사업을 점진적으로 확대해 나가는 내적 성장과 타기업을 합병하거나 매수함으로써 일시에 사업영역을 확대하려는 외적 성장으로 구분된다. 기업의 합병과 매수(mergers and acquisitions: 이하 M&A라 약칭함)는 외적 성장의 주요한 수단으로 최근 국내·외에서 그 관심이 높아지고 있다.

본장에서는 M&A의 의의와 유형, M&A의 시너지효과, M&A의 평가, 적대적 M&A에 대한 방어전략 등에 관하여 설명하고자 한다.

학습목표

1. M&A의 의의와 유형을 알아본다.
2. M&A의 시너지효과와 그 원천에 대해서 살펴본다.
3. M&A의 평가방법을 학습한다.
4. M&A에 대한 방어전략을 알아본다.

1. M&A의 의의와 유형

1.1 M&A의 의의

2014년 5월 26일 다음과 카카오는 전격 합병 결정을 발표하였다. 영국 파이낸셜타임스(FT)는 "다음과 카카오의 합병은 한국에서 가장 지배력 있는 포털사이트 운영업체인 네이버를 상대할 경쟁력을 얻게 되었다"는 긍정적인 평가를 내렸다. 〈출처: 케이벤치〉

기업의 합병과 매수(M&A)는 한 기업이 다른 기업을 합병(merger)하거나 매수(acquisition)하는 것으로서, 일반적으로 신규사업의 진출이나 기업확장의 수단으로 이용된다. M&A는 불확실성하에서 이루어진 투자결정이라 할 수 있다. 따라서 M&A의 기본적인 평가원칙은 인수기업(acquiring firm)의 주주에게 양(+)의 순현가(NPV)를 가져다주는 인수대상기업 또는 피인수기업(target firm, acquired firm)을 인수하여야 한다는 것이다.

그러나 인수대상기업의 순현가를 결정하는 것은 매우 어려운 일이기 때문에 M&A는 그 자체로서 흥미있는 과제라 할 수 있으며, 다음과 같은 몇 가지 특징을 가지고 있다.

첫째, M&A로부터 얻을 수 있는 이득을 시너지(synergy)라 하며, 이를 정확히 추정하기는 어렵다.[1]

둘째, M&A에 의해 복잡한 회계, 세무, 법적인 효과가 발생한다.

---

1 시너지는 1+1>2가 되는 것을 의미하며, 이를 상승효과라 하기도 한다.

셋째, M&A는 주주들이 기업에 대해 취할 수 있는 주요한 통제수단이다. 현재의 경영자와 주주 사이의 이해관계가 서로 상충될 때 M&A가 이루어질 수도 있다. 예를 들어 주주들은 불편한 관계에 있는 경영자를 해임시키기 위하여 다른 기업이 자신의 기업을 인수하도록 할 수 있다.

넷째, M&A분석은 주로 기업가치에 초점을 맞추어 이루어지나, M&A는 기업가치뿐만 아니라 주식과 부채의 상대적 가치에도 영향을 미친다.

다섯째, M&A는 때때로 비우호적인 거래를 포함하기 때문에 인수대상기업들에 의해 방어전략이 사용되기도 한다.

1.2 M&A의 유형

M&A는 협의의 개념으로 흡수합병(merger) 또는 신설합병(consolidation), 주식매수(acquisition of stock), 자산매수(acquisition of assets) 등 3가지에 의해서 이루어지는 기업매수(acquisition)로 볼 수 있으나, 광의의 개념으로 기업매수뿐만 아니라 위임장투쟁(proxy contest), 비공개기업화(going private) 등도 포함하는 기업인수(takeover)로 볼 수 있다.[2] [그림 10-1]에서 기업인수의 형태를 보여주고 있다.

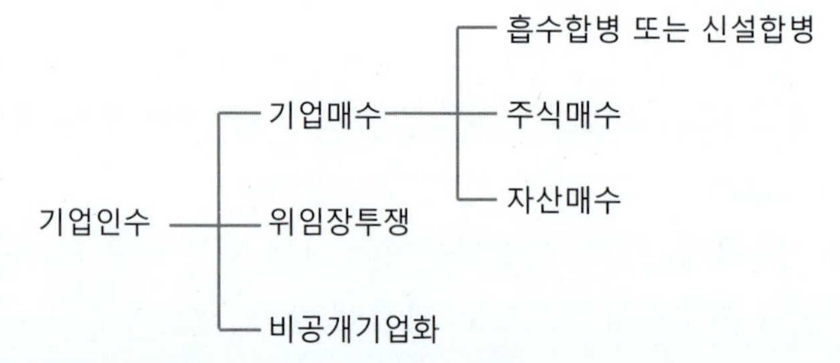

그림 10-1 기업인수의 형태

2 기업인수는 기업의 지배권행사에 충분한 지분을 매입하는 모든 행위를 의미한다.

흡수합병 또는 신설합병

흡수합병은 한 기업(합병회사)이 다른 기업(피합병회사)을 흡수하여 결합하는 것을 의미한다. 이 경우 합병회사가 피합병회사의 모든 자산과 채무를 인수함으로써 피합병회사가 없어지고 하나의 회사로 결합된다. 신설합병은 다수의 기업들이 새로운 하나의 기업으로 결합되는 것을 의미한다. 이 경우 결합하려고 하는 기업은 모두 해산되고 새로운 하나의 기업이 설립되어, 이 신설기업에 해산된 기업들의 모든 자산과 부채가 승계된다.

흡수합병과 신설합병은 법률적인 관계에서 차이가 있지만, 경제적인 측면에서는 두 개 이상의 기업이 하나의 기업으로 합쳐지는 것으로 차이가 없다. 새로운 회사설립에는 시간과 경비가 소요되고, 세법상으로 불리한 경우가 많기 때문에 실제로 신설합병은 거의 이용되지 않는다. 따라서 일반적으로 합병은 흡수합병을 의미한다.

결합되는 기업의 형태별로 분류하면 합병은 동종기업간에 이루어지는 수평적 합병(horizontal merger), 생산 및 유통과정의 수직적 흐름에 있어서 인접한 단계에 있는 기업간에 이루어지는 수직적 합병(vertical merger), 수평적 또는 수직적 관계가 없는 이종기업간에 이루어지는 다각적 합병(conglomerate merger) 등으로 나눌 수 있다.

주식매수

주식매수는 인수기업이 현금, 주식, 다른 증권 등을 이용하여 인수대상기업의 의결권주식을 매입함으로써 인수대상기업의 지배권을 획득하는 것을 의미한다. 주식매수의 방법으로 대주주 주식지분의 매입, 주식시장을 통한 매입 및 공개매수(tender offer or takeover bid: TOB) 등이 있다.

공개매수는 단기간에 의도한 가격으로 인수대상기업의 주식을 주주들로부터 공개적으로 매입하는 행위이다. 인수대상기업의 경영진과의 합의에 따라 공개매수가 이루어지는 경우도 있으나, 대부분의 경우 경영진의 의사와 관계없이 주주들로부터 직접 주식을 매입하는 적대적인 인수의 형태를 취하고 있다.

주식매수는 다음과 같은 몇 가지 점에서 합병과 다르다.

첫째, 주식매수는 주주총회의 승인 또는 인수대상기업의 경영진이나 이사회를 거치지 않고 직접 주주들을 대상으로 이루어진다.

둘째, 대부분의 경우 주식매수는 인수대상기업 경영자의 저항 속에서 이루어지므로 합병보다 많은 비용이 소요된다.

셋째, 공개매수에 대한 소액주주들의 반발 때문에 인수대상기업을 완전히 인수하기 어려울 때가 많다.

넷째, 주식매수는 인수기업이 인수대상기업의 주식을 매입하여 인수대상기업을 지배하는 형태로서 인수대상기업의 법률적인 실체는 계속 유지된다.[3]

자산매수

자산매수는 인수기업이 인수대상기업의 경영지배권을 획득하기 위하여 인수대상기업의 전부 또는 일부 주요자산(영업)을 매입하는 것을 말한다. 자산매수는 인수대상기업의 경영진과 협의하에 이루어지는 경우가 대부분이기 때문에 소액주주들의 반발을 피할 수 있다는 장점은 있으나, 자산소유권의 이전에 따른 법적 절차가 번거롭고 법률적인 비용이 크다는 단점이 있다.[4]

위임장투쟁

위임장투쟁은 일부의 주주집단이 주로 자기가 지지하는 이사를 선임하여 기업의 지배권을 획득하기 위한 것으로서, 다른 주주들로부터 의결권을 위임받아 주주총회에서 선임권을 대리행사하는 것을 의미한다.[5] 이와 같은 위임

3 인수대상기업의 완전한 흡수는 합병에 의해서 이루어지므로 대부분의 주식매수는 결국 형식적인 절차를 거쳐 합병에 이르게 된다.

4 우리나라의 경우 인수대상기업의 자산매각이 그 기업의 영업에 중요한 영향을 미칠 수 있을 때, 이에 반대하는 주주들은 해당기업에 주식매수청구권을 행사할 수 있다.

5 미국 등에서는 통상적으로 제2, 3대주주 등이 소액주주의 의결권을 모아 제1대주주에 대항하여 경영권을 장악하는 수단으로 활용하고 있다. 그러나 우리나라의 경우 의결권대리행사의 권유를 엄격히 규제하고 있으며, 또한 실질적으로 주식이 제대로 분산되어 있지 않기 때문에 위임장투쟁에 의한 기업지배권 획득은 어렵다. 2003년 하나로통신(주)(현, SK브로드밴드(주))이 주주총회에서 소액주주의 절반이 넘는 26% 이상의 위임장을 확보하여 외자유치권을 통과시킴으로써 LG그룹에 의한 경영권인수 시도를 좌절시킨 것이 위임장투쟁의 대표적인 사례이다.

장투쟁은 현재의 경영진에게 기업을 보다 효율적으로 경영할 수 있도록 압력을 가하는 수단이 될 수 있다.

비공개기업화

비공개기업화(또는 사기업화)는 일부 주주가 상장된 주식의 대부분을 매입함으로써 사실상의 개인기업으로 만들고, 그 결과 상장이 폐지되어 비공개기업으로 전락시키는 것을 의미한다. 비공개기업이 되면 우호적인 경우 외에는 M&A가 원칙적으로 일어날 수 없기 때문에 적대적 M&A로부터 벗어날 수 있다. 또한 공개회사에 대해서 요구되는 각종 보고의무 등에서도 면제되어 경영진은 경영에만 주력할 수 있다.[6]

비공개기업화를 위해서는 상장된 대부분의 주식을 매입하여야 하기 때문에 대규모의 자금이 필요하게 된다. 따라서 이 경우 회사자산을 담보로 채권을 발행하여 조달한 자금에 의해 주식을 인수하는 차입매수(leveraged buyout: LBO)가 자주 사용된다. LBO를 위해 발행되는 채권은 위험도가 아주 높은 저등급사채로 정크본드(junk bond)라 한다. 특히 LBO가 현재의 경영자에 의해 주도될 때, 이를 경영자매수(management buyout: MBO)라고 한다.

뉴스 속 재무

카카오의 SM엔터테인먼트 공개매수

SM엔터테인먼트(에스엠)를 둘러싸고 공개매수 대전이 벌어진 가운데 에스엠 주가 흐름이 초미의 관심사다. 공개매수 성공 여부가 주가에 달려 있기 때문이다. 하이브의 에스엠 공개매수가 실패로 돌아가고, 카카오가 15만원에 공개매수에 나서면서 에스엠 주가는 요동치고 있다. 한국거래소에 따르면 하이브의 에스엠

6 기업을 공개하여 불특정 다수의 주주로부터 자금조달하는 것을 지향하는 기업공개(going public)에는 역행되지만, 1980년대에 들어서 미국에서는 비우호적인 기업매수가 빈번하게 이루어지면서 상장회사의 경영자가 기업을 비공개화하는 경우가 많았다.

SM엔터테인먼트 사옥 [사진: 연합뉴스]

실질적인 공개매수 가능 마지막 날인 2023년 2월 28일 에스엠은 12만7,600원으로 거래를 마쳤다. 분쟁 내내 주가가 오르락내리락했지만 결국은 공개매수 가격을 넘겼다. 공개매수가 시작되기 직전일인 지난달 9일 9만8,500원이었던 주가는 공개매수 시작 나흘 만에 매수가인 12만원을 넘어섰다. 이후 줄곧 이 가격대를 유지해왔다. 결과는 실패였다. 주관사인 삼성증권에 따르면 지난달 10일부터 28일까지 진행된 하이브의 에스엠 공개매수 결과 공개매수 청약주식 수는 23만3,817주에 그쳤다. 지난 2일 하이브 공개매수에 응한 갤럭시아에스엠의 양도 물량(23만3,813주)을 빼면 단 4주 만이 공개매수에 응한 것이다. 하이브는 공개매수로 에스엠 주식 0.98%를 확보했다.

반응이 뜨뜻미지근했던 것은 주가가 공개매수 가격을 대체로 웃돌았기 때문이라는 분석이 나온다. 공개매수로 파는 것보다 시장에서 팔면 더 이익이니 응할 유인이 전혀 없었던 것이다. 실제 사모펀드 운용사 MBK파트너스와 유니슨캐피탈코리아(UCK) 컨소시엄은 공개매수를 통해 오스템임플란트 인수에 성공했다. 당시 오스템임플란트 주가는 공개매수 기간(2023년 1월 25일~2월 24일) 동안 18만원선에서 등락하면서 공개매수가인 19만원을 넘지 않았다. 공개매수 승패 여부가 주가에 달렸다는 점을 방증한 사례다.

하이브와 카카오 진영이 에스엠 경영권을 두고 지분확보전에 돌입한 상황이 이렇다 보니 에스엠 주가를 둘러싼 의혹이 끊이질 않았다. 카카오가 시장에서 대량으로 주식을 사들이면서 일부러 주가를 끌어올렸다는 의견도 있다. 실제 카카오가 2023년 3월 7일 제출한 공개매수신고서에 따르면 카카오는 지난 2월 28일부터 3월 3일까지 카카오엔터테인먼트와 함께 116만7,400주를 장내 매수했다고 밝혔다. 이는 SM 발행주식 수의 4.9%로, 이 기간 카카오가 투입한 자금은 1,443억원에 달한다. 또 지난 16일 '기타 법인'으로 분류된 특정계좌를 통해 에스엠 주식 68만3,398주(상장주식 수의 2.73%) 매수 주문이 이뤄졌다. 이는 이날 거래된 SM 주식 전체 거래량(444만720주)의 15.8%다. 카카오 본사가 위치해 있는 판교 지역의 IBK투자증권 지점을 통해 거래가 이뤄졌다는 점에서 이 역시 카카오가 사들인 것 아니냐는 분석이 나왔지만 사모펀드 등이 매수주체였던 것으로 드러났다. 하이브는 에스엠 공개매수를 방해하는 비정상 거래가 있다고 주장하면서 금융감독원에 조사를 의뢰한 상황이다.

증권가에선 당초 하이브 공개매수가 실패할 것이란 분석이 우세했다. 에스엠 주가가 2월 15일부터 12만원 위에서 움직였고 16일과 17일엔 13만원을 넘겼다. 또 10~14일에 공개매수에 응한 투자자가 있더라도 이후 자유롭게 청약 취소가 가능해서다. 공개매수 절차가 복잡한 점도 한 몫 했다. 공개매수는 장외 거래로 무조건 증권사 지점에 방문해야 한다. 처분한 주식의 차익이 250만원을 넘는 경우 22% 양도세를 내야 하는 점도 소액주주들에겐 부담이다.

하이브 공개매수는 예견된 실패?

투자자별 매매 동향을 봐도 2023년 2월 내내 매도세가 이어지면서 사실상 미리 차익을 실현한 투자자들이 대다수였다. 한국거래소에 따르면 지난 2월 1일부터 공개매수 종료일인 28일까지 기관 투자자들은 3,141억원, 연기금 등은 1,521억원 각각 팔아치웠다. 이 기간 개인은 634만원 사들이는 데 그쳤다. '큰 손'인 국민연금도 에스엠 지분 절반가량을 팔아치웠다. 국민연금은 지난달 4거래일에 걸쳐 에스엠 주식 110만4,513주를 장내 매도했다. 특히 하이브가 공개매수를 시작해 주가가 12만원에 근접했던 2월 13일에는 24만993주를, 12만원을 넘은 2월 21일엔 24만6,313주를 매도했다. 국민연금 에스엠 지분율은 기존 8.96%에서 4.32%로 감소했다.

카카오가 SM엔터테인먼트(에스엠)를 놓고 경영권 분쟁을 벌이던 하이브와 2023년 3월 12일 전격 합의를 이루면서 난항을 겪던 SM엔터 공개매수가 순항하게 됐다. 카카오는 공개매수를 계획대로 완료하면 SM엔터 지분율이 40%에 달해 안정적 경영권을 확보한다. 하이브도 보유 중인 지분을 공개매수에 응하며 일부 매각할 것으로 전망된다. 2023년 3월 말 격돌이 예상됐던 SM엔터 주주총회에서도 하이브가 사내이사 후보 추천을 철회해 카카오는 SM엔터 이사회도 장악하게 된다. SM엔터를 놓고 카카오와 하이브가 이전투구를 벌여 '승자의 저주'에 대한 공포가 커지자 김범수 카카오 창업자와 방시혁 하이브 이사회 의장이 결단을 내렸다는 분석이다.

〈이코노미스트, 2023. 3. 8 수정〉

2. M&A의 시너지효과

기업이 M&A를 하는 주된 이유는 M&A로부터 얻을 수 있는 시너지효과 때문일 것이다. 여기서는 M&A의 시너지효과와 그 원천에 대하여 살펴보고자 한다.

2.1 M&A의 시너지효과

시너지효과(synergy effect)는 두 기업이 하나의 기업으로 합병되는 경우 합병 이후의 기업가치가 합병 이전 개별기업가치의 합계보다 더 커지는 효과로서 상승효과라고도 한다. 예를 들어 기업 A가 기업 B를 인수하여 합병하는 경우 시너지는 다음과 같다.

$$\text{시너지} = PV(\mathrm{A}+\mathrm{B}) - [PV(\mathrm{A}) + PV(\mathrm{B})] \tag{10-1}$$

여기서 $PV(\mathrm{A}+\mathrm{B})$: 합병 후의 기업가치
$PV(\mathrm{A})$, $PV(\mathrm{B})$: 합병 전 A, B의 기업가치

2.2 시너지효과의 원천

M&A에 의한 시너지효과는 수익증대, 비용절감, 세금절감 등을 통하여 합병으로 인한 증분현금흐름을 증가시키든가 또는 자본비용(할인율)을 감소시킴으로써 증대된다.[7] M&A에 의한 시너지효과의 원천을 수익증대, 비용절감, 세금절감, 자본비용의 감소 등으로 구분하여 살펴보기로 하자.

7 수익의 증대, 비용의 절감, 세금의 절감 등에 의한 시너지는 기업의 운영상 나타나는 것으로서 이를 운영시너지(operating synergy)라 하며, 할인율의 감소에 의한 시너지는 기업의 재무정책, 즉 자본구조와 관련된 것으로서 재무시너지(financial synergy)라 한다.

수익증대에 의한 시너지효과

합병의 가장 중요한 이유 중의 하나는 합병 후 기업수익이 합병 전 개별기업의 수익을 합한 것보다 크게 된다는 것이다. 합병으로 인한 수익증대는 마케팅이득(marketing gains), 전략적 이득(strategic benefits), 시장 또는 독점적 지배력(market or monopoly power) 등으로부터 발생한다.

■ 마케팅이득

합병에 의해서 마케팅능력을 향상시킬 수 있으며, 이를 통해 보다 큰 영업이익을 창출할 수 있다. 예를 들어 합병을 통해 비효율적인 광고전략을 개선할 수 있고, 빈약한 유통채널을 강화할 수 있으며, 불균형상태의 제품믹스(product mix)를 개선할 수 있다.

■ 전략적 이득

합병으로 인하여 경쟁기업에 비해 전략적 우위를 확보할 수 있다. 예를 들어 출판사가 컴퓨터회사를 인수하는 경우 경쟁출판사에 비하여 컴퓨터를 이용한 전자출판에 있어서의 전략적 우위를 점할 수 있다. 특히 유·무형의 진입장벽이 가로막고 있는 경우 M&A를 통하여 새로운 사업에 쉽게 진출할 수 있다.[8]

■ 시장 또는 독점적 지배력

동종산업에 속하는 다른 기업을 인수함으로써 경쟁적 위치를 높일 수 있으며, 극단적으로 독점적 지위를 확보할 수도 있다. 이 경우 합병기업은 제품가격을 선도할 수 있으며, 독점적 이윤을 획득할 수 있다. 그러나 단순히 경쟁을 억제하기 위한 합병은 사회적으로 이득이 없으며, 정부의 규제를 받는 대

8 우리나라의 경우 진입장벽이 높은 금융산업에의 진출을 위한 M&A가 빈번하게 이루어졌다. 한솔그룹의 동해종금인수(1994. 11), 쌍용그룹의 인천투금인수(1995. 8) 등이 이 경우에 속한다. 그러나 이와 같은 무리한 금융산업에의 진출은 동해종금, 인천투금 등이 퇴출됨으로써 모두 실패로 끝났다.

상이 되기도 한다.

비용절감에 의한 시너지효과

합병의 가장 기본적인 이유 중의 하나는 두 개의 기업을 독자적으로 운영하는 것보다 합병을 통한 운영효율성을 높임으로써 운영비용을 크게 절감할 수 있다는 점이다. 비용절감에 의한 시너지효과는 규모의 경제(economies of scale), 수직적 통합의 경제(economies of vertical integration), 기술의 이전(technology transfer), 자원의 상호보완(complementary resources), 비효율적인 경영의 제거(elimination of inefficient management) 등을 통해서 나타난다.

■ 규모의 경제

최적규모(optimal size)에 도달할 때까지 평균생산비용은 생산량의 증가에 따라 점점 감소하게 된다. 따라서 최적규모에 도달하지 못한 기업이 다른 기업을 인수함으로써 최적규모에 도달할 수 있다면, 합병으로 인해 단위당 생산비용을 감소시킬 수 있다. 이와 같은 규모의 경제에 의한 비용절감은 수평적 합병에서 나타난다.

■ 수직적 통합의 경제

생산과정의 전 단계 또는 다음 단계에 있는 기업을 통합하여 협조적인 생산 또는 판매단계를 갖추고, 품질관리와 가격 등 거래조건의 협상을 효과적으로 함으로써 거래비용을 절감시킬 수 있다. 예를 들어 저렴하고 안정적인 자동차부품의 확보를 위해 자동차회사가 자동차 부품회사를 인수하거나, 적극적인 PC판매망의 확보를 위해 PC제조업체가 PC판매회사를 인수하기도 한다.

■ 기술의 이전

기술의 이전은 합병의 또 다른 이유라 할 수 있다. 예를 들어 제약회사가 생명공학과 관련된 기술을 이전받아 신약개발에 활용하기 위하여 생명공학

회사를 인수할 수 있다.

■ 자원의 상호보완

기업은 현존하는 자원을 효과적으로 이용하거나 성공적인 영업에 필요한 요소를 확보하기 위하여 다른 기업을 인수한다. 예를 들어 스키용품 상점이 테니스용품 상점을 인수함으로써 겨울과 여름에 걸쳐 보다 안정된 판매를 할 수 있으며, 상점의 활용도를 높일 수 있을 것이다.

■ 비효율적인 경영의 제거

합병을 통해 비효율적인 기업의 경영진을 제거할 수 있으며, 중복되는 경영진의 수를 감소시킴으로써 기업의 운영비용을 줄일 수 있다.[9]

세금절감에 의한 시너지효과

합병은 세금을 절감할 수 있는 하나의 수단이 될 수 있다. 이는 인수대상기업의 영업손실(net operating losses), 부채수용능력의 향상(unused debt capacity), 잉여자금(surplus fund)의 이용 등에 의해서 발생된다.

■ 영업손실

누적된 영업손실로 인하여 이월결손금을 갖고 있는 회사를 인수하는 경우, 합병회사는 그 이월결손금을 승계하여 법인세를 절감할 수 있다.

■ 부채수용능력의 향상

기업의 최적자본구조는 부채사용으로 인한 한계이익(부채의 법인세 절감효과)과 한계비용(파산비용)이 같아지는 점에서 이루어진다. 두 개의 기업이 합병하는 경우 합병 전 개별기업의 채무에 대하여 공동으로 지급보증하는 것이

9 M&A는 전문경영자가 주주의 이익과 배치된 행위(예를 들어 특권적 소비, 무사안일주의 등)를 함으로써 발생하게 되는 지분의 대리인문제를 해결하기 위한 수단으로 사용될 수 있다.

되므로 파산위험이 감소하게 된다. 이와 같이 합병으로 인하여 공동보험효과(coinsurance effect)가 발생하기 때문에 파산비용은 두 개의 개별기업으로 존재할 때보다 합병한 이후에 상대적으로 작게 나타날 것이다. 따라서 인수회사는 합병 이후 부채비율을 높일 수 있으며, 이로 인하여 추가적인 세금혜택을 얻을 수 있기 때문에 새로운 가치를 창출할 수 있다.

■ 잉여자금의 이용

현실적으로 배당소득세율이 자본이득세율보다 높다. 기업이 충분한 잉여현금흐름(free cash flow)을 갖고 있을 때, 이를 배당으로 지급하지 않고 기업을 인수하는 데 이용하는 경우 주주들은 배당소득 대신 주가의 상승에 따른 자본이득을 얻을 수 있다. 따라서 주주들은 배당소득세 대신 낮은 자본이득세를 부담함으로써 세금을 절감할 수 있다.

자본비용의 감소에 의한 시너지효과

두 기업이 합병될 때 증권발행비용 측면에서 규모의 경제가 발생하기 때문에 자본비용을 감소시킬 수 있다. 일반적으로 주식 또는 채권의 발행비용은 소규모기업보다 대규모기업에서 더 작게 나타난다.[10]

자본소요액의 감소에 의한 시너지 효과

합병을 통해 불필요한 시설 및 장비 등을 처분함으로써 자본적 지출을 줄일 수 있다. 또한 기업규모가 증가함에 따라 규모의 경제가 실현되어 현금, 매출채권, 재고자산 등을 효율적으로 관리할 수 있으므로 운전자본에 대한 지출이 줄어들게 된다.

10 합병으로 인해 분산효과가 발생하게 되어 자본비용이 감소하는 것으로 생각하기 쉬운데, 이는 CAPM이 성립하는 경우 불가능한 일이다. 왜냐하면 합병으로 인해 감소되는 위험은 비체계적 위험이기 때문이다.

뉴스 속 재무 "국내 CEO 70%, 1년 내 M&A 추진 계획 있어"

국내 기업 최고경영자(CEO)의 70%가 앞으로 1년 안에 인수·합병(M&A)을 추진할 계획이 있는 것으로 나타났다. M&A 추진 이유로는 기술과 생산능력 강화, 공급망 확보 등이 꼽혔다. 2024년 7월 9일 EY한영의 전략컨설팅 특화 조직 EY-파르테논이 최근 한국을 포함한 21개국 CEO 1,200명과 기관투자자 300명을 대상으로 실시한 설문조사에 따르면 국내 CEO의 98%가 1년 내 전략적 딜을 추진할 계획이 있다고 응답했다. 이 가운데 70%는 M&A를, 80%는 매각과 분할, 기업공개(initial public offering: IPO)를 추진하겠다고 밝혔다. 3개월 전 조사와 비교해 M&A는 34%포인트(p.), 매각 등은 50%p. 상승했다. 합작법인(joint venture: JV)이나 얼라이언스(alliance)를 추진하겠다는 응답도 58%로 나타났다. 글로벌 CEO들의 응답률은 M&A 42%, 매각·분할·IPO 71%, JV·얼라이언스 48%로 조사됐다.

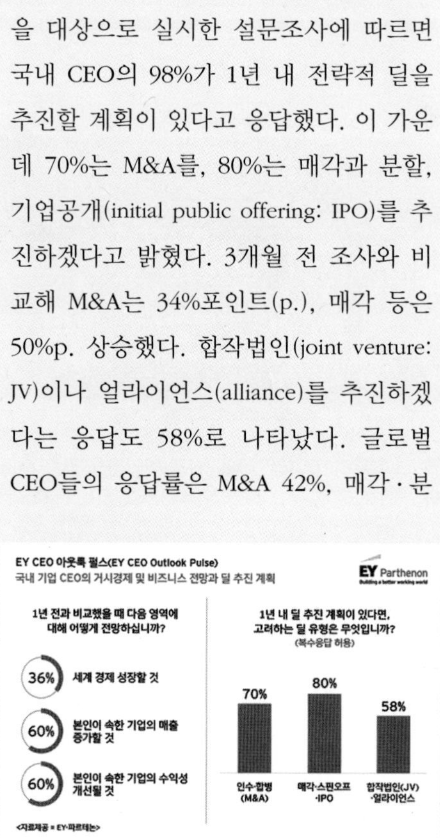

국내외 CEO들은 M&A 추진 이유로 기술과 생산능력 강화, 스타트업 인수를 1위로 꼽았다. 2위 요인은 국내와 해외 CEO가 달랐다. 국내 CEO는 공급망 확보를, 글로벌 CEO는 시장점유율 확대를 지목했다. 이를 두고 EY-파르테논은 수출 위주 경제인 한국 기업들의 CEO가 공급망 안정성을 중요하게 여긴 결과라고 해석했다.

글로벌 기관투자자들은 M&A 시장에 대해 국내외 CEO들과 다소 다른 시각을 드러냈다. 기관투자자의 61%는 1년 전과 비교해 M&A 거래량이 비슷할 것으로 전망했다. 34%의 응답자만이 M&A 물량 증가를 예상했다. 향후 1년 동안 세계경제가 성장할 것이라고 응답한 비율은 국내외 CEO가 모두 30%대로 집계됐다. 경제 불확실성에도 불구하고 CEO들은 개별 기업의 경영 성과에 대해 낙관적인 전망을 내놨다. 국내 CEO 응답자의 60%는 전년 대비 기업 매출이 성장하고 수익성이 개선될 것이라고 내다봤다. 글로벌 CEO의 응답 비율도 이와 비슷했다.

변동범 EY한영 EY-파르테논 본부장은 "기업들의 M&A 추진 의지는 높지만 상황은 녹록지 않을 것"이라며 "기관투자자들이 바라보듯 저성장 기조와 고금리, 지정학적 위기, 미국 대선 불확실성 등 여파로 올해에도 선별적으로 딜이 성사될 것"이라고 말했다. 이어 "매수자와 매도자 간 의견이 일치하지 않는다면 딜 클로징(deal closing · 협상을 잘해 거래를 완료하는 것) 가능성이 떨어질 수 있어, 매각을 희망하는 기업들은 실적 개선과 가치 제고, 매각 타이밍 등을 전략적으로 고려해 매력적인 매물로 만들 필요가 있다"고 덧붙였다.

〈연합인포맥스, 2024. 7. 9 수정〉

3. M&A의 평가

M&A는 본질적으로 투자결정문제와 연관이 있다. 따라서 M&A의 평가는 전형적으로 순현가법에 의해 이루어진다.[11] 예를 들어 기업 A가 기업 B의 인수를 고려하고 있다고 하자. 이 경우 인수기업 A가 인수대상기업 B를 M&A함으로써 얻을 수 있는 순현가(NPV)는 기업 B를 인수함으로써 얻을 수 있는 이득의 현재가치(시너지)에서 기업 B를 인수한 대가로 지불한 비용(프리미엄)을 차감하여 구할 수 있다. 이를 관계식으로 나타내면 식 (10-2)와 같다.

무리한 기업인수로 인해 어려움을 겪을 수도 있다.

11 M&A의 기본적 평가원칙을 무시한 기업인수로 인해 오히려 위험에 빠지게 되거나 커다란 후유증을 겪을 수 있으며, 이와 같은 상황을 '승자의 저주'(winner's curse)라 한다. 대우건설, 대한통운 등을 인수한 후 유동성 위기로 인해 재매각하고 핵심사업인 아시아나마저 매물로 내놓게 된 금호아시아나그룹은 '승자의 저주'의 대표적 사례다.

$$
\begin{aligned}
NPV &= \text{시너지} - \text{프리미엄} \\
&= [PV(\text{A}+\text{B}) - (PV(\text{A}) + PV(\text{B}))] \\
&\quad - [\text{기업 B의 매수가격} - PV(\text{B})] \qquad (10\text{-}2)
\end{aligned}
$$

또는 M&A에 따른 NPV는 합병으로 인한 인수기업의 증분가치로서 식 (10-3)과 같이 구할 수 있다.

$$
\begin{aligned}
NPV &= \text{합병 후 기업 A의 가치} - \text{합병 전 기업 A의 가치} \\
&= [PV(\text{A}+\text{B}) - \text{기업 B의 매수가격}] - PV(\text{A}) \qquad (10\text{-}3)
\end{aligned}
$$

기업 B를 M&A하는 것에 대한 평가는 식 (10-2) 또는 식 (10-3)에 의해 계산된 NPV에 의해서 이루어진다. NPV가 양(+)의 값을 가지면 기업 A는 기업 B를 인수하여야 하고, NPV가 음(−)의 값을 가지면 기업 A는 기업 B를 인수하지 않아야 한다.

예를 들어 현재 기업 A와 기업 B의 가치가 각각 800억원, 100억원이며, 두 기업은 모두 부채 없이 자기자본에 의해 자본이 조달된다고 가정하자. 그리고 만약 기업 A가 이익잉여금(유보이익)을 이용하여 기업 B를 인수하는 경우 100억원의 시너지효과가 나타나서 합병 후 결합기업가치는 1,000억원이 된다. 기업 B의 이사회는 현금으로 140억원을 준다면 기업 B를 매각할 수 있다는 의사를 제시하였다. 이와 같은 경우 기업 A는 기업 B를 인수하여야 하는가?

기업 A가 기업 B를 인수하는 경우 얻을 수 있는 순현가는 식 (10-2) 또는 식 (10-3)에 의해 다음과 같이 구할 수 있다.

$$
\begin{aligned}
NPV &= [PV(\text{A}+\text{B}) - (PV(\text{A}) + PV(\text{B}))] - [\text{기업 B의 매수가격} - PV(\text{B})] \\
&= [1{,}000\text{억원} - (800\text{억원} + 100\text{억원})] - (140\text{억원} - 100\text{억원}) \\
&= 100\text{억원} - 40\text{억원} = 60\text{억원}
\end{aligned}
$$

또는

$$NPV = \text{합병 후 기업 A의 가치} - \text{합병 전 기업 A의 가치}$$
$$= [PV(A+B) - \text{기업 B의 매수가격}] - PV(A)$$
$$= (1{,}000\text{억원} - 140\text{억원}) - 800\text{억원}$$
$$= 860\text{억원} - 800\text{억원} = 60\text{억원}$$

기업 A가 기업 B를 인수하는 경우의 순현가는 60억원이므로 기업 A는 기업 B를 인수하여야 한다. 그리고 만약 기업 A의 총발행주식수가 200만주라고 한다면, 합병 전 기업 A의 주가는 40,000원(800억원/200만주)이나, 합병 후 기업 A의 주가는 43,000원(860억원/200만주)으로 상승하게 된다. 이와 같은 계산과정은 〈표 10-1〉에 나타나 있다.

표 10-1 현금에 의한 M&A의 평가

구 분	합병 전		합병 후
	기업 A	기업 B	
시장가치	800억원	100억원	860억원
총발행주식수	200만주	50만주	200만주
주가	40,000원	20,000원	43,000원

알 | 아 | 두 | 기

M&A와 승자의 저주

'승자의 저주'는 경쟁에서는 이겼지만 이를 위해 과도한 비용을 치르면서 위험에 빠지는 상황을 일컫는 말이다. 이 표현은 1950년대 미국 텍사스의 해양 석유채굴권 경매가 과도하게 달아오르면서 낙찰가가 실제 가치보다 과도해 낙찰자가 큰 손해를 입은 사례에서 유래됐다. 1950년대 미국 석유기업들은 멕시코만의 석유 시추권 공개 입찰에 참여했으나 당시 석유매장량을 정확히 측정할 기술이 부족했던 탓에 적정 입찰가는 추측에 의존할 수밖에 없었다. 입찰자들은 제각기 석유 매장량을 추정해 입찰가격을 써냈지만 과도한 경쟁이 벌어졌다. 결국 2천만달러를 제시한 기업이 시추권을 땄지만 실제 매장량의 가치는 1천만달러에 불과했다. 1971년 석유회사에서 근무한 케이펜과 클랩, 캠벨(Capen, Clapp, and Campbell)이 발표한 논문에 처음 등장한 개념으로, 2017년 노벨경제학상 수상자인 리처드 세일러(Richard H. Thaler)가 1992년 '승자의 저주'(The Winner's Curse)라는 책을 발간하면서 하나의 장을 할애해 자세한 내용을 설명했다.

기업 인수합병 과정에서도 비슷한 일이 발생할 수 있다. 성장잠재력이나 모기업과의 시너지 효과 등에 주목해 비싼 값에 대상 기업을 인수하지만 예기치 못한 상황 변화 등으로 모기업이 휘청거릴 수도 있다. 국내에서는 2000년대 금호아시아나 그룹이 벌였던 공격적인 인수합병 사례가 승자의 저주 사례로 자주 언급된다. 금호아시아나그룹은 2006년에 대우건설, 2008년에 대한통운을 인수합병하며 재계 7위로 올라섰으나 2008년 미국발 금융위기에서 시작된 유동성 위기로 재무구조가 나빠지며 그룹 전체가 흔들렸다. 당시 금호아시아나그룹은 인수했던 대우건설, 대한통운은 물론 금호렌터카, 금호고속 등 다른 계열사들까지 매물로 내놓아야 했다. 그리고 2019년 말 그룹의 가장 중요한 기업인 금호아시아나마저 매물로 내놓아 경쟁상대인 대한항공에 의해 인수되었다.

〈매일신문, 2019. 4. 4 수정〉

뉴스 속 재무

M&A 시장에도 몰아닥친 ESG …
기업인수 핵심변수로 부상

ESG(환경 · 사회 · 지배구조)가 인수합병(M&A)시장에서 핵심역할을 하기 시작했다. ESG가 기업가치에 미치는 영향을 검토할 수 있는 정보가 충분하고, 이를 활용한 기업평가 방법도 고도화된 덕분이다. 컨설팅회사인 딜로이트가 지난 6월 발표한 설문조사 결과에 따르면 72%의 M&A 전문가가 ESG 현안으로 인해 잠재적 인수를 포기한 경험이 있다고 답했다. 대다수 전문가는 ESG 경영상 강점이 있

는 대상에 더 많은 프리미엄을 지불할 의향이 있다고 말했다. 딜로이트는 2024년 1월 북미, 유럽, 중동, 아시아 · 태평양 지역에서 연간 수익이 5억달러(약 6,950억원) 이상인 기업과 10억달러(1조 3,900억원) 넘는 자산을 관리하는 사모펀드의 M&A 전문가 500명을 대상으로 설문조사를 했다. 조사 결과 ESG 요소가 M&A 진행 과정에 점점 더 통합되고 있으며 대상 선정, 실사, 최종 의사결정에 더 큰 영향을 미치고 있는 것으로 나타났다. 이들에게 ESG 관련 정보가 폭넓게 제공되고 ESG에 대한 전반적 이해력이 높아지며 일어난 현상이라는 것이 딜로이트의 설명이다.

M&A 앞서 ESG 평가 99%

응답자의 99%는 M&A에 앞서 해당 거래가 자사의 ESG 실적(포트폴리오관리 전반)에 미치는 잠재적 영향을 측정한다고 답했다. 57%는 명확하게 정의된 지표를 사용해 이를 측정하고, 나머지 42% 응답자는 상황에 맞는 ESG 측정 방법을 이용한다고 했다. ESG 평가에 대한 자신감도 크게 높아졌다. 잠재적 인수대상의 ESG 현안을 정확히 평가하는 데 자신감을 느낀다고 응답한 비율은 '높음'이 91%(매우 높음 28% · 높음 63%)로 2022년 조사 결과

인 74%와 비교할 때 17%포인트 상승했다. 이와 관련해 타나이 샤 딜로이트 M&A 부문 ESG 리더는 "기업이 ESG 성과를 개선하려는 전략을 발전시킨 덕분에 기업과 사모펀드 모두 M&A 거래가 끝나기 전에 표준 절차로 ESG를 검토하는 빈도가 크게 늘었다"고 평가했다.

72%, ESG 현안으로 인수 중단 경험

ESG 현안이 인수와 매각 결정에 미치는 영향도 커진 것으로 조사됐다. 응답자의 72%는 대상의 ESG 현안에 대한 우려로 잠재적 인수 진행을 중단한 경험이 있다고 밝혔다. 2022년 설문조사에서는 49%에 불과했으나 2년 만에 응답률이 23%포인트 높아졌다. 매각 상황 또한 마찬가지다. 매각 과정에서 ESG 현안으로 강제로 매각을 중단한 상황에 직면한 경험이 있다고 한 응답자는 66%로 이전 설문조사 결과인 33%와 비교할 때 두 배로 늘었다. 이와 관련해 브룩 티센 딜로이트 캐나다 인프라 M&A 및 금융자문 파트너는 "거래를 포기하는 것은 결코 쉬운 결정이 아니다"며 "상업적 또는 운영상 우려가 종종 거래를 중단하는 요인이 되지만, ESG 현안은 점점 더 중대하게 고려돼 거래를 일시 중단하거나 종료하는 데 영향을 미치고 있다"고 강조했다.

ESG는 거래 결정과 함께 가격에도 영향을 미치는 모습이다. 응답자의 83%는 높은 ESG 성과를 보이는 자산과 조직의 ESG 성과(일반적으로 포트폴리오)를 개선하는 자산에 최소 3%의 프리미엄을 기꺼이 지불할 의향이 있다고 답했다. 6% 이상 프리미엄을 지불할 용의가 있다고 답변한 응답자도 14%에 달한다. 반면 응답자의 1%만이 높은 ESG 성과에 프리미엄을 지불하지 않겠다고 답했다. 이전 조사 응답률이 8%인 것을 감안하면 대폭 하락했다. 추가로 응답자의 67%는 부정적 ESG 현안에 대해 최소 3%의 할인을 요구할 것이라고 했다. 이전 조사에서 해당 항목에 대한 응답률이 27%에 달한 점을 고려하면 다수 M&A 전문가가 ESG 취약성을 기업가치 할인 요소로 적극적으로 포함하기 시작했다.

이 밖에 응답자들은 기후변화가 비즈니스에 가장 중요한 영향을 미치는 사안이라고 답했다. 포트폴리오에 속한 기업이 기후변화로 비즈니스에 영향을 받은 것을 목격한 적이 있느냐고 묻자 중대한 영향을 받는다고 답변한 산업은 생명과학 및 헬스케어(53%), 금융서비스(52%), 소비재(39%), 기술·미디어·통신(32%), 에너지·자원(28%) 순이었다. 인수대상 기업의 ESG 성과가 저조해 거래를 중단하기로 한 경험이 있느냐는 질문에 그렇다고 응답한 산업은 기술·미디어·통신(82%), 소비재(72%), 금융서비스(70%), 에너지·자원(69%), 생명과학 및 헬스케어(63%) 순이었다. 끝으로 딜로이트는 보고서에서 "전반적으로 ESG는 M&A 과정에 그 어느 때보다 깊이 내재돼 있으며, M&A 전문가 사이에 ESG가 가치를 측정 · 보호 · 창출하기 위한 지렛대라는 인식이 커지고 있다. ESG 데이터가 이제 더 잘 정의되고 포착되며 측정되기 때문"이라고 평가했다.

〈한국경제, 2024. 7. 8 수정〉

4. M&A의 방어전략

인수기업과 인수대상기업의 경영자 사이에서 합의가 이루어지지 않는 적대적 M&A가 시도될 경우 인수대상기업의 저항을 받게 된다. 일반적으로 적대적 M&A에 대한 저항은 경영자의 입장을 공시 또는 우편 등을 통하여 주주들에게 전달하는 것으로 시작되며, 궁극적으로 가능한 법적인 행동을 취하도록 유도하거나 경쟁적인 입찰에 의한 주식매도를 권유하게 된다.

기업인수를 저지하려는 경영자의 행동이 인수기업 또는 다른 기업으로부터 높은 프리미엄을 얻어낼 수 있는 경우 인수대상기업의 주주들에게 유리할 수 있다. 그러나 인수대상기업의 경영자는 주주의 이익에 관계없이 단순히 자신의 직위를 유지하기 위해서 M&A에 저항할지도 모른다.

일반적으로 인수기업측에서는 공개매수 또는 위임장투쟁 등을 통해 적대적 M&A를 시도한다. 이에 대해 인수대상기업의 경영자가 취할 수 있는 전략은 매우 다양하나 여기서는 일반적으로 알려진 몇 가지 방어전략을 소개하기로 한다.

4.1 정관수정

정관을 수정하여 적대적 M&A를 어렵게 만들 수 있다. 예를 들어 일반적으로 주주총회에서 합병이 승인되기 위해서는 주주들로부터 2/3 이상의 찬성을 얻도록 되어 있는데, 이를 상향조정하여 80% 이상의 찬성을 얻어야 합병이 가능하도록 정관을 수정함으로써 적대적 M&A를 어렵게 할 수 있다. 이와 같은 정관수정을 초다수결수정(super-majority amendment)이라 한다. 또 다른 방법으로 신속하게 신규이사를 선출하는 것이 어렵도록 이사의 선출시기를 지연시킬 수도 있다.[12]

4.2 재매입정지협정

재매입정지협정(repurchase standstill agreement)은 적대적 인수를 시도할 것으로 예상되는 특정주주와 앞으로 일정기간 동안 자사주를 매입하지 않도록 약정을 맺는 것을 의미한다. 이를 통해 인수대상기업은 적대적 인수가 시도되지 않음을 보장받을 수 있지만, 그 대가로 시가에 프리미엄이 더해진 높은 가격을 지불하여 특정주주가 그동안 매집한 주식을 매입하여야 한다. 이와 같이 목표기업의 주식을 매집한 후, 그 기업으로 하여금 프리미엄가격에 그 주식을 되사게 만들어 이익을 얻는 것을 그린메일(greenmail)이라 한다.[13]

4.3 비공개기업화와 차입매수

비공개기업화는 일부 주주가 상장주식의 대부분을 매입함으로써 사실상의 개인기업으로 만들고, 그 결과 상장이 폐지되어 비공개기업으로 전락시키는 것을 의미한다. 비공개기업이 되면 우호적인 경우 외에는 M&A가 원칙적으로 일어날 수 없게 된다. 이와 같은 비공개기업화는 대개의 경우 회사자산을 담

12 이에 대한 구체적인 전략으로 이사들의 임기만료 시점을 다르게 하는 것이다. 이 경우 인수자는 빠른 시일 내에 인수대상기업의 경영진을 자신이 원하는 경영진으로 모두 교체하기 어렵게 된다. 따라서 인수자가 실질적으로 기업의 지배권을 행사하는 데는 상당한 시일이 걸린다.

13 그린메일은 공갈(blackmail)을 풍자한 것으로 그린은 초록색의 달러지폐를 의미한다.

보로 채권을 발행하여 조달한 자금에 의해 주식을 인수하는 차입매수(LBO)가 사용된다. LBO로 인하여 기업가치가 증가할 수 있는데, 그 이유는 다음의 두 가지로 요약될 수 있다. 첫째, 추가적인 부채사용으로 인한 세금절감효과에 의해 기업가치가 증가한다. 둘째, 일반적으로 경영자가 대부분의 지분을 인수하여 소유자가 되므로 보다 효율적인 경영활동에 대한 인센티브를 가져 열심히 일하려 할 것이다. 이로 인해 기업의 가치가 증가한다.

4.4 기타 방어전략

황금낙하산

황금낙하산(golden parachute)은 기업이 매수되어 경영자가 해임될 경우 그에게 거액의 퇴직금 또는 일정기간의 보수를 지급해야 한다는 내용을 고용계약에 규정하는 것을 의미한다. 이는 직접적으로 경영자의 신분을 보장하는 동시에 매수비용을 상승시키는 원인이 되기 때문에 M&A의 시도를 어렵게 한다. 또한 합병시 인수대상기업의 경영자에게 지급되는 보상금은, 경영자가 인수기업의 매수제의를 고려할 때 자신의 이익보다는 주주의 부에 보다 더 관심을 가지고 협상에 임할 수 있도록 하는 보상으로 볼 수 있다.

왕관보석

왕관보석(crown jewel)은 인수대상기업이 가지고 있는 가장 중요한 자산을 의미하는 것으로 기업이 M&A될 위험에 처할 때 이를 사전에 매각함으로써 타기업에 의한 적대적 M&A의 시도를 와해시킬 수 있다. 이는 기업을 빈껍데

기로 만들어 적대적 M&A에 대응하는 전략으로 초토화전략(scorched earth strategy)이라고도 한다.

독 약

독약(poison pill)은 적대적 M&A의 시도에 대한 가장 강력한 방어전략의 하나로, 이 전략을 취하는 기업은 독약이라고 불리는 증권(신주인수권 또는 전환사채 등 특수한 권리가 부여된 증권)을 보통주주에게 배당의 형태로 나누어준다. 그 증권은 합병시 자기회사 또는 합병회사의 주식을 극히 낮은 가격으로 인수할 수 있는 권리를 나타낸 것으로 인수기업에 큰 손실을 입히게 된다. 미국, 일본, 프랑스, 독일 등에서 도입하고 있지만, 한국에서는 아직 도입되지 않고 있다.

황금주

황금주(golden share)는 정부 등이 M&A 거부권을 행사할 수 있는 특별주식을 의미한다. 1984년 영국의 통신사업자 브리티시텔레콤(British Telecom)을 민영화할 때, 영국정부가 처음으로 채택했다. 이는 공공성이 강하고 네트워크로 연결된 거대한 독점기업을 민영화하면서 민영화 독점으로 인한 소비자 피해와 공익의 손실이 우려되지만, 그러한 우려만으로 민영화를 중단할 수 없다는 대처리즘의 산물이다. 이후 프랑스, 독일, 이탈리아 등 유럽 전역과 미국, 일본에서도 황금주를 도입하였으나, 한국에서는 도입되지 않고 있다.

차등의결권주

차등의결권주(dual class stock)는 적대적 M&A에 대한 기업의 경영권 방어수단 가운데 하나로 최대주주나 경영진이 실제 보유한 지분보다 많은 의결권을 행사할 수 있도록 하는 것을 의미하며 복수의결권주라고도 한다. 이 제도는 적은 지분으로 적대적 M&A로부터 경영권을 방어하는 효과가 있지만, 적대적 M&A와 무관한 상황에서는 의사결정이 왜곡될 수 있다는 단점이 있다. 이 제도가 도입되면 한 주만으로도 주주총회 의결사항에 대해 절대적 거부권을 행사할 수 있는 황금주 등을 발행할 수 있다. 미국, 일본, 영국, 프랑스 등 선진국에서 도입하고 있지만, 현재 한국은 '1주 1의결권'의 상법 규정에 따라 허용되지 않고 있다.

백기사

적대적 M&A의 대상이 된 기업이 적당한 방어수단이 없을 경우 우호적인 제3의 매수희망기업을 찾아서 매수결정에 필요한 정보 등을 제공해 주고 매수오퍼를 내도록 하는데, 이때 인수대상기업의 경영자에게 우호적인 제3자 매수측을 백기사(white knight)라고 한다.[14]

역공개매수

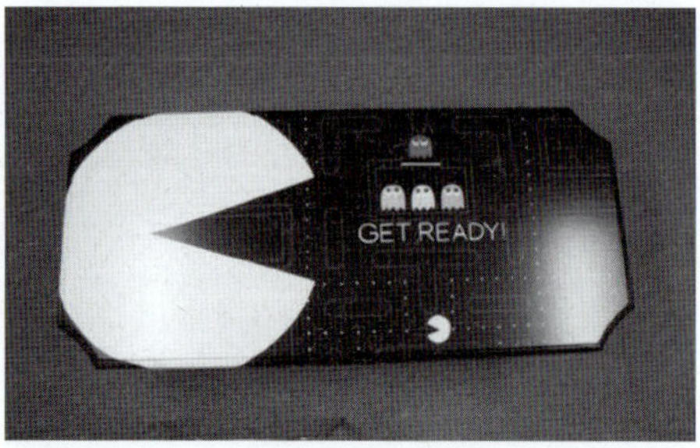

역공개매수(counter tender offer)는 적대적 인수기업이 공개매수를 해올 때 여기에 맞서 인수대상기업이 오히려 적대적 인수기업의 주식을 매수함으로써 정면 대결을 하는 적대적 M&A 방어전략이다. 팩맨방어(pac man defense)라고도 하는데, 이것은 두 편이 서로 잡아먹기 시합을 벌이는 일본 비디오 전자게임에서 나온 용어이다. 역공개매수는 두 회사가 상호 10% 이상의 주식을 보유하는 경우 상호 보유한 주식의 의결권이 제한되는 상법 규정을 이용한 방어수단으로, 즉 M&A를 시도하는 회사가 상장법인 등일 경우 상대 회사의 주식을 10% 이상 매집함으로써 상호 의결권을 행사할 수 없게 하는 것이다. 이를 통해 인수대상기업은 매수 희망기업이 자사에 대한 적대적 M&A를 포기하도록 유도하게 된다. 그러나 이 전략은 양 기업의 전면전 성격을 띠므로 상호간에 깊은 상처를 입을 수밖에 없다.

14 경영권 인수에 관심을 가지고 대규모의 주식을 매수하는 백기사와 달리 경영권에 관심이 없고 투자목적으로 소규모의 주식을 매수하는 우호세력을 백지주(white squire)라 한다.

알 | 아 | 두 | 기

알고 보면 더 재미진 경영권 방어수단

최근 현대차 지배구조 개편안이 무산되었다. 그 뒤에는 엘리엇 매니지먼트 등 주주들의 반대가 있었는데, 이른바 주주행동주의 펀드의 위력을 다시 한 번 실감한 사례였다. 현대차의 지배구조 개편은 오랫동안 이어진 순환출자 해소와 정의선 부회장의 후계승계 완성을 위한 초석이 될 것으로 여겨졌던 만큼 아쉬움을 남겼다. 그렇다고 엘리엇 매니지먼트가 반대한 이유 또한 분명하다는 측면에서 주주 행동주의 펀드를 마냥 탓할 순 없다. 다만 최근 2,000여 개 상장회사를 대표하는 한국상장회사협의회와 코스닥협회는 주주행동주의 펀드의 과도한 경영간섭 가능성에 우려를 표시하고 경영권 방어제도 도입 촉구를 위한 호소문을 발표했다. 기업들이 지배구조를 개선하는 과정에서 일부 행동주의 펀드의 경영 간섭과 경영권 위협이 반복되고 있는 만큼 주요 선진국 수준의 경영권 방어수단 도입이 시급하다는 것이 요지이다. 이들은 '차등의결권 주식'과 '포이즌 필(poison pill)'처럼 세계 주요국에서 이미 보편화된 경영권 방어수단을 도입해야 한다고 했다.

가장 일반적인 경영권 방어수단은 자기주식 취득이다. 말 그대로 자기주식 보유 비율을 늘려 경영권 행사력을 높이는 것이다. 자사주 취득의 경우 자본의 공동화나 불공정 거래 가능성 측면에서 상법상 금지되지만 자본시장법상 상장법인에 대해서는 배당가능이익 범위 내에서 장내매수나 공개매수 등의 형태로 가능하다. 대신 시장 왜곡을 방지하기 위해 시기나 수량 등 방법이 제한되어 있다. 적대적 인수합병(M&A)을 방어하는 대표적인 전략인 황금낙하산(golden parachute)이며, 이는 과거 M&A가 활발했던 1980년대 미국 월가에서 나온 말이다. 인수대상기업의 최고경영자(CEO)에게 일정 기간 스톡옵션이나 보너스 등을 두둑이 줘서 기업의 안정성을 추구하고 M&A 비용을 높여 인수가 어렵게 만드는 방법이다. 다만 무능한 경영진이라면 오히려 무임승차 기회가 될 수 있으니 잘 사용해야 한다. 경영자가 아닌 일반 직원에게 많은 퇴직금을 지급하는 규정 등으로 M&A 의욕을 떨어뜨리는 주석낙하산(tin parachute)도 있

주요 국가의 경영권 방어수단 도입 현황

구분	한국	미국	일본	영국	프랑스
자기주식 취득(stock repurchase)	○	○	○	○	○
황금낙하산(golden parachute)	○	○	○	○	○
시차임기제(staggered board)	○	○	○	×	○
초다수결의제(supermajority voting)*	△	○	○	×	○
차등의결권주식(dual-class share)	×	○	○	○	○
포이즌필(poison pill)	×	○	○	×	○

* 초다수결의제가 한국에서 법적으로 유효한지는 명확하지 않다.

다. 시차임기제란 경영권 방어수단은 매년 전체 이사 중 일부만 선임하게 해서 이사 전체가 교체되는 시점을 지연시키는 제도인데, 이사들의 임기가 분산되면 M&A를 하려는 입장에서는 경영권을 장악하는 시간이 오래 걸릴 수밖에 없다. 다만 부작용도 있다. 소액주주 입장에서는 2명 이상의 이사 선임을 목적으로 열리는 집중투표제를 통해 사외이사를 바꿀 수 있는데, 시차임기제로 교체되는 사외이사 숫자가 1명으로 제한되면 집중투표제 효력을 기대하기 어려울 수 있다.

여기까지는 미국, 일본, 프랑스 등 선진국과 함께 국내에서도 이미 도입돼 있는 경영권 방어 수단이고, 차등의결권주식, 포이즌 필 등은 아직 도입되지 않은 경영권 방어수단이다. 초다수의결제는 일부 안건에 대해 주총 통과 여건을 강화시킨 제도를 말한다. 정관 변경이나 이사 및 감사 해임, 회사 해산 같은 특별 안건의 경우 주총 통과 요건을 훨씬 더 어렵게 만들어놓는 것이다. 차등의결권주식은 말 그대로 주식의 의결권을 차등화하는 것으로 일반 주식보다 의결권이 몇 배 높은 주식을 발행해서 경영권을 지키도록 한다. 국내는 허용되지 않고 있지만 미국에서는 구글이 2004년 상장 당시 창업주들에게 보통주보다 의결권이 10배나 많은 주식을 발행해 경영권을 강화한 사례가 있다. 미국 포드사도 대주주는 3.7%의 지분으로 40%의 의결권을 갖고 있다고 한다. 포이즌 필은 적대적 M&A 시도가 활발했던 1980~1990년대에 나온 말이다.

기존 주주들에게 시가보다 싼 가격에 지분을 살 수 있도록 미리 권리를 부여해서 M&A를 시도하려고 할 때 지분 확보를 어렵게 만드는 것이다. M&A를 시도하려는 사람 입장에서는 이름처럼 '독약' 을 삼키게 되는 것이다.

기업 입장에서는 가능한 다양한 방법으로 경영권을 방어하고 싶은 것이 당연지사다. 실제로 국내에서는 이런 경영권 방어장치 도입 논의가 활발히 이뤄지고 있는 중이다. 다만 국내의 경우 적대적 M&A가 빈번한 외국과는 상황이 분명 다르며, 역으로 소액주주의 권리를 침해하면서 시대 흐름에 역행할 수 있다는 지적도 나오고 있는 만큼 도입 전까지 신중하고 꼼꼼한 검토 작업이 필요하다.

〈비즈니스워치, 2018. 5. 27 수정〉

뉴스 속 재무

"경영권 사수" 황금낙하산 챙기는 기업들

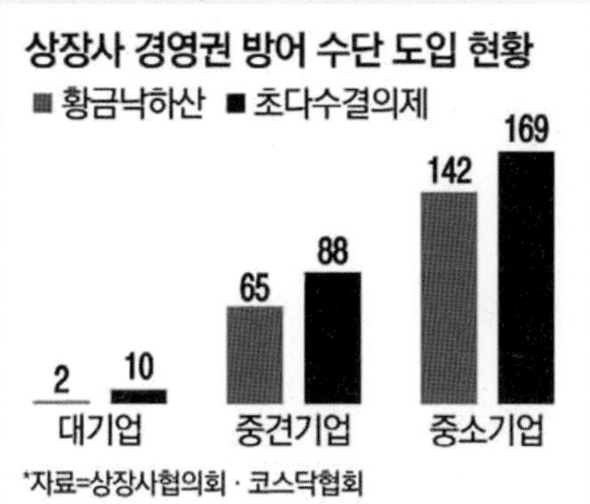

주주행동주의와 적대적 인수·합병(M&A) 확산으로 경영권 위협을 느낀 중견·중소기업들이 황금낙하산, 초다수결의제 등 경영권 방어 수단을 대거 도입한 것으로 조사됐다. 2023년 2월 16일 매일경제신문이 한국상장회사협의회·코스닥협회에 의뢰해 국내 코스피·코스닥 상장사 2,203곳을 조사한 결과 405곳(18.4%)이 정관에 1개 이상의 경영권 방어 수단을 도입한 것으로 나타났다. 중견·중소기업이 367곳으로 대기업(30곳)보다 압도적으로 많았다.

유형별로 살펴보면 중견·중소기업 257곳이 '초다수결의제'를 도입했다. 이는 상법상 요건보다 주주총회 결의 요건을 강화해 경영권을 방어하는 방법이다. '황금낙하산'을 채택한 곳도 207곳에 달했다. 황금낙하산은 적대적 M&A로 임원이 임기 전에 물러날 경우 거액의 퇴직금이나 스톡옵션을 주는 제도다. 비용 부담을 키워 인수 시도를 무산시키려는 장치다. 또 이사 자격 제한과 시차임기제를 도입한 중견·중소기업은 각각 23곳, 7곳으로 조사됐다. 금융투자 업계 관계자는 "바이오, 정보기술(IT) 등 성장성이 높은 기업의 경우 적대적 M&A 목표가 될 가능성이 상존한다"며 "최근 들어 주주행동주의가 거세지면서 시가총액이 작은 기업일수록 경영권 위협을 느끼는 곳이 많다"고 전했다.

반면 대기업의 경우 황금낙하산은 2곳, 초다수결의제는 10곳만 도입했다. 그나마 시차임기제(15곳)를 채택한 곳이 눈에 띄는 정도다. 재계 관계자는 "대기업은 경영권 위협이 적다는 의미가 아니라 황금낙하산 같은 현행 제도는 효과가 없다고 보는 것"이라고 지적했다. 이 때문에 단기 차익을 노리며 공격하는 국내외 헤지펀드 위협에 오히려 대기업이 무방비로 노출돼 있다는 지적도 나온다.

이재혁 한국상장회사협의회 정책1본부장은 "기업 경영권 확보를 위한 적대적 M&A 시도가 기업의 중장기 가치에 긍정적이지 않은 상황에서도 기존 경영진은 효율적 방어수단이 없다"며 "글로벌 스탠더드에 맞는 제도 도입이 절실하다"고 밝혔다. 실제로 미국, 일본, 유럽 등의 경우 경영권 공격 시 기존 주주에게 신주인수권을 주는 '포이즌필'이나 단 1주로 경영권을 방어할 수 있는 '황금주'와 같은 강력한 방어 수단이 있지만 국내에는 도입되지 않은 상태다.

〈매일경제, 2023. 2. 16 수정〉

뉴스 속 재무

'포이즌필' 도입 속도 내는 정부

정부가 '포이즌필'(경영권 침해 시도가 있을 때 기존 주주가 시가보다 저렴한 가격으로 주식을 매입할 수 있는 권리) 등 기업 경영권 방어제도를 국내에 도입하기 위해 의견 수렴에 나선다. 기업이 경영권 위협에서 벗어나 기업가치 향상과 주주가치 제고 등 '밸류업'에 전념할 수 있는 여건을 조성하기 위해서다.

2024년 6월 13일 관계부처와 경제계에 따르면 상장회사협의회와 코스닥협회, 한국경제인협회는 금융감독원 후원으로 오는 26일 기업지배구조 개선 세미나를

주요 국가별 경영권 방어수단

	한국	미국	일본	프랑스	영국	독일	이탈리아	캐나다
차등의결권	X	O	O	O	O	X	O	O
포이즌필	X	O	O	O	X	O	X	X
황금주	X	O	O	O	O	O	O	X

행동주의 펀드 공격받는 한국 기업

자료: 딜리전트 마켓 인텔리전스 등

열어 기업 경영권 방어 제도 도입 방안을 논의한다. 사실상 금융당국과 재계가 경영권 방어 제도를 도입하기 위해 여론을 수렴하는 자리다. 정부는 '이사의 충실 의무' 대상에 주주를 포함하는 내용의 상법 개정을 추진하는데, 이참에 포이즌필 등 경제계의 숙원 사항도 개정안에 같이 담겠다는 취지다. 정부 고위 관계자는 최근 "밸류업의 일환으로 여러 경영권 방어 제도 도입이 필요하다"며 "이를 위해 다양한 의견을 들을 것"이라고 밝혔다.

정부가 경영권 방어 제도 도입에 나서는 것은 기업의 경영권 안정이 밸류업과 직결돼 있다는 판단에서다. 국내 상장사는 경영권 방어 제도가 취약하다 보니 자사주를 활용해 경영권을 강화하는 사례가 많다. 하지만 이 과정에서 기업가치에 부정적 영향을 미친다는 비판이 적지 않았다.

〈한국경제, 2024. 6. 13 수정〉

PRINCIPAL TERMS

주요용어

기업의 합병과 매수 (mergers and acquisitions: M&A)

한 기업이 다른 기업을 합병(merger)하거나 매수(acquisition)하는 것으로서, 일반적으로 신규사업의 진출이나 기업확장의 수단으로 이용된다.

흡수합병 (merger)

한 기업(합병회사)이 다른 기업(피합병회사)을 흡수하여 결합하는 것으로서 합병회사가 피합병회사의 모든 자산과 채무를 인수하여 피합병회사가 없어지고 하나의 회사로 결합된다.

신설합병 (consolidation)

다수의 기업들이 새로운 하나의 기업으로 결합되는 것으로서 결합되는 기업은 모두 해산되고 새로운 하나의 기업이 설립되어 이 신설기업에게 해산된 기업들의 모든 자산과 부채가 승계된다.

주식매수 (acquisition of stock)

인수기업이 현금, 주식, 다른 증권 등을 이용하여 인수대상기업의 의결권주식을 매입함으로써 인수대상기업의 지배권을 획득하는 것을 의미한다.

공개매수 (tender offer, takeover bid: TOB)

단기간에 의도한 가격으로 인수대상기업의 주식을 주주들로부터 공개적으로 매입하는 행위이다.

자산매수 (acquisition of assets)

인수기업이 인수대상기업의 경영지배권을 획득하기 위하여 인수대상기업의 전부 또는 일부 주요자산(영업)을 매입하는 것을 말한다.

위임장투쟁 (proxy contest)

일부의 주주집단이 주로 자기가 지지하는 이사를 선임하여 기업의 지배권을 획득하기 위한 것으로서 다른 주주들로부터 의결권을 위임받아 주주총회에서 선임권을 대리행사하는 것을 의미한다.

비공개기업화 (going private)

일부 주주가 상장된 주식의 대부분을 매입함으로써 사실상의 개인기업으로 만들고, 그 결과 상장이 폐지되어 비공개기업으로 전락시키는 것을 의미한다.

차입매수 (leveraged buyout: LBO)

회사자산을 담보로 채권을 발행하여 조달한 자금에 의해 주식을 인수하는 것으로서 이때 발행되는 채권은 위험도가 아주 높은 저등급사채로 정크본드(junk bond)라 한다.

시너지효과 (synergy effect)

두 기업이 하나의 기업으로 합병되는 경우 합병 이후의 기업가치가 합병 이전 개별기업가치의 합계보다 더 커지는 효과로서 상승효과라고도 한다.

M&A의 평가

$$NPV = \text{시너지} - \text{프리미엄}$$

초다수결수정 (super-majority amendment)

주주총회에서 80% 이상의 찬성을 얻어야 합병이 가능하도록 정관을 수정함으로써 적대적 M&A를 어렵게 하는 것을 의미한다.

재매입정지협정 (repurchase standstill agreement)

적대적 인수를 시도할 것으로 예상되는 특정주주와 앞으로 일정기간 동안 자사주를 매입하지 않도록 약정을 맺는 것을 의미한다.

그린메일 (greenmail)

목표기업의 주식을 매집한 후, 그 기업으로 하여금 프리미엄가격에 그 주식을 되사게 만들어 이익을 얻는 것을 말한다.

황금낙하산 (golden parachute)

기업이 매수되어 경영자가 해임될 경우에 그에게 거액의 퇴직금 또는 일정 기간의 보수를 지급해야 한다는 내용을 고용계약에 규정하여 M&A에 대한 시도를 어렵게 하는 것을 의미한다.

왕관보석 (crown jewel)

인수대상기업이 가지고 있는 가장 중요한 자산을 의미하는 것으로, 기업이 M&A될 위험에 처할 때 이를 사전에 매각함으로써 타기업에 의한 적대적 M&A의 시도를 와해시킬 수 있다.

독약 (poison pill)

적대적 M&A의 시도에 대한 가장 강력한 방어전략의 하나로 이 전략을 취하는 기업은 독약이라고 불리는 증권(신주인수권 또는 전환사채 등 특수한 권리가 부여된 증권)을 보통주주에게 배당의 형태로 나누어줌으로써 인수기업에 큰 손실을 입히게 된다.

황금주 (golden share)

정부 등이 M&A 거부권을 행사할 수 있는 특별주식을 의미한다.

차등의결권주 (dual class stock)

적대적 M&A에 대한 기업의 경영권 방어수단 가운데 하나로 최대주주나 경영진이 실제 보유한 지분보다 많은 의결권을 행사할 수 있도록 하는 것을 의미하며 복수의결권주라고도 한다.

백기사 (white knight)

인수대상기업의 경영자에게 우호적인 제3자 매수측을 의미한다.

역공개매수 (counter tender offer)

적대적 인수기업이 공개매수를 해 올 때 여기에 맞서 인수대상기업이 오히려 적대적 인수기업의 주식을 매수함으로써 정면 대결을 하는 적대적 M&A 방어전략이다.

EXERCISES

연|습|문|제

QUESTION I

완성/선택형 문제

01 M&A의 기본적인 평가원칙은 인수기업의 주주에게 (　　　　)의 순현가(NPV)를 가져다 주는 인수대상기업을 인수하여야 한다는 것이다.

02 합병은 동종기업간에 이루어지는 (　　　　), 생산 및 유통과정의 수직적 흐름에 있어서 인접한 단계에 있는 기업간에 이루어지는 (　　　　), 수평적 또는 수직적 관계가 없는 이종기업간에 이루어지는 (　　　　) 등으로 나눌 수 있다.

03 차입매수(LBO)가 현재의 경영자에 의해 주도될 때 이를 (　　　　)라고 한다.

04 M&A에 의한 시너지효과는 (　　　　), (　　　　), (　　　　) 등을 통하여 합병으로 인한 증분현금흐름을 증가시키든가 또는 (　　　　)을 감소시킴으로써 증대된다.

05 M&A에 대한 다음의 설명 중 잘못된 것은?

① M&A는 불확실성하에서 이루어진 투자결정이라 할 수 있다.
② M&A로부터 얻을 수 있는 이득을 시너지라 하며, 이를 정확히 추정하기는 어렵다.
③ M&A에 의해 복잡한 회계, 세무, 법적인 효과가 발생한다.
④ M&A는 주주들이 기업에 대해 취할 수 있는 주요한 통제수단이다.
⑤ M&A분석은 주로 기업가치에 초점을 맞추어 이루어지며, M&A는 주식과 부채의 상대적 가치에 영향을 미치지 않는다.

06 다음 중 M&A에 의한 시너지효과의 원천으로 적절치 못한 것은?

① 전략적 이득
② 규모의 경제
③ 자원의 상호보완
④ 분산효과로 인한 자본비용의 감소
⑤ 부채수용능력의 향상

07 M&A의 방어전략에 대한 다음의 설명 중 거리가 먼 것은?

① 정관을 수정하여 적대적 M&A를 어렵게 만들 수 있다.
② 차입매수(LBO)에 의해 세금 및 대리인비용을 감소시킬 수 있기 때문에 이는 기업가치를 증가시키기 위해 사용되나, M&A와는 무관하다.
③ 기업의 중요한 자산, 즉 왕관보석을 매각함으로써 적대적 M&A에 대응하는 전략을 초토화전략이라 한다.
④ 독약이라 불리는 증권은 합병시 자기회사 또는 합병회사의 주식을 극히 낮은 가격으로 인수할 수 있는 권리를 나타낸 것으로 인수기업에 큰 손실을 입힌다.
⑤ 적대적 M&A의 대상이 된 기업이 적당한 방어수단이 없을 경우 사용할 수 있는 것이 백기사이다.

08 기업의 합병과 매수(M&A)에 관한 다음 서술 중 가장 타당하지 않은 것은? (CPA 2001)

① 적대적 M&A의 경우 피인수기업 주주는 손실을 본다.
② 보유지분이 불충분하더라도 백지위임장투쟁(proxy fight)을 통해 경영권을 획득할 수 있다.
③ 공개매수제의(tender offer)시 피인수기업 주주들의 무임승차현상(free riding)은 기업매수를 어렵게 한다.
④ M&A 시장의 활성화는 주주와 경영자 간 대리인문제를 완화시키는 역할을 한다.
⑤ 우리사주조합의 지분율을 높이는 것은 M&A 방어를 위한 수단이 된다.

09 목표기업의 주식을 매집한 후, 그 기업으로 하여금 프리미엄가격에 그 주식을 되사게 만들어 이익을 얻는 것은?

① 황금낙하산(golden parachute)
② 초다수결수정(super-majority amendment)
③ 그린메일(greenmail)

④ 왕관보석(crown jewel)

⑤ 독약(poison pill)

10 적대적 M&A에 대응하기 위하여 기존 보통주 1주에 대해 저렴한 가격으로 한 개 또는 다수의 신주를 매입하거나 전환할 수 있는 권리를 부여하는 방어적 수단은? (CPA 2008)

① 독약조항(poison pill)
② 역매수전략
③ 황금주
④ 그린메일(greenmail)
⑤ 백지주 옵션

QUESTION II

서술/계산형 문제

01 M&A로 인한 시너지의 원천을 설명하라.

02 최근에 발생된 M&A 사례를 조사해 보고, 이를 바탕으로 M&A의 효과에 대해서 논하라.

03 (합병과 EPS)

홍성산업(주)은 통신산업에 진출하기 위하여 소리통신(주)의 인수를 고려하고 있으며, 두 회사에 관한 정보는 다음과 같다.

구분	홍성산업(주)	소리통신(주)
주가	30,000원	12,000원
주당순이익(EPS)	2,000원	1,000원
총발행주식수	100만주	50만주

홍성산업(주)이 주식의 시장가치를 기준으로 주식을 교부하여 소리통신(주)을 인수한다면, 합병 후 EPS는 얼마인가? 또한 EPS의 변화가 합병 후 홍성산업(주)의 기존 주주들에게 미치는 영향을 설명하라.

04 (현금에 의한 M&A)

청산실업(주)은 현재 녹수전자(주)의 인수를 고려하고 있다. 녹수전자(주)를 합병할 경우 청산실업(주)은 매년 말 다음과 같은 추가적인 현금흐름을 얻을 수 있을 것으로 예상하고 있다.

시점	현금흐름
1년도 말	1,500만원
2년도 말	2,000만원
3년도 말	2,000만원
4년도 말 이후	매년 4%의 성장률

현재 녹수전자(주)의 베타는 1.2이고, 부채시장가치는 1억 5천만원이다. 그리고 무위험이자율은 6%, 시장수익률은 10%라 할 때 다음의 물음에 답하라.

(1) 청산실업(주)이 녹수전자(주)의 주주들에게 지불할 수 있는 최대금액은?

(2) 만약 녹수전자(주)의 총주식가치가 1억원이고 이 회사의 주주들이 인수시 20%의 프리미엄을 추가로 요구한다면, 이 회사를 인수하여야 하는가?

부 록

▎부표-1▎ 복 리 표

기간	이 자 율									
	1%	2%	3%	4%	5%	6%	7%	8%	9%	10%
1	1.0100	1.0200	1.0300	1.0400	1.0500	1.0600	1.0700	1.0800	1.0900	1.1000
2	1.0201	1.0404	1.0609	1.0816	1.1025	1.1236	1.1449	1.1664	1.1881	1.2100
3	1.0303	1.0612	1.0927	1.1249	1.1576	1.1910	1.2250	1.2597	1.2950	1.3310
4	1.0406	1.0824	1.1255	1.1699	1.2155	1.2625	1.3108	1.3605	1.4116	1.4641
5	1.0510	1.1041	1.1593	1.2167	1.2763	1.3382	1.4026	1.4693	1.5386	1.6105
6	1.0615	1.1262	1.1941	1.2653	1.3401	1.4185	1.5007	1.5869	1.6771	1.7716
7	1.0721	1.1487	1.2299	1.3159	1.4071	1.5036	1.6058	1.7138	1.8280	1.9487
8	1.0829	1.1717	1.2668	1.3686	1.4775	1.5938	1.7182	1.8509	1.9926	2.1436
9	1.0937	1.1951	1.3048	1.4233	1.5513	1.6895	1.8385	1.9990	2.1719	2.3579
10	1.1046	1.2190	1.3439	1.4802	1.6289	1.7908	1.9672	2.1589	2.3674	2.5937
11	1.1157	1.2434	1.3842	1.5395	1.7103	1.8983	2.1049	2.3316	2.5804	2.8531
12	1.1268	1.2682	1.4258	1.6010	1.7959	2.0122	2.2522	2.5182	2.8127	3.1384
13	1.1381	1.2936	1.4685	1.6651	1.8856	2.1329	2.4098	2.7196	3.0658	3.4523
14	1.1495	1.3195	1.5126	1.7317	1.9799	2.2609	2.5785	2.9372	3.3417	3.7975
15	1.1610	1.3459	1.5580	1.8009	2.0789	2.3966	2.7590	3.1722	3.6425	4.1772
16	1.1726	1.3728	1.6047	1.8730	2.1829	2.5404	2.9522	3.4259	3.9703	4.5950
17	1.1843	1.4002	1.6528	1.9479	2.2920	2.6928	3.1588	3.7000	4.3276	5.0545
18	1.1961	1.4282	1.7024	2.0258	2.4066	2.8543	3.3799	3.9960	4.7171	5.5599
19	1.2081	1.4568	1.7535	2.1068	2.5270	3.0256	3.6165	4.3157	5.1417	6.1159
20	1.2202	1.4859	1.8061	2.1911	2.6533	3.2071	3.8697	4.6610	5.6044	6.7275
21	1.2324	1.5157	1.8603	2.2788	2.7860	3.3996	4.1406	5.0338	6.1088	7.4002
22	1.2447	1.5460	1.9161	2.3699	2.9253	3.6035	4.4304	5.4365	6.6586	8.1403
23	1.2572	1.5769	1.9736	2.4647	3.0715	3.8197	4.7405	5.8715	7.2579	8.9543
24	1.2697	1.6084	2.0328	2.5633	3.2251	4.0489	5.0724	6.3412	7.9111	9.8497
25	1.2824	1.6406	2.0938	2.6658	3.3864	4.2919	5.4274	6.8485	8.6231	10.835
30	1.3478	1.8114	2.4273	3.2434	4.3219	5.7435	7.6123	10.063	13.268	17.449
40	1.4889	2.2080	3.2620	4.8010	7.0400	10.286	14.974	21.725	31.409	45.259
50	1.6446	2.6916	4.3839	7.1067	11.467	18.420	29.457	46.902	74.358	117.39
60	1.8167	3.2810	5.8916	10.520	18.679	32.988	57.946	101.26	176.03	304.48

* *CVIF*>99,999

복리이자요소$(CVIF_{r,n}) = (1+r)^n$

기간	이 자 율									
	12%	14%	15%	16%	18%	20%	24%	28%	32%	36%
1	1.1200	1.1400	1.1500	1.1600	1.1800	1.2000	1.2400	1.2800	1.3200	1.3600
2	1.2544	1.2996	1.3225	1.3456	1.3924	1.4400	1.5376	1.6384	1.7424	1.8496
3	1.4049	1.4815	1.5209	1.5609	1.6430	1.7280	1.9066	2.0972	2.3000	2.5155
4	1.5735	1.6890	1.7490	1.8106	1.9388	2.0736	2.3642	2.6844	3.0360	3.4210
5	1.7623	1.9254	2.0114	2.1003	2.2878	2.4883	2.9316	3.4360	4.0075	4.6526
6	1.9738	2.1950	2.3131	2.4364	2.6996	2.9860	3.6352	4.3980	5.2899	6.3275
7	2.2107	2.5023	2.6600	2.8262	3.1855	3.5832	4.5077	5.6295	6.9826	8.6054
8	2.4760	2.8526	3.0590	3.2784	3.7589	4.2998	5.5895	7.2058	9.2170	11.703
9	2.7731	3.2519	3.5179	3.8030	4.4355	5.1598	6.9310	9.2234	12.166	15.917
10	3.1058	3.7072	4.0456	4.4114	5.2338	6.1917	8.5944	11.806	16.060	21.647
11	3.4785	4.2262	4.6524	5.1173	6.1759	7.4301	10.657	15.112	21.199	29.439
12	3.8960	4.8179	5.3503	5.9360	7.2876	8.9161	13.215	19.343	27.983	40.037
13	4.3635	5.4924	6.1528	6.8858	8.5994	10.699	16.386	24.759	36.937	54.451
14	4.8871	6.2613	7.0757	7.9875	10.147	12.839	20.319	31.691	48.757	74.053
15	5.4736	7.1379	8.1371	9.2655	11.974	15.407	25.196	40.565	64.359	100.71
16	6.1304	8.1372	9.3576	10.748	14.129	18.488	31.243	51.923	84.954	136.97
17	6.8660	9.2765	10.761	12.468	16.672	22.186	38.741	66.461	112.14	186.28
18	7.6900	10.575	12.375	14.463	19.673	26.623	48.039	85.071	148.02	253.34
19	8.6128	12.056	14.232	16.777	23.214	31.948	59.568	108.89	195.39	344.54
20	9.6463	13.743	16.367	19.461	27.393	38.338	73.864	139.38	257.92	468.57
21	10.804	15.668	18.822	22.574	32.324	46.005	91.592	178.41	340.45	637.26
22	12.100	17.861	21.645	26.186	38.142	55.206	113.57	228.36	449.39	866.67
23	13.522	20.362	24.891	30.376	45.008	66.247	140.83	292.30	593.20	1178.7
24	15.179	23.212	28.625	35.236	53.109	79.497	174.63	374.14	783.02	1603.0
25	17.000	26.462	32.919	40.874	62.669	95.396	216.54	478.90	1033.6	2180.1
30	29.960	50.950	66.212	85.850	143.37	237.38	634.82	1645.5	4142.1	10143.
40	93.051	188.88	267.86	378.72	750.38	1469.8	5455.9	19427.	66521.	*
50	289.00	700.23	1083.7	1670.7	3927.4	9100.4	46890.	*	*	*
60	897.60	2595.9	4384.0	7370.2	20555.	56348.	*	*	*	*

부표-2 연금의 복리표

기간	이 자 율									
	1%	2%	3%	4%	5%	6%	7%	8%	9%	10%
1	1.0000	1.0000	1.0000	1.0000	1.0000	1.0000	1.0000	1.0000	1.0000	1.0000
2	2.0100	2.0200	2.0300	2.0400	2.0500	2.0600	2.0700	2.0800	2.0900	2.1000
3	3.0301	3.0604	3.0909	3.1216	3.1525	3.1836	3.2149	3.2464	3.2781	3.3100
4	4.0604	4.1216	4.1836	4.2465	4.3101	4.3746	4.4399	4.5061	4.5731	4.6410
5	5.1010	5.2040	5.3091	5.4163	5.5256	5.6371	5.7507	5.8666	5.9847	6.1051
6	6.1520	6.3081	6.4684	6.6330	6.8019	6.9753	7.1533	7.3359	7.5233	7.7156
7	7.2135	7.4343	7.6625	7.8983	8.1420	8.3938	8.6540	8.9228	9.2004	9.4872
8	8.2857	8.5830	8.8932	9.2142	9.5491	9.8975	10.260	10.637	11.028	11.436
9	9.3685	9.7546	10.159	10.583	11.027	11.491	11.978	12.488	13.021	13.570
10	10.462	10.950	11.464	12.006	12.578	13.181	13.816	14.487	15.193	15.937
11	11.567	12.169	12.808	13.486	14.207	14.972	15.784	16.645	17.560	18.531
12	12.683	13.412	14.192	15.026	15.917	16.870	17.888	18.977	20.141	21.384
13	13.809	14.680	15.618	16.627	17.713	18.882	20.141	21.495	22.953	24.523
14	14.947	15.974	17.086	18.292	19.599	21.015	22.550	24.215	26.019	27.975
15	16.097	17.293	18.599	20.024	21.579	23.276	25.129	27.152	29.361	31.772
16	17.258	18.639	20.157	21.825	23.657	25.673	27.888	30.324	33.003	35.950
17	18.430	20.012	21.762	23.698	25.840	28.213	30.840	33.750	36.974	40.545
18	19.615	21.412	23.414	25.645	28.132	30.906	33.999	37.450	41.301	45.599
19	20.811	22.841	25.117	27.671	30.539	33.760	37.379	41.446	46.018	51.159
20	22.019	24.297	26.870	29.778	33.066	36.786	40.995	45.762	51.160	57.275
21	23.239	25.783	28.676	31.969	35.719	39.993	44.865	50.423	56.765	64.002
22	24.472	27.299	30.537	34.248	38.505	43.392	49.006	55.457	62.873	71.403
23	25.716	28.845	32.453	36.618	41.430	46.996	53.436	60.893	69.532	79.543
24	26.973	30.422	34.426	39.083	44.502	50.816	58.177	66.765	76.790	88.497
25	28.243	32.030	36.459	41.646	47.727	54.865	63.249	73.106	84.701	98.347
30	34.785	40.568	47.575	56.085	66.439	79.058	94.461	113.28	136.31	164.49
40	48.886	60.402	75.401	95.026	120.80	154.76	199.64	259.06	337.88	442.59
50	64.463	84.579	112.80	152.67	209.35	290.34	406.53	573.77	815.08	1163.9
60	81.670	114.05	163.05	237.99	353.58	533.13	813.52	1253.2	1944.8	3034.8

* *CVIFA* > 99,999

연금의 복리이자요소$(CVIFA_{r,\,n}) = \left[\dfrac{(1+r)^n}{r} - \dfrac{1}{r}\right]$

기간	이 자 율									
	12%	14%	15%	16%	18%	20%	24%	28%	32%	36%
1	1.0000	1.0000	1.0000	1.0000	1.0000	1.0000	1.0000	1.0000	1.0000	1.0000
2	2.1200	2.1400	2.1500	2.1600	2.1800	2.2000	2.2400	2.2800	2.3200	2.3600
3	3.3744	3.4396	3.4725	3.5056	3.5724	3.6400	3.7776	3.9184	4.0624	4.2096
4	4.7793	4.9211	4.9934	5.0665	5.2154	5.3680	5.6842	6.0156	6.3624	6.7251
5	6.3528	6.6101	6.7424	6.8771	7.1542	7.4416	8.0484	8.6999	9.3983	10.146
6	8.1152	8.5355	8.7537	8.9775	9.4420	9.9299	10.980	12.136	13.406	14.799
7	10.089	10.730	11.067	11.414	12.142	12.916	14.615	16.534	18.696	21.126
8	12.300	13.233	13.727	14.240	15.327	16.499	19.123	22.163	25.678	29.732
9	14.776	16.085	16.786	17.519	19.086	20.799	24.712	29.369	34.895	41.435
10	17.549	19.337	20.304	21.321	23.521	25.959	31.643	38.593	47.062	57.352
11	20.655	23.045	23.349	25.733	28.755	32.150	40.238	50.398	63.122	78.998
12	24.133	27.271	29.002	30.850	34.931	39.581	50.895	65.510	84.320	108.44
13	28.029	32.089	34.352	36.786	42.219	48.497	64.110	84.853	112.30	148.47
14	32.393	37.581	40.505	43.672	50.818	59.196	80.496	109.61	149.24	202.93
15	37.280	43.842	47.580	51.660	60.965	72.035	100.82	141.30	198.00	276.98
16	42.753	50.980	55.717	60.925	72.939	87.442	126.01	181.87	262.36	377.69
17	48.884	59.118	65.075	71.673	87.068	105.93	157.25	233.79	347.31	514.66
18	55.750	68.394	75.836	84.141	103.74	128.12	195.99	300.25	459.45	700.94
19	63.440	78.969	88.212	98.603	123.41	154.74	244.03	385.32	607.47	954.28
20	72.052	91.025	102.44	115.38	146.63	186.69	303.60	494.21	802.86	1298.8
21	81.699	104.77	118.81	134.84	174.02	225.03	377.46	633.59	1060.8	1767.4
22	92.503	120.44	137.63	157.41	206.34	271.03	469.06	812.00	1401.2	2404.7
23	104.60	138.30	159.28	183.60	244.49	326.24	582.63	1040.4	1850.6	3271.3
24	118.16	158.66	184.17	213.98	289.49	392.48	723.46	1332.7	2443.8	4450.0
25	133.33	181.87	212.79	249.21	342.60	471.98	898.09	1706.8	3226.8	6053.0
30	241.33	356.79	434.75	530.31	790.95	1181.9	2640.9	5873.2	12941.2	8172.3
40	767.09	1342.0	1779.1	2360.8	4163.2	7343.9	22729.	69377.	*	*
50	2400.0	4994.5	7217.7	10436.	21813	45497	*	*	*	*
60	7471.6	18535.	29220.	46058.	*	*	*	*	*	*

부표-3 현 가 표

기간	이 자 율									
	1%	2%	3%	4%	5%	6%	7%	8%	9%	10%
1	0.9901	0.9804	0.9709	0.9615	0.9524	0.9434	0.9346	0.9259	0.9174	0.9091
2	0.9803	0.9612	0.9426	0.9246	0.9070	0.8900	0.8734	0.8573	0.8417	0.8264
3	0.9706	0.9423	0.9151	0.8890	0.8638	0.8396	0.8163	0.7938	0.7722	0.7513
4	0.9610	0.9238	0.8885	0.8548	0.8227	0.7921	0.7629	0.7350	0.7084	0.6830
5	0.9515	0.9057	0.8626	0.8219	0.7835	0.7473	0.7130	0.6806	0.6499	0.6209
6	0.9420	0.8880	0.8375	0.7903	0.7462	0.7050	0.6663	0.6302	0.5963	0.5645
7	0.9327	0.8706	0.8131	0.7599	0.7107	0.6651	0.6227	0.5835	0.5470	0.5132
8	0.9235	0.8535	0.7894	0.7307	0.6768	0.6274	0.5820	0.5403	0.5019	0.4665
9	0.9143	0.8368	0.7664	0.7026	0.6446	0.5919	0.5439	0.5002	0.4604	0.4241
10	0.9053	0.8203	0.7441	0.6756	0.6139	0.5584	0.5083	0.4632	0.4224	0.3855
11	0.8963	0.8043	0.7224	0.6496	0.5847	0.5268	0.4751	0.4289	0.3875	0.3505
12	0.8874	0.7885	0.7014	0.6246	0.5568	0.4970	0.4440	0.3971	0.3555	0.3186
13	0.8787	0.7730	0.6810	0.6006	0.5303	0.4688	0.4150	0.3677	0.3262	0.2897
14	0.8700	0.7579	0.6611	0.5775	0.5051	0.4423	0.3878	0.3405	0.2992	0.2633
15	0.8613	0.7430	0.6419	0.5553	0.4810	0.4173	0.3624	0.3152	0.2745	0.2394
16	0.8528	0.7284	0.6232	0.5339	0.4581	0.3936	0.3387	0.2919	0.2519	0.2176
17	0.8444	0.7142	0.6050	0.5134	0.4346	0.3714	0.3166	0.2703	0.2311	0.1978
18	0.8360	0.7002	0.5874	0.4936	0.4155	0.3503	0.2959	0.2502	0.2120	0.1799
19	0.8277	0.6864	0.5703	0.4746	0.3957	0.3305	0.2765	0.2317	0.1945	0.1635
20	0.8195	0.6730	0.5537	0.4564	0.3769	0.3118	0.2584	0.2145	0.1784	0.1486
21	0.8114	0.6598	0.5375	0.4388	0.3589	0.2942	0.2415	0.1987	0.1637	0.1351
22	0.8034	0.6468	0.5219	0.4220	0.3418	0.2775	0.2257	0.1839	0.1502	0.1228
23	0.7954	0.6342	0.5067	0.4057	0.3256	0.2618	0.2109	0.1703	0.1378	0.1117
24	0.7876	0.6217	0.4919	0.3901	0.3101	0.2470	0.1971	0.1577	0.1264	0.1015
25	0.7798	0.6095	0.4776	0.3751	0.2953	0.2330	0.1842	0.1460	0.1160	0.0923
30	0.7419	0.5521	0.4120	0.3083	0.2314	0.1741	0.1314	0.0994	0.0754	0.0573
40	0.6717	0.4529	0.3066	0.2083	0.1420	0.0972	0.0668	0.0460	0.0318	0.0221
50	0.6080	0.3715	0.2281	0.1407	0.0872	0.0543	0.0339	0.0213	0.0134	0.0085

* 소수 넷째 자리까지 0임

현가이자요소$(PVIF_{r,n}) = \frac{1}{(1+r)^n}$

기간	이자율									
	12%	14%	15%	16%	18%	20%	24%	28%	32%	36%
1	0.8929	0.8772	0.8696	0.8621	0.8475	0.8333	0.8065	0.7813	0.7576	0.7353
2	0.7972	0.7695	0.7561	0.7432	0.7182	0.6944	0.6504	0.6104	0.5739	0.5407
3	0.7118	0.6750	0.6575	0.6407	0.6086	0.5787	0.5245	0.4768	0.4348	0.3975
4	0.6355	0.5921	0.5718	0.5523	0.5158	0.4823	0.4230	0.3725	0.3294	0.2923
5	0.5674	0.5194	0.4972	0.4761	0.4371	0.4019	0.3411	0.2910	0.2495	0.2149
6	0.5066	0.4556	0.4323	0.4104	0.3704	0.3349	0.2751	0.2274	0.1890	0.1580
7	0.4523	0.3996	0.3759	0.3538	0.3139	0.2791	0.2218	0.1776	0.1432	0.1162
8	0.4039	0.3506	0.3269	0.3050	0.2660	0.2326	0.1789	0.1388	0.1085	0.0854
9	0.3606	0.3075	0.2843	0.2630	0.2255	0.1938	0.1443	0.1084	0.0822	0.0628
10	0.3220	0.2697	0.2472	0.2267	0.1911	0.1615	0.1164	0.0847	0.0623	0.0462
11	0.2875	0.2366	0.2149	0.1954	0.1619	0.1346	0.0938	0.0662	0.0472	0.0340
12	0.2567	0.2076	0.1869	0.1685	0.1372	0.1122	0.0757	0.0517	0.0357	0.0250
13	0.2292	0.1821	0.1625	0.1452	0.1163	0.0935	0.0610	0.0404	0.0271	0.0184
14	0.2046	0.1597	0.1413	0.1252	0.0985	0.0779	0.0492	0.0316	0.0205	0.0135
15	0.1827	0.1401	0.1229	0.1079	0.0835	0.0649	0.0397	0.0247	0.0155	0.0099
16	0.1631	0.1229	0.1069	0.0930	0.0708	0.0541	0.0320	0.0193	0.0118	0.0073
17	0.1456	0.1078	0.0929	0.0802	0.0600	0.0451	0.0258	0.0150	0.0089	0.0054
18	0.1300	0.0946	0.0808	0.0691	0.0508	0.0376	0.0208	0.0118	0.0068	0.0039
19	0.1161	0.0829	0.0703	0.0596	0.0431	0.0313	0.0168	0.0092	0.0051	0.0029
20	0.1037	0.0728	0.0611	0.0514	0.0365	0.0261	0.0135	0.0072	0.0039	0.0021
21	0.0926	0.0638	0.0531	0.0443	0.0309	0.0217	0.0109	0.0056	0.0029	0.0016
22	0.0826	0.0560	0.0462	0.0382	0.0262	0.0181	0.0088	0.0044	0.0022	0.0012
23	0.0738	0.0491	0.0402	0.0329	0.0222	0.0151	0.0071	0.0034	0.0017	0.0008
24	0.0659	0.0431	0.0349	0.0284	0.0188	0.0126	0.0057	0.0027	0.0013	0.0006
25	0.0588	0.0378	0.0304	0.0245	0.0160	0.0105	0.0046	0.0021	0.0010	0.0005
30	0.0334	0.0196	0.0151	0.0116	0.0070	0.0042	0.0016	0.0006	0.0002	0.0001
40	0.0107	0.0053	0.0037	0.0026	0.0013	0.0007	0.0002	0.0001	*	*
50	0.0035	0.0014	0.0009	0.0006	0.0003	0.0001	*	*	*	*

부표-4 연금의 현가표

기간	이 자 율									
	1%	2%	3%	4%	5%	6%	7%	8%	9%	10%
1	0.9901	0.9804	0.9709	0.9615	0.9524	0.9434	0.9346	0.9259	0.9174	0.9091
2	1.9704	1.9416	1.9135	1.8861	1.8594	1.8334	1.8080	1.7833	1.7591	1.7355
3	2.9410	2.8839	2.8286	2.7751	2.7232	2.6730	2.6243	2.5771	2.5313	2.4869
4	3.9020	3.8077	3.7171	3.6299	3.5460	3.4651	3.3872	3.3121	3.2397	3.1699
5	4.8534	4.7135	4.5797	4.4518	4.3295	4.2124	4.1002	3.9927	3.8897	3.7908
6	5.7955	5.6014	5.4172	5.2421	5.0757	4.9173	4.7665	4.6229	4.4859	4.3553
7	6.7282	6.4720	6.2303	6.0021	5.7864	5.5824	5.3893	5.2064	5.0330	4.8684
8	7.6517	7.3255	7.0197	6.7327	6.4632	6.2098	5.9713	5.7466	5.5348	5.3349
9	8.5660	8.1622	7.7861	7.4353	7.1078	6.8017	6.5152	6.2469	5.9952	5.7590
10	9.4713	8.9826	8.5302	8.1109	7.7217	7.3601	7.0236	6.7101	6.4177	6.1446
11	10.3676	9.7868	9.2526	8.7605	8.3064	7.8869	7.4987	7.1390	6.8052	6.4951
12	11.2551	10.5753	9.9540	9.3851	8.8633	8.3838	7.9427	7.5361	7.1607	6.8137
13	12.1337	11.3484	10.6350	9.9856	9.3936	8.8527	8.3577	7.9038	7.4869	7.1034
14	13.0037	12.1062	11.2961	10.5631	9.8986	9.2950	8.7455	8.2442	7.7862	7.3667
15	13.8651	12.8493	11.9379	11.1184	10.3797	9.7122	9.1079	8.5595	8.0607	7.6061
16	14.7179	13.5777	12.5611	11.6523	10.8378	10.1059	9.4466	8.8514	8.3126	7.8237
17	15.5623	14.2919	13.1661	12.1657	11.2741	10.4773	9.7632	9.1216	8.5436	8.0216
18	16.3983	14.9920	13.7535	12.6593	11.6896	10.8276	10.0591	9.3719	8.7556	8.2014
19	17.2260	15.6785	14.3238	13.1339	12.0853	11.1581	10.3356	9.6036	8.9501	8.3649
20	18.0456	16.3514	14.8775	13.5903	12.4622	11.4699	10.5940	9.8181	9.1285	8.5136
21	18.8570	17.0112	15.4150	14.0292	12.8212	11.7641	10.8355	10.0168	9.2922	8.6487
22	19.6604	17.6580	15.9369	14.4511	13.1630	12.0416	11.0612	10.2007	9.4424	8.7715
23	20.4558	18.2922	16.4436	14.8568	13.4886	12.3034	11.2722	10.3741	9.5802	8.8832
24	21.2434	18.9139	16.9355	15.2470	13.7986	12.5504	11.4693	10.5288	9.7066	8.9847
25	22.0232	19.5235	17.4131	15.6221	14.0939	12.7834	11.6536	10.6748	9.8226	9.0770
30	25.8077	22.3965	19.6004	17.2920	15.3725	13.7648	12.4090	11.2578	10.2737	9.4269
40	32.8347	27.3555	23.1148	19.7928	17.1591	15.0463	13.3317	11.9246	10.7574	9.7791
50	39.1961	31.4236	25.7298	21.4822	18.2559	15.7619	13.8007	12.2335	10.9617	9.9148

연금의 현가이자요소$(PVIFA_{r,\,n}) = \left[\frac{1}{r} - \frac{1}{r(1+r)^n}\right]$

기간	이 자 율								
	12%	14%	15%	16%	18%	20%	24%	28%	32%
1	0.8929	0.8772	0.8696	0.8621	0.8475	0.8333	0.8065	0.7813	0.7576
2	1.6901	1.6467	1.6257	1.6052	1.5656	1.5278	1.4568	1.3916	1.3315
3	2.4018	2.3216	2.2832	2.2459	2.1743	2.1065	1.9813	1.8684	1.7663
4	3.0373	2.9137	2.8550	2.7982	2.6901	2.5887	2.4043	2.2410	2.0957
5	3.6048	3.4331	3.3522	3.2743	3.1272	2.9906	2.7454	2.5320	2.3452
6	4.1114	3.8887	3.7845	3.6847	3.4976	3.3255	3.0205	2.7594	2.5342
7	4.5638	4.2883	4.1604	4.0386	3.8115	3.6046	3.2423	2.9370	2.6775
8	4.9676	4.6389	4.4873	4.3436	4.0776	3.8372	3.4212	3.0758	2.7860
9	5.3282	4.9464	4.7716	4.6065	4.3030	4.0310	3.5655	3.1842	2.8681
10	5.6502	5.2161	5.0188	4.8332	4.4941	4.1925	3.6819	3.2689	2.9304
11	5.9377	5.4527	5.2337	5.0286	4.6560	4.3271	3.7757	3.3351	2.9776
12	6.1944	5.6603	5.4206	5.1971	4.7932	4.4392	3.8514	3.3868	3.0133
13	6.4235	5.8424	5.5831	5.3423	4.9095	4.5327	3.9124	3.4272	3.0404
14	6.6282	6.0021	5.7245	5.4675	5.0081	4.6106	3.9616	3.4587	3.0609
15	6.8109	6.1422	5.8474	5.5755	5.0916	4.6755	4.0013	3.4834	3.0764
16	6.9740	6.2651	5.9542	5.6685	5.1624	4.7296	4.0333	3.5026	3.0882
17	7.1196	6.3729	6.0472	5.7487	5.2223	4.7746	4.0591	3.5177	3.0971
18	7.2497	6.4674	6.1280	5.8178	5.2732	4.8122	4.0799	3.5294	3.1039
19	7.3658	6.5504	6.1982	5.8775	5.3162	4.8435	4.0967	3.5386	3.1090
20	7.4694	6.6231	6.2593	5.9288	5.3527	4.8696	4.1103	3.5458	3.1129
21	7.5620	6.6870	6.3125	5.9731	5.3837	4.8913	4.1212	3.5514	3.1158
22	7.6446	6.7429	6.3587	6.0113	5.4099	4.9094	4.1300	3.5558	3.1180
23	7.7184	6.7921	6.3988	6.0442	5.4321	4.9245	4.1371	3.5592	3.1197
24	7.7843	6.8351	6.4338	6.0726	5.4509	4.9371	4.1428	3.5619	3.1210
25	7.8431	6.8729	6.4641	6.0971	5.4669	4.9476	4.1474	3.5640	3.1220
30	8.0552	7.0027	6.5660	6.1772	5.5168	4.9789	4.1601	3.5693	3.1242
40	8.2438	7.1050	6.6418	6.2335	5.5482	4.9966	4.1659	3.5712	3.1250
50	8.3045	7.1327	6.6605	6.2463	5.5541	4.9995	4.1666	3.5714	3.1250

ANSWERS

연|습|문|제|풀|이

제 1 장 재무관리란 무엇인가?

완성/선택형 문제

1. 유형자산, 무형자산 2. 투자결정, 자본조달결정 3. 기업가치

4. ④ 5. ⑤ 6. ② 7. ⑤

제 2 장 화폐의 시간적 가치

완성/선택형 문제

1. 화폐의 시간적 가치 2. 자본의 생산성 3. 복리계산과정 4. 현가이자요소

5. ① 6. ⑤ 7. ③ 8. ② 9. ① 10. ⑤ 11. ② 12. ①

서술/계산형 문제

2. (1) $FV_5 = 1{,}000(1+0.12)^5 = 1{,}762.3$만원 (2) $PV = \dfrac{1{,}000}{(1+0.1)^3} = 751.3$만원

3. 각 출판사들이 제시하고 있는 저작료의 현재가치를 계산하면 다음과 같다.

- PV(출판사 1) $= \dfrac{1{,}800}{(1+0.12)^5} = 1{,}800 \times PVIF_{0.12,\,5} = 1{,}800 \times 0.5674 = 1{,}021.32$만원
- PV(출판사 2) $= \dfrac{120}{0.12} = 1{,}000$만원
- PV(출판사 3) $= 190\left[\dfrac{1}{0.12} - \dfrac{1}{0.12(1+0.12)^{10}}\right]$
  $= 190 \times PVIFA_{0.12,\,10} = 190 \times 5.6502 = 1{,}073.54$만원

• $PV(\text{출판사 4}) = \dfrac{60}{1+0.12} + \dfrac{130}{0.12(1+0.12)} = 1{,}020.83$만원

그러므로 K씨는 저작료의 현재가치가 가장 높은 출판사 3을 선택하여야 한다.

4. $PV(\text{연금}) = 450\left[\dfrac{1}{0.12} - \dfrac{1}{0.12(1+0.12)^5}\right]$

$= 450 \times PVIFA_{0.12,\,5} = 450 \times 3.6048 = 1{,}622.16$만원

5. 연금의 현금흐름유형을 나타내면 다음과 같다.

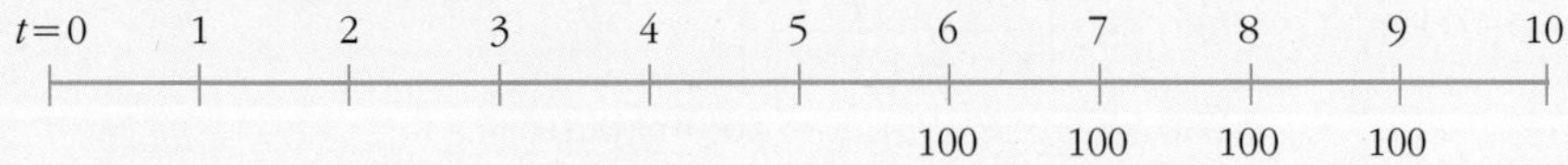

먼저 5년도 말에서의 연금의 가치를 구하면 다음과 같다.

$$PV(\text{연금, 5년도 말}) = 100\left[\frac{1}{0.1} - \frac{1}{0.1(1+0.1)^4}\right]$$
$$= 100 \times PVIFA_{0.1,\,4} = 100 \times 3.1699 = 316.99\text{만원}$$

이상에서 구한 연금의 가치는 5년도 말 시점에서의 가치이므로 이를 다시 할인하여 연금의 현재가치를 구하면 다음과 같다.

$$PV(\text{연금}) = \frac{316.99}{(1+0.1)^5}$$
$$= 316.99 \times PVIF_{0.1,\,5} = 316.99 \times 0.6209 = 196.82\text{만원}$$

이와 같은 계산과정을 나타내면 다음과 같다.

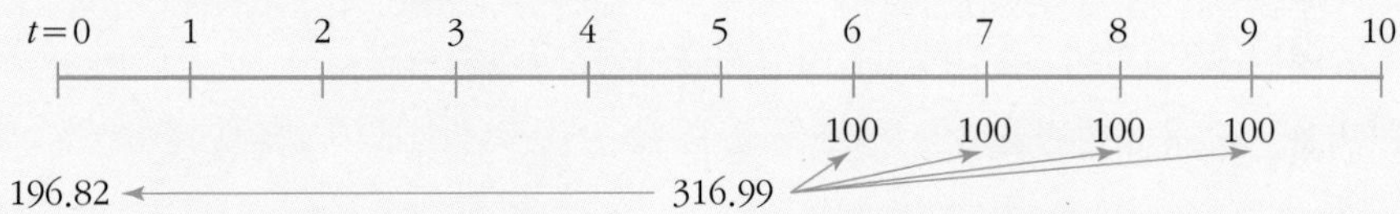

6. $FV_5(\text{연금}) = 200\left[\dfrac{(1+0.1)^5}{0.1} - \dfrac{1}{0.1}\right]$

$= 200 \times CVIFA_{0.1,\,5} = 200 \times 6.1051 = 1{,}221.02$만원

7. 매년 말에 일정금액 C를 10년 동안 적립하는 경우 그 현금흐름유형은 다음과 같이 나타낼 수 있다.

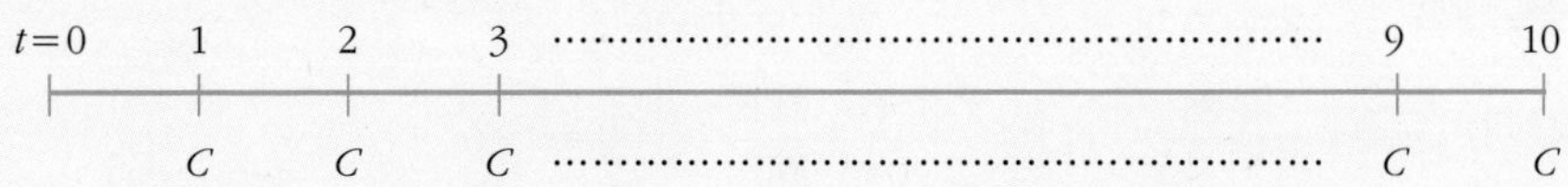

$$FV_{10}(\text{연금}) = C\left[\frac{(1+0.1)^{10}}{0.1} - \frac{1}{0.1}\right]$$
$$= C \times CVIFA_{0.1,\,10} = C \times 15.937 = 10{,}000\text{만원}$$

$$\therefore\ C = \frac{10{,}000}{15.937} = 627.47\text{만원}$$

8. 분할상환시 그 현금흐름유형은 연금과 동일하므로 연금의 현재가치공식을 이용하여 상환금의 현재가치를 구할 수 있다.

$$PV(\text{상환금}) = 2{,}980{,}582\left[\frac{1}{r} - \frac{1}{r(1+r)^{10}}\right]$$
$$= 2{,}980{,}582\ \times PVIFA_{r,\,10} = 20{,}000{,}000$$

그러므로 $PVIFA_{r,\,10} = \dfrac{20{,}000{,}000}{2{,}980{,}582} = 6.7101$

연금의 현가표 〈부표-4〉를 이용하면 연간 이자율을 구할 수 있다.

$\therefore\ r = 8\%$

제 3 장 재무제표와 재무비율분석

완성/선택형 문제

1. 재무상태표, 손익계산서, 현금흐름표
2. 매출총이익, 영업이익, 법인세비용차감전순이익, 당기순이익
3. 재무비율 4. 유동성비율
5. ⑤ 6. ② 7. ④ 8. ②

서술/계산형 문제

4. 먼저 각각의 재무비율을 구하면 다음과 같다.

① 유동비율 $= \dfrac{\text{유동자산}}{\text{유동부채}} \times 100 = \dfrac{1{,}028{,}500}{557{,}600} \times 100 = 184\%$

② 당좌비율 $= \dfrac{\text{당좌자산}}{\text{유동부채}} \times 100 = \dfrac{1{,}028{,}500 - 688{,}500}{557{,}600} \times 100 = 61\%$

③ 부채비율 $= \dfrac{\text{부채}}{\text{자기자본}} \times 100 = \dfrac{587{,}600}{633{,}000} \times 100 = 93\%$

④ 이자보상비율 $= \frac{영업이익}{이자비용} = \frac{82,000}{64,000} = 1.3$배

⑤ 재고자산회전율 $= \frac{매출액}{재고자산} = \frac{2,380,000}{688,500} = 3.5$회

⑥ 매출채권회전율 $= \frac{매출액}{매출채권} = \frac{2,380,000}{323,000} = 7.4$회

⑦ 총자산회전율 $= \frac{매출액}{총자산} = \frac{2,380,000}{1,220,600} = 1.9$회

⑧ 총자산순이익률 $= \frac{당기순이익}{총자산} = \frac{9,000}{1,220,000} \times 100 = 0.74\%$

⑨ 자기자본순이익률 $= \frac{당기순이익}{자기자본} = \frac{9,000}{633,000} \times 100 = 1.42\%$

⑩ 매출액순이익률 $= \frac{당기순이익}{매출액} = \frac{9,000}{2,380,000} \times 100 = 0.38\%$

이상에서 구한 재무비율을 표준비율과 비교하면 다음과 같다.

재무비율	실제비율	표준비율	양호 · 불량
유동비율	184%	126%	양호
당좌비율	61%	68%	불량
부채비율	93%	225%	양호
이자보상비율	1.3배	2.4배	불량
재고자산회전율	3.5회	4.2회	불량
매출채권회전율	7.4회	3.5회	양호
총자산회전율	1.9회	1.2회	양호
총자산순이익률	0.74%	6.43%	불량
자기자본순이익률	1.42%	10.24%	불량
매출액순이익률	0.38%	4.74%	불량

(주)청운의 실제비율과 표준비율을 비교해 보자.

- 단기채무지급능력을 나타내는 유동비율, 당좌비율 등 유동성비율을 살펴보면, 과다한 재고자산으로 인하여 당좌비율이 다소 낮다는 문제가 있으나 대체로 양호한 것으로 보인다.
- 장기채무지급능력을 나타내는 부채비율, 이자보상비율 등 자본구조비율을 살펴보

면, 전반적인 재무구조는 양호하나 낮은 이익으로 인하여 이자보상비율이 표준비율보다 낮은 것이 다소 문제로 지적된다.

- 자산의 효율적 이용도를 나타내는 재고자산회전율, 매출채권회전율, 총자산회전율 등 효율성비율을 살펴보면, 과다한 재고자산으로 인하여 재고자산회전율이 낮은 것을 제외하고는 모두 양호한 것으로 판단된다.
- 기업의 수익성을 나타내는 총자산순이익률, 자기자본순이익률, 매출액순이익률 등 수익성비율을 살펴보면, 모두 불량한 것으로 나타나고 있다.

결론적으로 (주)청운의 단기채무지급능력, 장기채무지급능력, 자산의 효율적 이용도 등은 모두 양호하나 수익성이 매우 취약한 것으로 판단된다. 따라서 이 회사는 무엇보다도 먼저 수익성개선 노력이 우선되어야 할 것으로 판단된다.

제 4 장 자본예산

완성/선택형 문제

1. 자본예산 2. 독립적 투자안, 상호배타적 투자안 3. 회계적 이익
4. 자본비용, 내부수익률 5. ② 6. ③ 7. ② 8. ④
9. ⑤ 10. ② 11. ③ 12. ⑤ 13. ④ 14. ⑤

서술/계산형 문제

2. 투자안 평가방법의 비교

순현가법의 특성	회수기간법	AAR법	IRR법	PI법
현금흐름 사용	○	×	○	○
투자안과 관련된 모든 현금흐름	×	○	○	○
적절한 할인율로 할인	×	×	△	□
가치의 가산원칙	×	×	×	×

▶ 타당성 순위: NPV법 > PI법 > IRR법 > AAR법 > 회수기간법

3. (1) 현금흐름의 추정

(단위: 만원)

구 분	0	1	2	3
영업현금흐름[1]		49,000	49,000	49,000
생산설비투자[2]	−140,000			20,000
운전자본	−10,000			10,000
현금흐름	−150,000	49,000	49,000	79,000

주) 1. 영업현금흐름 = (매출액 − 변동영업비용 − 고정현금지출비용)(1 − 법인세율)
+ 법인세율 × 감가상각비
= (5,000대 × 30만원 − 5,000대 × 15만원 − 20,000만원)(1 − 0.4)
+ 0.4 × 40,000만원
= 49,000만원
[※ 감가상각비 = (140,000만원 − 20,000만원)/3년 = 40,000만원]
2. 새 기계설비의 구입비용 및 부대시설비용 = 120,000만원 + 20,000만원 = 140,000만원
내용연도 말의 세후 처분가치 = 20,000 − (20,000 − 20,000) × 0.4 = 20,000만원

(2) 순현가법에 의한 정수기사업 평가

$$NPV = \frac{49,000}{1+0.1} + \frac{49,000}{(1+0.1)^2} + \frac{79,000}{(1+0.1)^3} - 150,000 = -5,604.81\text{만원}$$

정수기사업의 순현가가 0보다 작기 때문에 (주)청운은 정수기사업을 기각해야 함.

4. (1) $NPV = \frac{600}{1+0.1} + \frac{300}{(1+0.1)^2} + \frac{300}{(1+0.1)^3} - 1,000 = 18.78\text{만원}$

$NPV > 0$이므로, 이 투자안을 채택하여야 한다.

(2) ① NPV는 현금흐름을 사용한다.

② NPV는 투자안의 모든 현금흐름을 사용한다.

③ NPV는 현금흐름을 적절한 할인율로 할인한다.

④ NPV는 가치의 가산원칙(value additivity principle)이 성립한다.

5. (1) $NPV_1 = \frac{400}{1+0.25} - 100 = 220\text{만원}$, $NPV_2 = \frac{650}{1+0.25} - 250 = 270\text{만원}$

투자안 1의 순현가(220만원)는 투자안 2의 순현가(270만원)보다 작으므로 순현가법에 의하면 투자안 2가 선택된다.

(2) $\frac{400}{1+IRR_1} - 100 = 0 \rightarrow IRR_1 = 300\%$

$\frac{650}{1+IRR_2} - 250 = 0 \rightarrow IRR_2 = 160\%$

투자안 1의 내부수익률(300%)이 투자안 2의 내부수익률(160%)보다 크므로 내부수익률법에 의하면 투자안 1이 선택된다.

(3) $PI_1 = \frac{400/(1+0.25)}{100} = 3.2,\quad PI_2 = \frac{650/(1+0.25)}{250} = 2.08$

투자안 1의 수익성지수(3.2)가 투자안 2의 수익성지수(2.08)보다 크므로 수익성지수법에 의하면 투자안 1이 선택된다.

(4) 순현가법과 내부수익률법 또는 수익성지수법의 상반된 평가결과는 투자규모의 차이, 즉 150만원(250만원－100만원)에 대한 투자수익률의 가정이 서로 다르기 때문이다. 상대적으로 투자규모가 작은 투자안에 투자하고 남은 여유자금에 대해 순현가법은 자본비용으로 투자할 수 있다고 가정하는 반면, 내부수익률법과 수익성지수법은 현재 선택된 투자안과 동일한 투자수익률(내부수익률)을 얻을 수 있는 투자안에 투자할 수 있다는 가정을 하고 있다. 이와 같은 내부수익률법과 수익성지수법의 가정은 치열한 경쟁으로 인하여 한계투자수익률이 체감하는 현실에 비추어 볼 때 비현실적인 가정이라 할 수 있다. 따라서 현실적인 투자수익률(자본비용) 가정하에서 가치개념에 근거하고 있는 순현가법이 가장 합리적인 평가방법이라 할 수 있다.

제 5 장 위험과 수익률

▌완성/선택형 문제

1. 확률분포표 2. 1, －1 3. 상관계수, 구성자산 수 4. 비체계적 위험, 체계적 위험
5. 자본시장선, 증권시장선 6. 공격적 주식, 방어적 주식
7. ④ 8. ① 9. ③ 10. ② 11. ① 12. ③ 13. ② 14. ④ 15. ④
16. ⑤ 17. ④ 18. ③

▌서술/계산형 문제

4. (1) 자산 A의 기대수익률과 분산, 표준편차:

- 자산 A의 기대수익률$=0.6\times0.40+0.4\times(-0.05)=0.22$
- 자산 A의 분산$=0.6\times(0.40-0.22)^2+0.4\times(-0.05-0.22)^2=0.0486$
- 자산 A의 표준편차$=\sqrt{0.0486}=0.22045$

자산 B의 기대수익률과 분산, 표준편차:

• 자산 B의 기대수익률 $= 0.6\times 0.15 + 0.4\times 0.20 = 0.17$

• 자산 B의 분산 $= 0.6\times(0.15-0.17)^2 + 0.4\times(0.20-0.17)^2 = 0.0006$

• 자산 B의 표준편차 $= \sqrt{0.0006} = 0.0245$

(2) $E(r_P) = W_A E(r_A) + W_B E(r_B) = 0.5\times 0.22 + 0.5\times 0.17 = 0.195$

$Cov(r_A,\ r_B) = 0.6\times(0.40-0.22)(0.15-0.17) + 0.4\times(-0.05-0.22)(0.20-0.17)$
$= -0.0054$

$Var(r_P) = W_A{}^2 Var(r_A) + W_B{}^2 Var(r_B) + 2W_A W_B Cov(r_A,\ r_B)$
$= (0.5)^2(0.0486) + (0.5)^2(0.0006) + 2(0.5)(0.5)(-0.0054) = 0.0096$

$\sigma_P = \sqrt{0.0096} = 0.09798$

5. (1) $\rho_{AB} = 0.5$인 경우, 공분산은 다음과 같다.

$Cov(r_A,\ r_B) = \sigma_A \sigma_B \rho_{AB} = \sqrt{0.1}\sqrt{0.2}\times 0.5 = 0.07071$

그러므로

• $E(r_P) = W_A E(r_A) + W_B E(r_B) = 0.6\times 0.2 + 0.4\times 0.3 = 0.24$

• $Var(r_P) = W_A{}^2 Var(r_A) + W_B{}^2 Var(r_B) + 2W_A W_B Cov(r_A,\ r_B)$
$= (0.6)^2(0.1) + (0.4)^2(0.2) + 2(0.6)(0.4)(0.07071)$
$= 0.10194$

• $\sigma_P = \sqrt{0.10194} = 0.31928$

(2) $\rho_{AB} = -0.5$인 경우, 공분산은 다음과 같다.

$Cov(r_A,\ r_B) = \sigma_A \sigma_B \rho_{AB} = \sqrt{0.1}\sqrt{0.2}\times(-0.5) = -0.07071$

그러므로

• $E(r_P) = W_A E(r_A) + W_B E(r_B) = 0.6\times 0.2 + 0.4\times 0.3 = 0.24$

• $Var(r_P) = W_A{}^2 Var(r_A) + W_B{}^2 Var(r_B) + 2W_A W_B Cov(r_A,\ r_B)$
$= (0.6)^2(0.1) + (0.4)^2(0.2) + 2(0.6)(0.4)(-0.07071)$
$= 0.03406$

• $\sigma_P = \sqrt{0.03406} = 0.18455$

(3) 두 주식간의 상관계수가 0.5에서 −0.5로 감소함에 따라 포트폴리오의 분산은 0.10194에서 0.03406으로 감소하였다. 즉 상관계수가 작아질수록 포트폴리오의 위험이 감소됨을 알 수 있다.

6. (1) SML: $E(r_j)=r_f+[E(r_M)-r_f]\beta_j$
$=0.04+(0.12-0.04)\beta_j=0.04+0.08\beta_j$

(2) $E(r_j)=0.04+0.08\beta_j=0.04+0.08\times 1.5=0.16$ (또는 16%)

(3) 먼저 SML에 의해서 투자안의 균형기대수익률, 즉 요구수익률을 구하면 다음과 같다.

$E(r_j)=0.04+0.08\times 0.8=0.104$ (또는 10.4%)

투자안의 실제 기대수익률은 9.8%로서 투자안의 요구수익률 10.4%보다 작으므로 이 투자안은 기각하여야 한다. 즉 이 투자안의 순현가(NPV)는 음(−)의 값을 가질 것이다.

(4) $E(r_X)=0.04+0.08\beta_X=0.112 \quad \therefore \beta_X=0.9$

7. 투자안의 자본비용(위험조정할인율)을 구하면 다음과 같다.

$E(r)=r_f+[E(r_M)-r_f]\beta$
$=0.08+(0.16-0.08)(1.5)=0.2$ (또는 20%)

위험조정할인율 20%로 할인하여 순현가를 구하면 다음과 같다.

$$NPV=\frac{40}{1+0.2}+\frac{60}{(1+0.2)^2}+\frac{70}{(1+0.2)^3}-100=15.51\text{만원}$$

제 6 장 가치평가

완성/선택형 문제

1. 위험도 2. 재무상태표 3. 액면가, 액면이자율, 만기 4. 투자수익률
5. ② 6. ③ 7. ⑤ 8. ② 9. ② 10. ③ 11. ① 12. ④

서술/계산형 문제

3. 액면이자율 = 2%

(1) 시장이자율 = 2.5%

$$PV=\frac{20}{1+0.025}+\frac{20}{(1+0.025)^2}+\frac{20}{(1+0.025)^3}+\frac{20+1,000}{(1+0.025)^4}=981.19\text{원}$$

(2) 시장이자율 = 2%

$$PV = \frac{20}{1+0.02} + \frac{20}{(1+0.02)^2} + \frac{20}{(1+0.02)^3} + \frac{20+1,000}{(1+0.02)^4} = 1,000\text{원}$$

(3) 시장이자율 = 1.5%

$$PV = \frac{20}{1+0.015} + \frac{20}{(1+0.015)^2} + \frac{20}{(1+0.015)^3} + \frac{20+1,000}{(1+0.015)^4} = 1,019.27\text{원}$$

(4) 시장이자율과 사채의 발행가격은 역(−)의 관계를 가지며, 시장이자율이 변함에 따라 사채는 다음과 같이 발행된다.

- 시장이자율 > 액면이자율: 할인발행
- 시장이자율 = 액면이자율: 액면발행
- 시장이자율 < 액면이자율: 할증발행

4. ① 처음 5년 동안 배당금의 현재가치 계산:

1년도 말부터 5년도 말까지의 배당금의 현재가치는 다음과 같다.

연도 말	성장률	기대배당금(원)	현재가치(원)
1	−	1,150	1,000
2	0.15	1,323	1,000
3	0.15	1,521	1,000
4	0.15	1,749	1,000
5	0.15	2,011	1,000
		1~5년 사이의 배당의 현재가치 = 5,000	

② 6년도 말부터 시작되는 배당금의 현재가치 계산:

먼저 5년도 말의 주식가격 P_5를 구하면 다음과 같다.

$$P_5 = \frac{D_6}{r-g} = \frac{2,011(1+0.10)}{0.15-0.10} = 44,242\text{원}$$

그러므로 6년도 말부터 시작되는 배당금의 현재가치는 다음과 같다.

$$\frac{P_5}{(1+r)^5} = \frac{44,242}{(1+0.15)^2} = 21,996.09\text{원}$$

③ 가나주식회사 주식의 현재가치는 모든 배당금의 현재가치로서 다음과 같다.

$P_0 = ① + ② = 5,000 + 21,996.09 = 26,996.09$원

5. 각 연도별 배당금은 다음과 같다.

연도 말	성장률	배당금
1	14%	114.00원 $[=100(1.14)]$
2	14	129.96 $[=100(1.14)^2]$
3	14	148.15 $[=100(1.14)^3]$
4	5	155.56 $[=148.15(1.05)]$
5	5	163.34 $[=148.15(1.05)^2]$
6	5	171.50 $[=148.15(1.05)^3]$
7	5	180.08 $[=148.15(1.05)^4]$
⋮	⋮	⋮

그러므로

$$P_0=\frac{114.00}{1+0.15}+\frac{129.96}{(1+0.15)^2}+\frac{148.15}{(1+0.15)^3}+\left(\frac{155.56}{0.15-0.05}\right)\frac{1}{(1+0.15)^3}$$
$$=1{,}317.64\text{원}$$

6. (1) 새로운 투자를 하지 않는 경우 순이익은 모두 배당된다. 그러므로 1년도 말의 주당배당금은 다음과 같이 구할 수 있다.

$$D_1=\frac{5\text{억원}}{20\text{만주}}=2{,}500\text{원}$$

순이익이 매년 3%씩 증가하므로 배당도 매년 3%씩 증가하게 된다. 그러므로 일정성장배당평가모형을 이용하여 주가를 구하면 다음과 같다.

$$P_0=\frac{D_1}{r-g}-\frac{2{,}500}{0.13-0.03}=25{,}000\text{원}$$

(2) $NPVGO=\dfrac{3.2}{0.13-0.03}-10=22\text{억원}$

(3) 주당 $NPVGO=\dfrac{22\text{억원}}{20\text{만주}}=11{,}000\text{원}$

$\therefore\quad P_0=25{,}000+11{,}000=36{,}000\text{원}$

제 7 장 기업의 자본조달과 자본비용

완성/선택형 문제

1. 외부금융, 내부금융 2. 자본비용 3. 1－법인세율 4. 체계적 위험

5. ④ 6. ⑤ 7. ③ 8. ② 9. ③ 10. ⑤ 11. ③ 12. ④

▌서술/계산형 문제

4. (1) 먼저 (주)청운의 전기 말 주당배당금(D_0)과 성장률(g)을 구하면 다음과 같다.

- g = 유보비율 × 재투자수익률 = $(1-0.6)\times 0.15 = 0.06$
- $D_0 = \dfrac{1억원\times 0.6}{10만주} = 600원$

그러므로 보통주의 자본비용은 일정성장배당평가모형을 이용하여 다음과 같이 추정될 수 있다.

$$r_S = \frac{D_1}{P_0} + g = \frac{600(1+0.06)}{10,000} + 0.06 = 0.1236$$

(2) $r_S = 0.1236 = 0.06 + 0.06\beta_S \quad \rightarrow \quad \beta_S = 1.06$

(3) 회사채는 액면발행되었기 때문에 액면이자율이 만기수익률이 된다. 그러므로 (주)청운의 부채 자본비용은 10%이다.

(4) 자기자본(보통주)과 부채(채권)의 가치를 다음과 같이 산출할 수 있다.

- 자기자본의 가치 = 주가 × 총발행주식수 = 10,000원 × 10만주 = 10억원
- 부채의 가치 = 채권의 시장가치 = 5억원

이상의 결과를 이용하여 (주)청운의 가중평균자본비용을 구하면 다음과 같다.

$$WACC = \left(\frac{10}{10+5}\right)(0.1236) + \left(\frac{5}{10+5}\right)(0.10)(1-0.4) = 0.1024$$

5. (1) 증권시장선을 이용하여 자기자본비용 r_S와 부채의 자본비용 r_B를 각각 구하면 다음과 같다.

- $r_S = 0.08 + [0.15 - 0.08]\beta_S = 0.08 + 0.07 \times 2.0 = 0.22$
- $r_B = 0.08 + [0.15 - 0.08]\beta_B = 0.08 + 0.07 \times 0.2 = 0.094$

(2) 이 회사의 WACC를 구하면 다음과 같다.

$$WACC = \left(\frac{S}{S+B}\right)r_B + \left(\frac{B}{S+B}\right)r_B(1-T_C)$$
$$= 0.4\times 0.22 + 0.6\times 0.094\times(1-0.4) = 0.12184$$

6. (1) 증권시장선에 의해서 각 투자안의 자본비용을 구하면 다음과 같다.

$$E(r_j) = r_f + [E(r_M) - r_f]\beta_j = 0.07 + (0.15 - 0.07)\beta_j = 0.07 + 0.08\beta_j$$

- 투자안 A: $E(r_A) = 0.07 + 0.08\beta_A = 0.07 + 0.08\times 0.5 = 0.11$ (또는 11%)
- 투자안 B: $E(r_B) = 0.07 + 0.08\beta_B = 0.07 + 0.08\times 0.6 = 0.118$ (또는 11.8%)
- 투자안 C: $E(r_C) = 0.07 + 0.08\beta_C = 0.07 + 0.08\times 1.2 = 0.166$ (또는 16.6%)
- 투자안 D: $E(r_D) = 0.07 + 0.08\beta_D = 0.07 + 0.08\times 2.0 = 0.23$ (또는 23%)

(2) 독립적 투자안의 평가기준을 요약하면, 다음과 같다.

- 투자안의 실제 기대수익률 > 투자안의 자본비용(∵ $NPV > 0$)
  → 투자안 채택
- 투자안의 실제 기대수익률 < 투자안의 자본비용(∵ $NPV < 0$)
  → 투자안 기각

그러므로 앞의 물음 (1)에서 구한 각 투자안의 자본비용과 실제 기대수익률을 비교하여 투자안을 평가하면 다음과 같다.

투자안	실제 기대수익률		투자안의 자본비용	평가
A	0.12	>	0.110	채택
B	0.14	>	0.118	채택
C	0.16	<	0.166	기각
D	0.20	<	0.230	기각

(3) 기업의 자본비용과 투자안의 실제 기대수익률을 비교하여 투자안을 평가하면 다음과 같다.

투자안	실제 기대수익률		기업의 자본비용	평가
A	0.12	<	0.15	기각
B	0.14	<	0.15	기각
C	0.16	>	0.15	채택
D	0.20	>	0.15	채택

이상의 결과는 투자안의 자본비용에 의해서 평가된 물음 (2)의 평가결과와 정반대의 결과를 나타내고 있다. 이는 투자안의 체계적 위험이 기업의 체계적 위험과 서로 다르기 때문이다. 이와 같은 경우 기업의 자본비용은 투자안의 체계적 위험을 정확히 반영하지 못한다. 그러므로 기업의 체계적 위험과 투자안의 체계적 위험이 서로 다를 경우에, 투자안은 그 자체의 체계적 위험을 정확히 반영하여 측정된 투자안의 자본비용에 의해서 평가되어야 한다.

제 8 장 자본구조

완성/선택형 문제

1. 증권화 2. 차익거래이익, 차익거래과정 3. 법인세 절감효과 4. 증가, 감소, 감소
5. ① 6. ③ 7. ② 8. ⑤ 9. ④ 10. ② 11. ④ 12. ①

서술/계산형 문제

4. (1) 새로운 공장을 건설하는 경우, 바다식품(주)의 연간 이익은 다음과 같다.

연간 이익 = 현재의 연간 이익 + 추가적인 연간 이익

= 25억원 + 5억원 = 30억원

그러므로 기업의 총가치는 다음과 같다.

$$V = \frac{30\text{억원}}{0.1} = 300\text{억원}$$

(2) ① 법인세가 없는 완전자본시장하에서는 자금조달방법에 의해서 기업의 가치가 달라지지 않는다는 MM의 명제 I 이 성립하게 된다. 그러므로 부채를 발행하여 소요자금을 조달하는 경우에도 기업의 가치는 변하지 않고 여전히 300억원이 된다.

② MM의 명제 II 에 의해서 자기자본비용은 다음과 같이 구할 수 있다.

$$r_S = r_U + (r_U - r_B)\left(\frac{B}{S_L}\right) = 0.1 + (0.1 - 0.08)\left(\frac{20\text{억원}}{280\text{억원}}\right) = 0.1014$$

부채를 발행하여 소요자금을 조달하는 경우, 증가된 레버리지로 인하여 자기자본의 위험이 증가하므로 그 보상으로 주주들은 보다 높은 수익률 10.14%를 요구하게 된다. 이 자기자본비용은 상대적으로 저렴한 비용인 부채를 사용하는 이점을 완전히 상쇄할 정도로 증가한 것이다.

5. (1) $$WACC = \left(\frac{S_L}{S_L + B}\right) r_S + \left(\frac{B}{S_L + B}\right) r_B (1 - T_C)$$

$$= \left(\frac{1}{3}\right)(0.18) + \left(\frac{2}{3}\right)(0.1)(1 - 0.4) = 0.10$$

(2) ① 무부채기업의 자본비용 r_U는 다음의 식에 의해서 구할 수 있다.

$$r_S = r_U + (r_U - r_B)(1 - T_C)\left(\frac{B}{S_L}\right)$$

$0.18 = r_U + (r_U - 0.1)(1-0.4)(2.0)$

$\therefore\ r_U = 0.1364$

또는

$WACC = r_U\left[1 - T_C\left(\frac{B}{V_L}\right)\right]$

$0.10 = r_U\left[1 - 0.4 \times \left(\frac{2}{3}\right)\right]$

$\therefore\ r_U = 0.1364$

② CAPM을 이용하여 무부채기업의 자기자본베타 β_U를 구할 수 있다.

$r_U = r_f + [E(r_M) - r_f]\beta_U$

$0.1364 = 0.08 + (0.12 - 0.08)\beta_U$

$\therefore\ \beta_U = 1.41$

6. (1) $r_S = r_U + (r_U - r_B)(1 - T_C)\left(\frac{B}{S_L}\right)$

$= 0.15 + (0.15 - 0.1)(1 - 0.4)(1.0) = 0.18$

$WACC = \left(\frac{S_L}{S_L + B}\right) r_S + \left(\frac{B}{S_L + B}\right) r_B (1 - T_C)$

$= (0.5)(0.18) + (0.5)(0.1)(1 - 0.4) = 0.12$

또는

$WACC = r_U\left[1 - T_C\left(\frac{B}{V_L}\right)\right]$

$= 0.15 \times (1 - 0.4 \times 0.5) = 0.12$

(2) MM의 명제 I에 의해서 부채를 발행하는 경우 기업가치는 다음과 같다.

$V_L = S_{L+} B = V_U + T_C B$

부채비율이 1이 되려면, 부채의 가치(B)와 자기자본의 가치(S_L)가 같아야 한다.

그러므로

$B + B = 50 + 0.4\text{B} \quad \therefore\ B = 31.25$억원

이 회사가 부채로 31.25억원을 조달할 경우 기업가치는 62.5억원(50억원+31.25억원×0.4), 자기자본가치는 31.25억원(62.5억원−31.25억원)이 되어 부채비율이 1이 된다.

7. $V_L = V_U + PV$(법인세 절감액) $- PV$(파산비용)

105억원 = 100억원 + PV(법인세 절감액) − 2억원

$\therefore\ PV$(법인세 절감액) = 7억원

제 9 장 배당정책

▌완성/선택형 문제

1. 정규현금배당, 추가현금배당, 특별현금배당 2. 배당락 3. 낮은
4. 정보의 비대칭성 5. 적게, 많이
6. ④ 7. ③ 8. ① 9. ① 10. ⑤ 11. ② 12. ② 13. ①

▌서술/계산형 문제

6. (1) 이 회사의 현재의 순이익은 4억원이며, 1년 후의 가치는 110억원이므로 그 현재 가치는 다음과 같이 구할 수 있다.

$$\text{기업의 가치(배당 전)} = 4\text{억원} + \frac{110\text{억원}}{1+0.1} = 104\text{억원}$$

(2) 완전자본시장하에서는 배당금만큼 주가가 하락하게 된다.

- 현재의 주가(배당 전 주가) $= \frac{104\text{억원}}{100\text{만주}} = 10{,}400\text{원}$
- 주당배당금 $= \frac{4\text{억원}}{100\text{만주}} = 400\text{원}$

→ 배당락가격 = 10,400원 − 400원 = 10,000원

(3) ① MM의 주장에 따르면, 배당정책에 의해 기업의 가치는 변하지 않는다. 그러므로 낮은 배당으로 인해 주가가 낮게 평가되었다는 주장은 옳지 않다. 이를 계산을 통하여 살펴보면 다음과 같다.

먼저 주당 600원씩 배당하는 경우 총배당액과 이 자금을 조달하기 위하여 발행하여야 하는 신주발행액은 다음과 같이 구할 수 있다.

- 총배당액 = 600원 × 100만주 = 6억원
- 신주발행액 = 6억원 − 4억원 = 2억원

이 회사의 자본비용은 10%이므로 신주 2억원을 발행하는 경우 1년 후 새로운 주주들에게 최소한 10%의 수익률, 즉 2.2억원(2억원×1.1)을 보장해 주어야 한다. 그러므로 1년 후 기업의 가치 중 구주주들이 받을 수 있는 부분은 107.8억원(110억원 − 2.2억원)이다. 즉 구주주들은 현재 배당을 총 2억원 더 받는 대신 1년 후 현금흐름은 2.2억원 줄어든 107.8억원이 된다. 그 결과 구주주들의 몫에 해당되는 기업의 가치는 다음과 같다.

기업의 가치(배당 전) $= 6$억원 $+ \dfrac{107.8\text{억원}}{1+0.1} = 104$억원

결론적으로 주당 400원씩 배당을 하나 600원씩 배당을 하나 기업의 현재가치는 104억원으로 변하지 않음을 알 수 있다.

② 신주소유자는 현재의 배당에 대한 권리가 없다. 그러므로 신주의 발행가는 배당락 가격, 즉 9,800원(10,400원−600원)이 된다. 그리고 신주의 발행주식수는 다음과 같다.

신주의 발행주식수 $= \dfrac{2\text{억원}}{9{,}800\text{원}} = 20{,}408.16$주

7. (1) 주가

① 배당을 하지 않을 경우

$P_0 = \dfrac{12{,}000}{1+0.12} = 10{,}000$원

② 주당 2,000원을 배당할 경우

1년도 말에 주당 2,000원을 배당할 경우, 배당락주가는 10,000원이며 세후 주당배당금은 1,600원[2,000×(1−0.2)]이 된다. 그러므로 현재의 주가는 다음과 같이 결정된다.

$P_0 = \dfrac{10{,}000 + 1{,}600}{1+0.12} = 9{,}666.7$원

이상에서 보는 바와 같이 천하주식회사의 경우 다음 연도에 주당 2,000원을 배당하는 경우의 주가(9,667원)보다 배당을 하지 않을 경우의 주가(10,000원)가 더 높게 된다.

(2) 투자수익률 $= \dfrac{\text{자본이득} + \text{배당금}}{\text{투자액(현재의 주가)}}$

① 배당을 하지 않을 경우

- 세전 투자수익률 $= \dfrac{12{,}000 - 10{,}000}{10{,}000} = 0.20$
- 세후 투자수익률 $= \dfrac{12{,}000 - 10{,}000}{10{,}000} = 0.20$

② 주당 2,000원을 배당할 경우

- 세전 투자수익률 $= \dfrac{(10{,}000 - 9{,}666.7) + 2{,}000}{9{,}666.7} = 0.24$
- 세후 투자수익률 $= \dfrac{(10{,}000 - 9{,}666.7) + 1{,}600}{9{,}666.7} = 0.20$

이상에서 보는 바와 같이 천하주식회사의 경우 다음 연도에 주당 2,000원을 배당

하는 경우의 세전 투자수익률(24%)은 배당을 하지 않을 경우의 세전 투자수익률(20%)보다 더 높은 반면, 세후 투자수익률은 모두 20%로 동일하다. 즉 기업이 배당을 증가하면 할수록, 투자자들은 배당에 대한 소득세 부분을 보상받기 위하여 더 높은 세전 투자수익률을 요구하게 됨을 알 수 있다.

8. (1) 10%, 즉 10만주를 주식배당하는 경우 자기자본구조는 다음과 같이 변한다.

(주)은하의 자기자본구조(10% 주식배당 후)

자 본 금(액면 5,000원, 발행주식수 110만주)	55억원
자본잉여금	20억원
이익잉여금	5억원
자기자본합계	80억원

(2) 이 회사의 주가는 주식배당비율(10%)만큼 하락하게 된다.

$$P_0 = \frac{18{,}000\text{원}}{1+0.1} = 16{,}363.64\text{원}$$

(3) 주식배당에 의하여 발행주식수가 10% 증가하므로 주당순이익(EPS)도 그만큼 하락하게 된다.

$$EPS = \frac{1{,}000\text{원}}{1+0.1} = 909.09\text{원} \quad \rightarrow \quad PER = \frac{16{,}363.64\text{원}}{909.09\text{원}} = 18$$

이상에서 보는 바와 같이 주식배당 후 PER은 18로서 현재의 PER(18,000원/1,000원=18)과 동일함을 알 수 있다.

다시 말하면 주식배당에 의해 주가와 주당순이익이 같은 비율로 감소하므로 PER은 변하지 않는다.

(4) 주식배당에 의해 주주의 부는 변하지 않는다.

- 주주의 부(주식배당 전) = 18,000원 × 100주 = 1,800,000원
- 주주의 부(주식배당 후) = 16,363.64원 × 110주 = 1,800,000원

(5) 주식배당은 대체로 성장속도가 빠른 기업이 사외현금유출을 막고 수익성이 높은 투자기회에 대한 재투자를 위하여 실시하는 경향이 있다. 이 경우 주식배당은 투자자들에게 기업의 미래전망에 대한 좋은 뉴스를 전달해 주는 역할을 담당한다.

제10장 기업의 합병과 매수

❙ 완성/선택형 문제

1. 정(+) 2. 수평적 합병, 수직적 합병, 다각적 합병 3. 경영자매수(MBO)
4. 수익증대, 비용절감, 세금절감, 자본비용
5. ⑤ 6. ④ 7. ② 8. ① 9. ③ 10. ①

❙ 서술/계산형 문제

3. 홍성산업(주)이 주식의 시장가치를 기준으로 소리통신(주) 주주에게 주식을 교환해 줄 때, 그 교환비율은 다음과 같다.

$$교환비율 = \frac{12,000원}{30,000원} = 0.4$$

즉 소리통신(주) 1주에 대하여 홍성산업(주) 0.4주를 교환해 준다. 그러므로 홍성산업(주)이 소리통신(주)을 인수하기 위하여 신규로 발행하여야 하는 주식수는 20만주(50만주×0.4)이다.

합병 후 홍성산업(주)의 총발행주식수와 순이익, 그리고 주당순이익(EPS)은 각각 다음과 같이 구할 수 있다.

$$총발행주식수 = 100만주 + 20만주 = 120만주$$

$$순이익 = 홍성산업(주)의\ 순이익 + 소리통신(주)의\ 순이익$$

$$= (2,000원 \times 100만주) + (1,000원 \times 50만주) = 250,000만원$$

$$\rightarrow EPS = \frac{순이익}{총발행주식수} = \frac{250,000만원}{120만주} = 2,083.33원$$

시장이 효율적이어서 홍성산업(주)과 소리통신(주)의 주가가 정확히 그 내재가치를 반영하고 있다면, 홍성산업(주)은 소리통신(주)을 정확히 그 시장가치로 매수한 것이기 때문에 합병으로 인하여 홍성산업(주)의 EPS가 약간 상승하더라도 홍성산업(주)의 기존 주주의 부에는 영향을 미치지 않는다.[1] 즉 합병 후 홍성산업(주)의 EPS의 상승은 PER의 하락으로 그 효과가 상쇄될 것이다.

---

1 이 경우 어떠한 시너지도 나타나지 않는다고 가정한다.

구 분	합병 전		합병 후
	홍성산업(주)	소리통신(주)	
주 가	30,000원	12,000원	30,000원
주당순이익(EPS)	2,000원	1,000원	2,083.33원
PER(주가/EPS)	15	12	14.4

4. (1) 녹수전자(주)의 합병으로 인한 청산실업(주)의 추가적인 현금흐름은 다음과 같다.

0	1년도 말	2년도 말	3년도 말	4년도 말	………
	1,500만원	2,000만원	2,000만원	2,000만원(1+0.04)	………

그리고 녹수전자(주)의 적절한 할인율은 다음과 같이 구할 수 있다.

$$r = r_f + [E(r_M) - r_f]\beta = 0.06 + (0.1 - 0.06) \times 1.2 = 0.108$$

따라서 합병시 녹수전자(주)의 가치는 다음과 같이 추가적인 현금흐름을 할인하여 구할 수 있다.

녹수전자(주)의 가치

$$= \frac{1{,}500\text{만원}}{1+0.108} + \frac{2{,}000\text{만원}}{(1+0.108)^2} + \frac{1}{(1+0.108)^2}\left(\frac{2{,}000\text{만원}}{0.108-0.04}\right)$$

$$= 26{,}940.40\text{만원}$$

→ 녹수전자(주)의 주식가치 = 녹수전자(주)의 가치 − 녹수전자(주)의 부채가치

= 26,940.40만원 − 15,000만원

= 11,940.40만원

그러므로 청산실업(주)이 녹수전자(주)의 주주들에게 지불할 수 있는 최대금액은 11,940.40만원이다.

(2) 녹수전자(주)의 총주식가치가 10,000만원이고 이 회사의 주주들이 인수시 20%의 프리미엄을 추가로 요구한다면, 이 회사를 인수하기 위해서는 녹수전자(주)의 주주들에게 12,000만원(10,000만원×1.2)을 지불하여야 한다. 이 금액은 청산실업(주)이 녹수전자(주)의 주주들에게 지불할 수 있는 최대금액은 11,940.40만원보다 더 높으므로 이 회사를 인수하지 않아야 한다.

INDEX

국 · 문 · 색 · 인

ㄹ

ㅁ

ㅂ

ㅅ

ㅇ

INDEX
영 · 문 · 색 · 인

R

S

T

U

V

W

Z

[저자 약력]
성균관대학교 경영학과 졸업
성균관대학교 대학원 졸업(경영학 석사, 경영학 박사)
SK경제연구소 경영연구실 실장
한국재무관리학회 회장
청운대학교 기획처장
청운대학교 인천캠퍼스 경영학과 교수
현　중소기업과협동조합연구소(주) 자문위원
　　하나손해보험(주) 사외이사

저서 및 주요논문
Perfect 재무관리 I, II(공저, 유원북스)
에센스 재무관리(제8판, 공저, 유원북스)
파생금융상품(제2판, 공저, 유원북스)
에센스 선물옵션(제2판, 공저, 유원북스)
회계와 재무의 이해(제2판, 공저, 유원북스)
고급재무관리(공저, 박영사)
경영분석(공저, 유원북스)
증권투자론(제5판, 공저, 율곡출판사)
재테크와 금융상품(공저, 율곡출판사)
재테크 시작하기(제2판, 공저, 율곡출판사)
주식수익률과 거시경제변수의 관계에 관한 실증적 연구
한국주식시장에서의 역행투자성과에 관한 실증적 연구
정보유형과 주가변동성의 관계에 관한 연구
자본투자와 주식수익률의 관계에 관한 연구 외 다수

알기쉬운 재무관리 (제3판)

2025년 7월 15일 제3판 발행
2021년 3월 5일 제2판 발행
2016년 3월 7일 초 판 발행

저 자 감 형 규
발행인 이 구 만
발행처 유원북스
04091 서울특별시 마포구 토정로 222,
한국출판콘텐츠센터 416호
대표전화 (02)593-1800 FAX (02)6455-1809
등록 2011.9.6. 제25100-2012-3호
www.uwonbooks.com uwbooks@daum.net

정 가 29,000원　　ISBN 979-11-6288-214-6 (93320)